宝韵
三十年

1990—2020

马春玉　周娴贤　编著

30

宝韵幼儿园
建园30周年丛书

中南大学出版社 ·长沙·
www.csupress.com.cn

前言

　　儿童在我国素来备受重视，关注、支持儿童的发展是全社会应尽的责任。古人倡导以人为本、蒙以养正，使幼有所长。今人则提倡以幼为本、科学保教，使幼有所育。从古至今，幼儿的成长与发展、人生的启蒙教育一直是社会普遍关注的重要问题。学前教育是造福于民族、家庭以及儿童的社会公益事业，是国民教育体系的重要组成部分，是我国基础教育的奠基阶段，是影响人的终身发展的根基教育，其重要性不言而喻。幼儿园作为当前我国学前教育的主要承担者，其肩负的社会责任与时代使命是十分伟大且不可推卸的。关注、支持幼儿园的建设与发展是每一个家庭、每一位公民应尽的责任。相对于欧美国家而言，我国幼儿园教育起步较晚，但进入 20 世纪 90 年代以来，特别是近十余年来，我国大力发展学前教育，政府不断加强宏观指导与调整，推行规范管理与服务，致力于解决"入园难"和"入园贵"等难题，为学前教育的发展创造了良好的社会环境与资源平台。《国家中长期教育改革和发展规划纲要（2010—2020 年）》在第三章确立了基本普及学前教育的战略目标，明确了政府职责，提出重点发展农村学前教育。《幼儿园工作规程》《幼儿园教育指导纲要（试行）》《国务院关于当前发展学前教育的若干意见》《幼儿园教师专业标准（试行）》《3～6 岁儿童学习与发展指南》等一批具有重大指导作用与现实意义的文件先后颁布并试行，为幼儿园健康有序发展提供了强大的保障与助力。宁波市宝韵音乐幼儿园正是在这样的潮流中扬帆起航、顺势而进、破浪远行的。

光阴荏苒，转瞬间，宝韵音乐幼儿园已经走过三十年。它从1990年初创办时的3个班级、75名幼儿、12位教职工发展到今天的60多个班级、2000多名幼儿、300多位教职员工；从一所寻常的音乐幼儿园发展到今天拥有七个园区、一家艺术教育中心的幼儿教育集团。十年树木，百年树人。相比之下，三十年是比较短暂的。然而，就在这短暂的三十年间，宝韵人为国家、为社会做出了应有的贡献。三十年来，从宝韵音乐幼儿园到宝韵幼儿教育集团，它不仅为宁波、为社会提供了越来越多、越来越好的优质教育资源，为更多家庭的孩子提供了入园的学位，为更多少年儿童提供了优质的艺术教育培训，为更多有志于幼教事业的成年人创造了就业的机会，还为学前教育事业的发展积累了宝贵的实践经验和精神财富。从幼儿园环境到管理，从幼儿园课程到教学，从幼儿园教科研到师训，宝韵人凭借长期的辛勤付出和卓越的智慧，走出了一条由特色到品牌，再到集团化的成功之路，为学前教育实践者和研究者们提供了丰富的素材与营养源泉。

三十年，宝韵人创造了一段属于宝韵幼儿教育的历史。2019年，宝韵幼儿教育集团在马春玉总园长的带领下，在各级领导的大力支持下，启动了宝韵建园30周年园庆系列工作，着手编写宝韵建园三十周年丛书，《宝韵三十年》即是规划中第一批出版的重要著作之一。从2019年3月22日召开"宝韵三十周年园庆工作会议"，布置采编、撰写《宝韵三十年》的具体工作，到2019年10月23日召开"宝韵三十周年庆著作编写出版研讨会"，《宝韵三十年》的组稿工作基本完成。在中南大学出版社刘辉主任等专家的指导与支持下，至2019年底，这部反映宝韵三十年发展历程的著作的初稿出炉。

《宝韵三十年》是一部全面介绍、反映宝韵三十年发展历程的著作。其内容主要包括重要人物、重大事件、主要成就以及相关的数据资料，主要内容分为四部分，即第一章、第二章、第三章和附录。第一章共计六节，主要记述宝韵发生的重要事件，具有一定影响力的、有意义的、有价值的事件；记载了宝韵音乐幼儿园三十年沐浴的阳光与经历的风雨，再现了宝韵光辉而又艰辛的发展历程。第二章共计六节，主要记述宝韵发展历程中具有一定感染力的、有代表性的、有纪念性的人物。通过相关人物自述回忆或第三方介绍等形式，记载了六类宝韵人艰苦奋斗、积极探索、无私奉献的光辉事迹，重现了一代代幼教人日复一日坚守在工作岗位的从容与执着。第三章重点讲述了宝韵三十年的求索与三十年的积蕴及办园成就，阐释了具有一定理论与实践价值的、根基性的、创造性的成果。附录重点列举了宝韵办园三十年来的大事记与荣誉、在园幼儿人数和历届毕业幼儿人数等数据统计、宝韵历届毕业生合影、宝韵园歌。在写作的方式上，第一章按照时间顺序书写，每五年为一节，共计六节，分别以音乐特色幼儿园的创立与定位、品牌幼儿园的建设与管理、集团化幼儿园的探索与运行为线索和主题。第二章按照人物来分类，包括创办者、园长与管理团队、幼儿教师、保育保健与后勤服务人员、退休教职工、校友等。第三章按照成就的类别来写，侧重于教育思想、理念的介绍和阐释，主要介绍了宝韵的艺术特色、和美教育思想、和美文化理念、宝韵的育人目标与宝韵人的精神追求等。附录按照资料与数据分类罗列，尽量做到真实、全面、准确、简洁明了。全书由马春玉总园长统稿、审定；第一章、第三章由马春玉总园长主编、修订，吴仁吾老师负责文字整理；第二章由周姝贤副园长主编，郑洁、张艳整理。参加本书编写的主要人员还有徐皇君、侯鲁萍、袁静、韦红霞等。凡收录、编入本著作的文章及相关文献，均在文中注明其作者或来源。

宝韵音乐幼儿园原本就是由"爱心"汇聚而创办的。20世纪80年代末，香港同胞孔爱菊女士及其弟弟孔庆隆先生把准备为父母建造衣冠冢的资金捐赠给家乡宁波，由此创办了宝韵音乐幼儿园。因此，宝韵音乐幼儿园更值得我们珍惜，更需要爱心投入，更需要精心呵护，更需要诚心服务，以不辜负爱国同胞的善行与厚望，不辜负社会与家庭的信任与重托，不辜负时代赋予的光荣使命。让人欣慰的是，宝韵人在以马春玉园长为核心的管理团队的带领下，艰苦创业，努力奋斗，三十年，他们用智慧和汗水沉淀出宝韵自己的精神和意蕴，谱写出了壮美的诗篇。编写本著作旨在全面反映宝韵三十年的发展历程，介绍宝韵三十年的办学成果，记述宝韵人三十年来的教育实践经验、教育理论成果以及宝韵风貌与精神。为此，本著作应是一本内容充实、丰富的园史资料，具有纪念意义和参考价值。本著作在编写过程中一直严格遵循客观、真实的基本原则。但由于编写人员水平有限，时间跨度较长而使得部分早期资料难以收集，因此难免存在出入与疏漏，敬请读者批评指正。

整理幼儿园园史的过程是一个全面审阅、深入反思的过程，这样的过程让人有收益，让人很受益。但愿本著作能被视为宝韵三十周年园庆的"合格礼物"，但愿在《宝韵三十年》编写组的共同努力下，我们能为宝韵音乐幼儿园做一件有价值、有意义的事情，为宝韵三十年华诞添上精彩的一笔。

笔 者

2020 年 3 月

目 录

第一章

三十年耕耘 · 三十年足迹

大树，扎根于大地，擎冠于蓝天。它因大地而茂盛，因蓝天而伟岸。

每一棵大树，都曾是一棵幼苗，历经叶生叶落、春华秋实；每一棵大树，都曾举目静思，护泥固土。每一棵大树，都曾托梦栖鸟、和韵鸣蝉，但也曾断枝而舞、饮露而歌。大树，在我们眼里、在我们心中顶天立地，它不仅有着矗立的勇气和茂盛的英姿，还有着坚韧的精神和顽强的生命。而宝韵的这三十年，就尤如一棵生长的大树，历经风雨、浸染冰霜，但仍顶天立地，傲然而生。

宝韵，结缘于音乐，入境于和美。它因音乐而萌发，因和美而灿烂。

在神州大地，从始露尖角到接天映红，从蹒跚学步到健步如飞，宝韵就像一束明亮的阳光。凡是它照耀过的地方，留下的都是温暖，都是希望。筚路蓝缕甬江缘，哺雏舐犊朝夕欢；砥砺前行和美愿，岁月峥嵘花满园。不知不觉，宝韵已至而立之年；三十岁，当值之年，意气风发，中流击水，风华正茂；三十岁，作为之年，栉风沐雨，披星戴月，顶天立地。三十年，宝韵人坚持本色，齐心协力，艰苦奋斗，大胆创新，用坚实的足迹写下了壮丽的诗篇。

宝韵如苗，如树。三十年，她终于从一株弱小幼苗，长成一棵参天大树。

图 1 - 1 为宝韵教师合影。

图 1 - 1　宝韵教师合影(拍摄于 2013 年)

特色园·上篇

第一节　宝韵生甬城　育人立根基（1990—1995 年）

> 宝韵人铭记于心的时刻——
> 1988 年 4 月，园舍奠基
> 1989 年 9 月，主楼竣工
> 1990 年 2 月，宝韵开园
> 1990 年 10 月，落成典礼

一、难忘的孕育之初

宝韵的出身并非"富贵人家"……

（一）时代背景

1. 我国学前教育进入初步发展时期

　　相对于西方国家而言，我国具有现代意义的早期教育机构出现较晚，具有现代意义的西方国家幼儿教育机构诞生至今大约有 200 年了。如罗伯特·欧文于 1816 年在苏格兰创办的融合了托儿所、幼儿园、游戏场的"性格形成新学园"，福禄贝尔于 1837 年在德国勃兰登堡创办了"发展幼儿活动本能和自发活动的机构"，于 1840 年正式命名为幼儿园。而我国第一所公立幼儿园即湖北幼稚园于 1903 年在武昌阅马场创办，距今不过百余年的历史。我国的学前教育起步较晚，在发展期间受到社会环境和经济条件等的制约，同时不断受到教育思想与理念变迁的冲击，直到20世纪80年代，随着人们思想的解放与国门的开放，我国的学前教育才逐渐走上正常的发展轨道，进入初步发展时期。

2. 日渐稳定的学前教育发展环境

20世纪70年代末，我国的教育事业发展迎来了新的转机，1977年我国恢复高考制度使得人才培养步入新的轨道。在我国教育逐渐复兴的形势下，国家致力于创造健康、稳定、有序的教育环境，学前教育也由此迎来了发展机遇。

1981年10月教育部颁发《幼儿园教育纲要（试行草案）》；1989年6月国家教育委员会发布《幼儿园工作规程（试行）》；1989年9月国家教育委员会发布《幼儿园管理条例》，并于1990年2月1日起施行。20世纪80年代末90年代初，国家出台了多项与幼儿园直接相关的纲领性、法规性文件，为我国学前教育事业的发展提供了基本指导与根本保障，为幼儿园的创办与发展创造了较为稳定、规范的社会环境。

3. 华人华侨支持教育公益事业的热情高涨

从旅美华侨于1906年筹资捐建成务学校开始，华侨、港澳同胞、华裔等捐资办学至今已有百余年的历史。1978年后，华侨、港澳同胞等爱国人士捐资办学的热情更加高涨。据《教育大词典》记载，从1979年至1988年底，全国大约有5000所学校接受华侨、港澳同胞捐款赠物，总额达17.7亿元人民币。20世纪80年代末90年代初，华侨、港澳同胞在中国大陆捐建学校、支持祖国教育公益事业的热情不减。特别是1988年，邓小平同志在会见包玉刚先生时的一席谈话，掀起了海外"宁波帮"企业家捐资助教、回报家乡的热潮。正是在这样的背景下，宝韵音乐幼儿园诞生了。

（二）园名由来

在香港，有一对热爱桑梓的伉俪——刘浩清先生和孔爱菊女士。孔爱菊女士是宁波市庄桥镇孔家村人。孔爱菊和她的丈夫一样，是一位对发展祖国建设事业及对家乡文化教育事业十分热心的人，她素以扶持儿童教育事业蜚声海内外。20世纪80年代，她先后捐资创办了宁波市第一甬江幼儿园和上海市音乐幼儿园，还向中国儿童福利基金会及宁波市图书馆捐款，发展儿童教育事业。1988年，受宁波市政协副主席、宁波市工商联名誉会长周竹君女士的鼓舞与启发，孔爱菊女士和她的弟弟孔庆隆先生商量，把准备为父母建造衣冠冢的资金捐献给祖国的教育事业，希望在家乡宁波市建立一所音乐幼儿园。孔爱菊女士随即委托周竹君女士向宁波市妇联转达这一愿望。后经与宁波市妇联尹心娣主任和杨勤副主任等人的联系、详细沟通与具体协调，并与宁波市教育局等相关部门沟通，建立音乐幼儿园的事情很快得到了落实。孔爱菊女士、孔庆隆先生俩人共捐资50万元港币兴建了一所音乐幼儿园，宁波市妇联为幼儿园的主管单位，幼儿园坐落在原海曙区柳汀街吴家塘路87号。遵照孔爱菊女士的要求，结合统一战线工作需要，在宁波市市长耿典华的支持下，宁波市有关部门破例同意以孔爱菊女士的父亲孔宝韵的名字命名幼儿园，即为宝韵音乐幼儿园。宁波市妇联作为幼儿园的主管部门，当时先后把宁波市机关第一幼儿园教研组长马春玉老师和宁波师范团委副书记虞雪芬老师选调到幼儿园负责筹备工作，并邀请宁波市教医幼儿园的退休园长蒋菱卿同志作为筹备组的顾问，共同承担宝韵音乐幼儿园的筹备和开园工作。

（三）园舍奠基

1988年4月，宝韵音乐幼儿园在选定地址海曙区柳汀街吴家塘路87号破土动工。浙江省副省长柴松岳、宁波市市长耿典华、宁波市妇联等有关部门的领导以及捐资者孔爱菊女士等香港同胞为宝韵音乐幼儿园培土奠基。在宝韵音乐幼儿园园舍奠基典礼上，孔爱菊女士深情地表达了她对故乡的热爱与殷切的希望。她希望家乡的孩子能在这里得到良好的、专业的艺术启蒙教育，能获得良好的音乐启蒙培养，将来为宁波争光、为祖国争光。

（四）建园筹备

宝韵音乐幼儿园奠基之后，便进入紧张的筹备阶段。其筹备工作主要集中在两项工程上，一项是兴建园舍的基建工作，另一项是招生及开园的筹备工作。

兴建园舍的任务由时任宁波市妇联儿少部部长的陈曼义同志全权负责。从土地规划审批、园舍设计、工程建造、设备采购等，到与施工队沟通、与拆迁户协调等，陈曼义部长面对繁多而紧张的工作，不辞辛苦，任劳任怨。1989年9月，宝韵音乐幼儿园主楼如期竣工，工程顺利通过建筑质量验收，并被评定为浙江省优质工程。

筹备招生及开园工作自然就落到了宝韵音乐幼儿园第一批创建者的肩上。宝韵的第一批创园者共12人，她们分别是教师马春玉、虞雪芬、徐海亚、丁旭英、毕鹰、屠洁琳、王锋、成红萍、苏莉莉，出纳秦虹和保健医生吴国琴，还有一位已经退休的蒋菱卿园长。在第一批教师中，除了一位从外地调入的教师有较短的教学经历外，其他均为刚刚跨出校门的新教师。

20世纪80年代的宁波市，教育资源相对匮乏，尤其是学前教育资源。有规模的幼儿园只有 8 所，幼儿园拥有的专业师资少之又少。筹备期间的宝韵音乐幼儿园条件非常有限，园舍主楼于 1989 年 9 月刚刚竣工，后续的设施设备安装与装饰工程便紧锣密鼓地进行。当时没有办公室，只能租借海曙区青少年宫一间 8 平方米的小屋作为筹备招生及开园工作的办公场所，9 位教师只能挤在一起创设环境、进行手工制作。筹建中的宝韵音乐幼儿园没有资料室，可参考的图书资料也非常有限。当时的条件促使宝韵的创建者们走上了自己学习、自己培养、自己成长的自力更生之路。马春玉老师从她的老师那里借来了由赵祥麟、王承绪编译，华东师范大学出版社出版的《杜威教育论著选》一书。这本书被老师们视为至宝，对于其中关于"儿童与课程"的内容，老师们反复研读，但却没有读出多少"道"来。看到这种情况，宝韵的创建者们深感自己所掌握知识的稀缺与经验的贫乏，于是她们除了在自己家、在宝韵音乐幼儿园学习之外，还积极寻找机会外出学习。1989 年 11 月，马老师、虞老师带着另外 7 位老师，背着米袋（当时上海音乐幼儿园教师的午饭是教职工自己准备盛有生米的饭盒，交由食堂统一蒸熟），从宁波启程来到位于上海淮海东路 2 号的上海音乐幼儿园，参加为期一周的学习培训。在这段培训学习的时间里，老师们白天听课、观摩教学活动，与上海音乐幼儿园的老师们交流，接受园长的具体辅导；晚上住在宁波市政府驻上海办事处的招待所里，一起整理记录材料，交流和分享各自的所见所闻、所悟所得，讨论宝韵面临的问题等。学习培训后，老师们很受启发，收获颇多。

创建之初，困难重重，但宝韵的创建者们信心与斗志不减。就这样，面对园舍、园长、教师"三新"的宝韵音乐幼儿园，在蒋菱卿顾问的指导与帮助下，宝韵最早的 11 位教职工克服园舍设施设备配备不全、人手不足、办学经验缺乏、办学经费不足以及社会对宝韵缺少了解等困难，按大类明确分工，落实专人配合园舍建设，其他人员则紧锣密鼓地开始了规划教育活动、探索教学管理、培训师资与外出学习、策划招生等工作。披星戴月不知苦，筚路蓝缕图作为，在半年多的筹备期内，第一批宝韵人克服各种困难，从环境布置、后勤服务、安全保障、教育活动、人员配备、家长联系等方面详细计划、积极行动、虚心学习、精心准备，保证了顺利开园。

二、难忘的诞生之瞬

宝韵在社会的密切关注中呱呱坠地……

（一）顺利开园

1990 年 1 月，在春节前夕，宝韵音乐幼儿园的开园准备工作已基本完成。初建成的园舍按照 6 个班级的规模设计，占地面积为 2800 平方米，建筑面积约 3000 平方米，绿化覆盖率约为 35%，被评定为宁波市二级幼儿园。春节刚过，幼儿园就忙着招生，当时的家长对宝韵的音乐特色特别感兴趣，招生报名可谓"火爆"，然而家长又十分好奇、特别感兴趣的同时，也充满了疑问，这么小的孩子可以学音乐吗？如何进行音乐启蒙教育？三年以后能学到什么程度？当时，幼儿园专门邀请了宁波市音乐教育界的专家来园"坐堂就诊"，她们是"钢琴奶奶"林元宁老师、幼教专家汤兰君老师、小提琴专家王百红老师和舞蹈专家朱宁老师。面对家长的咨询提问，专家们一一释疑解难，直到家长们了解为止。1990 年 2 月 25 日，马春玉老师带领全体教职工组织召开了第一次家长见面会，并代表幼儿园向市妇联、区教育局、社区等相关部门的领导做了全面的汇报。宝韵音乐幼儿园的开园准备工作得到了宁波市妇联、各级教育行政管理部门以及街道领导的充分肯定。1990 年 2 月 26 日，宝韵音乐幼儿园正式开学，75 名 3~5 岁的孩子成为宝韵的第一批学员，并录编在小小班、小班、中班。

（二）落成典礼

宝韵音乐幼儿园开园后发展较快，规模迅速扩大。1990 年 8 月，宁波市妇联正式任命马春玉为宝韵音乐幼儿园园长、虞雪芬为宝韵音乐幼儿园副园长。至 1990 年 9 月，宝韵音乐幼儿园已有教职工 27 名，其中专任教师 15 名，外聘音乐专业教师 5 名；在园 3~6 岁幼儿分为 6 个班，共 200 名，已经达到满员状态。

1990 年 10 月 5 日，宝韵音乐幼儿园落成典礼举行，此时的宝韵音乐幼儿园还不满一周岁。宁波市市长耿典华，新华社香港分社副社长张俊生，捐资人香港同胞孔爱菊女士、孔庆隆先生以及宁波市妇联、教育局、海曙区政府等相关部门的负责人，特邀的多位香港知名企业家参加了隆重的剪彩仪式。宝韵音乐幼儿园的幼儿代表（李森、钟圆圆、金佳琪）在新建的花园般的校园内为捐资人献上鲜花，以表达最真诚的祝福和谢意。

与"开园日"1990 年 2 月 26 日一样，"落成典礼"也是宝韵音乐幼儿园发展历程中一个非常重要的时刻，这也是宝韵创办于 1990 年 2 月与宝韵创办于 1990 年 10 月两种不同说法产生的缘由。

三、在"两难"中起步

宝韵一开始就面临着选择的困难……

(一)开启"全面"与"特色"的思考

如何处理办园"特色"与幼儿"全面"发展之间的关系，是宝韵人遇到的第一道难题，也就是说，尚未开园，宝韵人就遇到了需要在"两难"中做出选择的问题。这个难题在1989年即宝韵音乐幼儿园还在注册、筹办的时候就出现了，可以说对宝韵音乐幼儿园的深层思考与内涵发展就是从这里开始的。

宝韵音乐幼儿园是一所带有"音乐"字样的"特色园"，它承载着捐资者美好而深切的希望，因此重视音乐启蒙教育、培养幼儿的音乐素养、突出幼儿园的艺术特色是宝韵人义不容辞的责任。然而业界普遍认可的是，幼儿园最终的教育目的是支持与促进幼儿的终生成长与全面发展。1989年6月5日发布的国家教育委员会第2号令《幼儿园工作规程(试行)》(以下简称《规程》)就明确提出各地不能举办特色幼儿园。宝韵音乐幼儿园虽然因为考虑到捐资者的愿望与要求而获准成立，但在办学过程中如何遵照国家的教育方针和政策，如何做到既满足捐资者的愿望，又符合国家相关政策的基本要求，便成了宝韵音乐幼儿园面临的第一道难题。面对办学中的第一道难题，宝韵人没有逃避和退缩，而是积极行动起来，开启了"全面"与"特色"的办园方向问题的思考。

(二)提出"全面+特色"的办园方向

"两难"中，"全面"显然是要坚持的，而"音乐"是捐资者的希望和要求，是不能违背与舍弃的。现实的做法似乎只有一条路可走，那就是"两者"兼备、两全其美。

马春玉园长和老师们在仔细研读国家相关文件后认为，《规程》不鼓励举办音乐、体育以及语言等"专类"的特色幼儿园并非指所有的特色幼儿园都不好，其导向是指幼儿园教育要更多地关注孩子的全面发展和广泛的兴趣培养，不能过早地对幼儿进行定向教育。而音乐作为美的一种艺术表达，只要恰到好处，它与全面发展教育不仅不矛盾，还完全可以成为实施幼儿全面发展教育的有效途径和手段。"全面"与"特色"并不矛盾，在坚持全面发展的同时，加强音乐启蒙教育，反而可以更好地促进幼儿的全面发展。正是这种认识，促成了宝韵"全面+特色"办园方向的提出。

这一想法最终得到了政府、教育界以及社会多方面的认同和支持。宁波市妇联的领导非常支持这种想法，在1990年3月开园之初，宁波市妇联的主要领导在宝韵音乐幼儿园现场检查时就明确要求，不仅要把宝韵幼儿的艺术启蒙抓好，还要努力提高宝韵老师们的音乐素养，提倡宝韵的每位老师都学一门乐器，都有一项音乐特长。主管单位领导的认同与支持给了宝韵的创建者们十足的信心和动力，他们更加坚定地把宝韵的办园特色、教学活动的核心定位在音乐艺术启蒙教育上。他们确信，一方面，这是捐资者的愿望，表达了他们对音乐的热爱、对孩子们的美好希望以及他们对音乐促进儿童成长与发展的理解；另一方面，音乐活动是孩子们非常喜欢的活动，音乐活动内容丰富、形式多样，能听能演能奏，容易融入生活，培养幼儿的兴趣，是一种很好的活动载体。

因此，把音乐教育作为一种手段、一条途径，通过音乐教育更好地促进幼儿的全面发展，既满足了捐资者的意愿，又适应了孩子的兴趣与发展。"全面＋特色"的办园方向，既是当时关于幼儿教育的社会主流观点，也是宝韵人对特色幼儿园建设的一种思考和理解。1990 年宝韵开园之初，马春玉园长在开学准备的工作会议上提出"全面＋特色"的办园方向，为宝韵音乐幼儿园确立了办园的两个基本点：一是坚持以促进幼儿身心全面发展为宗旨，二是以艺术教育为重要活动载体。马园长强调，这两点不仅要坚持，而且要想办法把它们统筹起来。

（三）"全面＋特色"的办园方向获得广泛认同

宝韵音乐幼儿园提出"全面＋特色"的办园方向、"全面＋特长"的培养目标并在实践中坚持推行的做法，在宝韵创办之初便得到了社会的支持与认可。

1991 年 5 月，新中国学前教育学科的重要奠基人卢乐山教授来宝韵音乐幼儿园视察，听取了马春玉园长的专题汇报，充分肯定了宝韵音乐幼儿园的办园定位思路，并表达了期待宝韵多为儿童成长助力、多为家庭造福的美好愿望。

1991 年 11 月，现代教育家陶行知、陈鹤琴、张雪门、张宗麟参与的幼儿教育思想研讨会在宁波召开，来自全国各地的会议代表来到宝韵音乐幼儿园参观、交流。在深入孩子们的活动现场并亲身体验之后，代表们对宝韵这个初生园重视艺术教育、以音乐教育活动为切入点的做法非常认同，对幼儿园的办学定位以及"欢快的、有幸福感的"师生面貌等给予了充分肯定。

1991 年 12 月，时任全国人大常委会副委员长、全国妇联主席陈慕华来宝韵音乐幼儿园视察时，对宝韵音乐幼儿园提出并积极推行的"全面＋特色"的办园方向以及"全面＋特长"的培养目标给予了充分肯定。

1992 年春季学期，宝韵音乐幼儿园接受宁波市教育局组织的专家组的全面考核与评估，专家组对宝韵音乐幼儿园在园务管理、安全与卫生保健、日常保教活动、课程建设以及教师培训与培养等方面的工作给予了较高的评价。当年6月，宝韵音乐幼儿园被评定为宁波市二级幼儿园。

从1988年园舍奠基到1990年幼儿园举行落成典礼，再到1992年的六一儿童节，宝韵音乐幼儿园名誉园长、捐资人、香港同胞孔爱菊女士多次来到宁波，深入宝韵音乐幼儿园现场考察、听取园所发展情况的汇报，并多次同幼儿园的管理班子、教职工们交流。孔爱菊女士对宝韵坚持"音乐特长"培养、坚持艺术"特色"办园、坚持促进幼儿全面发展的办园思路很赞同，对宝韵在起步阶段的发展非常满意，欣然同意扩建园舍，启动西楼建设工程，并再捐资50万港元支持宝韵的建设与发展。

1993年6月，马春玉园长全面分析、总结了宝韵创办三年来的办学思路与管理经验，撰写了《把好方向关　办好特色园》一文并在《幼儿教育》杂志上发表(1993年第6期)(图1-2)。该文在阐述"坚持正确的办园方向"时强调，根据幼儿园不宜对孩子进行早期定向培养的精神，如何坚持正确的办园方向，完整地、准确地贯彻教育方针，在保证幼儿全面发展的基础上，对幼儿进行音乐启蒙教育，开发智力，陶冶情操，锻炼意志，促进幼儿身心和谐发展。宝韵人的主要做法是统一认识，明确培养目标；处理好音乐教育与全面发展教育的关系；注重个体差异、因人施教等。该文不仅对"全面＋特色"的办园方向和"全面＋特长"的培养目标进行了充分阐述，列举了贯彻、落实的具体途径与策略，而且对其进行了理论层面的论证与解读。这篇文章也成为"全面＋特色"的办园方向获得宝韵教职工普遍认同并对外正式提出的重要标志。

图1-2　《把好方向关　办好特色园》在《幼儿教育》上发表

四、坚实的立园之本

宝韵人坚信音乐可以作为办学育人的起点……

> 　　宝韵音乐幼儿园从创办之日起，就开始了对音乐特色幼儿园的探索与研究，这既是捐资者的意愿，也是宝韵人执着的思考和责任。特色幼儿园，应该既能出色地完成全面发展的教育任务，又能保证在整体稳定、全面优质的前提下呈现出独特的个性风貌。音乐是孩子最喜欢的表现形式之一，也是开展情感教育的重要手段。因此，我们要坚持将宝韵的特色定位在音乐教育上，通过音乐教育更好地促进幼儿的全面发展，提升幼儿的综合素质。
>
> ——摘自宝韵音乐幼儿园园长日记

　　如何办成音乐特色呢？首先，宝韵音乐幼儿园的管理者考虑的是从加强教师队伍、提高教师的音乐素养入手。为了保证幼儿的健康发展和促进教师的快速成长，1990 年 3 月开园初始，宝韵音乐幼儿园首先从音乐界聘请了有音乐教育权威和经验的老师来指导，如"钢琴奶奶"林元宁老师、小提琴专家徐中、王百红老师，效实中学音乐特级教师张希圣和宁波幼师汤兰君老师等，他们不仅指导孩子们学习音乐，而且肩负培养新老师们的任务。其次，将教育教学研究工作列为重点工作，邀请了北京师范大学学前教育专业毕业的童婉春老师担任宝韵音乐幼儿园的业务顾问，每周定期来园指导年轻教师的一日活动。老师们投入极大的热情研讨如何开展音乐教育活动，同时加强一日活动中音乐的渗透与融合，呈现出教师与幼儿学习音乐的热潮。同时，在孔爱菊女士的支持下，从上海运来了一大批乐器，如钢琴、古筝等。宝韵音乐幼儿园尽其所能地加大在音乐教学设备上的投入，购置各种乐器，设置适合孩子学习的大小琴房，为音乐启蒙教育活动创造良好的教学环境与条件；开设钢琴、小提琴、二胡、古筝等音乐专业的启蒙课程，配备音乐专职与兼职教师共 15 名。

　　宝韵人认为，特色是一个相对概念，是相对于一定区域、同一行业而言，与普通、流行等概念相对立。一所幼儿园、一家教育机构，真正支撑、推动其持续发展、孕育其生命力的，还是其办学理念。对刚刚诞生的宝韵而言，立园之本还是要发扬自己的特色，并以此为切入点和契机，开创育人之路，创建育人之基。

五、稳步发展的"一五"

妇联有"女"初长成……

(一)二期扩建工程

在办园的第一个"五年"期内,宝韵音乐幼儿园的办园特色越来越受到家长们的认可,社会影响力逐渐扩大,开园时只有 6 个班级规模的园舍已经远远满足不了周边社区孩子们的入园需求。宁波市妇联领导了解到这一情况后,一方面积极向宁波市政府争取附近地块,另一方面与孔爱菊女士商量能否继续捐资扩建宝韵。在宁波市政府的大力支持和宁波市妇联领导的努力下,宝韵音乐幼儿园获得 175 万元用于扩建二期工程;孔爱菊女士再次捐资 50 万元港币。1992 年 6 月宝韵音乐幼儿园启动西楼建设工程,也称为"二期扩建工程",开园时所建的教学楼随即被称为"东楼"。1993 年 10 月西楼主体竣工。1994 年 9 月西楼作为教学楼正式投入使用,宝韵的建筑面积增加至约 5100 平方米。西楼投入使用后,宝韵的办园规模扩大一倍,艺术课程门类也随之增加,除音乐类增设课程外,还开设了美术类、舞蹈类、语言类等艺术课程,课程的内容及组织形式更为丰富。1995 年,孔爱菊女士再次捐资 35 万港币,宝韵音乐幼儿园又启动东楼教学楼加层扩建工程,以满足宝韵日益发展的教育活动的需求。

(二)建立园务委员会

1993 年 3 月,宝韵音乐幼儿园为了更好地实行民主决策,让各个阶层的教职工参与园所建设与发展的决策与管理中,设立了园务委员会。初次成立的园务委员会由马春玉园长统一领导,由园长、教师、保育员、行政后勤人员代表等 21 人组成。园务委员会每月召开园务会议,商讨、决策全园重大事情。初成立的园务委员会没有幼儿家长、外聘教师等人员参与,任期也没有明确,但制定了相关的工作规程(草案),明确了园务委员会的职责,为进一步推动宝韵音乐幼儿园的科学管理奠定了基础。

(三)晋升省市示范园

我国各级教育行政管理部门评定的幼儿园等级虽不完全等同于幼儿园的实际办学水平,但它是在对幼儿园办学行为的各个方面进行考察、评估后所做出的判断,因此能在一定程度上反映幼儿园的教育活动质量与办园水平。宝韵音乐幼儿园从 1990 年 2 月开园,经历五年左右的时间,成为宁波市一级幼儿园和浙江省首批省示范性幼儿园。

1992 年 6 月，宝韵音乐幼儿园被评定为宁波市二级幼儿园。1994 年 11 月，宝韵音乐幼儿园被浙江省教育委员会批准为浙江省首批省示范性幼儿园，是当时在宁波市学前教育领域范围内仅有的一家"系统创办"的省级示范性幼儿园，也是省内办园时间最短、教育成果最为显著的一所特色园。1995 年 6 月，宝韵音乐幼儿园被宁波市教育局评定为宁波市一级一类幼儿园。

（四）亮相宁波市人民大会堂

1993 年 7 月 10 日，宝韵音乐幼儿园建园三周年汇报演出在宁波市人民大会堂举行。宁波市妇联、海曙区教育局以及海曙区政府南门街道办事处等单位的领导观看了本次演出。这是一次对宝韵音乐幼儿园教育活动质量，尤其是音乐艺术教育活动质量的检阅，也是对宝韵的孩子们的才艺与自信的初次考验。宝韵的孩子们用精彩的表演送上了一份令现场所有人都满意的答卷。

（五）家有"小女"初成长

建园之初，宝韵音乐幼儿园努力探索"全面＋特色"的办学理念，一切工作以培养幼儿全面发展与特长优势发展为中心，得到了家长、幼教同行以及社会各界的普遍肯定。在"全面＋特色"的办学方向与理念的指导下，宝韵音乐幼儿园的幼儿不仅学习成绩优秀、独立能力强，而且个个具有艺术特长，教师也与孩子们实现了共同成长。1993 年至 1995 年，宝韵音乐幼儿园的幼儿连续三年在宁波市海曙区"苗苗杯"文艺比赛中荣获一等奖，其指导教师则连续三届荣获宁波市优秀辅导员称号。

在马春玉园长的带领下，宝韵音乐幼儿园的教科研工作也渐显成效。1995 年，毕鹰老师在海曙区"教坛新秀"比赛中荣获三等奖，被授予海曙区第二届"教坛新秀"称号。1995 年马春玉园长撰写的论文《树立科学的音乐教育观念　培养幼儿审美能力》获宁波市教育成果二等奖，翌年该文在《学前教育研究》杂志上发表(1996 年第 3 期)。

（六）领导关怀情满园

宝韵音乐幼儿园在创办之初便得到了政府部门领导的重视和社会各界的关注，这给宝韵人带来了鞭策与鼓舞，也带来了极大的压力。

1994 年 4 月，全国政协原常委、全国妇联原常委应伊利女士来宝韵音乐幼儿园视察。全国人大常委会原副委员长、全国妇联原主席陈慕华继 1991 年 12

月来到宝韵音乐幼儿园视察之后，于 1994 年 10 月在时任浙江省省长万学远、时任市委副书记陈勇、时任市妇联主席尹心娣等领导同志的陪同下，再次来到宝韵视察，并与宝韵的教职工代表、幼儿及家长代表亲切座谈。1994 年 5 月，全国妇联原副主席卢乐山来宝韵音乐幼儿园视察，并听取了马春玉园长的汇报。

　　1995 年 6 月 1 日上午，宝韵音乐幼儿园迎来了一批尊贵的客人——台北市宁波同乡会妇工会返乡参访团一行 21 人。她们在宁波市妇联主席尹心娣等领导的陪同下，带着满满的喜悦、关怀、祝愿，来到宝韵音乐幼儿园与孩子们共度六一儿童节。刊载于《海峡情》杂志（1995 年第 8 期）和《宁波政协》杂志（1995 年第 2 期）的文章《津津有味的六天——台湾太太访甬记》中（原文作者：一笔一拍走天涯）有这样的详细记载"孩子们用大提琴、小提琴、二胡、扬琴等为客人们演奏了各种歌曲，小舞星们跳起了欢快的'伦巴''恰恰'等拉丁舞，台湾乡亲向幼儿园孩子赠送了特意从台湾带来的一大箱玩具。其情殷殷，其乐融融"。

特色园·下篇

第二节　艺术彰特色　耕耘播美誉（1996—2000 年）

> 宝韵人默默耕耘的乐园——
> 爱的笑脸，盛开在孩子们的嘴边
> 爱的歌声，围绕在孩子们的耳畔
> 爱的琴声，流淌在孩子们的指尖
> 爱的故事，陪伴在孩子们的身边……

从 1990 年到 1995 年，宝韵音乐幼儿园经过五年的创建与发展，"全面＋特色"的办园方向与目标已经得到大家的普遍认同。正如马春玉园长于 1993 年在《把好方向关　办好特色园》一文中分析与总结的那样，宝韵人切实通过建立一支过硬的教师队伍、狠抓科学管理、坚持正确的办园方向等具体措施，把新生的宝韵音乐幼儿园推上了"办学成效突出、幼儿获得健康成长与发展、社会反响良好"的特色园发展道路。

一、艺术特色的基石——幼儿为本

艺术活动是富于表现形式，具有感染力，容易出成果的活动方式。对一所以艺术见长、以音乐为特色的幼儿园来说，如果园长及其管理团队把众人的注意力、园所的力量主要投放在追求园所发展规模、追求园所自身效益的层面，过于注重创经济收益，注重获奖，注重制造"新闻事件"与社会影响等，就很容易违背办园的宗旨而走向形式主义。正是因为深刻地认识到了这一点，宝韵人在建设艺术特色幼儿园的实践活动中，始终把幼儿的成长与发展摆在首位，始终坚持一切为幼儿着想，坚持一切以幼儿为本。

（一）"三个一"思想的萌芽

其实，宝韵音乐幼儿园从办园之初就坚持音乐特色，这种办园思路除了与捐资者密切相关之外，与马春玉园长也有着一定的联系。马园长于1981年从浙江幼儿师范大学毕业后被分配到宁波地区机关第一幼儿园（现为宁波市机关第一幼儿园）工作。她喜欢音乐，经常开展音乐课教学。几年后，她的音乐教学特色得到普遍认可，并担任了教研组长，成为宁波市中小学音乐教育教研大组的重要成员。1993年宝韵正式成立教研组时，马园长就提出了"以音乐为核心"的想法，要求老师们在坚持促进全面发展的前提下注重幼儿的音乐特长培养，并明确提出"以人为本、特色创新，发展孩子、成就教师"的办园理念。在教研会上，马园长就如何做好音乐特色教育提出要重点做好三个方面，即改善教学环境条件、加强师资队伍建设、创建音乐特色课程，这也是宝韵强调环境、教师、课程是幼儿园办学支撑点的"三个一"思想的萌芽。

（二）从音乐到综合艺术的特色

从开园之日起，宝韵音乐幼儿园就不停地寻求探索、扩展课程活动，以提供给幼儿更丰富的活动内容与形式，拓展孩子们的成长空间，为孩子们创造更多的学习与体验的机会。1993年开始的艺术课程主要是器乐专业课程，到1996年春季学期，宝韵音乐幼儿园将器乐专业课程扩展到舞蹈、声乐、美术等领域。虽然仍以音乐艺术课程为主，但幼儿舞蹈、童声表演唱、音乐欣赏、儿童画、中国画、手工制作等课程所占比例逐渐增加，宝韵音乐幼儿园的艺术活动内容与形式日渐丰富起来，逐渐形成以音乐为核心的注重幼儿表演成分的综合性艺术启蒙课程，并且越来越受到幼儿的喜爱及家长们的青睐。

（三）注重音乐在一日活动中的作用与价值

1993年宝韵音乐幼儿园成立教研组之初，在马春玉园长的指导与支持下，教研组长俞晓玲老师就带领十余位老师开展了关于幼儿一日活动如何安排、如何实施的讨论。老师们意识到，对于组织幼儿教育活动比较欠缺实际经验的宝韵来说，首先要注重在日常教育活动中如何处理好音乐教育与全面发展教育的关系。根据幼儿的心理特点，把全面发展教育和特色教育有机结合，针对大班、中班和小班幼儿的具体情况，分别制订了宝韵音乐幼儿园一日活动安排表、一周活动安排表。这些安排表在讨论与试行中得到多次改进，并逐渐将音乐融入晨检、户外早操、教学活动、室内游戏以及餐点午睡等一日生活的各个环节之中；注重音乐与其他学科的有机结合，如音乐与语言、音乐与体育、音乐与科学、音乐与社会活动等，充分发挥音乐的独特价值与功能，从而提高各学科的教学效果。同时，为喜欢音乐、选学音乐艺术启蒙课程的幼儿每周安排一次专业学习和两次辅导练习，采取大课与小课结合、专业课与辅导课交替、园内教师与园外家长配合等多种形式。保证幼儿全面发展与音乐艺术素质培养同步同程，在一定程度上激发了众多幼儿学习音乐的兴趣，较好地营造了浓厚的音乐艺术学习氛围，突出了宝韵音乐幼儿园的发展优势与艺术特色。

（四）注重通过艺术活动培养幼儿"三力"

1995 年 3 月，宝韵音乐幼儿园的老师们开展了一次日常教研会。会上讨论到了"培养目标"这一话题，几乎所有的教师都认可 1993 年初宝韵音乐幼儿园正式提出的培养目标，即把音乐教育作为教育手段促进幼儿全面发展，从而明确宝韵的培养目标并不是选拔、造就音乐专门人才，而是培养具有受过良好音乐启蒙教育的体、智、德、美全面发展的社会主义事业接班人。正在话题无法更加深入讨论之际，马春玉园长、教研组长俞晓玲老师、海曙区第二届教坛新秀（1995 年）毕鹰老师等不约而同地把话题引向"幼儿园的音乐艺术活动"。于是，宝韵的老师们开始了新话题的思考与讨论，即进一步审视幼儿艺术活动尤其是幼儿园音乐艺术启蒙教育活动究竟应该培养孩子们什么，具体来说应该促进孩子哪些方面的变化与发展。于是，一场围绕"幼儿园音乐启蒙教育活动目的"的讨论又热热闹闹地开展起来。

虽然这次讨论最终进展不大，老师们的表述与表达不清晰，而且存在一定的分歧，但对处在发展初期的宝韵而言还是有所收获的。老师们进一步明确，艺术教育活动的目的最终必须落在孩子们身上，必须围绕促进幼儿的发展这个大目标上来。

受这次教研会的启发，宝韵音乐幼儿园的老师们开始了关于音乐启蒙教育活动具体培养目标的持续探究与思考。马春玉园长对这些思考后形成的言论与观点进行了及时收集与整理，并将音乐教育活动的核心目标确定为"培养幼儿的审美能力"。1996 年 3 月，马春玉园长通过不断总结与反思，对在这场讨论中产生的想法和感悟等进一步分析、加工、梳理，从而将宝韵音乐幼儿园开展音乐教育活动的核心目标分解、提炼并确定为 3 项具体的培养目标，即培养幼儿的音乐感受力、幼儿的表现力和幼儿的创造力，并写成文章《树立科学的音

乐教育观念　培养幼儿审美能力》在《学前教育研究》杂志上发表（1996年第3期）（图1-3）。该文有这样的论述："长期以来，以'技能为中心'的观点，对幼儿音乐教育产生了极大的误导，由于偏重技巧训练，忽视了音乐教育中'美'的因素，把音乐教育片面地理解为学几首歌、弹几首曲、跳几个舞，忽略了音乐教育与全面发展的关系。随着教改的开展及幼儿主体地位的逐渐确立，幼儿园的音乐教育又从'技能中心'转向单纯地尊重幼儿年龄特点，重视兴趣培养的所谓'兴趣中心'。教师对教材的研究，往往在内容、形式方面考虑过多，而对音乐本身的内涵考虑很少，教学方法也大多流于形式，在示范中，不能充分展示作品的音乐美，缺乏美的表现与激发。对幼儿兴趣的培养，不是以审美为目的，以感受为基础，而是单纯靠活动形式、内容的童趣来取胜，使幼儿对音乐的兴趣，仅停留在活动的表面。实践证明，幼儿的音乐教育，无论是以'技能为中心'还是以'兴趣为中心'，都是片面的。我们认为，音乐是一门技术性很强的艺术，技能训练势必在音乐教育中占据重要地位。知识技能的获得，并不是音乐教育的最终目的，音乐教育也应激发幼儿的兴趣，不能只靠活动形式、内容的童趣来取胜。音乐教育作为美育的重要组成部分，其主要任务是培养幼儿的音乐审美能力，包括幼儿对音乐的感受力、表现力、创造力"。

图1-3　《树立科学的音乐教育观念　培养幼儿审美能力》在《学前教育研究》上发表

二、办园成果的背后——辛勤耕耘

> 幼儿园是首诗,
> 灵动的个性,
> 艺术的殿堂;
> 智慧的星空,
> 探究是作坊;
> 种植的苗圃,
> 快乐的酣畅。
> 我们渴望,
> 让纯真的诗意穿透孩子们的童年生活,
> 让勤勉与耕耘伴随着我们的教育生涯,
> 让快乐与幸福成就我们的人生梦想。
>
> ——摘自宝韵音乐幼儿园《园长手册》

宝韵人从办园之初就踏踏实实,勤勤恳恳。虽不图回报,但天道酬勤,宝韵人的勤劳付出,在宝韵音乐幼儿园进入第二个五年发展阶段期间,便开始结出甜美的果实,留下不可磨灭的印记。

(一)动听的"宝韵之声"

1996 年 7 月,冠名为"宝韵之声"的宝韵音乐幼儿园建园六周年文艺汇报演出在宁波剧院举行。

时任宁波市副市长陈守义同志出席观看,宁波市妇联、海曙区政府、宁波市教育局以及海曙区教育局、南门街道办事处等单位的领导一同观看演出。200 余名在园幼儿几乎全部登台表演,近 400 名幼儿家长积极配合,为孩子们精彩的表演鼓掌、喝彩。更有 20 余名家长主动报名担当演出活动的志愿者,自愿为演出活动服务,保障了整场演出活动的安全与秩序。宝韵的孩子们、老师们在热切的希望中为这场重要的汇报演出用心准备达半年之久。他们精心准备、刻苦排练的节目表演得十分顺利,为父母亲人、为宝韵、为现场的观众献上了精彩、珍贵的礼物。支持这次演出活动的单位,即位于宁波市海曙区解放南路 187 号的宁波剧院(现名为宁波逸夫剧院)。剧院刚完成装修翻新,崭新的舞台场地及演出设备为孩子们的成功演出添上了重要的一笔。家长们在演出结束后纷纷表示，演出气氛欢快，节目一气呵成，充分展示了宝韵孩子们的艺术风采。

正如马春玉园长在"宝韵之声"演出开始之前的简短致辞中所言，这次演出活动既是一次促进孩子们成长的大好机会，也是一次对宝韵特色教育活动成效的全面检阅。宁波市妇联的领导们在演出结束后的总结会上表示，这次演出活动中，孩子们表现得很棒，展现出了宝韵音乐幼儿园六年来的辛勤付出和艺术教育的成果，体现了宝韵人多年的执着追求与办园的艺术特色。

（二）骄人的巾帼风采

从1990年开园至2000年的十年间，宝韵音乐幼儿园的女职工在全园教职工总数中所占的比例一直在80%以上，园所的领导班子成员也全是女同志。毫无疑问，女同志是开创宝韵幼儿教育事业的中坚力量，是主力军。正是在以女同志为核心、为主体的宝韵人的艰苦奋斗下，宝韵音乐幼儿园和孩子们一起，一点点的成长，一天天的发展壮大。努力创办艺术特色幼儿园的十年间，宝韵人脚踏实地、艰苦奋斗、敢于创新、敢为人先的创业精神，宝韵人敬业爱岗、不计得失、大公大爱、乐于奉献的职业境界，得到了各级领导的肯定，得到了社会各界的认可，宝韵的巾帼英雄们，也被锤炼成为一个品格高尚、精诚团结、战斗力强的优秀团队。1997年3月，宝韵音乐幼儿园被宁波市妇女联合会授予宁波市三八红旗集体的称号。1999年12月，宝韵音乐幼儿园荣获"宁波市巾帼建功示范岗"的称号。这些荣誉，既是一种激励，也是宝韵巾帼风采的见证。

（三）荣获优秀辅导园

为了加强宁波市区域之间的教育资源共享与教育信息的交流，支持相对落后地区以及教育资源缺乏、师资力量薄弱、办园经验不足的幼儿教育机构的发展，推动区域学前教育水平的整体提高，宁波市教育行政管理部门牵头创建了辐射一定区域的幼儿园辅导网。宝韵音乐幼儿园积极响应、大力支持、长期参与此项工程，主动、积极帮扶其他幼儿教育机构，定期选派专家、骨干教师进园辅导，分享管理经验，培训幼儿教师，联合举办教研活动、亲子活动等；同时通过联合组织公益性的社区教育活动为社会服务，为同行的发展提供助力。1993年至2005年，宝韵音乐幼儿园在帮扶其他幼儿教育机构以及开展社区教育服务等方面做了大量的努力，得到了教育行政管理部门和主管单位宁波市妇联的高度认可，多次荣获宁波市"优秀辅导幼儿园"称号（图1-4）。

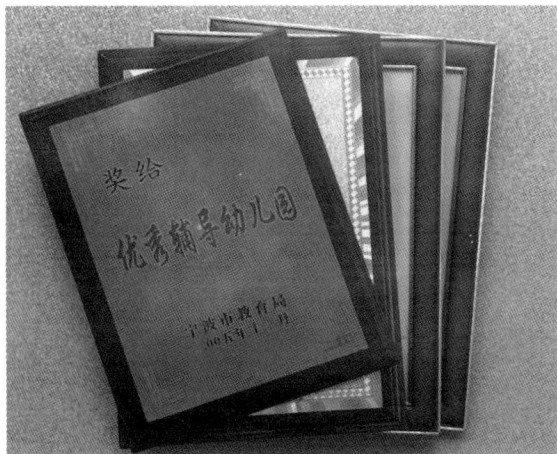

图 1-4　宝韵被评为优秀辅导幼儿园

(四)受赠项目管理先进单位

1996年,宁波市政府决定开展全市捐赠工作专项检查。宝韵音乐幼儿园在此项工作中得到了由市相关部门共同组成的联合检查组的充分肯定,尤其是宝韵的发展思路与规划、资金与资产的规范管理以及获得良好的社会效益等方面的成效得到了检查组成员们的一致认可。1996年12月,在全市华侨捐赠工作总结表彰会上,宝韵音乐幼儿园受到表彰,被授予宁波市"捐赠项目管理先进单位"称号(图1-5)。

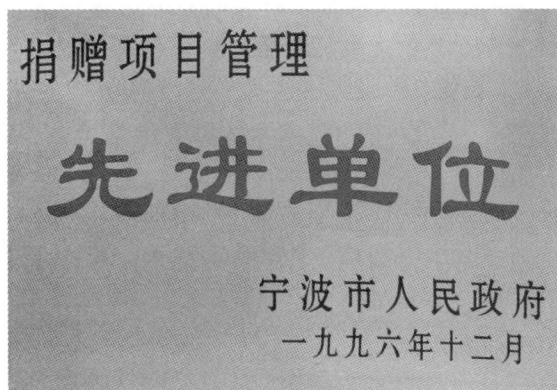

图 1-5　宝韵被评为捐赠项目管理先进单位

(五)成为浙江省基本体操训练基地

在"全面+特色"的办园目标引领下，宝韵音乐幼儿园在推行"全面发展+特长培养"的办园过程中，十分重视幼儿的身体健康与素质发展，注重音乐与体育的相互渗透。宝韵音乐幼儿园的领导班子非常注重户外活动场地及其设施设备的配备与维护，注重户外运动游戏的安排与组织，注重幼儿的体育运动训练以及幼儿运动兴趣的培养。1996年，在李映老师的带领下，宝韵音乐幼儿园开展了幼儿基本体操训练与表演的"兴趣"项目。李映老师师从宁波少儿体校体操教练张一鸣，从小接受正规的体操训练，在幼儿体操训练方面积累了丰富的教学经验。在园长的支持和李老师的努力下，聘请具有专业资质的教练定期为自愿参加的幼儿进行辅导。1997年，在"兴趣小组"的基础上成立了宝韵幼儿基本体操表演队，开始定期进行训练。1998年10月，宝韵音乐幼儿园被浙江省体操协会评定为浙江省幼儿基本体操训练基地。1999年12月，宝韵音乐幼儿园的表演团队在马春玉园长的带领下，在以李映老师为主教练、吴国琴医生为后勤保障，韩巧雯、沈旦倩等13名幼儿组成的宝韵体操队，在当年的全国幼儿基本体操表演大会上荣获第九届"红塔杯"全国幼儿基本体操表演一等奖，使宝韵艺术教育成果展示从省、市走向全国，特别是宝韵孩子们灵动的表演、动作与音乐的完美融合，得到了全国幼儿基本体操专家与幼教机构同行们的一致好评。

从1991年开始举办的，由中国关心下一代工作委员会、中国体操协会等单位牵头组织的"全国幼儿基本体操表演大会"是一项有益于儿童身心健康成长的幼儿体育项目，旨在普及基本体操，培养幼儿养成体育锻炼的好习惯，增强地域间体育运动交流，促进儿童身心健康发展。幼儿基本体操表演带有律动、竞技、表演的成分，融合音乐、舞蹈等艺术元素，是有利于儿童强身健体的项目。宝韵音乐幼儿园成为浙江省幼儿基本体操训练基地后，每年都会参加省、市各类幼儿体操表演活动，并于1999年、2000年连续两年参加全国幼儿基本体操表演，并获得一等奖(图1-6)。宝韵幼儿体操队还曾在天安门广场表演过。表演与展示活动丰富了宝韵孩子们的体育运动内容，为推动孩子们的体质与全面发展创造了新的机会与条件。

图 1 – 6　1999 年和 2000 年连续两年获全国幼儿基本体操表演一等奖

三、教学品质的提升——教科研并进

　　幼儿的教育活动始终是幼儿园的主阵地，办好幼儿园就要不断地追求提升教育活动的质量与品位。要想提升幼儿园教育活动质量，更好地引导与支持幼儿的发展，关键在于拥有一支素质过硬的教师队伍。幼儿园教师的基本素质主要体现在其职业道德和专业水平。《幼儿园教师专业标准（试行）》明确提出，"幼儿园教师是对幼儿实施保育和教育职责的专业人员，需具有特定的专业素质，具有良好的职业道德与态度、专业的教育知识和技能"。可见，幼儿园的教师培训与培养工作和教科研工作对提高幼儿园的教育活动质量、促进幼儿园的整体发展十分重要。

（一）组建教科室提升内质

　　在宝韵音乐幼儿园创办之初，俞晓玲老师被推选为教研组长，在蒋菱卿顾问和马春玉园长的指导和支持下，统筹负责全园的教育教学研究工作。宝韵音乐幼儿园在第一个五年发展期内，其教研工作主要是围绕新入职教师业务培训、园本课程活动开发、日常教学活动监测与评价等工作来开展。进入第二个五年发展期之后，也就是从 1995 年开始，在马春玉园长的带动下，老师们开始关注自身理论水平的提升，开始思考如何申请教育科学规划课题、如何开展专项研究、如何写论文等问题，让自己发生"质变"。

　　发生在宝韵老师们身边的两件事情为这种"思变暗流"提供了强劲的推力。一是侯鲁萍老师作为浙江省首届学前教育大专的毕业生加入了宝韵的教师队伍，为宝韵注入了新鲜血液；二是马春玉园长撰写的论文《树立科学的音乐教育观念　培养幼儿审美能力》在《学前教育研究》杂志上发表（1996年第3期）。侯鲁萍老师师从成红萍老师和叶飞老师。她脚踏实地，扎根于教学一线，在默默为孩子们奉献和服务的同时，自己埋头苦学，认真钻研，凭着扎实的教学能力与过硬的专业功底赢得老师和家长的信任，并逐渐在教科研方面初露头角。马春玉园长也是幼儿教师出身，她长期坚持实践与理论结合，坚持理论学习，逐渐形成了自己对音乐教育、对幼儿教育的深刻理解，因此她写出的文章通过了杂志专家的评审，最终得以发表。《学前教育研究》杂志是中国学前教育研究会的会刊，是北京大学《中文核心期刊要目总览》和CSSCI来源期刊首批入编期刊，是我国学前教育领域唯一一本中文核心学术期刊。该刊物的作者主要来自高等院校和教育研究机构。可见，在此期刊上发表学术文章绝非一件容易的事情。

　　1997年，青年教师侯鲁萍开展了关于家长"尊重幼儿"意识的专项研究，取得了良好的效果。她在研究成果的基础上撰写的论文《幼儿家长"尊重幼儿"意识的现状与对策》获得浙江省家庭教育学会优秀论文评选一等奖，不久又获得全国教育教学优秀学术论文一等奖，同年该文被收录至由南方出版社出版的《现代教育艺术丛书》。

　　就是在这样的情况下，积极进取的宝韵老师们掀起了学习的热潮，宝韵音乐幼儿园的教科研工作出现"需求快速增长"，如何适应这种"需求"新动向的问题随即摆在宝韵的管理团队面前。1998年9月初，宝韵音乐幼儿园领导班子决定推行教科研改革，调整原有教研组的工作职能，组建教科室。在1998年秋季学期工作布置会上，马春玉园长宣布了任命决定，毕鹰老师成为宝韵音乐幼儿园的第二任教研组长，侯鲁萍老师担任第一任教科室主任。

　　新组建的教科室被赋予了神圣而又重要的职责。马春玉园长代表领导班子在宣布任命决定的会上强调，教科室是宝韵音乐幼儿园管理教育科学研究的职能部门，具体统筹、负责全园的教科研工作，主要包括课题规划、申报、研究计划实施、成果总结与鉴定、科研档案管理、成果推广与应用等日常管理工作，同时还要抓好园所的科研队伍建设，制定园所教育科研工作管理制度，合理、规范使用科研经费，推行并完善园所的教科研工作激励机制，为宝韵的园本课程建设、教师培训与培养、家长教育以及日常教学研究活动等提供指导与支持。

（二）教研科研初见成效

宝韵音乐幼儿园组建教科室是宝韵音乐幼儿园内涵得以更加丰富的重要事件，是宝韵内质得以进一步提升的关键，是宝韵孕育新目标、迈向新的发展阶段的起点。在以马春玉园长为核心的管理团队的引领下，教科室的工作在侯鲁萍老师的主持下稳步推进，宝韵音乐幼儿园的学习与研究的氛围、教师的精神面貌也发生了很大的变化。1998 年 11 月，全国政协副主席、香港特别行政区第一任行政长官董建华夫人董赵洪娉女士在宝韵音乐幼儿园荣誉园长、捐资人孔爱菊女士以及宁波市政协、妇联、教育局等单位领导人的陪同下来宝韵音乐幼儿园视察时，不仅对宝韵的园所建设和孩子们出众、出彩的才艺大加赞赏，还特别对宝韵教师们努力学习、积极进取的精神面貌与工作状态给予了高度赞扬。

1998 年，宝韵音乐幼儿园独立策划、确定的研究课题《激发音乐兴趣，促进幼儿全面发展》通过专家评审立项，成为宝韵音乐幼儿园承担的第一项宁波市教育科学规划一般资助课题。这项课题是宝韵音乐幼儿园进一步深化"全面＋特色"的办园目标和"全面发展＋特长培养"的育人目标的探索是寻求其理论依据、提升宝韵教育活动内质的重要标志。马春玉园长、侯鲁萍主任共同担任课题负责人。

1999 年，宝韵音乐幼儿园在教育行政管理部门主办的旨在发现、培养优秀青年教师的"教坛新秀"评选活动中再传喜讯，教科室主任侯鲁萍老师在宁波市海曙区"教坛新秀"比赛中荣获二等奖，被授予宁波市海曙区第三届"教坛新秀"称号。

1999 年，由马春玉园长和侯鲁萍主任担任课题负责人的市级教育科学规划课题"激发音乐兴趣，促进幼儿全面发展"顺利结题。该课题由于有着较好的研究条件和基础，且宝韵音乐幼儿园在音乐教育与幼儿全面发展等领域已经积累了丰富的经验，也取得了不少基础性的理论成果，因此仅用一年多的时间就很好地完成了预设的研究目标。其研究成果得到负责考核、验收的专家们的普遍认可，其研究报告《激发音乐兴趣，促进幼儿全面发展》荣获浙江省幼教科研成果一等奖，并在全国音乐教育论文评选活动中荣获二等奖。

身负重托的教科室主任侯鲁萍老师在 1997 年完成"幼儿家长"尊重幼儿"意识的现状与对策"专项研究之后，并没有停下来，而是带着她的研究团队即教科室的成员进一步开始了关于"幼儿园教师尊重儿童意识"的新课题研究。天道酬勤，脚踏实地、深入研究、默然前行的侯鲁萍老师和她的团队终于迎来了新的"采摘季"。1999年,由侯鲁萍老师执笔撰写的《幼儿教师尊重儿童意识调查报告》在宁波市第三届幼教科研论文评选活动中荣获一等奖,不久又在浙江省学前教育研究会论文评选中荣获一等奖。该成果被中国电子音像出版社出版的《中华园丁论文集》收录。

2000年,侯鲁萍老师先后荣获宁波市海曙区幼儿园教师基本功比赛全能一等奖、宁波市幼儿园教师基本功比赛全能二等奖,成为宝韵音乐幼儿园名副其实的"教学与科研双能人"的杰出代表。

2000年5月,宝韵音乐幼儿园还完成了另外一项重要工作,即收集、整理宝韵开园近十年来的教育活动案例以及教研与科研成果。该项工作早已被写进宝韵音乐幼儿园1999年的工作计划,被列入宝韵音乐幼儿园2000年的重点工作,也是宝韵音乐幼儿园建园十周年园庆的重要内容。2000年6月,在国际儿童节来临之际,宝韵人完成了《幼儿教育活动集》和《科研教研成果集》的编辑与印制的全部工作,两本珍贵的带着浓浓宝韵色彩的非正式出版的著作正式面世。这两本内部出版的图书反映的不仅仅是宝韵的成就与荣耀,更是宝韵人在幼儿教育十年路上的思考与探索,是实践经验的果实,是宝韵人汗水与智慧的结晶,它们承载着宝韵艰苦奋斗、锐意进取的历程与精神。从问世之日起,它们便成为宝韵音乐幼儿园开展教育活动的重要参考资料也被确定为师训工作的培训教材。

四、春天的花蕾——建园十周年庆典

翻开2001年出版的《宁波年鉴》第459页,我们会看到这样一段记载宝韵建园十周年园庆活动的文字:

【宝韵幼儿园举行建园10周年园庆】6月3日,由港胞刘孔爱菊女士和孔庆隆先生捐资兴建的市宝韵幼儿园举行建园十周年园庆。"宝韵"创办于1990年2月,占地面积5100平方米,园内环境优美、设施齐全。全园有14个班级5600名幼儿,大专以上学历教师的比例达64%,为省首批示范性幼儿园、市五星级幼儿园。范徐丽泰、陈凤英、刘浩清、刘孔爱菊及弟媳孔杨蕴华等香港来宾以及市领导张蔚文、陈勇、盛昌黎等参加庆典,并观看由师生们自编自演的歌舞节目——《春天的花蕾》。

对于宝韵人来说，2000年6月3日是一个值得珍藏的日子，是一个难以忘怀的日子。这一天，10岁的宝韵，带着为她辛勤耕耘的56名教职工，引领着在这里幸福成长的497名幼儿（注：2000年春季开学，宝韵音乐幼儿园注册幼儿人数为497人，另有63名未满3岁而家长要求提前入园的"跟班"、提前"预定"学位的婴儿。因此，《宁波年鉴》中记载有560名幼儿），在近千名的怀着殷殷希望和浓浓谢意的家长及嘉宾的陪伴与簇拥下，来到金碧辉煌的宁波逸夫剧院。在此，一场酝酿、编排了整整十年的儿童歌舞剧，迎来了她的盛大开场。

政府、社会给了宝韵莫大的荣耀。时任香港立法会主席徐丽泰女士，时任香港中联办副主任陈凤英女士，宝韵捐资人孔爱菊和她的丈夫刘浩清先生、捐资人孔庆隆先生夫人杨蕴华女士等香港嘉宾远道而来、盛情光顾；时任宁波市委副书记、市长张蔚文，时任浙江大学校长张俊生，时任宁波市人大常委会主任陈勇，时任宁波市副市长盛昌黎等领导不辞辛劳、莅临现场。纯真的孩子们奉献了60分钟的精彩演出，感染了现场的每一位观众。数十名天真活泼的幼儿同步共舞，百余名提琴手同台齐奏，那热烈欢快的旋律、那激动人心的场面，让人震撼，令人动容。图1-7为宝韵建园十周年庆典晚会的隆重场面。

图1-7 宝韵建园十周年庆典晚会
（左起依次为：刘浩清、张蔚文、孔爱菊、范徐丽泰、张俊生）

为了这一天，为了这一刻，全体宝韵人，从园长到员工，从教师到幼儿，从顾问到家长，无不倾注他们全部的心力与热情，兢兢业业，艰苦奋斗。为了这一天，宝韵音乐幼儿园主管单位宁波市妇联的领导更是关怀备至。市妇联主席徐荷英、副主席方燕等多次深入宝韵现场检查指导，宁波市、海曙区教育局及街道的领导也给予了大力支持。

　　是的，2000 年 6 月 3 日，这一天，宝韵似乎攀上了一座高峰，风光无限美好——孩子们是快乐幸福的，老师们是欣慰的，家长、嘉宾与领导们是满意的。然而，宝韵人清醒地知道，在宁波逸夫剧院呈现的"春天的花蕾"固然荣光无限，可它的背后却是宝韵人十年来的艰苦奋斗与辛勤付出，随之而来的依然是培育责任的考验和推动幼儿教育事业持续发展的挑战。

　　十年流光，万幼宝韵。占地面积从 2800 平方米扩展至 5100 平方米，建筑面积从 3000 平方米扩大到 4600 平方米，教职工从 12 名壮大至 56 名，开设班级从 3 个增至 14 个班级，在园幼儿从 75 名增加到 497 名，另外还有 63 名"跟班"婴儿。那些曾经在这里学会做人、学会学习、学会审美、学会健体、学会生活的成千上万的孩子是幸运的，更是幸福的。

> 宝韵音乐幼儿园名誉园长孔爱菊女士的座右铭：
> 一旦承诺，就要尽力完成。

　　"一旦承诺，就要尽力完成。"这是多么朴实无华的语言！这是发自内心深处的声音，这是一位、也是无数位华人侨胞用生命谱写的爱祖国、爱家乡的壮美乐章。正如时任宁波市妇联主席徐荷英在宝韵音乐幼儿园建园十周年庆典致欢迎与答谢辞时所说的那样，宝韵肩负着国家的重托，肩负着社会的厚望，肩负着家长们的厚爱，肩负着孩子们的未来。宝韵人不会忘记捐资人、名誉园长、尊敬的孔爱菊女士的谆谆嘱托，会以新的姿态、新的斗志、新的愿景、新的构想走向新的十载，迈向新的千年。

　　新世纪的钟声已经敲响，在跨入新的千年之际，宝韵人会秉持初心和大爱，群策群力，一如既往，精心耕耘浇灌，静待花蕾绽放。

品牌园 · 上篇

> 　　宝韵建园十周年庆典的辉煌把宝韵人尤其是宝韵的管理团队推上了一座"巅峰"，下一步该何去何从？如果不冷静思考，如果没有脚踏实地的行动，如果没有富有远见而又切合实际的规划，那么在宝韵面前的，极有可能就是急剧下坠的山坡，甚至是陡峭的悬崖……
>
> 　　　　　　　　　　　　　　——摘自宝韵音乐幼儿园园长日记

一、荣光下的沉思——新十年规划之源

　　人无远虑，必有近忧。在新千年、新世纪、新的十年来临之际，宝韵音乐幼儿园结出的"春天的花蕾"是那么的活泼可爱，是那样的美丽动人。十年，三千多个奋斗的日夜，宝韵人用智慧、用辛勤的劳动编制成美丽的花环，在种种荣光的照耀下熠熠生辉。这一刻，宝韵的孩子是快乐的，宝韵的家长是满意的，宝韵的老师是自豪的，宝韵的园长和捐资者是欣慰的，社会是赞赏的。应该说，宝韵人在园长的带领下，用十年的时间创办音乐特色园是成功的，宝韵人实现了对捐资者办园初衷的郑重承诺。然而，形式上的东西、表层的点缀，并不能保持长盛不衰。幼儿园持续发展的动力来自办园的思想与理念，来自园所的底蕴和内涵。以马春玉园长为核心的管理团队，多年前在办园的探索中就已经领悟到这一点，带有"远虑"意义的"三个一"目标的萌芽便是切实的例证。

(一)从"三个一"到"三个服务三个一"

只有站得高，才能看得远。早在1993年宝韵初次成立教研组时，马园长就提出了抓好教育环境、教师队伍、园本课程三项基本建设的"三个一"思想。宝韵的管理团队已经意识到一所幼儿园实现生存与发展的关键。从这种思想认识的萌芽，到"三个一"的正式提出，宝韵人经历了长达六七年的探索过程。回顾宝韵人从1990年到2000年这段创建音乐特色幼儿园的光荣而艰辛的历程，宝韵人正是循着"全面 + 特色"的目标，围绕"环境、教师、课程"这三个支撑点来努力前行的。

宝韵建园十周年庆典结束以后，趁着余热，马春玉园长提出要扩大范围深入讨论下一个五年乃至十年发展目标的想法。这个想法立即得到了宝韵音乐幼儿园领导班子的一致赞成。2000年11月至12月，宝韵音乐幼儿园掀起了一场持久的讨论，先后召开五次策划会，参与者除了园领导班子成员和中层干部，还扩大到部分骨干教师、外聘专家顾问和家长代表。这场讨论最大的收获就是将宝韵音乐幼儿园的工作重心从办园初期提出的"三个一"扩展到"三个服务三个一"。"三个一"所指内容没有变化，即建设一个优美的教育环境、一支优秀的师资队伍、一套优质的园本课程。"三个服务"实际上指的是三个服务对象，即幼儿、家长、社会。宝韵人要全心全意为幼儿服务、为家长服务、为社会服务。用时任宝韵音乐幼儿园教科室主任侯鲁萍老师的话说，"三个一"是保证园所生存与发展的前提与基础，而做好"三个服务"则是丰富幼儿园教育内涵、提升幼儿园办园质量的重要保证。

2001年2月10日，就在元宵节刚过去的第三天，2001—2005年的宝韵音乐幼儿园发展规划的文本草案已经由园务办公室和教科室联合起草完成，并在新学期开始实施。

(二)"宝韵品牌"意识的萌发

> 所谓品牌，即产品的标志，是与其他竞争者的产品或劳务区分开来的标志，是品牌经营者(主体)和消费者(受众)互相之间心灵的烙印，是消费者和经营者共同作用的结果。一言以蔽之，"特色"和"口碑"是品牌的两种灵魂。一所幼儿园之所以能够称得上是品牌幼儿园，首先要别具一格、个性鲜明，其次要得到公众认可。只有兼备了"特色"与"口碑"两种灵魂的品牌，才是真正的"品牌"。
>
> ——摘自宝韵音乐幼儿园园长读书笔记

只有看得远，才能行得远。从 2001 年到 2005 年的新的五年发展规划，对照宝韵音乐幼儿园最初的十年发展思路与定位来看，宝韵最大的变化莫过于正式提出了"宝韵教育品牌建设"。宝韵人认识到，办园特色仅仅是教育品牌建设的前奏和基础。大家知道，凡是有品牌的东西一定是有特色的，但有特色的东西不一定都是品牌，尤其是教育品牌。因此，在宝韵发展的第二个十年，如何从办园特色走向育人品牌，成了宝韵人新的目标、新的挑战。客观而言，在宝韵音乐幼儿园创办初期，宝韵的教职工虽然也为社区、为其他学前教育机构提供了不少支持与帮助，为幼儿家庭和社会提供了众多的服务，例如宝韵从 1993 年开始连续被评为"宁波市优秀辅导园"（两年一届），但宝韵人更多的精力还是倾注在宝韵的孩子们身上，还是重点关注"园内"的状态，追求"本园"的成长与发展。从宝韵音乐幼儿园最早提出的办园理念，即"以人为本、特色创新，发展孩子、成就教师"的具体表述，就能明显地看出这一点。

2001 年初，宝韵人正式将"为幼儿服务、为家长服务、为社会服务"作为品牌的一种承诺、一种纲领性的工作方针写进宝韵音乐幼儿园新的"五年规划"之中，这是一种新的认识，也是观念上的突破。这种突破，反映出宝韵人具备了更大的胸怀，拥有了更大的责任担当，他们对宝韵发展的内涵、内力与生命力源泉有了更深入、更准确的解读，对作为社会公益事业机构的宝韵音乐幼儿园的社会责任与职能有了更深刻、更全面的理解。显而易见，宝韵的"三个一"思想主要是基于实现幼儿园自身的发展、为幼儿提供支持与服务的目的而形成的。具体来说，"三个一"就是为幼儿的生活与学习创造良好的环境，为幼儿的成长与发展培养一支优秀的教师队伍，为幼儿的学习体验与个体发展提供良好的载体和更多的机会。它是引领宝韵所有具体工作的总目标、总原则、总方针。而"三个服务"则在立足于"服务幼儿"的基础上，着眼于造福家庭、服务社会，显现出宝韵人更为广阔、更为长远的视野。

那么在新的"五年""十年"到来之际，宝韵人为什么能够实现这种从观念、理念到方针、目标上的突破呢？究其原因，主要还在于以马春玉园长为代表的宝韵人，特别是宝韵音乐幼儿园的管理团队在多年的教育实践中已经认识到丰富内涵、增强影响力、提高教育质量、优化办学品质才是实现宝韵音乐幼儿园持久发展的关键。而宝韵的品质与影响力，更多的来源于社会对其办园特色与优势的认可，来源于其自身的社会责任担当。在这种认识与观念的形成与深化过程中，一种追求优质与卓越的品牌意识在宝韵人的心中悄然萌发。

二、顺应发展需求——推进多元化办园

如果说宝韵音乐幼儿园在创办的第一个十年是以追求量、追求规模发展为主要目标的话，那么第二个十年则转向了以求品质、追求内质提升为主要目标。在新千年到来之际，马春玉园长和她带领的团队已然将主要精力集中于思考由"特色"转向"品牌"的发展问题。如何克服"音乐特色园"可能带来的教育内容教条化、教学方式单一化、活动程序模板化等问题？如何消除教育模式窄化、固化以及教育目标偏离的弊端，真正尽可能地、充分地满足幼儿发展的多种需求呢？如何有计划、有目标地在"特色园"的"底色"上打造"品牌园"呢？这些问题在2001—2005年宝韵音乐幼儿园发展规划中已经有了深度的考虑。提出"三个服务"，强调不仅要服务幼儿，还要尽力为家长服务、为社会服务，即是一种完善宝韵幼儿园服务功能、扩大其社会影响力的具体措施，吹响了向"品牌"进军的号角。当然，宝韵人知道，幼儿园教育的改进与改革要脚踏实地，要符合实际，要量力而行，要循序渐进。在扩大宝韵的社会影响、追求优质的同时，还要注重开放办园，吸纳更多更丰富的教育资源，进一步扩展办园、办学的形式。在这样的指导思想下，宝韵音乐幼儿园在2001—2005年的发展规划中提出了小班小组化、0至3岁早教、国际化等概念及具体实施计划，还提出了创建综合性、对社会开放的艺术教育中心和输出优质教育资源、创建分园等想法。从此，宝韵音乐幼儿园开启多元化办园模式，迎来了新的发展机遇，走上了拓展教育体系、提升教学内质、增强社会影响、扩大办学规模的宝韵品牌建设之路。

（一）推行小班化、小组化教育

宝韵音乐幼儿园经过十年的努力，音乐特色已家喻户晓、深得人心，每年招生供不应求，导致班额年年突破。2000年9月，新学期开学巡视，马春玉园长发现每个班级的幼儿达42人，教室里面热闹非凡，这样的师生比怎么能满足孩子个性化的发展？在马春玉园长的主持下，召集全体园务委员会成员召开了关于推进小班化、小组化教育的专题工作会议。会议强调，宝韵的幼儿园教育活动要以人为本、以幼儿为本，要充分尊重幼儿的个性特点与个体差异，尽可能地关注到每一个孩子，尽可能地满足每一个孩子的发展需求，尽可能地促进每一个孩子的健康成长。得到大家的认同后，马春玉园长开始向市妇联领导汇报关于尝试小班化、小组化教学模式的想法，同时向当时的宁波市物价局咨询，能否按小班化幼儿的保教成本收费。在获得相关部门的初步认可后，由教

科室和教研组牵头，制定小班化、小组化教学的工作方案，重新核定各个班级学位定额和收费标准。当时小班化每班24人，保育费每人每月400元，原班级42人收费标准不变，但集体教学活动分小组进行；两种形式由家长自由选择，不做硬性规定。2001年秋季，在家长的自愿选择下，全园范围内选择小班化教育的有4个班，第二年小班化6个班，第三年全部选择小班化。三年时间，幼儿园开展了小班化、小组化的教学研究，以满足幼儿个性化发展要求。推行小班化、小组化教育是丰富宝韵音乐幼儿园教育活动方式、提升教育活动质量的重要举措，也是宝韵在园幼儿人数从2002年的587人回落至2005年的460人的重要原因。

（二）成立个性化宝韵早教园

2002年6月，宁波市妇联为了帮助宁波市实验托儿所走出困境（缺少生源、缺少经费），经党组研究决定：原宁波市实验托儿所由宝韵音乐幼儿园接收管理，并改名为"宝韵早教园"。恭敬不如从命，宝韵领导班子积极响应市妇联的决定，经过暑期短暂的讨论酝酿，首先筹款50万组织工程队对园所环境进行全方位的改造。40天披星戴月、40天酷暑难当。8月20日基建装修基本结束，紧锣密鼓的策划招生展开。原计划从8月20日发出招生广告以后持续招生，只要有人来报名都欢迎，出乎预料的是，仅一天时间，所有的班级招生就全部满额，第二天只能谢绝报名。招生结束便开始组建教师队伍，经过认真研究，决定让徐皇君同志担任宝韵早教园园长，同时派出韦红霞、卢爱芳、汪冬青等骨干教师前去支教，首届8个班级212名婴幼儿欢聚在高塘路的园舍，宝韵早教园顺利开学。同年10月18日，宝韵音乐幼儿园名誉园长、捐资人孔爱菊女士率领20位香港热心教育事业、支持儿童事业发展的知名人士来到宝韵早教园慰问、视察、建议、助阵，为宝韵早教园的创办与发展注入了一股强劲动力。宁波市妇联领导、海曙区教育局领导等也先后深入宝韵早教园实地考察，给予了充分的支持与肯定，并希望宝韵早教园为社区、为周边家庭提供更多育儿指导和早期教育服务。

宝韵早教园在开园之日即对社会做出这样的介绍：宝韵早教园以招收0～3岁儿童为主要对象，同时开展托育和亲子教育，与宝韵音乐幼儿园实现优势互补，资源共享。宝韵早教园以"六开"为培养目标，即开心、开放、开拓、开步、开口、开智，树立并坚持其课程发展理念，开展科学的体能训练、语言开发、艺术启蒙、环境熏陶、情感体验、母子同步等亲子活动，重视婴幼儿智力、能力及心理发展的敏感期与关键期，强调儿童早期的体质、心智与情感等的协调发展。宝韵早教园将与社会共建亲子学苑，吸纳众多社区散居孩子来园参与，努力构建家庭、早教园、社会三位一体的早教体系，为儿童的美好人生开端提供支持与帮助。为让更多的 0～3 岁婴幼儿接受早期教育，让更多的家长参与亲子教育，宝韵早教园还利用双休日、寒暑假为更多的周边社区家长开设亲子学苑。2004 年 12 月，在宝韵早教园的总结材料中，有这样一段记述：

> 宝韵早教园深入"亲子学苑"活动，拓展社区教育。继"亲子学苑"第一期推出以后，早教园一直不断地在社区的大环境中开展此活动，面向社区，共享优质教育资源，探索幼儿、家长、教师共同教育的新颖之路，在社会上产生了一定的效应。至今"亲子学苑"已连续开办了六期，幼儿园继续为学苑创牌子，设置丰富的、适宜不同年龄段婴幼儿的五大块课程。同时加强对教师们亲子教育理念的指导与培训，变指导幼儿活动为指导家长为重点，进而提高家长的育儿理念和教育能力。通过多种形式的活动，学苑留住更多家长的心，吸引了更多家庭参与。随着学苑活动的不断深入，将教师们的经验和活动实录整理成《启起之路》——亲子学苑活动集。这既是园本课程建设的内容之一，也是学苑活动的成果集。

是的，宝韵早教园一直践行全心全意为孩子、为家庭、为社会服务的承诺，很好地实现了宝韵人"多元化"办园的构想。宝韵音乐幼儿园创办个性化、优质化的宝韵早教园，是顺应托幼一体化的教育发展趋势，延展了宝韵的办学层次，丰富了宝韵的教育体系，为更好地满足广大家长与社会的需求添上了重要的一笔。

（三）开设多元化双语国际班

2004 年秋季，应不少家长的要求，宝韵音乐幼儿园双语国际班正式开班。和园里其他班级一样，没有特别的仪式，没有豪言壮语，宝韵在多元化办园的探索之路又迈出了坚实的一步。

宝韵双语国际班突出办学的开放性和多元化，实行小班化、小组化、混龄化。第一批"国际生"开设两个班，配备 6 名教师，课程内容注重"共同生活、探究世界、表达表现"，提出的教育理念是"百分之百，幼儿为本；凸显个性，发展潜质；人文熏陶，启迪智慧；动手操作，体验成功"。宝韵双语国际班注重幼儿的亲身体验与同伴交往，注重生活教育与国际间的文化交融。在开班后的第一个学期，双语国际班的孩子不仅通过国庆节、中秋节、重阳节、春节等节日活动感受中国人的生活习俗与传统文化，还通过万圣节、感恩节、圣诞节等西方节日来加深对同伴们的了解。在每个节日到来之际，老师们带着不同肤色的孩子们精心设计活动内容，布置漂亮的节日会场，营造轻松快乐的活动氛围，增加交流与交往的机会。到学期末，在宝韵音乐幼儿园组织的全园教育质量考察评估中，两个国际班的合格率为82.14%、优秀率为29.4%。虽然双语国际班与普通班的97.89%的合格率、75.87%的优秀率存在较大的差距，但对刚刚起步的双语国际班来说，也算是非常令人满意的成绩了。

宝韵的领导班子非常重视国际班教师的综合素质与专业能力。从2003年开始，为了保证国际班顺利开班、快速发展，宝韵音乐幼儿园安排六位国际班教师分别到北京、南京、杭州、温州、苏州等地区参加相关的业务培训以及研讨会、活动观摩等。2004年利用暑期时间，幼儿园派遣4位教师去杭州参加蒙氏教师培训，她们是顾军波、陆冬梅、水伟燕、陈圣婷；2004年10月至11月，又先后安排5位教师参加杭州新天地英语培训；2005年1月，陈春衣、许亚琴2位国际班助教也去杭州参加了蒙氏教学培训。2004年11月，浙江省蒙氏教育研讨会在宝韵音乐幼儿园举行。研讨会期间，两个宝韵双语国际班接受与会专家和同行们的检查和指导，受到了一致好评。

宝韵音乐幼儿园开放化、国际化办园的脚步并没有随双语国际班的创办而止步。2004年11月，宝韵与美国亚拉巴马州的奥本大学（Auburn University）开始友好合作，达成在体育、教育、科学等领域交流办学理念以及派遣教师交流等合作意向。2005年6月，宁波市海曙区教育科学规划课题"关注文化适应中的儿童——对外国儿童教育的个案研究"立项，在教科室的支持下，宝韵双语国际班还承担了区级教育科学规划课题研究工作。2008年9月，宝韵国际班正式迁址到盛世华城小区，成为宝韵第一所分园——宝韵华城幼儿园，徐皇君担任华城分园的园长，屠洁琳担任教研组长。

（四）启动"多元文化教育"课题研究

台起垒土，海纳百川。宝韵人认为，多元化办园不能仅限于办园形式、办园渠道上的开拓，关键还在于使办园的理念与思想、课程的内容与内涵、管理的机制与环境、教职工的风貌与精神等实现更广度、更深度的交流与融合，即在于"内发"。在这种朴素的幼儿园文化思想的推动下，宝韵人把更多的力量投放到教科研方面来。2004 年 9 月，侯鲁萍老师被任命为副园长，熊燕燕老师被任命为教科室主任，宝韵音乐幼儿园的教科研力量得以加强。

2005 年 6 月，宁波市教育科学规划课题"幼儿园多元文化教育的内容与途径的实践研究"立项，马春玉园长、侯鲁萍副园长担任课题主持人。2005 年 10 月，该课题召开开题论证会，课题研究正式启动。该课题还被批准立项为中国学前教育研究会"十一五"课题。

（五）创办艺术教育中心和加盟园

经过十余年的发展，宝韵音乐幼儿园在"全面发展 + 特长培养"的育人目标上取得了良好的成效，赢得了社会的赞誉。尤其是以音乐教育为核心的艺术教育活动，无论是课程与活动设置、师资力量配备，还是教学活动环境与设施设备配备以及艺术展示活动平台搭建等，宝韵音乐幼儿园均得到了广大家长和教育同行的高度认可。面对这种情况，在马春玉园长的带动下，宝韵音乐幼儿园的管理团队开始了思考——如何更大程度地发挥宝韵优质艺术教育资源的价值与功能，更多地、更好地为社会提供服务。2004 年 10 月 18 日，天津华夏未来少儿艺术团不远千里来到宝韵，与孩子们共同联欢。带队前来的华夏未来少儿艺术团负责人在与宝韵音乐幼儿园的管理团队交流中介绍了华夏未来少儿艺术中心以及当时正在筹建的华夏未来教育集团的相关经验，宝韵的管理者们很受启发，更加坚定了进一步丰富宝韵的办学形式，通过"艺术教育培训"更加开放地向社会输出宝韵艺术教育资源的想法。2004 年 11 月，策划、创办宝韵艺术教育中心的工作被正式列入宝韵音乐幼儿园园长办公会议的日程。2004 年最后一次园长办公会议上，马春玉园长还提出要把宝韵建设成综合性的儿童教育品牌，把宝韵的教育办成优质教育，通过更多的形式和渠道如办分园、开办艺术教育中心、办加盟园等把优质教育资源输送给社会，让更多的孩子和家庭享受宝韵的艺术教育成果。经过两年的筹备，在宁波市妇联、市教育局的大力支持下，宝韵艺术教育中心经宁波市教育局审批、市民政局注册登记。2007 年 9 月宝韵艺术教育中心正式成立，注册资金 100 万元，马春玉园长担任法人，袁静担任艺术教育中心的第一任校长，负责艺术教育中心的全面工作。与此同时，宝韵音乐幼儿园"品牌加盟"的调研工作开始低调推进。同年 10 月，经奉化市教育局同意，宝韵音乐幼儿园与奉化阳光艺术幼儿园签订了加盟合作办园的协议。2008 年 3 月，在多方努力下，奉化阳光艺术幼儿园如期开学，宝韵的张艳老师和倪琼瑜老师作为第一批支教老师赶赴奉化阳光艺术幼儿园任教。

三、提升办园品质——做实两件"大事"

对幼儿园来说,教育活动是核心,幼儿的成长与发展是"产品",而办园环境、运行管理等则是保证核心做出品质的重要保障。基于这样的观点,宝韵人认为课程和教师队伍是"内在"的,"管理和环境"是"外在"的。在马春玉园长提出的要向"内外"求品质的"非正式"口号下,宝韵音乐幼儿园在第三个五年规划中确定开启两项重要工程,一是引进 ISO9001 质量管理体系,二是建设艺术情意课程。

(一)向管理要品质——推行管理认证

科学、有效的管理是优秀品质的保证。宝韵音乐幼儿园在 1993 年提出的近期管理目标即办园目标是创建宁波市一级幼儿园,远期目标是建设一所拥有较完善的教育设备和较高水平的、符合幼儿年龄特点的儿童乐园和音乐幼苗培训中心。十年的发展历程,宝韵人实现了自己预期的目标。渐渐地,场地大了,规模大了,房子多了,孩子多了,教职工多了,课程活动丰富了,名气也大了,接待来访,外出与交流机会也多了,事情一多,宝韵人更加忙碌了。如何才能做到高效而有序,如何才能忙而不乱,宝韵人基于管理的压力与困惑所产生的新思考也随之而来。就是在这种背景下,ISO9001 质量管理体系被宝韵人请进了"园门"。

2002 年 6 月,园长办公会议讨论并通过关于引进 ISO9001 质量管理体系的提议,同时调整园务办公室的工作内容与职责,设立新的办公室。周娴贤任办公室主任,负责起草、联络、落实相关工作计划,探索标准化、规范化管理模式,以适应宝韵音乐幼儿园快速发展的管理需求。

2003 年 1 月,宝韵音乐幼儿园正式引进 ISO9001 质量管理体系。2003 年 1 月 16 日,ISO9001 质量管理体系的中国代理机构北京泰瑞特质量认证中心选派的质量管理专家和认证评审员来到宝韵音乐幼儿园,认证动员及培训会议顺利召开。

一年多的时间里,在质量评审专家的指导下,宝韵音乐幼儿园制定了《宝韵 ISO9001 质量管理手册》,包括办公室、教研组、教科室、保健室、后勤组、艺术教育组等具体的工作手册,确定了与质量相关的各项指标。在此期间,虽然受到"非典"的影响,但宝韵人推行管理认证的工作仍如期完成。

2004 年 6 月,通过 ISO9001—2000 质量管理体系认证,同年 8 月宝韵音乐幼儿园被正式授牌,成为宁波市首家通过 ISO9001 质量管理体系认证的幼儿园。从此，实施 ISO9001 质量管理体系为宝韵音乐幼儿园实现更加科学、更为规范、更显高效的管理提供了更有力的保障。

（二）向教育要品质——建设艺术情意课程

课程是实践教育思想的载体。在宝韵音乐幼儿园，"课程"被视为宝韵的生命力之源，是"三个一"之一，一直是宝韵人格外重视、潜心研究、努力建构的内容。在萌发"品牌"意识之后，课程建设在宝韵人心中的地位丝毫不减。2004年 9 月，宝韵音乐幼儿园调整人事安排、加强教科研力量，其中主要目的就是要进一步推进宝韵的园本课程建设，为提升"内质"提供更有力的保障。

多年来，以马春玉园长为领军人物的宝韵管理团队非常注重课程建设的品质追求，注重课程理论的科学性与适宜性。宝韵人先后请教北京师范大学冯晓霞教授、南京师范大学许卓娅教授、上海师范大学陈淑琴教授等幼儿教育专家以及台湾音乐教育家陈功雄教授、旅澳小提琴专家张世祥教授、中央音乐学院周广仁教授等，为建构园本课程夯实理论根基。2001 年初，即宝韵音乐幼儿园刚进入第二个十年之际，宝韵人在已经系统化的宝韵音乐特色课程的基础上，开始了"情意课程"的探索：成立了以马春玉园长、侯鲁萍副园长为核心的宝韵情意课程研发团队，制订了推进课程提质升级、全面建设宝韵情意课程概念的工程计划。该计划主要包括情意课程研发团队建设与教师培养、情意课程理论建构与专项课题研究、情意课程教学实践模式与情意课堂等内容。

2001 年 9 月，宝韵音乐幼儿园园本课程的核心研究"艺术情意课程的建构"立项，"幼儿园艺术情意课程的建构与实施研究"课题通过评审，立项为宁波市教育科学规划课题，马春玉园长担任课题主持人。

在"幼儿园艺术情意课程的建构与实施研究"课题组全体成员的共同努力下，2004 年 6 月，宝韵音乐幼儿园园本课程"艺术情艺课程"已基本成形出炉，课题研究工作也进入总结、反思、论证、结题阶段。2004 年 9 月，该课题通过专家论证与评审，马春玉园长主持召开了"幼儿园艺术情意课程的建构与实施研究"课题研究成果报告会，宁波市海曙区教科室负责人专程来到宝韵音乐幼儿园，深入了解该课题研究的成果以及宝韵音乐幼儿园园本课程的建构与实施情况。2004 年，侯鲁萍副园长撰写的《人本主义理论对艺术情意课程的启示》一文荣获宁波市优秀教科研成果二等奖。课题结题并不意味着课程建设的结束，而是新一轮课程实践的开启，宝韵人花了整整八年的时间，通过课程的设计、验证、完善、再验证等过程，在宝韵二十周年园庆之际，捧上了沉甸甸的第一项课程研究成果——《在艺术摇篮中成长：幼儿园艺术情意课程的构建》，该书由宁波出版社于 2010 年 4 月出版，华东师范大学潘洁教授、南京师范大学许卓娅教授为该书写了序。

四、"品牌"显现效应——果香宝韵园

如果说在宝韵音乐幼儿园办园的第一个十年，宝韵人孕育了"春天的花蕾"，那么在接下来的五年，也就是 2001—2005 年，宝韵园则开始结出飘香的果实。

（一）教研科研结硕果

2001—2005 年，宝韵音乐幼儿园的教研工作在园领导班子的支持与指导下，在毕鹰老师（自 1998 年起担任第二任教研组长）和韦红霞老师（自 2005 年起担任第三任教研组长）的直接带领下，取得了显著的成效。教科教研成果荣获国家级奖项 3 项、省级奖项 2 项、市级奖项 8 项、区级奖项 5 项；主编、参编著作 2 部；主持中国学前教育研究会规划课题 1 项、市级课题 2 项、区级课题 1 项；发表学术论文 5 篇。2004 年 12 月，宝韵音乐幼儿园被宁波市海曙区教育局评为区园本教研示范园；2003—2005 年，宝韵音乐幼儿园连续被海曙区教育局、海曙区教育学会评为教科、教研先进集体。

（二）誉满巾帼示范岗

在充满欢乐、洒满汗水的宝韵园，女教职工们用实际行动谱写了一曲曲壮丽的宝韵之歌，留下了一桩桩动人的巾帼故事。作为宝韵事业的主力军，她们在宝韵的创建与发展过程中始终发挥着重要的作用，为宝韵音乐幼儿园收获了沉甸甸的集体荣誉。

2001 年 9 月，宝韵音乐幼儿园被宁波市妇女联合会评为 1999—2000 年度三八红旗集体。2002 年 6 月 27 日，时任全国妇联副主席、书记处第一书记顾秀莲同志在市委副书记王卓辉、省妇联主席张孝琳等领导的陪同下，来到宝韵音乐幼儿园。她深入教学活动现场观看孩子们的游戏活动和表演，与管理团队和教职工代表座谈交流。通过深入、细致的考察，顾秀莲同志对宝韵音乐幼儿园的工作给予了全面、高度的肯定。2004 年 6 月 1 日，时任中共宁波市委书记巴音朝鲁于六一儿童节来到宝韵音乐幼儿园慰问，盛赞"快乐的宝韵音乐幼儿园"。2004 年暑期，宁波市委副书记徐福宁来宝韵音乐幼儿园调研、视察，与家长代表、教师代表座谈，了解宝韵妇女与儿童权益保护情况，调研未成年人思想道德建设工作，对宝韵音乐幼儿园的各方面工作给予了高度评价与充分肯

定。2005 年 2 月，宝韵音乐幼儿园在"双学双比"活动中，被浙江省巾帼建功和双学双比活动协调小组评为浙江省巾帼文明示范岗。"双学双比"是全国性的"学文化、学科技，比发展、比贡献"的妇女活动；浙江省"巾帼文明示范岗"创建活动是以提高职业妇女素质为目标，以倡导职业文明为核心，以科学管理为手段，以倡扬岗位文明、提高岗位技能和增加岗位效益为重点，以先进典型为导向的群众性的精神文明创建活动。宝韵音乐幼儿园顺利通过活动组织方的评审、抽查、考核，并被援与"省巾帼文明示范岗"的称号，这是莫大的荣誉。

宝韵音乐幼儿园的荣誉还有很多，难以完全统计。2002 年 8 月，被宁波市教育局评为宁波市现代化达纲学校；2003 年 12 月，获宁波市直机关工会先进"职工之家"称号；2004 年 6 月，被宁波市教育局评为市六星级幼儿园，宝韵音乐幼儿园食堂被评为市 A 级食堂；2004 年 12 月，被宁波市教育局、宁波市卫生局评为市保育保健先进集体，被海曙区教育局评为海曙区示范辅导网，被中国教育学会家庭教育专业委员会评定为全国家庭教育指导研究实验基地；宝韵音乐幼儿的团支部连续获得 2001—2005 年度的市先进团组织；2005 年 7 月，被中共宁波市委、宁波市人民政府评为宁波市未成年人思想道德建设先进家长学校。

（三）十五周年的满意答卷

十五年，宝韵音乐幼儿园走过了一段辉煌的历程。宝韵音乐幼儿园园舍占地面积达到 6200 平方米，建筑面积达到 5100 平方米。从开园时的 3 个班，到 2005 年的 23 个班，其中 4 个国际班；在园婴幼儿从开园初的 75 名到 2005 年的 603 名（其中包括早教园婴儿 143 名）；教职员工从创办初的 12 位到 2005 年的 93 位。2005 年秋季学期结束时，由园办公室、教科室、教研组联合组织，向全园发放家长满意度调查问卷 601 份，发卷率为 99.6%；回收有效问卷 530 份，有效回收率为 88%；统计显示家长满意率为 99.8%，优秀率为 85.9%。另有统计显示，2005 年全年在园幼儿出勤率为 95.1%；体质体能优秀率为 46.3%，合格率达 88.4%，不合格率为 11.6%，全园幼儿身高和体重达标率为 97.7%。在幼儿全面发展水平检测评估中，普通班合格率为 99.1%、优秀率为 79.7%，国际班合格率为 93.8%、优秀率为 68.1%。数据或许存在误差，但在一定程度上数据可以作为全面评价存在状态与发展水平的客观依据。十五年，宝韵人向孩子、向家长、向教育局、向妇联、向捐资人、向全社会呈交了一份满意的答卷。

在宝韵十五岁生日来临之际，名誉园长、捐资人孔爱菊女士特意给宝韵的孩子们寄来小礼物，并致电问候；93届毕业生王佳婧特意从澳大利亚寄来表示感恩、祝贺与祝愿的信件；94届毕业生蔡圣从加拿大多伦多发来十五周年贺词；时任宁波市副市长余红艺寄语"启蒙之旅，成长之途，快乐童年，始于宝韵"；时任宁波市省人大常委会主任、党组书记陈勇对宝韵音乐幼儿园寄予了"培育音才，造福后代"的厚望；时任浙江省副省长盛昌黎发来贺信。宝韵从诞生之日起，就一直得到捐资人、名誉园长、香港同胞孔爱菊女士的关爱与呵护。宝韵人的积极进取与辛勤付出得到了学子们的喜爱与感恩，得到了领导们的关怀与肯定，得到了社会各界的信赖与支持。

> ### 贺信
>
> 　　值此宝韵音乐幼儿园成立十五周年之际，谨向全园师生员工致以热烈的祝贺！
>
> 　　十五年来，宝韵全面贯彻党的教育方针，艰苦创业，勇于开拓，办学实力不断增强，创出了"以美健体、以美益智、以美养德、以美陶情"的办学特色，为国家培养了大批全面发展的幼儿，取得了许多具有省内外先进水平的教学和科研成果，成为宁波市音乐幼苗的重要培养基地、全国家教实验研究基地，是宁波市对外开放的窗口单位、浙江省优秀示范幼儿园。
>
> 　　祝愿宝韵音乐幼儿园继续本着"一切为了孩子，为了孩子的一切，为了一切的孩子"的原则，再接再厉，努力把宝韵建设成为阳光灿烂、桃李芬芳的儿童乐园，为宁波学前教育事业做出新的更大的贡献！
>
> 浙江省副省长　盛昌黎
2005年6月1日

　　2005年6月1日，宝韵音乐幼儿园建园十五周年庆典活动在宁波逸夫剧院隆重举行，属于宝韵孩子们的"梦和音符一起飞"大型文艺演出和凝聚着宝韵人的著作《和孩子一起成长：幼儿家教案例集锦》首发式，成为数代宝韵人永远的回忆。

品牌园·下篇

第四节　教科促教研　品质树品牌(2006—2010 年)

> 　　宝韵要持续发展，要在激烈的竞争中稳立船头，就必须要有自己的优势，即打造品牌影响力，形成核心竞争力；必须塑造独特的品牌文化来应对这种竞争局面。只有赢得文化竞争优势的幼儿园及品牌，才可能得到孩子的喜欢、家长的信赖、同行的尊重和社会的青睐。在宝韵音乐幼儿园的第四个"五年发展期"，全体宝韵人要精诚团结，再接再厉，积极进取，努力做到"六抓"：一是抓信誉，依靠高水平的保教质量，实现对幼儿、家庭及社会的服务承诺；二是抓特色，以发展的眼光来理解"全面＋特色"，坚持"全面＋特长"育人目标；三是抓品牌，依靠科学管理和优质服务，铸造宝韵品牌强大而持久的生命力；四是抓沟通，做好园内园外人人沟通，营造理解、宽容、团结、和谐的氛围；五是抓管理，树立民主与服务管理理念，追求公正、科学、高效的管理艺术；六是抓文化，优化物质环境，推动精神文明，浸润、滋养每一位宝韵人。努力做到"六抓"工作，为宝韵品牌注入动力与活力，为宝韵二十周年华诞献上一份珍贵而厚重的贺礼。
>
> 　　　　　　　　——摘自《宝韵音乐幼儿园2006—2010 年教育事业发展规划》

　　韵园有乐心不累，骏马无鞭自奋蹄。在宝韵音乐幼儿园建园十五周年庆典活动落下帷幕之后，宝韵人没有继续陶醉于"梦和音符一起飞"大型文艺演出的精彩中，没有沉迷于以往取得的辉煌成绩中，而是快马扬鞭，奋勇前行。2005年9月中旬，宝韵音乐幼儿园召开专题园长办公会议，讨论新的五年即2006—2010年宝韵的发展规划。会议提出：宝韵人不能满足于已经取得的成绩，要放眼未来，居安思危，在巩固和发展已有办园成果的基础上，继续开拓创新、与时俱进。特别是宝韵的领导班子成员要统一思想认识，保持清醒的头脑，明确办园方向，继续坚持幼儿全面发展与个性发展相统一，继续坚持"全面＋特色"的办园方针，推动宝韵的长久与持续发展。未来五年，宝韵人要继续坚持走品牌建设之路，坚持以提高教育质量为重心，坚持"三个服务三个一"原则，坚持"品质树品牌"原则，注重品牌的内质提升与内涵发展，把宝韵建设成优质教育品牌，成为让更多幼儿、更多家庭、更多社区受益的优质儿童教育园所。这次园长办公会议重申了宝韵音乐幼儿园的办园宗旨，明确了未来的发展之路，拉开了宝韵又一个五年发展期的序幕。

一、教科兴宝韵——恒久的内质之源

在宝韵音乐幼儿园，有一种流行说法，那就是"科研促教研，教研促教育，教育促师幼，师幼共成长"。这种说法的流行与宝韵音乐幼儿园长期以来重视教科研工作密切相关。在以马春玉园长、徐皇君副园长、侯鲁萍副园长等为代表的"学者型幼儿教师"的带动和影响下，宝韵音乐幼儿园逐渐形成爱学习、好研究、理论与实践相结合的传统，加上教科研究和日常教学研究工作备受重视，成为宝韵能将"三个一"的工程建设长期不断深入推进的重要原因，也是宝韵内质不断丰富、不断增强的动力源泉。

（一）教研、教科、师训工作一体化

宝韵音乐幼儿园教研、教科、师训工作的分化与统合是顺应宝韵整体发展的必然结果。在宝韵音乐幼儿园建园之初，人手紧缺，万事待兴。当时陆续起步的相对简单的课案设计、活动策划、教学研究、教育科学研究、教师培养与培训等工作都是在园长的牵头下直接推进，也可以说是多项工作融为一体、共同推进。随着教研组于1993年成立、教科室于1998年组建，宝韵的园务管理分工不断深化、细致，教研工作和教科工作虽然仍在园长的统筹、协调之下开展，但两项工作已经逐渐走向独立。宝韵经历了十年左右的发展期，其教师的培训与培养仍然分散于教研和教科之中，加之宝韵已经推行多元化办园，早教园、国际班已经开设，艺教中心、加盟园、直属分园等也在积极筹备，即将开

办;面对办园规模不断扩大,教师队伍不断发展壮大,教育对象、教育活动形式、办园主体与办园体制等日益扩张与丰富的现状,宝韵音乐幼儿园原有的、相对简单的分工管理模式已经很难适应宝韵的变化与发展。正是在这种"内需"的推动下,在宁波市妇联领导的支持下,以马春玉园长为核心的领导班子推动了宝韵的管理模式、管理机制的改革,加速了管理岗位与人员的调整。2003年1月引进的ISO9001质量管理体系更是为这一调整与改革提供了强大的助力。

2004年,宝韵音乐幼儿园调整教科室负责人、增强教科研力量,进一步完善教科室制度,促进教科研水平提高。通过调整,宝韵音乐幼儿园更加明确地强调突出了"教科"的地位与作用,大力倡导教科推内质、教科兴园。在马春玉园长的指导与支持下,在侯鲁萍副园长的直接带领下,宝韵音乐幼儿园逐渐走上了教研、教科、师训工作一体化的道路。

所谓教研、教科、师训工作一体化,就是推行以促进、实现教师的发展与成长为核心目标,通过提升教科研水平,推动宝韵音乐幼儿园教育活动的内涵与质量发展。教研、教科、师训工作在具体的环节中固然可以区分,但本质层面的功能与目标不可偏离,因此需要整合与统筹,需要相互支撑、相互促进。宝韵人推进教研、教科、师训工作一体化工作的主要举措为在园所统筹下实行分层管理。

(二)实行分层教研与分层管理

教研分层管理的思想是在2001年宝韵人提出"多元化"办园的构想之后,在丰富宝韵的办园形式、拓展宝韵的办学层次、丰富宝韵的教育体系的过程中逐渐形成的。在2006年2月8日批准实施的《宁波市宝韵音乐幼儿园2005—2006学年度第二学期工作计划》中,明确提出"建立互动式管理网络,形成在园长统一领导下的分级管理。在分级管理的框架下,以促进教师专业发展为核心,推行教师专业培养与考核、课题管理、园本课程建设等教科研工作分级管理,实行分层教研和年级教研相辅相成的教研工作管理模式,实现教科、教研、师训工作一体化"。

在"宝韵音乐幼儿园2005—2006学年度第二学期园务工作总结"中有这样的文字记载:本学期教研组全面实行了分层教研和年级教研相辅相成的管理模式的尝试。其中通过自我申报和园部审核,将教研大组分成5个分层教研组,分别是启航一组、启航二组、扬帆一组、扬帆二组和国际组。在马园长的带领下,各分层教研组为不同层次的教师提供了不同的教研活动,深入开展了形式多样、各具特色的教学研究，着重推进教师业务能力的提高。如启航一组开展了"好书共享"研读活动，激发了教研组成员相互学习和自我提高的动力；举行"个人闪光"流动故事会，激发老师们热爱工作、热爱人生的动力；组织大班家长指导活动现场，增强老师们开展家长工作、促进家园合作的专业能力。启航二组加强实践性的理论学习，围绕"教学设计—课堂观察—反馈会议"的环节，开展以课例为载体的行动研究。扬帆一组以研讨教学活动为主线，提高组内教师的教学能力，并对家庭教育问题进行了研讨和辩论。扬帆二组以集体形式对新纲要、幼教理论等进行学习与辅导，围绕"实践—反思—实践"的学习方式，注重教师对自身教育行为的反思。国际组尝试进行多元文化教育的课题，不但积极领悟蒙台梭利教学理念，摸索蒙台梭利教育的方法，同时抓好六科教学不松懈。宝韵人在园领导的带领下，结合艺术情意课程建设和课题研究，以各分层组、年级组为研讨基地，通过分组、集中、自学等形式，坚持理论结合实际，开展"有效教学"系列式主题研讨活动。另外，宝韵还注重举办多种形式的专题讲座，促进教师的专业发展与成长。教科研是幼儿园发展的动力源泉和生命支点，宝韵人坚持以研培师、以研立教、以研活教，从实践和应用两个教育价值取向来解决实际问题，让教研与教师的工作生活自然有机地融为一体，使研究逐渐成为教师的内在需求和本能行动。总之，实行分层教研，使教科研工作得以整体优化和更加有实效地推进。

通过实施分层教研与分层管理，宝韵音乐幼儿园教科室、教研组的工作程序更加明晰有效，宝韵的课题研究工作也被推向更高的水平。2006 年 9 月，宝韵音乐幼儿园第三任教研组长韦红霞老师主持的课题研究项目"幼儿园绿色教研文化的构建与实施"立项为市级课题；2007 年由教科室、教研组共同负责的课题研究项目"实施分层教研，构建协作式教研文化"立项为市级课题；2008 年 4 月，侯鲁萍副园长主持的课题研究项目"3～6 岁幼儿家庭情绪情感培养的指导研究"立项为中国学前教育研究会"十一五"规划课题；2009 年 4 月，袁静副园长主持的课题研究项目"幼儿园美术活动中师幼创造性表现的策略研究"立项为市级课题；2010 年 4 月，侯鲁萍副园长主持的课题研究项目"幼儿园经验还原歌唱教学法的有效性实验研究"立项为市级课题；2010 年 6 月，袁静副园长主持的课题研究项目"幼儿园大班主题性绘画的教学策略研究"立项为市级课题。2010 年下半年，宝韵音乐幼儿园的教研立项课题达 12 项，包括 1 项全国"十五"教育科学规划课题、3 项市级立项课题、2 项区级立项课题、6 项园级课题。

（三）全面实施青蓝工程计划

2006 年 1 月，宝韵音乐幼儿园园长办公会议上形成决议：加强宝韵师资队伍建设，以提高教师的职业道德与专业素养为出发点，以培养教师的创新精神和教学实践能力为突破口，深刻领悟教育部颁布的《幼儿园教育指导纲要（试行）》的精神与内涵，全面实施"宝韵音乐幼儿园教师青蓝工程计划"。

宝韵音乐幼儿园全面实施旨在促进教师专业成长与发展的"青蓝工程"计划，主要推出了五方面措施。一是通过分层教研激发教师学习与发展的"热度"；二是通过参与园本课程建设和课题研究，扩展教师学习与发展的"识度"；三是通过有针对性地理论与实践培训，探出教师学习与发展的"需度"；四是通过"师徒结对"缩小新、弱教师专业知识与教学能力的"差度"；五是通过轮岗、支教、外训等形式提升教师专业素质与职业涵养的"气度"。

（四）重视家长教育与家园合作

> 家长是幼儿园的重要教育资源，是幼儿园教师的主要合作伙伴。做好家长工作，就等于做好了教学工作的一半。而加强家园联系，加深对幼儿家庭及其家长的了解，并有计划地开展家长教育，提高家长素质，是做好家长工作、得到家长满意的重要手段与途径，也是我们宝韵人的工作目标之一。
>
> ——摘自宝韵音乐幼儿园办公室主任周姝贤的"韵苑随笔"

宝韵音乐幼儿园在 1993 年 3 月尝试性地设立园务委员会时，主要由园长、教师、保育员、行政后勤人员代表等组成，没有吸纳家长代表。2000 年 11 月至 12 月，宝韵音乐幼儿园的工作重心从办园初期提出的"三个一"扩展到"三个服务三个一"后，"为家长服务"被提升到新的高度，家长们开始频繁、深入地参与宝韵园务管理和园所建设与发展的事务中，成立"家长委员会"被列入园长办公会议日程。2001 年 9 月，宝韵音乐幼儿园正式成立"宝韵音乐幼儿园发展规划与日常事务管理家长委员会"即园务家委会，为实现幼儿家长更广泛、更深入地参与幼儿园建设与发展提供了根本的保障。

2006 年，进入宝韵的第四个"五年"发展期，宝韵音乐幼儿园的家园联系、家长教育与家长工作等也被纳入教师培训与教研考核的计划中。在宝韵，家长教育与家园合作也成为开展教科、教研工作的重要阵地。

首先，教科室和教研组牵头，围绕如何认识家庭教育、如何开展家园联系与合作、如何开展家长教育、如何挖掘与利用家庭教育资源等主题，推出系列论坛及讲座、设立园级课题研究等，成效显著。2006 年，侯鲁萍副园长被聘为宁波市家庭教育专家库成员。马春玉园长、张燕燕老师共同撰写的文章《学琴，让孩子收获了什么》在《家庭教育》期刊发表（2006 年第 2 期）；马春玉园长撰写的文章《家园共育 和谐互动》在《家庭教育》期刊发表（2006 年 12 期）；侯鲁萍副园长、袁静副园长、熊燕燕主任共同撰写的文章《让孩子多点艺术细胞》在《家庭教育》期刊发表（2008 年第 4 期）；侯鲁萍副园长、熊燕燕主任撰写的调研报告《幼儿情绪情感能力发展现状》在《家庭教育》期刊发表（2009 年第 21 期）；侯鲁萍副园长撰写的文章《合理利用家长资源，促进家园互动》在《家庭教育》期刊发表（2010 年第 3 期）；侯鲁萍副园长撰写的文章《在游戏中锻炼幼儿动手能力》在《家庭教育》期刊发表（2010 年第 4 期）；陈益民老师和侯鲁萍副园长共同撰写的文章《如何培养孩子的环保意识》在《家庭教育》期刊发表（2008 年第 10 期）。2008 年 4 月，侯鲁萍副园长主持的课题"3～6 岁幼儿家庭情绪情感培养的指导研究"通过评审，被立项为中国学前教育研究会"十一五"规划课题。

　　其次，为家长提供育儿知识讲座、亲子沟通及隔辈教育培训、心理健康辅导服务、全面发展与特长教育咨询指导等，并邀请园务家委会代表共同策划亲子活动、爱心活动等，让家长成为宝韵教育资源的受益者和宝韵教育品牌的创建者。2006 年 10 月，马春玉园长在宝韵亲子俱乐部举办专题讲座，讲座主题涉及如何培养孩子的学习兴趣、如何保持家长期待孩子的耐心以及关于小学择校入学等内容。2007 年 3 月，宁波市爱菊艺术学校蒋惠菊副校长来到宝韵亲子俱乐部，为家长们举办了"家长与孩子的科学素养"和"如何激发孩子学习数学的兴趣"等主题讲座。2008 年，宝韵音乐幼儿园致力于创新家长开放活动载体，举办家庭卡拉 OK 比赛、亲子手工作品展览、亲子运动会、家庭英语游戏、家长开放活动和艺术成果汇报活动，让家长从整体上了解自己的孩子在幼儿园的表现以及幼儿园的教育内容与方法，从而加强了家园的联系与沟通，加深了家长对宝韵音乐幼儿园的了解，明显缓解了少数家长对孩子在园生活与学习的忧虑。2008 年调查数据统计显示，全园家长活动及亲子活动的家长参与率为94%，家长满意率为99.6%。2009 年 4 月 10 日，侯鲁萍副园长对共计60 余名家委会代表进行阅读常识培训，让家长们了解不同年龄段儿童的阅读目标与内容，指导家长们如何为孩子选择好书、如何为自己选择好书、如何创设良好的家庭亲子阅读环境以及如何开展亲子阅读活动等，并向家长们推荐亲子阅读网站、网络书店、优秀出版社、优秀期刊、优秀图书等,受到了家长们的高度赞扬与肯定。2009 年 5 月初,宝韵国际园园长徐皇君、园办公室主任周姝贤共同向家长们发出举行"和书做朋友,争创书香家庭"活动的倡议得到了家长们的积极响应。于是,在园务家委会的主导下,宝韵音乐幼儿园于 2009 年 5 月 15 日至31 日开展了为期半个月的"书香家庭"系列活动,如亲子阅读分享会、爱心书签设计与现场制作比赛、书香家庭评选等精彩活动。在园务家委会主任徐源晨同学的爸爸等家长的倡议下,2009 年 6 月 1 日"图书漂流进我家"活动得到了宝韵的家长和孩子们的积极响应,200 多个家庭踊跃参加。在此次活动中,孩子们拿来的书,一部分用于"漂流"即交换阅读,还有一部分被捐献出来用于爱心义卖活动。此次图书义卖活动共筹款 7129.50 元,全额定向捐献给四川省绵竹县遵道镇中心幼儿园,让偏远地区的孩子们收到了一份永不过时的、珍贵的节日礼物。

再次,宝韵音乐幼儿园教科室、教研组注重挖掘家长群中的教育资源,聘请在语言发展、心理辅导、儿童艺术启蒙、科学普及、儿童文学、英语口语等领域具有一定专业水平与实践经验的家长参与宝韵音乐幼儿园的家长教育,担任宝韵家长学校系列讲座主讲人或主持人,组织班级论坛以及宝韵亲子俱乐部活动。2009 年,钱可涵同学的外婆(曾长期担任宁波市卫生局妇幼保健科医师)加入宝韵家长学校讲师团队,主讲"儿童营养卫生"系列讲座,每次参加讲座的家长达百余人。通过家园双方的积极沟通和家长的亲身参与,家长们的主人翁意识被唤醒。他们更加积极地投身于宝韵的建设与发展中,其中很大一部分家长甚至逐渐成为宝韵园本课程建设的直接参与者和实施者,成为宝韵教科研工作的重要推手,成为宝韵音乐幼儿园建设与发展不可或缺的合作伙伴。

2009 年春季学期初,侯鲁萍副园长、周姝贤主任组织召开宝韵园务家委会,会议推荐并选举产生了新一届园务家委会主任。红红班的王艺楠同学的爸爸当选为新一届宝韵园务家委会主任,香蕉班的张嘉艺同学的外公和苹果班的钱可涵同学的外婆当选为新一届宝韵园务家委会副主任。在园领导班子的支持下,通过一系列的具体措施,宝韵音乐幼儿园的家长教育与家长工作取得了显著成效,家长工作与家园合作开展得更深入、更全面,也更加有序规范。2009年 11 月,宝韵音乐幼儿园被全国妇联、教育部评选为"全国示范家长学校"。

(五)艺术情意结硕果

建设一个优质的园本课程是宝韵音乐幼儿园办园初期提出的"三个一"目标的重要内容之一,也是宝韵人在办学过程中一直锲而不舍、孜孜不倦为之奋斗的目标。如何根据宝韵音乐幼儿园自身的特点以及师幼成长与发展的需要，思考、选择、研究并构建出一套富有自身特色且行之有效的园本课程，是宝韵音乐幼儿园提升教育活动品质、实施品牌发展战略的重要课题。

2001年至2009年，宝韵音乐幼儿园的园本课程建设由构建以音乐为核心的特色课程阶段转向构建以艺术为主体的情意课程阶段。从2001年9月"幼儿园艺术情意课程的建构与实施研究"课题立项，到2004年9月顺利结题；从2004年6月宝韵音乐幼儿园园本课程"艺术情艺课程"基本成形出炉，到2010年4月1日《在艺术摇篮中成长：幼儿园艺术情意课程的构建》由宁波出版社出版发行；在马春玉园长的带领下，宝韵人用了十年左右的时间，把宝韵音乐幼儿园的园本课程建设推进到一个具有新内涵、更高层次的发展阶段。

艺术情意课程把音乐核心扩展到艺术领域，并且辐射到幼儿"知、情、意、行"健全的人格发展，重视"学习者的经验与体验"，课程开始关注幼儿的完整人格与道德品质。《在艺术摇篮中成长：幼儿园艺术情意课程的构建》一书的出版，宣告宝韵音乐幼儿园的园本课程从"学科含义"发展到"注重幼儿的经验与体验"，标志着宝韵课程体系的逐渐成熟。

二、保障生定力——宝韵品质的坚强后盾

> 幼儿园的建设与发展，应以幼儿为本，质量为核，服务为先，精神为魂。
>
> ——摘自宝韵音乐幼儿园园长日记

（一）党工团合力

宝韵音乐幼儿园的党组织、工会、团组织工作自建园之初就得到了重视，1990年6月，宝韵音乐幼儿园建立党支部，马春玉园长当选为支部书记。1991年3月，宝韵音乐幼儿园成立工会，并组织召开了第一次教职工会议。1991年5月，宝韵音乐幼儿园成立共青团支部。经过十多年的发展，2006年，宝韵音乐幼儿园有中国共产党正式党员25名、预备党员1名；中国共产主义青年团团员37名、团支部委员12名，张波担任团支部书记；工会会员93名，徐皇君、周姝贤、王雪敏、缪凤婷、汪冬青担任工会委员。2008年12月，宝韵选举出新一届党支部委员会，马春玉、徐皇君、陈雪飞、上官中华、韦红霞当选支委委员，马春玉当选书记，徐皇君当选副书记。

在党支部书记、园长马春玉同志的带领下，宝韵音乐幼儿园的党、工、团等组织紧密团结，通力合作，在物质文明与精神文明建设中成为坚强的战斗堡垒，在宝韵推行"三个服务三个一"的教育实践活动中充分发挥先锋模范作用，成为创建宝韵优质幼教品牌的坚强后盾。党支部加强民主管理，定期召开党员民主生活会，保持党员的先进性，发挥政治核心作用，指导工会、共青团组织开展工作。全体党员积极响应宁波市妇联实施的"康乃馨计划"，做好帮贫扶困、捐款赈灾工作，关心退休教师的生活。共青团员立足岗位，加强思想教育和政治学习，积极投身教育教学活动，积极参与园所的网站建设和宣传工作，争创"学习型、服务型、创新型"团组织。工会委员关心群众，为教职工排忧解难，积极组织文明、健康的公益活动，丰富教职工业余文化生活，团结一切力量、凝聚战斗力，充分发挥民主监督作用，优化办园环境。

宝韵音乐幼儿园团支部于2001—2005年度连续被评为宁波市先进团组织；2003—2007年连续被评为宁波市直机关工会先进职工之家。多年来，宝韵音乐幼儿园的党、工、团等组织坚持党和国家的教育方针，紧紧围绕幼儿园中心工作，开拓创新，求真务实，使各个部门的工作得以顺利开展。党支部与团支部、工会、园办公室等部门通力合作，充分利用3月8日、5月1日、5月4日、6月1日、9月10日等具有特别纪念意义的日子，组织参加或举办"先进事迹座谈会""争当岗位之星""健康有约""节约金点子""扶贫济困送温暖""城乡家庭一对一互助""请让我来帮助你"等丰富多彩的主题活动，促进了宝韵校园文化的建设，营造了积极进取、团结向上的校园氛围，为保障宝韵的成长与发展做出了重要的贡献。

（二）保育保健尽力

宝韵音乐幼儿园的保育保健工作并没有因为突出"教科研兴园"而被忽视，从开园之日起就被摆在重要的位置。保育员、保健医生，他们在各自的岗位兢兢业业，勤勤恳恳，十年如一日，默默无闻地奉献着。随着宝韵办园规模的扩大，宝韵的保育员队伍和保健医生队伍也在不断壮大。2006年初，宝韵音乐幼儿园有保育员26名，保健医生5名，人数比例占全园在岗教职工的三分之一。

保育员和保健医生明白，他们和带班老师、艺术教师一样，也是服务幼儿、服务家长、服务社会的主力军，他们肩负着幼儿的身心及饮食安全、营养健康、环境卫生、疾病防控以及习惯养成教育等。他们深知自己的责任重大，从未放松、降低过对自己的要求。保育员们以幼儿教师的专业素养来要求自己，他们把敬业、守时、细心、耐心、宽容、文明礼貌、团结协作、吃苦耐劳、不计个人得失等职业操守的深刻含义融入日常工作中，表现在具体言行上，以此来关心、服务、影响孩子们。保健医生们每天对每位幼儿做到"一看二问三摸四查"，严格控制传染病，了解幼儿健康，及时与家长沟通，把好安全第一关。他们以专业的标准和要求与保育员、带班老师以及食堂职工等密切合作，把好环境卫生关，把好饮食安全关，把好健康营养关，把好体质与运动体能培养关。他们参与园本课程建设，参与课题研究，参与社区服务，恪尽职守，无私奉献。2009 年，已经退休的吴国琴医生考虑到保健医生队伍新人多，决定退位不退岗，义务奉献帮扶新来园的保健医生，继续发挥一位老党员的引领示范作用。综合统计 2008—2010 年三年调查问卷数据结果显示，保育组的家长满意率为 99.9%，优秀率为 91.6%；保健组满意率为 99.9%，优秀率为 85.6%；幼儿出勤率为 95.3%，发病率为 2.9%，传染病发生率为 0.6%；幼儿龋齿矫治和视力测差受检率为 100%，矫治率为 100%，体弱、肥胖等特殊幼儿指导治疗与矫治率达 100%；2010 年春季学期末全园幼儿身高达标率为 99.7%，体重达标率为 98.6%；事故发生率为 0.8%。

（三）后勤服务给力

　　幼儿园的后勤保障工作是正常开展教育活动的前提。为幼儿服务、为教职工服务，是后勤行政部门的工作职责和目标。宝韵音乐幼儿园行政、后勤人员少，工作覆盖面广，随着园所规模的不断扩大，他们承受着越来越大的工作责任与压力。

　　在以马春玉园长为核的管理团队的带领下，宝韵的后勤服务人员不言苦、不怕累、不惜力、不计利。自宝韵音乐幼儿园创办以来，领导班子就注重提高后勤职工的素质，增强他们的服务意识，为他们营造温馨舒适的环境，为他们提供贴心优质的服务。宝韵人不仅注重制定并完善各项后勤保障制度，还坚持有计划地开展职业技能培训与考核，提升后勤员工的专业能力。宝韵人提出"每一年都是服务年、关键年"，要全力抓好食堂、财务、保卫、交通等重点工作，推行全园参与、全员出力的"联勤"保障，让后勤保障工作做到真正有保障。后勤组长定期带领食堂职工坚持"现场"学习、领会，要求遵守"五常法"，即要求每一位员工自觉做到常分类、常整理、常清洁、常检查、常自律，确保饮食安全、营养、卫生。宝韵音乐幼儿园的领导班子每年检查、落实、规范财务管理、采购工作以及设施设备检修与维护等工作，提倡勤俭办园、爱物惜物、节约开支。同时加强保安队伍建设，加强安全管理，每学期初全园各岗位人员与园长签订安全责任书，安全责任到个人，成立由园务家委会成员直接参与的校园安全护卫队，确保师生人身安全，努力创建平安幼儿园。

在 2008 年宝韵年度工作总结材料中，有这样的一段文字记录：

后勤组长王雪敏老师以身作则，她不顾自己年岁偏大，从不计较事务繁杂，经常加班加点地工作，总是不厌其烦，默默奉献。食堂工作人员张秀娟、袁秀月年纪较大，上班路途远，但她们年年全勤；财务工作人员徐云争收费工作量大，忙时加班加点顾不上吃饭；保卫人员应俊在做好保安本职工作的前提下，义务协助对幼儿园设施、设备的维修、维护工作，从不计较报酬。宝韵音乐幼儿园的后勤职工都像他们一样，工作兢兢业业，默默无闻，任劳任怨——他们是宝韵提升品质、实现跨越发展的坚强后盾。

三、品质强品牌——集团化的前奏

宝韵音乐幼儿园在市妇联、教育局、街道办等单位的支持下，在以马春玉园长为核心的管理团队的带领下，不断创新、改革，锐意进取，与时俱进，努力实现对捐资者、对社会的庄重诺言。2010 年，宝韵已艰苦奋斗二十年，从第一个十年规划到第二个十年规划，顺利实现了从创办特色幼儿园到建设品牌幼儿园的跨越。

2010 年 12 月，马春玉园长撰写了长达 6386 字的长文《从办园特色走向育人品牌——宝韵音乐幼儿园品牌打造的实践与探索》[①]，从品牌定位、创新载体、强化保障等三个方面全面总结了宝韵音乐幼儿园从音乐特色园走向育人品牌园的光辉历程。文章首先提出要找准定位，凸显品牌建设的有效性。"特色定位"是创建幼儿教育品牌的首要环节，"育人"则是衡量幼儿园品牌的重要尺度。文章再次强调要创新载体，培育品牌内涵的丰富性。坚持"三个服务三个一"的质量方针，坚持为幼儿服务、为家长服务、为社会服务，创设一个优美的教育环境，培养一支优秀的师资队伍，建构一套优质的园本课程。这既是提升品牌内涵的重要保证，也是对幼儿园所担负的社会责任的深刻理解。文章还指

---

① 此文于 2012 年被《学前教育研究》杂志增刊收录。

出要强化保障，追求品牌成长的持续性。为追求品牌成长的持续性，必须建立起发展规划与目标体系、科学高效的管理体系和校园文化体系三大保障体系。

（一）智慧管理出效率

> 今年我们工作的重点目标是：抓观念转变，促教育环境的优化；抓有效管理，促内部活力的增强；抓队伍建设，促综合素质的提升；抓成果展示，促办园声誉的提高；抓安全工作，促家园和谐的发展。通过"五抓五促"，我们要追求更快、更省、更好、更强、更优。
>
> ——摘自宝韵音乐幼儿园 2008 年第一次园长办公会议记录

一个组织机构要实现高效管理需要管理艺术，宝韵音乐幼儿园的管理经验告诉人们，管理的艺术需要推行智慧管理。

对于宝韵音乐幼儿园来说，引入科学高效的管理体系是实现智慧管理的关键一环。在马春玉园长的主导下，宝韵音乐幼儿园于 2003 年大胆引进 ISO9001 质量管理体系，并于 2004 年通过 ISO9001—2000 质量管理体系认证，从而实现了"凡事有准则，凡事有负责，凡事有程序，凡事有检查，凡事有改进"，使管理者的管理行为始终处于一个有效的管理过程之中。从 1990 年创园开始，宝韵音乐幼儿园一天天发展壮大，从来没有停下过脚步。这种成绩、这种效果的取得，很大程度上是从管理中赢得的。

经过四五年的探索、磨合与体验，ISO9001 质量管理体系在宝韵音乐幼儿园的本土化、特色化逐渐走向成熟与完善，这也为宝韵品牌的进一步优化、输出与推广奠定了坚实的基础。在不断地总结与反思中，充满智慧的宝韵人确信，宝韵正是充分利用 ISO9001 质量管理体系的理念、模式与具体操作内容的优势，确立了自己效率产出的定位——管理所溢出的成效主要体现在四个层面：一是岗位职责明确，分工合理，目标确定，人有事做，事有人做；二是管理制度健全，流程合理、过程有序，繁而有序，忙而不乱；三是微观细节明晰，定质合理，精益求精，优质优品，推陈出新；四是宏观统筹协调，配量合理，互促齐进，节人节物，省时省力。这四个方面就是宝韵人在十多年奋斗中觉悟出来的"智慧管理"，也是宝韵人在创建品牌的路上追求更快、更省、更好、更强、更优的主要资本。

当然，再好的制度、再好的经验、再好的体系也离不开人，真正的效率是人创造出来的。宝韵的佳绩固然离不开充满智慧的马春玉园长，离不开充满爱心和热情的徐皇君、侯鲁萍、袁静这三位精明能干的副园长，更离不开每一位在平凡岗位上默默奉献的宝韵人。请记住这些在宝韵走过二十年、即将迎来新的发展阶段之际，也就是在 2010 年被评为优秀的宝韵人，他们分别是：林昔娜、史红伟、缪凤婷、黄双青、韦红霞、王焱黎、陈春衣、张燕燕，徐海亚、毕鹰、张灵、冯婷婷、赵丹、杨聚颖、陈玲、陈蕾、马琳、王锋、邵敏、余桂清、周琴妃、马春叶、范雄发、胡蓉蓉、屠洁琳、陈月能、过丹丽、田勇菊、罗雪君。当然还有很多为宝韵的发展作出重大贡献的爱岗敬业、无私奋斗的无名英雄。

（二）艺教中心增活力

从 2004 年 11 月策划创建"宝韵艺术教育中心"开始，宝韵人就做了大量卓有成效的工作，如咨询政策、调研资源、拟可行性报告、向上级主管单位呈报、制订详细实施方案、筹备人财物等。在马春玉园长和袁静副园长等的带领下，参加筹建工作的宝韵人放弃节假日休息，夜以继日地工作。在宝韵人的共同努力下，2006 年下半年，宝韵艺术教育中心进展顺利，报批手续、实施计划、人物配备、招生方案、培训课程计划等陆续落实，一个全新的宝韵成员——艺术教育中心初见雏形。

2007 年 9 月，在孩子们的阵阵欢歌笑语中，新成立的宝韵艺术教育中心笑着迎来了她的第一批可爱的孩子们。宝韵艺术教育中心开课啦！

宝韵艺术教育中心面向全社会开放，不仅招收本园的幼儿，还接收园外的少年儿童。宝韵艺术教育中心第一期开设了器乐、音美、智能、早教 4 大类共计 17 门科目的培训课程，开设培训班级 39 个，培训学员人数 598 名，任课教师 30 人。

宝韵艺术教育中心的成立是把宝韵建设成综合性的儿童教育品牌的重要标志，是宝韵开放式办园、多元化办学，为社会服务，让更多的儿童及家庭受益的重大举措，是宝韵音乐幼儿园试探性推动其优质教育资源推广与品牌输出的关键一步。

（三）品牌输出影响力

从 2005 年春季宝韵人开始调研"品牌加盟"项目的那一刻起，宝韵人就已经体验到了"宝韵品牌将会遍地开花结果"的幸福感，就已经触摸到了那幸福而自豪的一天。

这一天终于如期而至，2008 年 5 月 5 日，一个令所有宝韵人都自豪的日子。这一天，宝韵加盟园——奉化区阳光艺术幼儿园落成典礼圆满举行。为了这一天，宝韵人付出了辛勤的汗水。宝韵音乐幼儿园的分管领导每月前往奉化区加盟园参加园长办公会议，直接参与园务管理和教职工培训工作，使该幼儿园的各项工作处在宝韵管理模式的辐射之下；张艳、倪琼瑜两位骨干老师提前入园任教；全套输出的宝韵音乐幼儿园课程与教育管理模式在该园迅速落地、磨合、生根。奉化区阳光艺术幼儿园终于如愿成为以艺术教育和双语教育为特色的全日制宝韵加盟园，成为奉化区一所六星级的年轻幼儿园，成为一座以生活为主导、以艺术为特色、以双语为环境的具有多元化发展综合优势的"儿童乐园"。

2008 年是宝韵品牌输出正式开启的一年，也是影响深远且战略发展意义重大的一年。2008 年 11 月 18 日上午，宝韵音乐幼儿园华城分园落成典礼隆重举行，继奉化区阳光艺术幼儿园加盟之后，宝韵的第一所分园正式落成。2008 年 11 月 20 日(星期四)，《宁波晚报》以"宝韵音乐幼儿园华城分园落成"为题对这一幸事进行了全面报道：

> 11 月 18 日上午，宁波市宝韵音乐幼儿园华城分园落成。为了拓展优质教育资源，最大限度地满足社会的需求，宝韵音乐幼儿园在鄞州区区政府、鄞州区教育局和古林镇镇政府的大力支持下，落户鄞州区古林镇。新落成的宝韵华城幼儿园，目前设有 9 个班共 250 名幼儿。宝韵音乐幼儿园是由"宁波帮"港胞孔爱菊女士捐资并建立的浙江省第一所音乐幼儿园。1990 年春天创办时，宝韵音乐幼儿园只有 3 个班 75 名幼儿，发展到今天的 3 个园(所)43 个班级共 1000 多名幼儿。宝韵音乐幼儿园作为省首批示范性幼儿园、市六星级幼儿园、市幼教系统中首家通过 ISO9001 质量管理体系认证的幼儿园，坚持"以美健体、以美益智、以美养德、以美陶情"作为办园特色，围绕"全面＋特色"的培养目标，在幼儿音乐教育等方面取得了较好的成绩。先后有 11 名幼儿获省第一、二、三、四、五届"明珠杯"钢琴比赛一等奖。有 15 名幼儿后来考入上海音乐学院及其附小、附中和中央音乐学院及四川音乐学院等，其中 3 名幼儿后来分别到美国朱丽亚音乐学院、澳大利亚音乐学院和英国牛津大学深造。
>
> (记者 张柯)

四、流韵春色美——宝韵教育集团宣告成立

2010 年是宝韵音乐幼儿园建园的 20 年。

在这个特别的年份里，宝韵人怀着激动与感恩的心，把一份非常珍贵、非常精美的礼物——"流韵春色"八大系列活动，献给所有支持、关心、参与宝韵音乐幼儿园创建与发展的人，献给世上所有孩子、所有家庭，献给社会，献给祖国。

"流韵春色"八大系列活动
——宝韵音乐幼儿园建园 20 周年献礼

"春之韵"学子音乐会
"梦之韵"幼儿文艺汇演
"画之韵"师生创意美术展
"师之韵"艺术教育研教活动
《爱之韵》宝韵 20 周年画册
《爱在宝韵》宝韵人足迹纪录片
"流韵春色"宝韵园史陈列室首展
《在艺术摇篮中成长》图书发布会

20 年，注定是一个非同寻常的聚焦点。2010 年 2 月至 6 月，宝韵音乐幼儿园组织举办的宝韵建园二十周年"流韵春色"八大系列活动全面展示了宝韵音乐幼儿园二十年里风雨前行的教育理论与实践成果，全面展示了几代艰苦奋斗的宝韵人的艺术风采与人格魅力，全面展示了宝韵人二十年的坚实的足迹，全面开启了宝韵光辉灿烂的美好未来。

20 年，注定是一个继往开来的关键阶段。2010 年 6 月 1 日，一个属于儿童的日子，伴随着"梦之韵"幼儿文艺演出舞台银幕的开启，宝韵幼儿教育集团宣告成立。在那一刻，我们看到了一个更加踌躇满志、更加豪迈自信、更加光辉灿烂的"宝韵"集团，朝着秀丽的甬江大地，朝着活泼可爱的孩子们，阔步走来……

20 年，宝韵人坚持教科促教研、品质树品牌，交出了一份令人自豪、让人满意的答卷。更值得注意的是，在《宝韵音乐幼儿园 2006—2010 教育事业发展规划》的字里行间，在 2010 年 12 月制定的《宝韵幼教集团 2011—2015 事业发

展规划》的细目条文中，看到了宝韵人对"幼儿园文化"的察觉。在频频出现的优品质、树品牌的宝韵发展主题词里，文化浸润、文化滋养、文化化人已经昭然出现。在宝韵人建设品牌的热潮中，在宝韵幼儿教育集团成立之际，宝韵人的"文化强园"方略已经默然潜行……

集团园·上篇

第五节　文化起高屋　教育得建瓴(2011—2015 年)

> 宝韵的发展愿景是：文化传播，品牌推进，和而不同，美在共赢。
>
> ——摘自宝韵音乐幼儿园《园长手册》

　　2011 年是宝韵幼儿教育集团①实施新五年计划的第一年，是建设宝韵幼儿教育集团的起步年。在开始实施"宝韵幼儿教育集团新五年事业发展规划"之际，宝韵人一如既往、众志成城，坚持以"文化引领发展，特色铸就品牌"为宗旨，全力实施"一三五七九"工程；即建立一个集团化的教育体系，打造三支精英团队，推进五个层面的文化建设，培养具有"七项基本指标"的"全面＋特色"的幼儿，开展九个重点项目建设，全面打造和美"韵园"文化，实现宝韵优质、快速、持久发展。

　　从 2011 年至 2015 年，宝韵人在新的多元化、集团化发展的平台上，坚持巩固、提高、深化、推广的思路，倡导安全、健康、文明、和美的发展理念，坚持自己的办学特色与质量管理方针，坚持多元多样化、多园集团化的发展策略，继续创建优质品牌，推行平等合作，在以品牌为核、以集团为体的发展战略下实现共赢。2013 年，宝韵人面对"热、旱、涝"，面对台风"菲特"的肆虐，

---

① 随着宝韵幼儿教育集团于 2010 年 6 月 1 日宣告成立，宝韵音乐幼儿园成为宝韵幼儿教育集团的总部，宝韵音乐幼儿园也被称为"宝韵幼教集团总园"。

全园上下齐心合力，经受住了严峻的考验。2014 年、2015 年宝韵捷报频传，"一园多址、一体两翼"迅速推进，文化强园进行得有色有声，质量管理精益求精，教科研取得重要成果，宝韵人开创出了无比美好的愿景。

一、夯实办学根基

大树根深才能叶茂，大厦基固才能楼稳，方塘因有活水之源所以长清，办学需要有扎实的基础才能有持久的生命力。宝韵人在数十年办园、办学的过程中，始终重视以教育环境、教师队伍、课程活动等为核心的基础建设，致力于为幼儿、为家长、为社会服务，充分开发、利用各种各样的教育资源，寻求社会的广泛支持，为宝韵从特色园到品牌园再向集团园发展提供了坚强有力的保障。

（一）成立"教育议事会"

宝韵幼教集团教育议事会正式成立之前，宝韵幼儿教育集团组建了以马春玉园长为组长的筹备小组，制定了《宝韵幼教集团议事会章程》《宝韵幼教集团议事会管理条例》等基础性文件，确定了议事会的组织机构及相关规定，并在第一次筹备会议上讨论、通过。宝韵幼教集团教育议事会的组建充分尊重民意，其成员以个人自愿申报与园所班级老师、家委会成员、学前教育专业组织以及社区公益人士等推荐相结合的形式产生。第一届 17 名成员经教育议事会第二次筹备会议审议、表决通过而产生。2011 年 1 月 21 日下午，宝韵幼教集团教育议事会筹备小组组织召开第三次筹备会议暨教育议事会成立预备会议，会议选举产生了正、副主席各一名以及组织联络部、家园协调部、亲子活动部、发展调研部四个部门部长 4 名，宁波市教科所市中小学德育研究会会长、市教育心理研究会会长张骏乐老师当选为第一届议事会主席。

2011 年 1 月 26 日下午，在张骏乐主席的主持下，宝韵幼儿教育集团组织召开了教育议事会第一届第一次全体代表会议，宣告宝韵幼教集团"教育议事会"正式成立。教育议事会这一制度突破了原有的"园务家长委员会"模式，改变了传统的家园关系，充分体现并发展了民主办学、开放办学、社会办学、专家办学的办学思路与理念，构建了一种扩大辐射、增强交流、优化资源、利益共享、责任共担的新型现代化学校管理制度。

教育议事会制度是 21 世纪以来宁波市海曙区在推行现代教育制度过程中探索的一种管理层面上的创新设计，是"为了我们共同的孩子"而紧密联结社区、家庭、幼儿园等社会单元而走向民主与和谐管理的新型平台，旨在更大程度地发挥相互之间的沟通与协调、建议与参谋、监督与评价、资源整合与质量提升等功能。宝韵幼教集团教育议事会的成立唱响了宝韵和谐家园的协奏曲。

宝韵幼教集团教育议事会被宁波市海曙区教育局评为 2012 年度"现代学校教育制度"先进集体，教育议事会主席张骏乐老师被评为"现代学校教育制度"先进个人。2014 年 1 月，宝韵幼教集团教育议事会换届选举产生第二届教育议事会。宝韵教育议事会再次被评为 2014 学年度宁波市海曙区"现代学校制度管理先进集体"，王文宇主席被评为海曙区先进个人。至 2015 年，两届宝韵幼教集团教育议事会充分发挥了联络与交流、支持与合作、监督与评估、指导与协调等层面的功能作用，为宝韵进一步走向优质化、多元化、集团化提供了有力的保障与支持。

（二）改善园舍设施与环境

环境是宝韵人一直重视的"三个一"之一。在宝韵人的眼里，环境不仅仅是外在的形象，还是育人的课程，是园所的文化。至 2011 年，宝韵已经发展成为拥有早教园、艺术教育中心、两所分园的大型儿童教育机构，与宁波市高新区教育局联合举办的宝韵高新皇冠分园也在紧张筹建。人多了，园区多了，面积扩大了，规模变大了，宝韵人对教育环境建设的认识、标准与要求却没有放低，反而提出了更高、更优、更严格、更切合实际的标准与要求。作为集团总园的宝韵音乐幼儿园一直是宝韵人环境创设的"标杆"，宝韵音乐幼儿园的园舍建设得到了宝韵人的一贯重视，得到了家长、捐资者、社区以及妇联和政府有关部门的大力支持。2011 年，宝韵音乐幼儿园的房产证和土地证办理完结，清晰的产权为宝韵音乐幼儿园的园区规划和园舍建设提供了重要的前提保障。2011 年 8 月，宝韵音乐幼儿园完成户外场地改造工程；2013 年 8 月，宝韵音乐幼儿园完成艺苑楼及其辅助用房改建工程；2014 年 8 月，宝韵音乐幼儿园完成园区西面塑胶跑道及西楼教室提质改造工程；2018 年在宁波市发改委、市财政局、市妇联的合力支持下，列支近千万元的宝韵总园改造工程如期开展，在工程部门的努力和家长的积极配合下，为期一年的东西两楼加固提质、全面装修工程顺利完成。岁月不断流逝，但宝韵音乐幼儿园的园舍一直清新悦目，整齐洁净。

（三）倡导和美理念，做好顶层设计

有人说：人管人累死人，制度管人管死人，文化管人管灵魂。可见，文化育人是管理的最高境界。文化是幼儿园发展的灵魂，是办园品质和办园思想的具体体现。文化既是精神的源头，又是物质的动力，文化要让人看得见、摸得着、感受得到。文化需要积淀，需要传承，更需要营造。因此，在宝韵的第三

个十年到来之际，宝韵人对和美文化进行了顶层设计（图1－8）。在宝韵人的字典里，和美即和谐尚美，"和"就是全面协调发展，而"美"即尚美，又指个性美。"和"——全面，"美"——特色。和美教育是对宝韵二十多年来"全面＋特色"办学理念的传承和发展，也是贯彻执行《3～6岁儿童学习与发展指南》（以下简称《指南》）精神的具体行动。关注幼儿全面发展和个性化需求，宝韵人的终极目标是让和美文化融入幼儿园教育的方法和途径，达到文化治园、文化立教、文化塑人的目的。

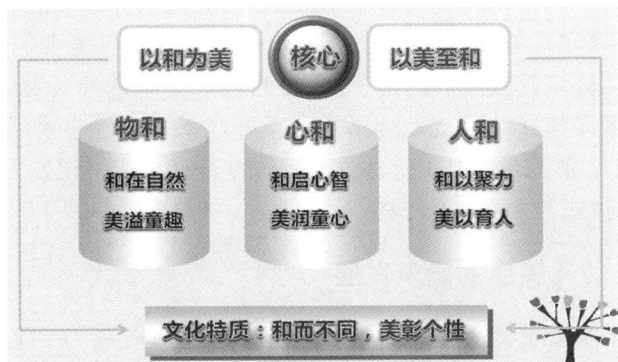

图1－8　宝韵和美理念顶层设计

和美教育的核心是以和为美，以美至和。

以和为美是要求幼儿园在环境设计、教育设计、管理设计中皆倡导以和为美。因而，才有了物和——和在自然、美溢童趣，心和——和启心智、美润童心，人和——和以聚力、美以育人的和谐形态。

以美至和，即通过美的路径、运用美的形式、建构美的策略达到和的境界，通过美溢童趣、美润童心、美以育人的尚美通道，最终凸显和而不同，美彰个性的文化特质。但需要特别注意的是，园长的个人意志和理想、个人倾向或专长并不能直接成为幼儿园文化和办园思想。园长必须吸纳所有教师和员工、幼儿及家长参与幼儿园文化创建并达成共识，甚至需要在专家的帮助下得到理论和实践的验证，形成共同的愿景。

在环境即课程、环境即教育、环境即文化的理念推动下，宝韵人把环境建设从物质层面推进到更深、更高的精神层面，赋予其教育的意义以及文化的内涵。2012年，在宝韵人精心规划的课题"构建和美文化，实施和美教育——幼儿园和美文化教育实践研究"正式于浙江省教育规划院立项之际，在宝韵幼儿教育集团管理团队的主推与主导下，宝韵人推出了一系列富有创新意义与教育实践价值的举措。2012年6月，宝韵音乐幼儿园提出"创设和雅校园环境，发挥环境育人的作用"的口号，制定了"和美环境对幼儿认知、情绪、行为影响的调查问卷"，收集对开展和美环境、和美教育活动等方面研究有价值的信息。体现此项举措的重要成果——袁静副园长撰写的论文《幼儿园和雅环境的价值提升策略》在《学前教育研究》期刊发表（2012年第11期）。2013年冬，宝韵人提出幼儿园"微城化环境"新概念。2014年，幼儿园微城化环境理念不断发展完善，微城化环境理念被植入到班级，宝韵各园区在创设幼儿园的整体环境过程中相继引入"微城化"设计理念，对幼儿园的空间秩序、功能定位统一规划，合理布局，整体推进，包容与融合、淡雅与有序、温馨与美观等教育价值的理念被很好地融入环境建设中，达到了"和在自然、美溢童趣"的效果，形成了微城化教育环境创设模式。体现此项举措的重要成果——徐皇君副园长撰写的论文《让孩子在有准备的环境中成长》在《学前教育研究》期刊发表（2014年第3期），并荣获宁波市教科所"甬江杯"论文评选一等奖。

（四）促进幼儿体质的健康发展

关注幼儿的身心健康，提高幼儿生理与心理的适应能力，促进幼儿的体质发展，是宝韵人一直强调的工作重心之一。宝韵人坚持把"以美健体，以美益智，以美养德，以美陶情"作为宝韵的品牌特色，在教育实践活动中倡导通过丰富多彩的健康运动、益智游戏与美育活动等来促进幼儿的身心和谐发展。2001—2015年的"新五年"，宝韵人组织了众多具有趣味性与普及性的生活化、游戏化的、能促进幼儿体质与体能发展的活动。

2011年6月，宝韵幼儿教育集团在全集团范围统一组织开展"首届幼儿红色运动会"，直接参与运动会的幼儿人数达1200余人。2012年，宝韵幼儿教育集团各个园区组织了亲子趣味运动会、冬季幼儿运动会、幼儿律动操秀场等带有不同竞技程度的体育活动。这些活动以"我运动、我健康、我快乐、我成长"为主题，精彩纷呈，百花齐放，得到了幼儿和家长们的广泛支持。

在促进幼儿身心健康发展领域，宝韵的教师团队和孩子们也屡创佳绩。宝韵幼儿教育集团在2011年获宁波市第十六届运动会大众体育部行业系统健美操比赛团体第四名；2013年宝韵总园在宁波市海曙区首届"阳光宝贝"幼儿运动会中获得团体总分第五名、幼儿广播操比赛第三名；2015年宝韵总园在宁波市海曙区第三届"阳光宝贝"幼儿运动会中获得团体总分第一名；2015年11月宝韵总园荣获宁波市海曙区"苗苗杯"幼儿园运动会团体金奖、全国啦啦操比赛幼儿组一等奖。2012年沙莉莉老师组织的大班韵律活动《谁是灰太狼》入选第八届全国音乐教育研讨会展示；2013年陈萌老师撰写的论文《换牙期幼儿心理辅导策略》在宁波市第十三届中小学心理健康教育论文评选活动中荣获一等奖；2014年，陈萌老师撰写的论文《提高大班幼儿心理调节能力的案例研究——以小班长竞选活动为例》获2014年度宁波市心理健康教育优秀论文评比一等奖，周姝贤名师撰写的研究报告《幼儿教师生存状态的调研分析》荣获宁波市第十四届中小学心理健康教育论文评比二等奖；2015年，林昔娜老师设计并组织展示的大班心理健康活动"亲亲的烦恼"在宁波市海曙区幼儿园心理健康教育优质课评比活动中荣获一等奖，并在宁波市第七届幼儿园心理健康活动优质课评比活动中荣获三等奖。

（五）在教学主阵地坚持质量第一

幼儿教育活动是幼儿园的中心工作，而踏踏实实开展教育教学活动、保证教学质量则是幼儿园实现生存与发展的根基。在"新五年"发展期，宝韵幼儿教育集团保持务实的工作作风，追求教师培训与培养、教科研管理、日常教育活动开展等工作的实效，致力于在稳定发展中不断提高教学质量。

2011年，为更好地推动多元化、品牌化、集团化的发展策略，宝韵幼儿教育集团开始实施"名师工程"，推行"以抓骨干带动一片"的工作策略，即以骨干教师引领为基点，辐射带动更多青年教师、新入职教师共同成长。2012年3月至4月，宝韵幼儿教育集团组织开展首届"学科骨干"评选活动，熊燕燕、韦红霞、徐海亚、冯婷婷、陈萌、章艺等6位教师经过专业知识考察、工作实绩考评、科研成果评选、教学活动展示以及论坛对话等五个环节的评选，最后分别被评选为幼儿绘画与手工、音乐启蒙、科学常识与探索、语言阅读与表达、心理健康、数学素养等学科教育的骨干教师。自2013年起，宝韵幼儿教育集团更加注重以教学活动研讨为起点，实行"走出去"和"领进来"相结合，促进教师专业成长。2013年4月，宝韵总园承担了9位来自浙江省幼儿园骨干教师培训班的实践培训任务。2012—2015年，宝韵幼儿教育集团分别向宁波大学、宁波教育学院、宁波市外事学院、宁波市海曙区青年教师研修共同体、厦门市教育局、萧山青少年宫等单位的学前教育工作者们开放音乐、语言、科学等领域的教学活动，增强交流，互相促进。在集团的统一安排下，2013年，林昔娜、冯婷婷、张艳等教师送教到镇海、宁海等地的幼儿园；2015年9月，冯婷婷、林昔娜、赵香英、蒋丛笑等教师送教到钟公庙实验幼儿园、古林镇蓝天幼儿园等单位。在教科室和教研组的共同组织下，宝韵总园先后邀请了陈泽铭教授、陈武存主任、华爱华教授、王秀萍博士、肖燕萍教研员、王浩博士、王春燕博士以及中国台湾地区的蒙氏教育资深教师等专家为老师们培训指导。2015 年 1 月中旬，马春玉园长、徐皇君副园长、周娣贤主任与马春玉园长工作室的园长们一起前往清华大学学习，聆听了安康老师、余玲艳博士、唐少杰教授等专家的专题讲座，并到 4 所北京市幼儿园实地交流学习。2015 年秋季学期，马春玉园长在宁波市海曙区"月湖之约"的幼教盛典中做了《让艺术如珍珠般串起幼儿的生活》的主题发言，侯鲁萍副园长在宁波市贯彻《指南》精神去小学化倾向专题研讨会中做了"微城生活，回归本真——去小学化倾向，宝韵百草园行动"主题发言。马春玉园长和侯鲁萍副园长的主题发言和教学展示也成为宝韵老师们学习、研讨的好素材、好榜样。另外在接待浙江民办教育协会 150 名园长以及来自天津、舟山、衢州、武汉等地的幼儿园园长、骨干教师来园参观学习的活动中，老师们交流互促，受益匪浅。

（六）注重细节推行精细化管理

宝韵幼儿教育集团不仅着眼于长远发展的宏观规划，同样也注重细节管理。从 2012 年开始，宝韵幼儿教育集团在各园区、各部门实施具体工作目标考核，考核指标达到 28 项，覆盖了幼儿园日常工作的方方面面。宝韵幼儿教育集团 2012—2015 年度工作目标考核结果如图 1-9 所示（统计日期：2019 年 12 月 5 日）。

幼儿出勤率：95.21%	三级开课达标率：100%
传染病发病率：0.54%	听课备课合格率：100%
幼儿身高体重达标率：95.83%	课题申报达标率：100%
幼儿全面发展合格率：93.55%	课题结题合格率：100%
幼儿礼貌用语使用率：91.83%	年度课题获奖率：37.33%
艺培学员数年增长率：2.67%	环境卫生合格率：100%
艺术课程调换控制率：3%	教育环境创设合格率：98.56%
意外事故控制率：0.5%	教师文明行为达标率：92%
责任事故发生率：0%	设施设备维修合格率：95%
幼儿流动率：1.08%	安全隐患整改率：100%
家长有效投诉控制率：1%	食堂采购验收合格率：100%
家长有效投诉处理率：100%	师生饭菜满意率：86.67%
家长参与活动达标率：88.8%	师生安全演练参与率：97.6%
家长满意率：97.33%	体育用品使用合格率：95%

说明：此数据由宝韵音乐幼儿园园史编写组依据宝韵幼儿教育集团办公室提供的历年工作总结中的每学期"质量目标达成度情况统计"所列数据统计得出。

图 1-9　宝韵工作目标考核数据

数据就是细节，数据就是管理，数据就是效率，数据就是保障，数据就是根基，准确、及时且全面的数据就是改进与发展的重要依据。宝韵幼儿教育集团留下的这组数据，连接着每周五天从早到晚全天候的观察与关注，连接着一年十二个月从教职工到管理者们不间断的记录与统计，连接着四年一千多个日子的调整、改进与反思。数据的背后是宝韵人的智慧和汗水，数据留存的是宝韵人勤劳而坚实的足迹。

二、文化强园方略

> 春之声——嫩蕊细开，走近和美。春，在不经意间悄然而至，深深浅浅的绿染遍了世界，和煦、繁华令人心醉。褪去稚嫩和羞涩，坚定我们对事业的追求，激活我们的教育智慧，激发我们挑战的勇气，我们宝韵人自此带着春天的活力，开启和美文化教育起步之旅。
>
> ——摘自宝韵音乐幼儿园副园长侯鲁萍的"课程随笔"

文化引领发展，特色铸就品牌。宝韵幼儿教育集团在其"新五年"的事业发展规划中明确提出，要遵循"在继承中创新，在创新中发展"的宗旨，建设宝韵"和美"文化，打造"和美"教育体系，覆盖全局，全面提升宝韵幼儿教育集团的教育质量与文化内涵。无论如何，和美文化在宝韵发展的历史进程中，永远都是无法抹去的记忆。

（一）宝韵"和美"理念的由来

从宏观上看，"和美"是在宝韵音乐幼儿园快速发展的过程中"应需而生"的。自1990年创立以来，宝韵经历了从音乐特色幼儿园到示范性优质品牌幼儿园再到多元化幼儿教育集团的发展过程。至2011年，"宝韵"旗下的园所分布跨越宁波市海曙区、鄞州区以及奉化区等多个行政区域，办园体制与办园性质等多元并存，人员成分及专业素质不尽相同，而且办学形式已经突破了传统的幼儿园机构形式。在这样的背景和前提下，如何提高教职工的凝聚力，创设一种适宜的文化引领发展，成为宝韵幼儿教育集团发展的当务之急。"和美教育"与"和美文化"正是在这种情形下应"急需"而生。

细细回想，无论是在特色园的创办初期、优质园的创建过程还是集团园的发展阶段，我们始终坚持了"全面＋特色"的办园方向，坚持了"全面＋特长"的培养目标。全面有和谐、协调之意，特色与特长又有和而不同、各美其美的含义。育人与办学均有和美理念的印记。20 多年一路走来，我在"和美"身边一次次擦肩而过，在"和美教育"的门口一次次思索、徘徊，但始终没有揭开"和美"的神秘面纱。直到 2010 年，随着宝韵幼教集团成立、园区规模不断扩大，面对多体制并存、多区域分布、多层次定位的发展格局，面对近 200 位的不同性质教职员工混岗的复杂情况，如何实现高效而有序的管理，如何凝聚团队精神、形成更强的战斗力？我第一次提出"和美教育"的理念。

我曾经斟酌过，和美这个定义是否太大太宽泛，不好操作？我也多次否定过，觉得和美这个理念用得太多，没有个性，没有特色。但经过反复思考，我还是觉得"和美"既是对宝韵 20 多年来探索音乐特色教育的提炼与传承，又是促进宝韵持续发展的行动纲领。和美教育既是幼儿园内涵发展的"心灵鸡汤"，又是幼儿园品牌提升的"形象衣着"，更是社会对幼儿发展培养的迫切要求。于是，我就这样悄然地与和美教育牵手相约……

——摘选自马春玉园长的文章《和而不同，美彰特色——谱写幼儿园和美教育新乐章》

具体来说，宝韵"和美"理念是以马春玉园长为典型代表的宝韵人在长期的幼儿园教育实践中逐渐悟觉并提炼出来的。2010 年宝韵人开始从宏观层面思考宝韵教育的发展趋势与愿景，开始从幼儿园环境创设、课程建构以及课题策划等方面考虑宝韵教育的内容结构及其所蕴含的价值与作用。集思广益，和雅、和乐、和谐、和韵、和善、和美等"和系列"的主题词在不同的场合、不同的活动中纷纷被充满热情和智慧的宝韵人提炼出来。经过一年多的斟酌和思考，在马春玉园长的主导下，宝韵人逐渐聚焦在"和美"这个词眼上。从此，"和美教育"开始在宝韵落地生根，生枝散叶，开花结果。

宝韵人的"和系列"主题词最终与"美"结合，从而落在"和美"这个词眼上。这实际上也是一种"应然"与"必然"。以音乐启蒙教育为核心、以艺术启蒙教育为特色的宝韵幼儿教育集团，对"美"有着特别的情怀与关注。艺术的形式与内容在于美，艺术的理想与境界在于美，艺术的功能与价值也在于美。宝韵人在宝韵音乐幼儿园建园之初便提倡"以美健体，以美益智，以美养德，以美陶情"，"美"与"和"的融合既合宝韵发展之需，又顺宝韵人心之所向。"和美"理念及"和美"教育在宝韵园生根萌芽自在情理之中。

（二）和美课题与"和美文化"

和美理念落地宝韵幼儿教育集团之后，初期主要关注的是"教育"层面。因此与教育相关的教育环境、课程活动等层面的"和美词"，几乎与"和美教育"一词同时被"制造"出来，如和美环境、和美课程、和美管理等。然而，基于幼儿园文化建设的"和美文化"一词则是在策划、申报与"和美教育"相关联的研究课题时，才被以马春玉园长为核心的研究团队"生产"出来①。即使和美环境、和美课程、和美管理等概念中早已孕育了和美文化的内涵与内容，早已承载了宝韵人对和美文化的感悟与理解。

2011 年 9 月，宝韵申报的课题"实施和美教育 构建和美文化"被立项为中国学前教育研究会"十二五"规划课题。2012 年，宝韵幼儿教育集团申报的课题"构建和美文化，实施和美教育——幼儿园和美文化教育实践研究"通过评审，被立项为浙江省教育科学 2012 年度规划研究课题，这是宝韵人第一次获得浙江省立项的教育科学规划课题。该课题由马春玉园长担任课题主持人，课题组成员主要有侯鲁萍、熊燕燕、徐皇君、袁静等。该课题于 2013 年顺利结题，其研究的主要成果即研究报告"和启心智 美育品格——幼儿园和美教育的构建与实施研究"荣获 2013 年度浙江省教育科学优秀研究成果一等奖。2014 年 5 月，宝韵幼儿教育集团申报的关于"幼儿园和美文化建设的实践研究"的课题被立项为宁波市哲学社会科学规划课题。

通过课题研究，宝韵人对和美文化与教育有了更深刻的理解，和美理念也在宝韵幼儿教育集团的教育实践中得到了进一步发展。马春玉园长撰写的论文《幼儿园和美管理文化的构建策略》《在幼儿园文化建设中实施社会价值观教育的意义与策略》《幼儿园和美文化魂与场的建构研究》等先后在期刊《学前教育研究》和

---

① 在我国，"和美"并非宝韵的"专属"。进入 21 世纪以来，江苏省淮安市淮海路小学、成都高新区中和小学、浙江省宁波市奉化舒家小学、浙江德清士林小学、广州天河区侨乐小学、广西桂林市凤集小学、山东省枣庄市北临城小学等众多教育机构，先后开展了以"和美"为主题的理论研究与教育实践活动，并取得了丰硕的理论成果与丰富的实践经验。2012 年 4 月，江西省南城县实验小学成立了和美教育发展工作室。2014 年 10 月，人民教育编辑部、成都师范学院与和美教育研究所在深圳联合主办"第三届全国和美教育论坛"和美教育在我国已有着广泛的实践基础与价值认同。

《宁波教育学院学报》上发表，集中展现了宝韵人对和美文化研究的重要成果。

这些成果结合宝韵幼儿教育集团的文化传统和办园特色而产生，在原有艺术情意课程的基础上不断深化和补充，将宝韵和美教育所蕴含的"和谐与共赢"以及"和而不同，美彰特色；和以聚力，美以育人；和启心智，美润童心；和在自然，美溢童趣"等教育理念渗透到幼儿园的环境、课程、管理等层面，揭示、深化了和美教育的内涵与核心价值，完善了和美教育课程，提升了宝韵品牌形象，推进了宝韵的文化建设。

（三）宝韵文化的标识与符号

园徽、园训、园歌、园旗、园刊、园服等幼儿园文化标识与符号是幼儿园文化的显性载体，是幼儿园文化的形象表达与标志。2011—2015 年，因宝韵人重视文化建设，宝韵幼儿教育集团的文化标识系统逐渐得以完善。

2012 年 11 月宝韵总园的园刊——《和韵园》创刊。《和韵园》的前身是宝韵音乐幼儿园园报，从 2004 年开始推出，一直由周娴贤主任负责编辑工作。在 2013 年 12 月第 15 期出刊之后，《和韵园》改为季刊。至 2015 年 12 月，园刊已编辑、印制、发行 13 期。宝韵园刊历经三个完整的春夏秋冬循环，通过和美视窗、和悦驿站、和谨教研、和洽家园、和乐韵园等栏目，讲述宝韵园的大事小事新事等故事，传递着宝韵和美教育的理念与信息，记录着宝韵和美文化建设的进程与成果，展示着宝韵人的精神与风采，成为宝韵幼儿教育集团的重要宣传窗口与精神阵地。

宝韵总园的网站建设起步于 2000 年，最初只是以介绍园情、发布基本信息为主的处于半静态的"宣传网页"。2011 年，宝韵网站改造升级，增加了通知、公示、留言、站内搜索、下载等园务互动功能，宝韵艺术教育中心开通独立网站。2014 年开始，宝韵网站再次升级改造。至 2015 年秋季学期，涵盖宝韵幼儿集团所属全部的机构、完成全面改造的宝韵网站正式运行，从此"智慧幼教平台"不断更新，"微信公众平台"日渐丰富，"三网"逐步实现对接，宝韵的宣传报道与信息交流等工作迈上了新台阶。

宝韵幼儿教育集团的园歌于 2012 年开始酝酿创作。2013 年春天，一首名为《和美宝韵》的宝韵园歌正式诞生，由陈云其作词，杨浩平作曲。2015 年，宝韵的园徽、园旗、园服等文化标识也得到进一步修订与完善。文化标识系统的不断完善，LED 智能园牌、网站、微信公众号等媒介天天及时推出各种信息，《和韵园》双月刊定期出版与宝韵人见面。截至 2015 年秋季学期，宝韵幼儿教育集团共计发送报道 166 篇，微信公众号关注人数为 1659 人，网站浏览人次为

34710 人次，信息转发与收藏量为 1060 篇次。

（四）宝韵和美故事

> 故事就是历史，故事就是文化，故事就是精神，故事就是力量。

在宝韵人看来，幼儿园的环境是多重的，是没有边际的。门厅走廊、壁画雕像、滑梯沙池、花草树木，幼儿园的环境是有声有色的物化环境。然而，在孩子们天真甜美的笑容里，在老师们忙完工作下班离园的背景下，在保育老师给孩子盖上滑落的小棉被的一瞬间，还有一阵阵暖暖的惊喜、一丝丝怜惜、一缕缕感动……幼儿园还有另一重无声无息、无时无刻不在感人、化人、育人的精神环境。

2014 年，宝韵总园党支部通过组织开展以"培育与践行社会主义核心价值观"为主题的微演讲活动，推选出李雅和毛丹儿两位老师代表党支部参加宁波市直属机关党工委组织的演讲活动，分获一等奖和二等奖。两位老师在演讲的过程中，没有华丽的辞藻，没有豪迈的壮语，她们讲述的只是日常工作中发生的微不足道的真实的和美小故事。

宝韵幼儿教育集团在师德建设方面一直注重体现"三个突"，即突出正能量、突出公正性、突显好风气；注重"文化育人"的力量，提倡要有"互相帮助的人气、默默奉献的风气、艰苦奋斗的勇气、不拘小节的大气"。自 2012 年起，宝韵幼儿教育集团开始注重收集、整理、保存在宝韵园"默然而生""悄然而传"的"和美小故事"。

宝韵的和美人、和美事很多。总园后勤组的应俊同志，在荣安园的筹建中，连续 8 个双休日都在奋战。由于在四个园区之间奔波，他多次"省"下午饭。总园的李施思、史南竹、沙莉莉、杨聚颖等 10 多名老师急幼儿园所急，利用双休日突击加班创设微城化公共环境。华城园保育员徐竹军老师凭着自己的精湛手艺将环境布置所需的绣品带回家，经常工作到深夜。华城园的戴翯妍老师产假期未满就返园上班，投入到环境准备之中，请园领导出面才获得家人的理解与支持。后勤组保安张军民师傅无论假日节日，无论清晨夜晚，"救急"总是随叫随到，为幼儿园安全教学活动的顺利开展提供了有力的保障。李雅老师在困难面前不退缩，重担面前不推脱，去南京参加全国音乐教育研讨会期间，连续高烧 39.5℃，也不叫苦不懈怠，圆满完成了"教学展示"任务。高新园的陈蕾老师身兼多职，不仅担任亲子班、舞蹈专业课、培训部教务等多项工作，而且在班级教师人手紧缺的情况下，还勇挑重任，担任小四班的班主任工作，毫无怨言，默默奉献。艺术组的王焱藜老师兼任两个园区的小提琴专业课，每天在高新园和总园之间往返，风雨无阻。

自 2012 年起，宝韵幼儿教育集团各园区根据整体工作安排制定学期政治与业务学习计划，并有条不紊地落实。各个园区将每月的政治学习和业务学习与月工作目标质量分析有效地结合起来，同时结合和美小故事的分享活动，使政治学习和专业学习不枯燥，反而更接地气，更见实效。

2014 年春季学期，宝韵幼儿教育集团继续深入开展"五有、四禁、三热爱"师德主题教育活动，以增强"道德自律，工作自勉"的政治思想意识。利用总园网站开设"讲述和美故事，谱写爱生之歌"主题栏目，一个个寻常却很感人的和美小故事，在老师之间、幼儿之间、家长之间传播开来。忻浩爱老师撰写的《来自华城的和美小故事——最美教师》以及总园办公室采编的《高新的巧手之星于高新》《和美天使在宝韵、勇于奉献的年轻党员——王方方》等，成为整个学期 12 篇和美小故事中的代表作。12 篇和美小故事，包括团支部 3 篇、党支部 1 篇、班级 2 篇、保育员 2 篇、保健医生 1 篇、幼儿及家长 3 篇。这些故事虽然讲述的是宝韵人亲身经历的寻常小事，却"小题大做"，反映出宝韵"和美校园、和谐家园"的融洽、团结、互动、进取、无私、奉献等精神风貌，成为"文化育人"的好教材。

（五）成立和美弦乐团

2014 年 12 月 29 日，宝韵总园举行了中澳小提琴交流活动暨宝韵和美弦乐团成立仪式。旅澳小提琴教育家张世祥教授和浙江省小提琴学会副会长、宁波市小提琴艺术委员会会长王百红老师专程前来参加，宝韵总园小、中班小提琴艺术课的家长们应邀共同见证这一值得珍藏的历史时刻。宝韵和美弦乐团的成立，增加了宝韵园的文化成员，丰富了宝韵人文化展示与表现的渠道与形式，深化了宝韵和美文化的内容与内涵。

在教学基地授牌仪式和宝韵和美弦乐团成立仪式环节中，马春玉总园长接过张世祥教授授予的"张世祥现代小提琴教学法教学基地"牌匾，并宣布宝韵"和美弦乐团"正式成立。和美弦乐团由张世祥先生任名誉团长，王百红老师任艺术总监，马春玉总园长任团长，袁静副园长任副团长，小提琴专业教师王焱藜老师任常务副团长。随后中澳琴童交流音乐会激情上演，宝韵总园大班幼儿献上了齐奏《小协奏曲》，中班幼儿献上了齐奏《行板》《马祖卡舞曲》等精彩节目。由于临近新年，这场交流音乐会也成了一场"迎新音乐会"，新年岁，新乐园，新友谊……演出被赋予了多重含义。演出结束后，张世祥教授进行开放性的公益讲座，对"小提琴的使命"以及"现代小提琴教学法"等内容发表了独到的看法与理解。

三、发展中的集团化模式

宝韵人坚持"三个服务三个一"，坚持夯实教育根基，坚持推行提升内质、建设融合全面发展与特色教育的品牌园，使宝韵走上多元化、集团化的发展之路成为必然。

（一）一朝雨后春笋发——特色品牌的快速推广

2012—2015 年，宝韵幼儿教育集团发展迅速，规模不断壮大。这是继2008 年宝韵优质教育资源输出、特色品牌推广出现的第一次高潮之后，宝韵人迎来的又一高峰。2012 年，宝韵高新皇冠园建成，这是宝韵在高新区的第一所分园，也是宝韵幼儿教育集团建立的第二所分园。2012 年 2 月，宝韵幼儿教育集团与宁波市国家高新区教育文体局联合办学，正式成立宝韵高新皇冠分园暨宁波国家高新区第三幼儿园。2012 年 5 月，时任宁波市副市长张明华同志来到宝韵高新分园，进行六一慰问。2013 年 9 月，宝韵幼儿教育集团与宁波市国家高新区教育局联合办学，成立宝韵高新区第二所分园，即宝韵高新江景分园。2015 年 3 月，宝韵幼儿教育集团与宁波市鄞州区教育局联合办学，成立鄞州区宝韵荣安幼儿园，即宝韵荣安分园，这是宝韵在鄞州区的第二所分园。至此，宝韵幼儿教育集团旗下已有 6 所实体幼儿园，包括总园、1 所加盟园、4 所分园。2015 年 6 月 1 日，时任宁波市委常委、常务副市长、鄞州区委书记的陈奕君同志和鄞州区教育局局长王建平同志来到宝韵荣安分园，进行六一慰问。

（二）一园多址莲花开——集团运行模式显轮廓

2015 年，宝韵幼儿教育集团已经发展成为具有 6 所幼儿园、1 个艺术教育中心的大规模的教育实体机构。这些下属机构分布在宁波市的海曙区、鄞州区、高新区以及奉化区等地区。6 所幼儿园既有公办园，也有民办公助园，性质有所不同。早教园主要针对 3 岁前的儿童开展亲子教育和托育，艺术教育中心主要面向 16 周岁以下的儿童开设艺术培训课程，其受教育对象及其教育活动内容、形式等与一般幼儿园也不尽相同。至此，宝韵幼儿教育集团已经发展形成一园多址、多元并存的教育格局。

面对一园多址、多元并存的格局，在马春玉总园长的带领下，宝韵人在多年的摸索与实践中，逐渐建立起清晰的管理网络，保障宝韵幼儿教育集团整体有效地运行。2012年宝韵幼儿教育集团开始尝试运行管理模式，至2015年初基本形成。

从管理的地域范围划分来看，宝韵的集团管理模式确立为以宝韵总园为中心，向外围辐射，即东有高新区两所分园，西有鄞州区两所分园，南有奉化区加盟园。从管理的组织机构设置来看，宝韵的集团管理组织机构设立有三个部门，包括教育研发部、服务保障部、品牌推广部。教育研发部主要负责教育教学管理、教育科学研究与教学研究、教师培养与培训等教育核心工作；服务保障部主要负责党工团、保育与保健、行政办公与后勤内务等服务性保障工作；品牌推广部主要负责人力资源管理与开发、艺术培训、早期亲子教育、分园设立与加盟、来访接待与对外交流等品牌建设工作。各园区（或分支机构）分别设立一名园长（或主任）、一名保教主任（或主任助理）。从管理的人力资源分配来看，宝韵的集团管理实行教职工全集团统筹安排、统一聘用、统一考核，力求资源统筹，人尽其用。

（三）一体两翼齐腾飞——园区管理格局初步形成

2015年，随着品牌建设与优质教育资源输出战略的推进，宝韵幼儿教育集团的园区地域分布呈现出"一体两翼"的格局。"一体"就是早教园、总园、艺术教育中心等从头到尾的"主体"部分；"两翼"就是各有两所分园的高新区、鄞州区两个园区。

随着集团运行模式轮廓的逐渐明晰，同时与宝韵园区地域分布相适应，宝韵幼儿教育集团的管理分工也呈现出相对稳定的"一体两翼"的格局。"一体"是以马春玉总园长为核心、由侯鲁萍副园长分管的教育研发部，这是宝韵的"主体"和"本"；"两翼"即由徐皇君副园长分管的服务保障部和袁静副园长分管的品牌推广部，这是宝韵的两只腾飞的翅膀。一"翼"是深埋在地下的"根"，另一"翼"是叶绿花香的"冠"。此时的宝韵羽翼逐渐丰满，既像一只昂首翘立鲲鹏，欲展翅高飞，又像一棵大树扎根于大地，擎起蓝天。

（四）一园一品春满园——"1＋X"园区发展定位

> 一花独放不是春，万紫千红总是春。

自 2008 年开始，在吸纳加盟园、开办分园之后，宝韵人便面临着如何处理各园所之间的关系，如何实现同一品牌下不同区域幼儿园发展的问题。这固然有企业连锁经营的模板可以借鉴，国内教育机构推广加盟也不乏先例，但宝韵人需要有自己的思考，教育与商业不一样，就连宝韵同其他连锁教育机构也有很大的差别。2014 年初，随着宝韵幼儿教育集团管理运行的日渐顺畅，各园区的发展定位被提到更重要的议事日程上来。当年，"1＋X"发展模式首先在"艺术课程"建设层面被提出来。"1"就是指相对确定的宝韵幼儿教育集团统一推出的艺术启蒙课程；"X"则指各种不同的、各个园区结合本园实际情况开发出来的具有自己特色的艺术课程，各园区的艺术特色课程遵循"1＋X"的总原则。"X"既有宝韵统一的"底色"，又有各园区自己的"特色"；既着眼全体，又兼顾个体，既考虑共性，又尊重个性。从 2015 年开始，这种"1＋X"课程发展模式被借鉴到管理层面，从此"1＋X"园区发展定位的新模式被引入宝韵幼儿教育集团整体管理模式之中。

四、共同成长的光辉岁月

> 一粒粮食一滴汗，一分收获一分耕耘。
>
> 教育没有捷径可走，唯有脚踏实地、持之以恒，方能有所作为。

（一）高屋建瓴的带路人

> 2011 年 6 月 2 日，在宁波市教育行政干部培训中心的精心组织下，我有幸参加了宁波市第三期名校长带徒工程"导学制"启动仪式，荣幸地成为马春玉园长的徒弟。五年多的学习，让我站得更高，看得更远，也想得更多。恩师字字珠玑的引领，姐妹园的交流研讨和活动观摩，着实令我开阔眼界、拓展思维，为今后的工作指明了方向，确立了工作的要点和重点，减少了工作中的盲目性。我想，在师傅的眼中，幼儿教育必然是一份悦心的事业，真心与爱心柔美交织；幼儿教育更是一份怡情的事业，温情与激情自在流淌。
>
> ——摘选自慈溪市博爱幼儿园金曙光的文章《真情践行"和美"教育梦》

宝韵幼儿教育集团之所以能从一所几十人规模的幼儿园发展成有数百教师、千余幼儿的集团化幼儿教育机构，老师们之所以能从"没有组织教学经验"到能承担省级教育科学规划课题，有一个重要的原因是因为有一位高屋建瓴的带路人——马春玉园长。

　　如果说马春玉园长所具有的远见卓识让人羡慕，倒不如说她的勤奋好学且持之以恒更让人敬佩。马春玉园长数十年如一日辛勤耕耘、奋发图强，自2010年被评为宁波市第四批中小学幼儿园名园长之后，在2011年至2015年终于迎来了成就收割季。2013年3月，她被评为幼儿园正高级教师，成为浙江省首位学前教育正高级职称教师，她主持的课题研究成果荣获2013年度浙江省教育科学研究优秀成果一等奖。2014年4月，马春玉名园长工作室成立并举行筹备工作会议；2014年5月举行开班仪式，培养了首批来自7所幼儿园的8名园长、副园长和保教主任。2014年10月，由宁波市教育局组织的"马春玉教育思想研讨会"在慈溪召开。2011—2015年，马春玉园长独著学术论文并公开发表6篇：《幼儿园情意教育的价值、目标及其组织实施》发表于《学前教育研究》2011年第6期；《从办园特色走向育人品牌——宝韵音乐幼儿园品牌打造的实践与探索》发表于《学前教育研究》2012年增刊；《幼儿园和美管理文化的构建策略》发表于《学前教育研究》2013年第8期；《在幼儿园文化建设中实施社会价值观教育的意义与策略》发表于《学前教育研究》2014年第12期；《幼儿园和美文化魂与场的建构研究》发表于《宁波教育学院学报》2015年第4期；《践行"和美"教育》于2015年发表于《中国教师报》。2015年，马春玉园长被评为"创先争优"优秀共产党员、浙江省三八红旗手和全国三八红旗手。

（二）值得珍视的荣誉

　　2011—2015年是宝韵幼儿教育集团教科研工作成绩显著的五年，宝韵幼儿教育集团不仅成为"全国家庭教育实验研究基地"和"宁波市幼儿园园长专业发展培训基地"，还成为宁波大学、宁波教育学院等高校学前教育系的实践培训基地。宝韵总园的教研组被评为海曙区星级教研组与先进集体，宝韵总园的园本课程——艺术情意课程被评为"宁波市优秀校本课程"，宝韵幼儿教育集团的"和美"课题研究成果荣获浙江省科研成果一等奖。宝韵总园还获得海曙区现代学校制度先进集体、海曙区幼儿教育研究会先进集体、海曙区抗洪救灾先进集体等十余项集体荣誉。2014年，宝韵华城分园被评为浙江省一级一类幼儿园。

　　这五年间，徐皇君被评为宁波市思想道德教育先进个人；周娴贤被评为宁波市三八红旗手、高新区优秀教育工作者；袁静被评为宁波市第六届"晨风奖"艺术教育先进个人；侯鲁萍被评为海曙区优秀教育工作者；熊燕燕老师被评为海曙区学科骨干；林昔娜、黄燕娜、李雅被评为宁波市教坛新秀；高赟被评为高新区教坛新秀；张艳获第五届全国校园艺术新秀浙江赛区优秀辅导教师奖。高赟、张艳、邱爽、侯鲁萍、林昔娜、高赟、沙莉莉、冯婷婷等老师在教师基本功比赛、幼儿音乐教育优秀研究成果评选、幼儿园教师讲故事比赛、课题成果评选、幼儿教育半日活动评比、心理健康课评选、幼儿园优秀学科评选、心理健康教育论文评比、幼教科研论文评比、"教育实业杯"基础教育专题调查研究征文评选等评优活动中荣获全国奖 3 项，获市级、区级奖项 10 余项（次）。侯鲁萍、成红萍、林昔娜、韦红霞、张蕾、唐琪、陈萌、黄燕娜等教师撰写的 20 余篇论文先后在《学前教育研究》《宁波教育学院学报》《家庭教育》《时代教育》《幼儿教育》《海曙教育》等期刊杂志上发表。

> 成绩和荣誉的统计或有遗漏，但内心普照的阳光从来不会缺席。
>
> ——摘自宝韵总园园长日记

经过五年的理论研究与实践探索，和美文化与和美教育的理念已经在宝韵人的心中生根发芽，等待宝韵人的，将是一个新的时代，一部重要著作的诞生……

集团园·下篇

> 　　作为一位宝韵人，我是幸福的，也是幸运的。宝韵人很荣幸有充满爱心的捐资人，虽然他们已经离开了，但他们的爱、他们的情意、他们的希望、他们的精神将在宝韵人的心中与宝韵美好的愿景永存。宝韵很荣幸有一位敬业爱岗、充满智慧、非同寻常的爱心园长，她从筹建宝韵之日起，就一直守护、陪伴宝韵，风风雨雨三十年，不离不弃。宝韵很荣幸有一群求真、亲善、尚美的教职工，他们秉承求同存异、包容并举、知行合一的精神，三十年如一日，关注幼儿、理解幼儿、服务幼儿、服务家长，造福家庭和社会，开创和美新时代。我愿在这温馨美丽的宝韵园，在这和谐美好的时代，与可敬的宝韵人一起继续奋斗。
>
> 　　　　　　　　——摘自宝韵音乐幼儿园徐皇君副园长的《韵园随笔》

　　2016 年是国家"十三五"规划的开局之年，也是宝韵幼儿教育集团第六个"五年事业发展规划 2016—2020"的奠基年。25 年的发展，宝韵已经成为享有一定社会美誉的儿童教育品牌，已经逐步走上了多元化、品牌化、集团化的发展道路。在此路上，在新的五年规划发展时期，宝韵人继续遵循国家教育方针政策，努力实施《宁波市第二轮学前教育三年提升行动计划》的精神、规划与要求，在市妇联的领导下，在教育行政管理部门的关心、指导与支持下，精诚团结，群策群力，共同开创更加美好的宝韵和美新时代。

一、一部重要著作诞生

> 文化是自然的，教育是他然的。学校应注重统合文化自然化人和教育他然育人的双重途径来促进学生个体发展。
>
> ——摘自宝韵音乐幼儿园马春玉园长著作《幼儿园和美文化与教育》

2016年5月1日，《幼儿园和美文化与教育》由光明日报出版社出版发行。这是一本儿童教育学术著作，是宝韵幼儿教育集团总园长的一部力作，是马春玉总园长在反思、总结自己从1981年起一直在幼儿教育第一线从事教育实践与研究的基础上，精心撰写的一部学术著作；是马春玉园长从配班教师、主班教师、教研组长、业务园长、园长、宁波市艺术教育大组指导老师、名园长工作室首席专家到学前教育研究生导师的成长过程中理论探索与实践经验的积累与升华。该著作从社会与人的发展层面解析文化与教育的根源理论，阐述了自然化人与他然育人的理念与观点，并从文化自然化人与教育他然育人的观点出发，围绕"和美幼儿"发展的核心价值内涵，提出学校尤其是幼儿园和美文化建设与和美教育系统建构的基础理论与策略。

这本著作正式启动始于2014年初，是马春玉园长在整理浙江省教育科学"十二五"规划课题"构建和美文化，实施和美教育——幼儿园和美文化教育实践研究"的研究成果时开始动笔撰写的。两年多的时间里，马园长熬过冬夜的寒冷和夏天的炎热，熬过一个又一个紧张而繁忙的日日夜夜。该著作的"前言"提出，文化和教育是推动并实现学校或园所发展的两条重要途径。文化是在人类社会中自然而然生长出来的东西，它是自然的，但不是纯粹意义上的自然。而教育不同于文化，它不是自然而然生长出来的东西，它是他然的，是在一定的条件下人为创设与制造出来的，但它并不是可以随意创设与制造的产品。不可否认，文化和教育都可以对人产生影响作用，虽然这种影响作用在很大程度上具有不确定性。从人类社会发展的历史过程来看，文化化人的作用、化人的过程是自然的，是无声无形的熏染，是潜移默化的"教化"；而教育育人的作用、育人的过程是他然的，是带有一定目的与期望的介入与干预。因此，对于有意识、有思想、有情感、有一定价值判断倾向的人来说，对于担负着一定的社会责任与人类发展使命的包括幼儿园在内的学校来说，对于幼儿园的重要支撑者即幼儿教师角色来说，应该注意到教育和文化对人的个体发展的影响作用。教育机构要善于借鉴文化的功能作用，善于从文化演化与发展的历史过程来获得启迪。也就是说，教育要从尊重受教育者出发，以学生为本，既要注重教育内容、手段与方式的适宜性，又要注重文化育人的潜移默化、润物无声。文化既是教育的重要内容源泉，也是教育应该不断追求的效果与境界。在漫长的人类社会发展过程中，实际上是文化铺就了教育之路。从朴素的哲学与人文思想之中，人们感受到了闪烁着马园长教育思想的光辉。正因如此，光明日报出版社才给予该著作"视角独特，观点新颖，逻辑严谨，论述深刻"的高度评价。

该著作凝结着宝韵人集体的智慧。它不仅仅是马春玉总园长个人教育思想走向深化与成熟的重要标志，更是宝韵幼儿教育集团实施"和美文化强园"战略、提高"和美教育"内质、培养"和美教师"、完善"和美课程"、提升"和美"办学理念的重要标志。

《幼儿园和美文化与教育》倡导建构和美课程以促进幼儿的身心和谐与个性发展，关注幼儿全面发展，力求实现幼儿、家长、教师共同和谐的成长。该著作的出版，为宝韵人从学科领域的角度对各科、各类、各领域的教育内容之间的相互关系以及在幼儿全面发展中所发挥的功能作用及其价值进行梳理和实践提供了理论指南，标志着宝韵幼儿教育集团的完整教育课程体系基本实现。

二、课程建设再提质

由宁波市特级教师协会、宁波市教育局教研室等单位编辑的《宁波名师》（第四辑·名师之路栏目）刊发了宁波市名园长、宝韵音乐幼儿园马春玉园长的文章《给课程领导力　圆宝韵和美梦》，文中有这样的记述——

"课程是幼儿园教育的基石。幼儿园课程的理解、定位、建构、实施、评价、改进、完善，是幼儿教育机构实施教育活动的核心。幼儿园园长的课程领导力，正是在教育实践的过程中围绕这个核心不断得以形成和发展的。在二十多年的探索过程中，宝韵幼儿园的课程建设经历了从艺术特色到情意素质再到和美文化的发展过程。在这个过程中，不仅是课程的内容与形式在不断地丰富与扩展，更重要的是从课程的目标到载体选择的原则，再到实施的策略以及课程体系的评价，均在逐步得以提升与完善。课程并非简单地归于培养目标和教育载体，更重要的还在于如何把握课程实施过程中的各个主体元素和各种影响因素及其相互之间的关系，从而更好地促进儿童的发展。正是在这种思路的引领下，宝韵幼儿园课程建设的过程，是教育活动不断得以丰富、发展与完善的过程，也是宝韵品牌不断得以创建与美化的过程，更是包括儿童、家长、教师、园长等所有宝韵人获得共同成长的过程。

课程在幼儿园教育体系结构中处于核心地位。幼儿园的课程建设不仅关系到幼儿园的教育目标能否得以实现、幼儿能否如期获得良好的发展，而且关系到幼儿园所有教育活动的效果与质量，关系到幼儿园的生存与发展。而课程的建构、实施与评价大多都是在园长办园思路的引导、主导下实行的。因此，园长对课程的领导力在一定程度上决定着幼儿园的生命力。

我在宝韵音乐幼儿园诞生的第一天起，就把我的全部精力倾注在这里，我把我事业的梦想、希望全部种植在这里。二十多年过去了，我和宝韵人一起奋斗，一起伴随宝韵成长。在我们奋斗的过程中，我感觉到，幼儿园教育最重要、最核心的有三个元素：一是孕育着园所文化的环境，二是蕴含着培养目标的课程，三是渗透着对幼儿深刻解读的教师。办学环境、课程体系、教师团队是幼儿园实施教育活动、获得持续发展的根本保证。其实，环境、课程、教师三者是互相联系、互相融合、相互作用的，是不能分割的。多年来，我和我的管理团队一直致力于环境建设、课程建设和师资建设，我们在课程建构方面获得了一些直接体验，积累了一些经验，对课程的定位、规划、建构、实施、反思、评价、改进、完善等有一些源于教育实践活动的理解⋯⋯"

正如马春玉园长所言，课程在幼儿园教育体系结构中处于核心地位。在宝韵幼儿教育集团三十年发展历程中，课程作为宝韵从音乐特色幼儿园发展到品牌园，再发展到幼儿教育集团的办园目标的重要实施载体，是成效非常显著的教育基本元素之一。宝韵人在马春玉园长、侯鲁萍副园长等的带领下，通过坚持不懈地探究，经过艰苦卓绝地奋斗，发挥教科室、教研组的中坚力量，利用课题研究跟进，走过了三个阶段、两次质变的发展过程。三个阶段指从 1990 年到 2000 年的艺术特色课程建设阶段、从 2001 年到 2010 年的艺术情意课程建设阶段和从 2011 年到 2020 年的和美教育课程建设阶段。第一次质的变化是由音乐特色课程转向建设艺术情意课程。2010 年 4 月 1 日其融合理论与实践的核心著作《在艺术摇篮中成长：幼儿园艺术情意课程的构建》是这次质变的重要标志，体现出宝韵的园本课程从"学科含义"发展到"注重幼儿的经验与体验"的层面，标志着宝韵课程体系逐渐走向成熟。第二次质的变化是由艺术情意课程进入和美课程建构。2016 年 5 月 1 日其主要学术著作《幼儿园和美文化与教育》是实现第二次质变的重要标志，体现出宝韵的园本课程对各领域、各学科意义上的教育载体与目标之间的相互关系以及对幼儿全面发展中所起的功能作用进行了梳理、解读和实践，标志着宝韵幼儿教育集团完整教育课程体系的理论建构基本实现。

作为宝韵音乐幼儿园的第一任教科室主任，侯鲁萍副园长在宝韵的课程建设路上付出了巨大的努力，贡献了自己的智慧，做出了重要的贡献。2016 年，侯鲁萍副园长获得海曙区园长课程领导力提升工程之副园长教学展评一等奖。2018 年 12 月，宝韵和美课程被浙江省教育厅教研室评为浙江省第二届幼儿园精品课程。2019 年，在马春玉园长的组织统筹与理论引领下，在侯鲁萍副园长的直接带领下，在徐皇君、周娴贤两位副园长的直接参与和支持下，在唐琪、韦红霞、高赞、林昔娜、徐海亚、李雅、陈萌、等参加编写的老师们的共同努力下，标志着宝韵幼儿教育集团课程建设第三阶段理论与实践研究之大成的著作《幼儿园和美课程》正在按计划推进。《幼儿园和美课程》和《幼儿园和美文化与教育》是姊妹著作。《幼儿园和美课程》是幼儿园教育实践经验的总结与操作的典范，而《幼儿园和美文化与教育》是幼儿园文化建设与教育实践的理论探索，是幼儿园实施教育活动的理论根基。命名为《幼儿园和美课程》的著作即将由中南大学出版社出版。这是一部凝聚着宝韵人的智慧和心血的重要著作，是一部体现宝韵人无畏地、踏踏实实地攀登宝韵园本课程发展第三阶段实践高峰的著作，是宝韵人献给宝韵幼儿教育集团三十周年华诞的珍贵礼物，同时也是献给广大幼儿、幼儿教师及幼儿家长的最好的礼物。

三、集团规模进一步发展

宝韵幼儿教育集团于 2010 年 6 月 1 日在孩子们"梦之韵"的文艺演出活动中宣告成立。经过五年多的建设与发展，宝韵在环境与文化建设、课程与教师队伍、管理模式与制度建设、家长教育与社会服务等方面均取得了长足的进展，宝韵幼儿教育集团规模不断壮大，在社会上的影响力也逐渐增大。

2016 年 4 月，宁波市机构编制委员会办公室批复，同意宁波市妇联直属机构宝韵音乐幼儿园增挂"宁波市宝韵幼儿教育集团"的牌子，宝韵成为宁波市首家事业单位性质的教育集团。为宝韵的行政、人事、财务、采购、资产管理等工作创造了更好的保障条件。特别是对一园多址、人才交流较为频繁、办学体制多样化的宝韵音乐幼儿园来说，这是非常有益的事情。宝韵幼儿教育集团在经历 2008 年和 2012 至 2015 年期间的两次迅速发展、规模快速壮大之后，2017 年和 2018 年又迎来了新的一轮快速发展。宝韵幼儿教育集团 2016 年在岗员工 230 位，幼儿园班级 49 个、早教部亲子班 15 个，在园幼儿 1668 名；2017 年在岗员工 256 位，幼儿园班级 63 个、早教部亲子班 15 个，在园幼儿 1812 名；2018 年在岗员工 284 位，幼儿园班级 65 个、早教部亲子班 15 个，在园幼儿 2015 名。

2017 年 9 月，宝韵幼儿教育集团与宁波市海曙区教育局联合办学，成立宝韵海悦分园。2018 年 3 月，宝韵幼儿教育集团与宁波市国家高新区教育文体局联合办学，成立宝韵幼儿教育集团在高新区的第三所分园暨宝韵高新逸树分园。随着宝韵海悦分园、逸树分园的成立，宝韵幼儿教育集团的规模进一步扩大，发展成为一家设立 7 个园区、1 个艺术教育中心的综合儿童教育机构。其园区分布于宁波市海曙区、鄞州区、高新区等地域，各个园区均推广 0～3 岁早期教育和青少儿艺术课程培训与服务，在园幼儿达 2000 多名，年艺术培训课程开设班级 150 个左右，年培训人数达 3000 人次，全集团在岗教职员工接近 300人。宝韵幼儿教育集团自从进入第六个"五年事业发展规划"，教师队伍建设取得了显著成效，教师队伍的基本专业素质不仅在学历、职称方面有了明显的提高，而且在荣誉方面也反映出骨干教师的阵容的不断强大。在中青年教师中，有市级学科骨干、优秀教师、优秀班主任、教坛新秀、教育先进个人等十余人，如侯鲁萍、徐皇君、林昔娜、周旭琼、毕鹰、徐琳玲、韦红霞、冯婷婷、黄燕娜、李雅、史南竹等；有区级学科骨干、优秀班主任、优秀青年教师、教坛新秀、优秀教育工作者、优秀教科室主任、优秀教研组长、教育先进个人等十余人，如周娴贤、史红伟、高赟、黄双青、赵娜、吕晶珍、章艺、陈萌、张艳、陈飒、蓝晓琴等。这些优秀中青年教师成为推动宝韵发展的中坚力量。通过数年的探索与大胆实践，宝韵在实现"一园多址、多元并存"的跨越性发展的同时，也逐渐形成了"骨干交流、教研共享、特色互补、文化共融"的集团化管理新模式，为推动宝韵进一步集团规模化扩张与发展奠定了良好的基础。

四、集团化管理迎难而上

回顾 2016 年度的工作，各园区成绩是明显的，总园继去年省一级示范性幼儿园复查通过后，不是躺在床上想成绩，而是积极地查漏、补缺、整改，让老园所挥发新能量，焕发新的生机。高新园区全力迎复检，不是盲目跟随、表面应付，而是抓住机遇全面迎战，得到了检查组专家的一致好评，为下步评定省一级一类幼儿园写下了重要的伏笔。鄞州两个园区也不是坐等静养，而是积极谋划，养精蓄锐，提前准备，随时迎战，如个性化发展课程的梳理、英语课程的调整、室内外环境的改造等，各项工作都扎扎实实地抓、认认真真地干。集团的各部门也在努力推进各项工作。教育部门以提高教师对游戏的观察指导能力和幼儿的自主游戏能力等的提升为抓手，开展一系列的教学研讨活动；保育保健部门以孩子的健康成长为主要目标采取一系列的方法策略；后勤、办公室以服务安全为第一要务，以提高服务质量、提高工作效率为部门的努力方向，拉开一学年的持久战；艺术培训以活动促教育，积极为孩子们搭建展示舞台。总之，集团在各园区、各部门的共同努力下主流是好的，成绩应该予以肯定，但问题还是不少：整体运行的管理难度加大，时效性在降低，管理方式与措施需要进一步改进；教师的专业水平发展差异较大，少数教师对新的教改要求理解不深。教学行为、观念滞后；个别同志理想信念不坚定，对宝韵的教育理念、管理方式、园所文化等没有形成内化与认同，没有被激发出热情和动力。

——摘选自《宝韵幼儿教育集团 2016 年度工作总结》

（一）集团化管理迎来新挑战

规模大了，人多了，影响力提升了，宝韵人肩上的担子也更重了，责任也更大了。宝韵幼儿教育集团规模的进一步扩大与发展，给宝韵人带来了新问题，让宝韵人面临着新的挑战。这种面临新问题与新挑战的局面，自进入 2017 年后更为明显。

首先，教职员工人数多了，管理难度进一步加大。宝韵幼儿教育集团的办园性质多元化，人员成分多样化，教职工的"编内"与"编外"的"身份"有所不同，薪酬待遇存在差别，心理存在一定的差异，导致员工管理特别是教师队伍建设潜伏着流动性、不稳定性加大的危机，需要从职业道德与素养、专业能力与培养、业绩考核与任用、薪酬制度与激励机制等层面调整、改进、完善集团化的人力资源开发与利用的管理模式。

其次，面对一个成员更多、地域更广、规模更大的群体，逐渐形成"三统一，四共享"的资源管理模式。即人员统一调配、物资统一配送、财务统一管理和文化共融、品牌共创、特色共享、课程共建的模式。虽然这一模式在很大程度上提高了工作效率、发挥了重要的作用，但情况的变化使得资源管理模式本身受到了新的挑战，即必须具备更大的容量和张力，需要更快、更好的资源质量统合力、分析力与调配能力。

再次，家园联系层面也迎来了新的压力。在家长教育和家长工作层面，不同园区的情况存在一定的差异，信息的及时沟通与了解、活动的策划与组织等需求对时间、空间、内容与形式等提出了新的要求，家长工作需要符合本园区实际情况，需要接地气，需要反馈及时，需要更大的服务平台来与之相适应。

最后，原有的"一体两翼"模式被打破，需要重新定义与改造。重要岗位人员的变化对整体的工作产生了一定影响。如骨干教师、教科室主任熊燕燕老师的工作调动对宝韵的教科研工作产生一些影响，袁静副园长的工作调动更是带来了领导班子组成与分工的重新调整，宝韵幼儿教育集团管理团队的建设也迎来了新的任务与要求。不可否认的是，集团摊子大了，人员情况变得更复杂了，自然管理的难度更大。况且任何事物很难十全十美，不断实现提质、实现飞跃发展的宝韵不可能完美无缺，工作中也会存在纰漏，也有需要改进、完善的地方。如 2019 年 6 月 25 日宝韵荣安幼儿园有位热心家长反映该园的门卫安保制度存在"盲区"，对孩子在园的安全保护存在潜在的危险，并提出积极有效的改进建议。宝韵幼儿教育集团的领导和宝韵荣安幼儿园的领导高度重视，立即了解详细情况，与相关责任部门、责任人沟通，通过采取责任意识培训教育、完善员工工作考核与奖惩制度、改进门岗签到记录方案、加强领导巡察等具体措施，使得宝韵荣安幼儿园的安全保卫工作有了质的提高，也为所有园区把关好"保护孩子的最后一道屏障"提供了宝贵的经验。

（二）积极面对突破管理瓶颈

面临多元化、集团化发展过程中不断出现的新情况、新变化、新问题，宝韵人不回避、没有退缩，而是采用积极的态度去面对，努力寻求新的突破。

首先，面对区域跨度大、人员编制紧、工作要求高的实际情况，在实行"大部制"统筹计划与管理的同时，宝韵幼儿教育集团在布点、用人、做事等方面做了新的探索，实行集团中层干部管理岗位竞聘制度，加强队伍建设的民主性与公正性，以保证各园区中层管理队伍力量相对均衡。1 位副园长和 2 位中层管理人员、3 位年级组长各蹲点一个园区、分管一块工作，从而实现"总园长—副园长—中层管理者—部门员工"的四级管理层级网络，加大对"三个统一四个共享"管理模式的考察与探索，从人力配备、专业能力培训、绩效考核等方面加大梳理与管理。提升集团领导班子的引领作用，完善会议制度，半月召开一次总园长办公会议，统一思想，统一部署；各园区每月一次园务会议；各部门一周一次工作例会，提高工作的计划性和有效性，减少工作的盲目性，杜绝没有必要的"开会"影响工作的进度和成效，极大地提高整体管理执行力。

其次，在具体的管理工作中，推行"问题式"与"诊断式"的管理。自2017年起，宝韵幼儿教育集团坚持以"查找问题"为抓手，在反思求变中推动发展。针对"考核有可能流于形式"的问题，宝韵人积极推行优化集团组织管理机构的策略，强化考核注重"效率、效果及细节、节点"，使得管理层级更明晰化、精细化；明确各中层管理岗位的职责，梳理中层组长的月、学期考核指标，对共性和个性的考核指标进行制定和公示。针对"后勤工作日渐松散"的问题，宝韵人继续实行集团大后勤的条块式管理模式，进一步修改各项工作的流程，切实做好集团后勤采购、检修、维护等各项综治工作。在日常工作中，采取园区零星采购包干制与大件物品集团统一采购相结合的方式，明确采购计划申报的程序与要求，严格执行采购计划，做到园区后勤管理人员、集团后勤审核、财务核销等相关环节职责明确；出台"时效"规定，落实层层把关，保障工作有条不紊，按时保质保量完成。针对"教师队伍专业素质培养与提升"问题，师训、教研、教科等部门启动"八秒研修坊"，提高"研读、研修、交流、反思、提高"的普及率，降低开展教学研讨活动的"门槛"，使得教师的专业学习活动更接地气，更符合实际，更能满足教师们的需求。同时通过创设"具体"的教研环境和空间，探讨以"工作坊""研学屋"等为载体的"微型化"的园本教研，补充、完善、提升集团愿景式的教研共同体、研修体的研讨模式的深度与广度，进一步发挥骨干教师的引领作用，提升作坊式的"坊主""屋主"的引领能力。

再次，全面推动"体验式家长会"。宝韵幼儿教育集团一贯重视以"家园合作"为途径，在家园互动中不断创新与发展，从而实现共同成长。2016年，集团召开教育议事会二届六次代表大会。会议主要内容为推选新主席，转变教育议事会与家委会会议形式，定期与议事会委员共商园务，及时而广泛地听取家长们的意见与建议，等等；全面推动"体验式家长会"，改变"教师讲""家长听"的单一模式，把想让家长关注的问题，想让家长改变的观念，设计成家长可以参与、体验的活动，让家长在参与活动的过程中产生感悟与反思。

最后，宝韵人树立安全工作"零文化"理念，以此来预防或者化解工作中存在的各种安全隐患。安全工作"零文化"理念体现在两种角度的理解：一是"不论是谁，只要有责任安全事故发生，一切工作归零"，这是"强制式"规定性的"自上而下"的要求，通过"法规效应"来达到杜绝安全事故发生的目的。二是加大安全自觉意识引导与培养，开展常态化的、全员化的"自查与互查"以及"自省与提醒"制度，保证常态化的、预案式的安全工作模式，促进安全隐患的预查与排除，从而为安全工作提供更坚实的民意基础和保障后盾。总之，在进入新的"和美时代"的五年规划期，面对集团化管理的新问题、新挑战，宝韵人在以马春玉总园长为核心的管理团队的科学引领与推动下，积极面对现状，细心考察，认真思考，以"和美"的理念、科学严谨的态度和实事求是的精神，不断改革与创新，突破一个个制约宝韵整体发展的管理瓶颈，为宝韵这艘"大船"的扬帆远航提供了坚强的保障和强大的动力。

五、属于孩子们的舞台

> 宝韵属于宝韵人，属于家庭，属于社会，更是属于孩子们的舞台。

（一）文艺活动大舞台

文化、体育和艺术活动是激发孩子们兴趣、培养孩子们自信、促进孩子们表达、展示与交流的适宜载体与良好方式。通过文化、体育与艺术的培训学习、演出交流、竞技互促等活动，搭建起孩子们展示成长的大舞台。

宝韵人一贯重视为孩子们提供学习的机会，注重搭建展示的平台。宝韵幼儿教育集团艺术教育中心在 2019 年的工作计划中这样写道：我们要坚持"全面＋特色"的办学理念，坚持"全面发展＋特长培养"的育人目标，以"全面育人"为基础，在开展丰富多彩的特色活动中促进幼儿的健康成长。教育自身的发展需要不断地创新和不竭的动力，要满足不同孩子个性化、多样化、现代化教育的需求，从实际出发，以创新的思路提供不同展示平台和机会，让幼儿愉快合作、快乐表达，促进幼儿自信、快乐、健康发展。

在宝韵的第六个"五年事业发展规划期"，宝韵各园区的文化、艺术及体育活动依然丰富多彩，孩子们也屡次获得佳绩。2016 年 6 月荣获宁波市第五届"春芽子杯"小学生健美操比赛幼儿组一等奖；2017 年 4 月荣获全国啦啦操比赛幼儿组一等奖，荣获宁波市花样跳绳锦标赛幼儿组团体总分第二名、花样自编表演赛幼儿组一等奖；2017 年 12 月宝韵总园被宁波市体育局评为 2017 年度先进轮滑校园。2018 年春季学期，宝韵幼儿教育集团共有 134 人次在省、市艺术比赛活动中获奖（118 人次获市级奖、16 人获省级奖），其中钢琴 35 人次、舞蹈 42 人、电子琴 13 人、小提琴 7 人、古筝 19 人、声乐 4 人、琵琶 12 人以及爵士鼓、大提琴各 1 人。从 2017 年秋季学期开始，宝韵总园艺术组把为孩子们创设各种展示的机会、不断创新表演载体等作为工作重点。各园区在艺术教育中心的密切配合下，通过"园内展示、精彩亮相""走出园区、展示才艺""深入社区、老少同乐""欢度佳节、祝福祖国""童心筑梦，精彩绽放"等系列主题展演活动，通过孩子们为宝韵人、为家长、为社会奉献了一场场充满欢乐与幸福的精神食粮。2018年5月，中共宁波市委副书记、市长裘东耀，中共宁波市委常委、宣传部部长万亚伟分别来到宝韵高新分园和总园进行六一慰问，对幼儿园开展丰富多彩的文体活动给予了高度评价。

（二）央视平台展风采

对很多热爱艺术，向往"星光灿烂"，怀着"明星"梦想的人来说，"央视"是他们心中至高无上的、神圣的舞台。被"搬"上中央电视台少儿频道的屏幕，则是不少孩子家长执着的"追寻与狂想"。过早、过高的期望与要求往往会对孩子的成长产生不利的影响。宝韵人不曾热衷于这些耀眼的"光芒"，也不曾高度关注和刻意追求这个"高大上"的舞台，但宝韵的孩子们却也偶尔能体验这份"灿烂"与"殊荣"。

2016年4月，宝韵总园的数十位幼儿和教师参与了中央电视台少儿频道"五一"特别栏目的节目现场录制，扎实的功底、坚定的自信与饱满的精神面貌得到了节目导演及随同录制工作人员的赞扬。宝韵的孩子和老师们表演的节目在中央电视台少儿频道当年的庆"五一"特别节目中播出。

2017年10月初，宝韵总园的小音乐家们参加了中央电视台的节目录制。5名学习打击乐爵士鼓专业的幼儿现场齐奏一曲《青春修炼手册》，成功登上了中央电视台"央视网"推出的"大手牵小手"栏目策划的特别节目，2017年10月7日的这次演出，还被搬上中央电视台"视频网"，成为宝韵孩子们永远的珍贵的记忆。

（三）和美幼儿新愿景

> 三自六会，四言五行。
> 和在言行，美在亲善。
> ——摘选自宝韵幼儿教育集团《幼儿手册》

基于对和美文化的理解及幼儿发展的身心特点，宝韵人在实践中逐渐形成了和美教育的理念。和美教育以平等、民主、自由、宽容、自律、服务、和谐、协作等作为核心价值理念，把尊重、理解、赏识、激励等作为实践的基本指向与行为指南，倡导教师顺天性、尊差异、求和美、常宽容，用真情、真知、真爱等促进幼儿和美的人生发展；同时引导幼儿相信自己、鼓励自己、超越自己，影响家长尊重幼儿的生命特质，挖掘孩子的生命潜能，关注自我的成长。和美教育在实践活动中渗透和美文化的内涵与真谛，追求幼儿与环境的和谐、与他人的和谐以及与自己的和谐，注重促进幼儿的体质美和心灵美。这在根本上使得幼儿教育回到了社会价值教育的轨道上，在本质上使教育目标指向了儿童的品质发展与心灵成长。

实施和美教育，就是要通过开展"三自六会，四言五行"活动，让幼儿具有平和的学习心态、和适的思维品质、和悦的情绪状态，成为"讲文明、爱师长、乐学习、勤思考、会健体、懂艺术、个性活泼开朗"的幼儿。在宝韵这个"和美"的世界里，一切都是为了孩子，为了孩子们能够积极健康地生活与快乐幸福地成长。

宝韵幼儿教育集团第六个"五年事业发展规划2016—2020"的五年是"和美"理念自始至终贯穿的五年，是致力于创设和美环境、创建和美课程、培养和美教师的五年，是进一步实施和美教育、建构和美文化、培养和美幼儿的五年。2019年初，在展望宝韵三十岁华诞来临之际，宝韵幼儿教育集团推出了建设"和美宝韵"、培养"和美幼儿"的新愿景。和美在宝韵——和美环境、和美课程、和美课堂、和美活动、和美管理；宝韵在和美——园长和美、教师和美、家长和美、班级和美、幼儿和美。宝韵人提出"和美"，践行"和美"，积极营造和美校园文化氛围，努力提升宝韵的文化内涵，长期坚持关注幼儿视角，深入研究和美课程，继续推进和美教育。毋庸置疑，和美宝韵的每一个"和美"都紧紧围绕着"和美幼儿"，并最终落实在培养"和美幼儿"的育人目标上。

这应该会引出一个宏大而朴实的培养和美幼儿的新规划、新途径、新愿景。究竟这一份"新"是怎样的容貌，是怎样的内容与内涵，有怎样的价值与成效，还需要一代又一代宝韵人齐心协力、艰苦奋斗，继续用思考和行动来揭晓答案。

"和字就是我，春天的小秧苗……"

和美宝韵已经唱响，让我们在和美的旋律里，向着和美的愿景，再一次回味一位历经了三十年宝韵春华秋实的"老园长"的衷心寄语吧——

"教育是一门心灵艺术，从心灵走向心灵；教育是一片创新天空，以智慧启迪智慧；教育是一方生长园地，用生命支撑生命。

宝韵的昨天，我们心手相连共同开拓，提出了'全面＋特色'的办园目标，一棵棵新苗昭示着艺术教育的成果；宝韵的今天，我们洒下汗水辛勤耕耘，实现了'一园多址，多元并存'的跨越性发展，一所所个性化园所展现着独特的风采。在'和而不同，美在共赢'的和美理念引领下，努力构建幼儿园和美教育体系，打造和美园所文化品牌。

我们是奋斗者，心在远方寄托；我们是耕耘者，路在脚下延伸。用我们的真诚、我们的智慧，在彼此的心田播下和韵的种子，结出和美的果实。"

第二章

三十年风华·三十年情缘

饮水思源天地心，励精图治日夜行。
静待花开终不悔，大爱无痕见真情。
岁月峥嵘酿底蕴，桃李芬芳绕弦音。
宝韵事业兴万代，甬江港埠水长清。

宝韵是一个公益群体，是全社会共享的资源，是一群人共有的事业。

这份事业，需要一种恒发的、恒久的精神支柱，需要一群无私无畏的开拓者。在这群人中，有栽树者，有挖井人；有掌舵者，有领航人；有培土者，有浇灌人；有陪伴者，有呵护人；有合作者，有见证人；有受益者，有感恩人。正是这群人在宝韵写下了无数感人的故事，创造了底蕴深厚的宝韵精神。这是一种求是唯真、至善尚美、自然雅致、求同存异、包容并举、知行合一的和美精神，是一种尽职尽责的人本精神，是一种寻本溯源的求真精神，是一种平等朴实的至善精神，是一种纯朴自然的尚美精神，是一种和谐融洽的包容精神。

宝韵音乐幼儿园正是因为有了这样一种精神，有了这样一群人，才得以很好地存在与发展，才得到了主管部门的高度认可，才得到了社会的普遍赞誉。

三十年宝韵，三十年风华，三十年情缘。有了这群人，在宝韵事业的征途上，筚路蓝缕，众志成城；有了这种精神，在宝韵，孩子感到快乐，家长感觉满意，教职工获得成长。一朝结缘永共生，不负风华幼林情。这群可歌可泣、令人尊敬的宝韵人与这种充满活力与生命的智慧精神，将在宝韵的发展史上永存。

第一节 饮水思源

落其实者思其树，饮其流者怀其源。

宝韵人不会忘记，三十年前，是两位富有爱心的香港同胞——孔爱菊女士（图2-1）和她的弟弟孔庆隆先生（图2-2、图2-3）将准备为父母建造衣冠冢的50万元港币捐献给家乡，在宁波建了一所音乐幼儿园，那便是"宝韵音乐幼儿园"。

宝韵人不会忘记，正是在主管部门宁波市妇联的正确领导与大力支持下，宝韵音乐幼儿园才有了今天的成绩和口碑，才有了三十年来的成长与发展。前期的尹心娣主任、洪正向副主任、杨勤副主任、陈曼义部长等，历任的徐荷英主席、柴英主席、尹敏芳主席、杨小朵主席、顾卫卫主席，还有分管宝韵的谢景文、郭鲜花、王悦、王霞惠、张慧珍、李晓东、翁敏、周媛儿等副主席，举不胜举、难以穷尽的妇联领导给了宝韵无微不至的关怀，她们是宝韵音乐幼儿园前行的向导与坚强的后盾。

宝韵人不会忘记，在党和政府的正确领导下，在人大、政协以及工商联等社会各阶层的亲切关怀与大力支持下，宝韵音乐幼儿园才有了今天的美誉和品牌，才有了多元化、集团化的变化与发展。除了主管部门宁波市妇联的正确领导，还有市委、市政府的历届领导，如人大常委会原主任陈勇、市政协副主席李秀珮、市政府副秘书长陆勇等对宝韵的关心与爱护，更有市教育局、财政局、发改委、卫健委、编委办等部门领导的鼎力支持，是社会的保障奠定了宝韵发展的基础，是领导的关心推动着宝韵坚定前行。

饮水思源。三十年的历程，三十年的成长与发展，宝韵人会长怀感恩之心，不忘责任与使命，为幼儿、为家庭、为社会鞠躬尽瘁，奉献爱心。

名誉园长：孔爱菊
座 右 铭：一旦承诺，就要尽力完成

香港各界妇女联合协进会副主席
香港甬港联谊会名誉会长
侨民有限公司董事
宁波旅港同乡会副会长
宁波市荣誉市民

图 2－1　宝韵音乐幼儿园捐资人孔爱菊

热爱桑梓的贤伉俪——刘浩清和孔爱菊

　　香港东方石油公司董事长兼总经理、沪港经济发展协会副会长刘浩清和他的夫人孔爱菊，被人们称为热爱桑梓的伉俪。刘浩清的夫人孔爱菊女士是宁波市庄桥镇孔家村人，所以刘浩清也把宁波当作家乡。孔爱菊和她的丈夫一样，是一位对发展祖国建设事业及对家乡文化教育事业十分热心的人，她素以扶持儿童教育事业蜚声海内外。1986 年以来，孔爱菊先后捐资创办宁波市第一甬江幼儿园和上海市音乐幼儿园。改建后的上海市音乐幼儿园为四层楼面，建筑面积 927 平方米，有六间教室，琴房十间，并设有幼儿音乐演奏多功能大厅，可招 120 名幼儿。孔爱菊还向中国儿童福利基金会及宁波市图书馆各捐 5 万元。她说，每年都要到宁波来探亲访友，看看家乡的发展，做些力所能及的事，使自己的怀乡之情有个寄托。1988 年，她和她弟弟孔庆隆商量，把准备为父母建造衣冠冢的资金捐献出来，建造一所幼儿园，并以其父亲孔宝韵的名字命名。宝韵音乐幼儿园总面积为 1800 平方米，是浙江省第一家音乐专业幼儿园。1988 年 4 月，在宝韵幼儿园奠基典礼上，孔爱菊深情地说："我希望家乡的孩子能在此得到良好的专业培训，将来为宁波争光。"

　　　　　　　摘选自《宁波经济》第 4 期第 46 页/1997 - 08 - 31 宁波帮/沈雨梧

　　孔庆隆(1923 年 3 月—1997 年 3 月)，男，汉族，浙江宁波大学毕业。第六届、七届广州市政协委员，第八届广州市政协常委。孔庆隆历任香港金凤发展有限公司董事长，泉隆有限公司董事长，广州地区政协香港委员联谊会副会长等职。

图 2 - 2　宝韵音乐幼儿园捐资人孔庆隆先生介绍

孔庆隆先生倡导的"一元钱教育基金"活动

中国有句古语：集腋成裘。在当今时代的广州，首先把"集腋成裘"的思想用于筹措教育基金、发展教育等公益事业的倡导者是谁？是市政协委员孔庆隆先生。正是因为有了孔庆隆先生根据这一思想倡导开展的"一元钱教育基金"活动的成功经验，才会产生现已被多家公益社团争相仿效的电视筹款晚会，才会产生已申请"专利"并已成功举办三届的广州市教育基金百万行。

孔庆隆在上海震旦大学读书时，就和同学共同创办了"上海启明义务夜校"，并任副校长兼教务主任职务，免费为广大贫困群众提供受教育机会。中国改革开放后，他抓住机会与胞姐捐款创办了"宁波宝韵音乐幼儿园"。

图 2 – 3　孔庆隆先生的相关报道

（资料分别来源于百度百科、www.gzzxws.gov.cn/广州文史）

爱的寄托——宝韵的诞生

——谨以此文献给宝韵的捐资者孔爱菊女士和孔庆隆先生

宁波市宝韵幼儿教育集团副园长　周姝贤

"教育要从娃娃抓起，艺术教育尤其要从娃娃开始。"这句话一直是孔爱菊女士挂在嘴边的话。30 年前，孔爱菊和孔庆隆姐弟俩早已在宁波把这个教育理念变成事实。

一、源于情感，寄托希望

说来还有一个起源。孔爱菊女士酷爱艺术，却经常为自己在童年时代未能接受艺术熏陶而深感遗憾。她很想凭借自己和丈夫的力量，创办一所幼儿园，把音乐、美术作为启蒙教育载体，既解决幼儿的艺术启蒙教育问题，又能实现幼时的艺术梦想。1988 年，邓小平会见包玉刚的一席谈话，掀起了海外"宁波帮"企业家回报家乡的热潮，也勾起了孔爱菊女士想在宁波为故去的父亲建造衣冠冢念头。孔爱菊女士便与好姐妹，时任宁波市政协副主席、宁波市工商联名誉会长周竹君女士聊起此事。记得周竹君主席说："纪念父亲，最好的方式还是以父亲的名义办学校，教育要从娃娃抓起，你在上海已经创办了一所音乐幼儿园，有了办学的基础，把经验传到宁波来，在宁波也办一所幼儿园，这是造福子孙后代的大好事，你每年还能回家乡来看看，一举两得。"周主席的话深深打动了孔爱菊。孔爱菊说："好的，只要满足我两个条件，一是一定要办一所音乐特色幼儿园，二是幼儿园的名称一定要以父亲的名字命名，上海音乐幼儿园是委托上海市妇联办的，宁波要不也委托宁波市妇联吧。"周主席牵线搭桥找到时任宁波市妇联尹心娣主任和杨勤副主任，提出港商回乡创办幼儿园之事。两位妇联主任一致认为这是一件好事，从政治层面上来说，港商回乡办园之举，能带动更多的"宁波帮"企业家回报家乡的热情；从经济层面上来说，也解决了一部分政府办园资金短缺的问题；从民生层面上来说，为祖国的下一代素质教育开起了先河。两位妇联主任经讨论汇报，同意孔爱菊姐弟俩提出的要求，捐资 50 万元港币，兴建一所音乐幼儿园，以满足宁波孩子艺术启蒙教育的需要。园所以孔爱菊父亲孔宝韵的名字命名，幼儿园地址定于原海曙区柳汀街吴家塘路 87 号。兴建幼儿园的任务由时任市妇联儿少部部长陈曼义全权负责，从土地规划审批、园舍设计、工程建造到开园前物品采购等，陈曼义部长每天骑着一辆自行车，从工地到单位，从规划局到拆迁办来回奔波，还不停地与工程队进行磋商。1989 年 9 月，宝韵音乐幼儿园主楼竣工验收合格时，陈曼义部长把这个好消息告诉孔爱菊女士和刘浩清先生，此时已经年过古稀的二老，犹如晚来得子，兴奋异常，奔走相告，宁波市宝韵音乐幼儿园就此诞生了。

二、源于信任，需要坚持

随着宝韵的诞生，棘手的问题也接踵而至。办园方向、教学师资以及上级政策（当时不允许办音乐幼儿园）与捐资者出现了矛盾。当时的教育部《幼儿园工作规程》（以下简称《规程》）明确规定：各地不能举办特色幼儿园。而此时，捐资者孔爱菊女士提出不办音乐特色幼儿园就不来捐资。"欲渡黄河冰塞川，将登太行雪满山。"当时年仅 28 岁的马春玉园长相信，只要自己怀着不认输的态度，生命中总是会充满柳暗花明的契机。马春玉园长想，孔爱菊女士信任祖国改革开放的政策，信任宁波市妇联的重托，本着这份信任与担当，仔细研读《规程》后她认为：教育部规定的这一条款，并非指所有的特色幼儿园都不好，其导向是指幼儿园教育要更多地关注孩子的全面发展和广泛的兴趣培养，不能过早对幼儿进行定向教育。而音乐作为美的一种艺术表达，只要恰到好处，它与全面发展教育不仅不矛盾，更是达成全面教育的有效途径和手段。这一想法最终得到了各方面的认同和支持。正是马春玉园长的这份坚持,在明确办园方向后,宝韵人寻找优质的教师资源,聘请钢琴、小提琴、舞蹈等专业顶尖人物一起探讨音乐特色教育的方向。在她的带领下,宝韵音乐幼儿园设计并布置了大小不一、清新雅致的艺术琴房和排演空间,录用、招聘了一批有艺术特长的幼儿教师,要求每个入园的孩子选修一门音乐艺术专业作为兴趣特长。当时,进行这样特色教育的幼儿园,在全省仅此一所,开创了宁波学前教育的先河。

三、源于专注,感到欣慰

1990 年 2 月,宁波市宝韵音乐幼儿园正式开学了,招收了三个班级 75 名幼儿(一个中班、一个小班、一个小小班),孔爱菊女士面对孩子学习专业的问题,提出个人建议,要求进入宝韵的老师都要学一门乐器,只有老师专业了,孩子们才能更专业。我们依然记得当年宝韵创办之初所有的教师跟小朋友同步学琴,每人学习一门乐器,并带一组同专业幼儿的辅导课,每周和孩子们一起向专业老师上一次琴课。年轻的教师们除了钻研教材教法认真教学外,其他业余时间就专心致志地学习器乐专业,虽然忙碌,但大家都觉得工作、生活很充实。同年 10 月,孔爱菊女士邀请了香港的知名企业家和好姐妹们来到幼儿园,参加幼儿园的落成典礼。一到幼儿园,孔女士就像回到了娘家一样,亲自陪着好姐妹,一个教室一个教室地参观,边陪同边介绍年轻能干的马春玉园长、勤奋好学的老师们和活泼聪慧的孩子们,当看到学琴仅有半年时间的师生同台表演的节目时,孔爱菊女士的脸上一直洋溢着幸福的笑容,一直跟身边的好姐妹说:"太棒了!太不容易啦!"

孔爱菊女士非常关注宝韵的发展,宝韵就像她的孩子一样,每年她都会带着香港朋友来宝韵,为看到、听到宝韵每天都在变化、每年都有收获而感到欣慰。1991 年 12 月时任全国人大常委会副委员长、全国妇联主席陈慕华一行来园视察;1994 年 4 月全国人大常委会副委员长王光英的夫人应伊利来宝韵视察,宝韵逐渐成为对外接待的窗口单位;1992 年 6 月宝韵音乐幼儿园被评定为宁波市一级幼儿园;1994 年 11 月"宝韵"排除万难,成为宁波学前教育领域中仅有的一家被浙江省教委批准为首批示范性幼儿园的系统办幼儿园。宝韵音乐幼儿园的办园特色越来越受到家长的认可,社会影响力也逐渐扩大,当年只有 6 个班级规模的宝韵音乐幼儿园已经远远满足不了家长的入园需求。孔爱菊女士了解到情况后,再次投资 50 万元港币扩大园所。1992 年 10 月幼儿园西楼二期扩建工程竣工,1996 年东四楼加层工程竣工。孔爱菊女士得到竣工喜讯后,时常竖起大拇指对她的好友们用上海话说:宝韵的小囡,老能干!

四、源于爱心，亲力亲为

多年来，在先生刘浩清的支持下，孔爱菊女士视园为家，多次回园，看望老师和孩子们，以名誉园长的身份参与制定办园方针，确定"爱心献幼儿、放心给家长、恒心钻教育、全心创事业"的办园宗旨，将"以美健体、以美益智、以美养德、以美陶情"作为办园特色。30年来，宝韵人一直秉承着孔爱菊女士制定的办园方针实践着、推动着，使宝韵一点一点成长：宝韵音乐幼儿园成为全国首批家庭教育指导实验研究基地、宁波市幼教系统中首家通过ISO9001质量管理体系的认证园、宁波市首家实行集团化管理的幼教机构。宝韵人一直秉承着"全面+特色"的培养目标，开设钢琴、电子琴、大小提琴、爵士鼓、古筝、扬琴、二胡、琵琶、舞蹈、声乐、美术等11个专业，关注儿童发展，精心设计课程，妥善处理好音乐教育与全面发展教育的关系，努力倡导因地制宜，因材施教、因人定教。合理编排一周课时量，做到加科不加量，科学安排幼儿一日活动时间表，做到动静交替、情知结合，强化一日活动音乐化，注重音乐与各学科教学的有机结合等。同时，尝试不同的音乐教学内容采用不同的教学形式和组织方式。如"一对一"的键盘教学，"一对六"小提琴、古筝等弦乐教学，歌唱、舞蹈等小群体教学。根据孩子的学习能力制定个性化的教学计划和教学进度，以满足不同孩子的发展需求，促进每个孩子在原有基础上的进步。多年来，宝韵在幼儿全面发展和早期音乐教育中取得了较好的成绩。幼儿体操、舞蹈、器乐、美术等多次参加全国、省、市各类比赛并获奖，其中连续5届获得浙江省"明珠杯"钢琴比赛一等奖，获得五架钢琴。截至目前，累计有30多位音乐专业学子考上国内甚至国外顶尖的音乐学院；毕业于宝韵的孩子多才多艺，不仅是学校的文艺骨干，还是文化课学习的佼佼者，众多孩子进入国内综合类大学继续学习深造。

集团总园长马春玉时常谈起孔爱菊夫妇对宝韵的特殊感情："他们俩每次到宁波，都住在离幼儿园很近的宁波饭店或华园宾馆。"孔爱菊女士常说："幼儿园就是我的家，这样几步路就能到家了。"她每次到宝韵的时候都先要检查园里的整个环境，尤其是看看卫生间有没有什么特殊的气味。这时候，先生刘浩清总是跟前跟后，并笑着说："我太太怎么说我就怎么做。"在马春玉园长看来，二老是她心目中最恩爱的一对夫妻，二老对幼儿园细节管理的关注，源于对孩子的爱，更是对宝韵的情。

二老对宝韵的师资要求也尤其严格。例如马春玉园长就是被他们从宁波机关幼儿园选调过来的。1981年马春玉园长于浙江幼师毕业，作为优秀毕业生分配到宁波市机关第一幼儿园，并迅速成为园里的教学骨干和教研组长，一干就是八年，这样的好教师，园长岂肯放手。宝韵要调马春玉的时候，园长与妇联僵持了很久，最后加上苛刻的条件才谈妥放人。1989 年 8 月，马春玉正式进入宝韵。当时宝韵的教师都是从宁波各个学校精心挑选来的，可见刘浩清和孔爱菊对宝韵师资质量的重视程度。

宝韵人对孔爱菊夫妇也有着深厚的感情，每当二老来到幼儿园时，孩子们都非常开心地叫"孔奶奶，您好！"孩子们会精心准备节目汇报成绩，陪同参观宝韵的总园和分园，孔爱菊女士时常感叹不已："孩子们在如此良好的艺术教育环境下熏陶，明天他们就是国家的艺术栋梁。这里有外籍教师给孩子们上英语课，有各种艺术创新的游戏活动。宝韵真是明日中国艺术之花在世界舞台的希望所在。"

而当我们看到园中悬挂的名誉园长孔爱菊女士的生前照片时，感觉她还没有离开人世，还在幼儿教育天地里辛勤奉献着温暖幼苗的缕缕爱心。我们同样感慨：在孔爱菊的背后，有一个大气的丈夫刘浩清的默默支持。难怪宝韵有那么多名流光顾这里视察、指导和帮助。

五、薪火相传，一如既往

薪火相传很重要的一个因素就是中华民族有一脉相承的精神追求、精神特质、精神脉络。刘浩清先生曾说："孔爱菊是宁波市庄桥镇孔家村人，所以我也把宁波当作家乡。夫人也曾说先生赚钱，她花钱，热心公益终不悔。在那个战火纷飞的年代，百姓们饱受苦难与流浪，内心实为悲愤。从那时起，不忘初心、砥砺强国之志便是我终身的奋斗目标。"刘浩清先生和孔爱菊女士两位老人都是对发展祖国建设事业及对家乡文化教育事业十分热心的人，一辈子做慈善正是源于他们对祖国那份发自内心的热爱。两位老人虽然已经离我们而去，但是二老在生前创立的"刘浩清教育基金会"，一如既往地关注和支持着宝韵的事业发展。

宝韵人也将不忘初心、砥砺前行，不辜负老人的期望，将宝韵的教育品牌做深、做细、做强，让宝韵教育品牌走得更远、走得更广。

身后的力量，让我们更加坚定

——致谢宁波市妇女联合会

宁波市宝韵幼儿教育集团副园长　侯鲁萍

翻开与时代同步的记忆相册，感受着宝韵三十年发生的变化，一路走来，有泪水，有汗水，更多的是支持与鼓励，它们来自宝韵身后强大的后盾——宁波市妇联。是的，"妇联"是宝韵的娘家，当宝韵在发展前进的道路上遇到任何问题时，妇联的领导像关爱自己的孩子一样，挺身而出，竭尽所能，解决难题。身后有一股暖流，让我们的步伐走得更加坚定。

1988—1989年，宝韵刚刚孕育。20世纪80年代末，在"宁波帮，帮宁波"回报家乡的热潮中，港胞孔爱菊女士和胞弟孔庆隆先生欲捐资在宁波办一所音乐幼儿园，与时任市妇联主任尹心娣接洽，确定由宁波市妇联承办。尹心娣主任协同时任妇联领导班子和儿少部陈曼义部长，为宝韵幼儿园的奠基、工程建设、开园筹建、师资选拔投入了大量的时间和精力。为了迎接第一批新生的到来，领导们放下身段，撸起袖子与宝韵老师并肩作战，在草地上拔草，清洗户外场地。每次孔爱菊女士来宝韵，尹心娣主任都会亲自到幼儿园陪同接待，而且对宝韵1992年西楼扩建工程、1996年的东四楼加层工程都给予了工作上的支持和精神上的鼓励。

2002年，宝韵早教园成立。随着家长对独生子女早期教育的进一步重视，望子成龙、望女成凤的期望值的不断攀升，社会、家长对学前教育的师资要求自然也在不断地提高。时任宁波市妇联徐荷英主席为了提升原市妇联下属实验托儿所的质量，经妇联党组研究决定，宁波市实验托儿所由宝韵接管，全面开启0~3岁早期教育，与宝韵幼儿园3~6岁幼儿教育全面衔接，形成0~6岁托幼一体的管理模式，从而提升实验托儿所的保教质量。马春玉园长从全局出发，重新定位，对宝韵音乐幼儿园和实验托儿所进行整体规划与重新布局。首先，确定实验托儿所办园方向和办园理念，将实验托儿所的园名重新注册，命名为"宝韵早教园"。其次，幼儿园的环境按照早教要求，以温馨如家、安全舒适理念来打造。最后，与宝韵音乐幼儿园统筹安排师资的构成，保障早教园健康发展。马春玉园长对实验托儿所的大胆改革方案得到了徐荷英主席的充分肯定与政策上的大力支持。在马园长的精心策划下，早教园的生源一年比一年好，不仅在经济上扭亏转盈，而且在社会声誉上、家长口碑上，一浪高过一浪。

2005 年，宝韵建园 15 周年。庆典活动集中展示宝韵 15 年来的办园成果，全园上下群策群力。时任妇联主席柴英对园庆活动也特别关注，从建园庆典方案的设计、节目内容的确定，到演出场馆的选择、审定活动嘉宾名单都给予了诸多建议，并接受幼儿园 15 周年宣传片的专题访问。建园 15 周年的庆典活动如期在宁波逸夫剧院举行，得到了市妇联柴英主席和妇联部长们的大力支持和协助。

2008 年，宝韵第一所分园诞生。坐落在薛家南路上的宝韵华城幼儿园是宝韵的第一所独立分园。首先，宝韵从 1990 年开办至今，经历了从音乐特色园到教育品牌园的蜕变，已拥有一定数量的优秀教师和管理人员，并在能力和经验上显现出一定的优势。但作为市妇联下属的唯一一所幼儿园，面临着教师流通出口少、提升空间小等问题，如果找不到合适的发展路径和上升平台，上述优势有可能将逐渐转化为劣势。其次是供不应求的招生环境，宝韵作为全省唯一一所音乐幼儿园，"全面＋特色"的办园成果已经得到了家长和社会的普遍认可，每年的招生供不应求，许多家长为了进宝韵舍近求远，甚至在幼儿园附近租房陪读，因此，供需矛盾非常突出。2007 年底宁波市政府召开了全市学前教育工作会议，颁布了《关于进一步加快学前教育改革与发展的若干意见》。该意见涉及了促进宁波市学前教育改革与发展的一整套制度措施，这些制度措施与宝韵想办分园的思路不谋而合。适逢城西盛世华城小区建成，古林镇镇政府为提升城西区域学前教育品质，有意向引进宝韵教育品牌入住小区配套幼儿园。值此契机，马春玉园长向市妇联提交了创办分园的申请。时任市妇联主席尹敏芳分析形势、聆听相关人员的汇报后认为，虽然华城小区地处鄞州区，但与坐落在海曙区的宝韵总园只有 12 分钟车程，便于管理，而且办分园对宝韵教师人员流通有利、可以给教师专业成长带来极大的发展空间，于是经商量讨论同意了宝韵的申请。但是计划赶不上变化，2008 年 1 月，出台了小区配套幼儿园均由属地县级教育行政部门负责的政策，当时与鄞州区古林镇镇政府协商的办园计划遇到了预期之外的阻碍。

马春玉园长多方周旋，一次次冒雪去古林镇镇政府协商，宝韵的"娘家人"市妇联尹敏芳主席也积极与相关部门协调沟通，耐心真诚地向领导分析宝韵入驻能缓解城西孩子入园难的问题。心诚所至，金石为开，宝韵创建分园之事终于如愿以偿。2008 年 11 月，宝韵华城分园的落成典礼隆重举办，尹敏芳主席亲自到会致辞、剪彩，宝韵第一所分园从此诞生了。华城园来之不易，她倾注了妇联领导对宝韵事业发展的心血，倾注了宝韵人对教育事业的执着与坚持。在 2010 年宝韵建园二十周年的庆典上，尹敏芳主席亲手将"宁波市宝韵幼儿教育集团"的牌匾交到马春玉园长手中，从此宝韵开启了集团化办园的管理模式。

2012—2015 年宝韵第二、三所独立分园相继在宁波国家高新区、鄞州区诞生。分园的诞生离不开时任市妇联主席杨小朵的亲力亲为。宝韵的教育品牌在宁波市学前教育领域已经具有一定的社会影响力。高新区绿城房地产商为了能引进优质的幼儿园，提升房地产的品位，单方面与幼儿园进行协商。经过华城园的办园经历后，马春玉园长跟绿城房产商说："政策规定，小区配套幼儿园隶属于教育局管理，我们只能与教育局签订办学协议。"高新区是新区，学前教育起步比较晚，正需要优质教育品牌入驻，以提升区域整体水平。此前高新区教育局已经有了与宁波市机关第一幼儿园合作办园的先例，高新区只负责财政经费投入，师资、招生、管理等一切都由合作园自行管理，这样既能快速带动高新区学前教育整体质量，又能缓解高新区管理压力。对于宝韵来说，目前虽然有三个园所，但逐年成长的优秀教师积聚在三个园里，也将会形成教师专业成长的倦怠。如何让每一位专任教师发挥最大价值？俗话说"树挪死，人挪活"。继续发展分园，让人员流动起来，既能将宝韵的品牌做大做强，又能把宝韵的整盘棋盘活起来。杨小朵主席与高新区管委会一次又一次进行深度沟通，交换意见，最终达成联合办学协议。2012 年 3 月成立宝韵高新皇冠分园暨宁波国家高新区第三幼儿园，2013 年 9 月成立宝韵高新江景分园。宝韵的办园理念越来越受到家长和教育部门的认可。2015 年鄞州宝韵荣安分园在时任鄞州区委书记陈奕君的邀请和妇联杨小朵主席的支持下，如期与鄞州区教育局签订了承办协议。那时宝韵已经发展成为五园一中心的大型幼教机构，杨小朵主席多次与市编办沟通申请挂牌"宝韵幼儿教育集团"。功夫不负有心人，2016 年 4 月，经市编办同意宁波市宝韵音乐幼儿园增挂宁波市宝韵幼儿教育集团牌子，行政规格为副处级单位，从此宝韵正式开始了名正言顺的集团化运作，实现了"一园多址、多元并存"的跨越性发展。

2017 年宝韵逸树分园、宝韵海悦分园相继在高新和海曙落成。市妇联主席顾卫卫非常重视，任职的第一个月就来到宝韵调研、第一个教师节就来到刚成立开园的宝韵海悦幼儿园慰问教师和孩子们。顾卫卫主席对宝韵的事业发展时时过问，事事关心。2017 年宝韵总园向市发改委申请"宝韵音乐幼儿园加固维修"工程建设项目，在顾主席的多方协调下，建设工程顺利立项。在此工程建设过程中，她也一直关注工程的进展，当工程建设完成后，她多次亲临现场，对为孩子们创设的优美环境的这一加固维修改造工程给予了高度的评价。除此之外，顾主席对党支部建设、集团事业发展的问题、宝韵建园 30 周年庆的筹备工作等，从政策层面分析并提出了建设性的指导意见。

宝韵发展的每一进程都离不开历任妇联领导的关爱、关心、帮助。宝韵人感恩于身后强大的后盾——宁波市妇联，我们也有信心将宝韵打造成全国妇联系统知名的幼儿园，输出宝韵的先进管理理念，为宁波市学前教育事业的健康发展做出应有的贡献。

喝水不忘挖井人：宝韵人常怀感恩的心

宁波市宝韵幼儿教育集团副园长　徐皇君

宝韵的办园规模不断扩大，办园品质逐年提升。从初创时的 3 个班级 75 名小朋友发展到今天的 66 个班级、2000 多名幼儿、300 位教职员工，成为宁波市学前教育领域首家幼儿教育集团。旗下"七园一中心"的幼教机构横跨宁波市三个行政区域，实现了"一园多址、多元并存"的跨越性发展，形成了"文化共融、资源共享、课程共建、品牌共创"的集团化管理模式。

宝韵之所以能有今天，与领导的重视和政府部门的关心是分不开的。宝韵隶属宁波市妇联，无论是市妇联，还是市区教育局、财政局、发改委、编委办等部门，在宝韵事业发展过程中都是全力支持、全程推进，并且在办园经费、人员编制、职称评定、工程项目立项等方面提供了健康的政策环境和发展空间，为宝韵的发展奠定了良好的基础。

一、多部门支持，多体制并存，实现资源的优化配置

宝韵从创办初期到分园相继成立，实现了集团化办园，得到了多部门的支持，保障了宝韵人力资源的整合与优化配置。从办园体制来看，宝韵音乐幼儿园（总园）属于差额拨款全民事业单位，公办性质；宝韵华城、荣安分园是由总园投资的国有民办幼儿园，属民办性质；高新、海悦分园是与高新区教育局、海曙区教育局联合办学，属公办性质；至此，集团已拥有 5 所公办园，2 所民办园和 1 个民非教育机构，多种体制并存。宝韵在多体制并存的同时，实行人力资源优化配置，实现教育资源优势互补。宝韵音乐幼儿园作为宁波市幼教系统中首家通过 ISO9001 质量管理体系的认证园，浙江省首批示范性幼儿园，宁波市首批六星级幼儿园，拥有优质的教学资源和丰富的幼儿园管理经验。公办园通过骨干示范、业务指导、以老带新等多样化的方式，在全面提升自身教育质量的同时，向民办园输出优秀师资，并提供管理经验和特色课程，从而保证公办与民办均衡协调发展。民办园进行市场调控，充分利用优质教育资源，不断

提升自身服务质量，满足个性化发展需求。以华城、荣安分园为例，在师资力量均衡配置方面，将公办与民办教师融合，新老教师各半，缩短民办新教师的成长期，壮大民办园的师资力量；在特色传承和创新方面，既能延续总园的音乐教育特色，又能设置多元文化课程，引进外语和蒙台梭利教学课程，树立国际化开放性教育理念，满足个性化、优质化的教育需求，大大提升了民办园的教学质量和服务品质。

二、多部门推进，多层次定位，满足家长不同需求

任何社会在发展过程中，都存在着不同阶层的人群。不同的社会阶层通常拥有相异的收入水平和价值追求，所表现的对孩子入园的需求选择也是多层次的。近年来，党和政府在促进和保障教育公平方面做出了多方面的努力，并制定了具体政策和措施，以均衡分配公共教育资源。然而社会的公共教育资源在保证教育公平实施的同时，无法完全满足人们不断增长的多样化教育需求。如宁波市区有一个中心街道，有 9 所公办幼儿园，其目标定位、师资配备、收费标准、招生对象、办园特色等均相差无几。这看上去体现了教育公平，可实际上根本满足不了群众不断增长的多层次、多样化的教育需求。有些家长舍近求远，每天挤过闹市区来到宝韵就读，反映了目前存在的布局和定位问题。"国十条"明确指出：学前教育要坚持以公办为主，在大力发展公办园的同时还要采取多种措施来鼓励和扶持社会力量办学，为家长提供多层次多样化的选择空间。2010 年既是宝韵幼儿教育集团的成立之际，也是学前教育"国十条"发布之时，我们根据宝韵的实际情况，提出了"多区域分布、多层次定位，稳步发展、错位发展"的发展思路。宝韵的保教收费方案也得到了市发改委、市财政等部门的大力支持。总园为差额拨款，由发改委成调大队进行成本核算，大部分由政府拨款，海悦和高新分园部分经费由区和镇二级政府补贴，华城和荣安分园则按民办收费，以满足老百姓的多样化教育需求。正是政府部门根据国家相关政策，结合宝韵实际情况，考虑到社会的不同需求，从而给予正确的引导与支持，才使得宝韵的教育品牌资源辐射到多个区域，解决了家长入宝韵难的问题，满足了家长不同的教育需求，提高了区域学前教育质量。

三、多部门扶持，多途径跟进，推进宝韵良性发展

教育要发展，关键是教师。有好的教师，才有好的教育，也关系到下一代人才的质量。宝韵是市妇联下属的事业单位，具有独立公开招聘事业编制工作人员的资格。从 2007 年开始，宝韵每年向市编办、市人社局申请通过公开招聘

的形式，把优秀聘用教师吸纳为事业在编的老师。这样既能补充年轻优秀的师资队伍，同时也能调动聘用教师的工作积极性。自第一所分园成立以来，宝韵将骨干教师派往分园任教，以保障各园区骨干教师、在编教师的人员配比符合省一级、二级幼儿园评估标准的师资要求。荣安园还享受到了鄞州区民办幼儿园的扶持政策，尽管鄞州区公办教师比较紧缺，但还是委派了 2 名公办教师在荣安园工作；高新园和海悦园除了一次性财政投入以外，还有一部分日常经费的补助。宝韵的集团化发展，在师资建设上得到了政府部门的大力支持，为宝韵优质教育资源的推广提供了强有力的保障。同时，也为宝韵服务家庭和社会创造了有利条件。目前宝韵 7 所分园共 66 个班级，若按公办园的编制标准配备，则须增加事业编制 132 名，每年增加人头经费约 1500 多万元宝韵的集团化运作和品牌化管理，使有限的资源效率最大化，让更多的孩子享受宝韵的优质学前教育，减轻了财政的经费压力。

宝韵今天的成绩正是得益于社会各界、各部门的大力支持。宝韵人也将不辜负期望，继续前行……

图 2-4　领导合影

从左至右依次为：柴英、余红艺、徐荷英、张孝琳、范徐丽泰、孔爱菊、周竹君、李孙文英、陈勇、李秀琍

图 2 - 5 领导参观

左一(现任市妇联主席顾卫卫看望小朋友),右上(时任市妇联主任尹心娣陪同客人参观),右中(时任市妇联主席尹敏芳授牌),右下(时任市妇联主席杨小朵与小朋友亲切交流)

　　近日，宁波帮博物馆工作人员前往上海，接收了刘浩清基金会捐赠的关于宁波市荣誉市民、爱国人士刘浩清先生及其夫人孔爱菊女士的一批珍贵史料，其中包括刘浩清上海市教育突出贡献奖奖盘、刘浩清上海市荣誉市民证、孔爱菊惠泽桑梓振兴宁波奖盘、孔爱菊救灾捐赠证书等，这批物品见证了这对贤伉俪长期以来热心公益事业桑梓情深的往事。

　　在上海的刘浩清基金会办公室内，刘浩清基金会董事俞平尔女士——介绍所捐赠的刘浩清先生和孔爱菊女士的生前物品，她介绍"刘浩清上海市荣誉市民证"背后的故事："刘浩清先生在上海市区、重庆、宁波等地都留下了他重视教育、资助教育的足迹。1999年他获'上海市荣誉市民'称号，那一年获评这个称号的港胞仅有4位。"之后她深情回忆："刘浩清夫人孔爱菊女士是宁波市庄桥镇孔家村人，所以刘浩清也把宁波当作家乡。夫人曾说先生赚钱，她花钱，热心公益终不悔。夫人和先生一样，是一位对发展祖国建设事业及对家乡文化教育事业十分热心的人，她素以扶持儿童教育事业蜚声海内外，从1986年起，她先后捐资创办宁波市第一甬江幼儿园和上海市音乐幼儿园。"

　　说起每个物品背后的故事，俞平尔如数家珍："你看这宝韵音乐幼儿园图册。1988年，夫人和她胞弟孔庆隆商量，把准备为父母建造衣冠冢的资金，在家乡宁波捐建一所音乐幼儿园，以其父亲孔宝韵的名字命名为宝韵音乐幼儿园，是浙江省第一家音乐专业幼儿园。当年在宝韵幼儿园奠基典礼上，夫人曾说她希望家乡的孩子能在此得到良好的专业培训，将来为宁波争光！"

　　宁波帮博物馆馆长王辉对刘浩清基金会的捐赠与支持表示欢迎的同时，也表示刘浩清先生和孔爱菊女士的生平物件，博物馆一定会妥善保管。未来博物馆还将深入研究并向公众展示二人捐资助学的桑梓情怀。

　　此次征集到的物品将进行深入研究，用于宁波市荣誉市民"荣誉馆"的展陈。宁波市荣誉市民"荣誉馆"通过集中展示荣誉市民的成就与贡献，籍以褒奖和弘扬其创业、开拓、奉献等精神品格。

刘浩清（1919-2016）：出生于上海宝山，定居香港，系宁波市荣誉市民孔爱菊之夫，2007年8月宁波市人大常委会授予其"宁波市荣誉市民"称号。

刘浩清16岁只身前往上海洋行当见习生，19岁与人合伙开五金厂，24岁合伙创办中国轧钢厂，27岁出任大中华轮船公司总经理。他以"实业家的精干和上海人的商业天赋"在香港荔枝角侨企大厦内建起了拥有十余家公司的集团企业，经营着横跨石油、航运、化工、钢铁等行业的"东方石油公司"和"侨民有限公司"。从1978年起，刘浩清及其夫人先后在大陆兴办五所学校、三所培训中心和两家图书馆，构筑了十项"造血工程"。后来，刘浩清把目光投向师资培训——1993年5月，位于上海瑞金医院的"上海高级护理培训中心""教学大楼建成，刘浩清夫妇为此捐资港币400万元，并每年提供一笔奖学金，赠予优秀学生和优秀教师。1994年11月，刘浩清夫妇向上海市教育发展基金会捐赠1500万元人民币。在香港，也设有"刘浩清基金会"，为香港民众做好事。刘浩清向宁波大学捐赠港币500万元，设立基金，用于宁波大学教职员工的发展。

孔爱菊（1919-2009）：祖籍宁波江北，时任香港甬港联谊会副会长、侨民有限公司董事、香港越剧票友协会会长。1994年7月宁波市人大常委会授予其"宁波市荣誉市民"称号。

孔爱菊从医务学院毕业，曾任助产师，素以扶持儿童教育事业而蜚声海内外。从1986年以来，她捐资在上海创办"上海市音乐幼儿园"，1988年又与弟弟孔庆隆一起在家乡捐建"宝韵音乐幼儿园"。后又捐赠壹佰万元兴建宁波爱菊艺术学校。她还积极宣传、动员其他宁波籍人士捐资家乡。孔爱菊在为发展祖国幼儿事业出力的同时，还为促进宁波与香港两地文化交流事业做了大量工作。1989年，孔爱菊萌发了要把家乡越剧"小百花"介绍给香港观众的愿望，为此她为"小百花"们找名师购置服饰，终于将不同流派的传统越剧戏目奉献给香港观众，演出一鸣惊人。1991年11月在孔爱菊带领下，香港妇女华东赈灾委员会组织香港票友协会与上海红楼越剧团在北新戏光院义演。

图2-6　刘浩清先生和孔爱菊女士相关报道

（资料来源：www.nbbbwg.com）

第二节　励精图治

　　宝韵有"五美"，其实"五美"只是一个代名词。真实的"五美"就是以马春玉园长为领导核心的宝韵管理团队。"五美精神"就是以和美文化与教育之理念为基础，以培养和美幼儿为目标的宝韵人的精神，是一种坚持"三个服务三个一"的奋斗精神。

　　三十年，正是"五美"这个励精图治的管理团队，带领勤劳、质朴、睿智的宝韵人积极进取、艰苦奋斗，谱写出"特色园、品牌园、集团园三部曲"的壮丽诗篇，描绘出"和美幼儿、和美家长、和美教师"这一和美宝韵的美好愿景。

　　峥嵘岁月，花开花落，沧海桑田。随着时光流逝，或许"五美"的容颜会渐渐变老，开创宝韵发展三部曲的和美管理团队会辞旧纳新、老青更替、发展壮大，但"五美"确立的办园宗旨、育人目标、管理理念、教育思想以及创业精神等宝韵发展之根基不会改变，它们必定会得以传承，得以弘扬，得以完善与发展，得以发扬光大，必定会指引、激励一代又一代宝韵人在服务幼儿、服务家庭和服务社会的道路上再接再厉、奋勇前行。

凝心聚力　开拓进取
——宝韵核心管理团队的发展历程

宝韵幼儿教育集团副园长　周姝贤

　　"一个好团队能成就一所好学校。"开国领袖毛泽东同志有句名言："政治路线确定之后，干部就是决定的因素。"一所学校办得如何，关键是看学校领导班子如何。无数的事实证明，任何成功的领导者身边都有一个强有力的管理核心队伍，宝韵从开创时期一正一副的"二人转"，到发展时期的一正二副的"三人行"，再到集团化管理模式的一正四副的"五美"核心团队，她们共同的品质就是：站在高处重引领，谋在深处做规划，创在新处求突破。三十年来，宝韵在管理团队的带领下，实现了在艰难中起步，在创新中发展，在发展中壮大，形成了独有的宝韵管理文化，成为宁波市学前教育领域中的佼佼者。

坚定与坚持——赋予责任与担当

创业时期的核心管理队伍正是拥有坚定的信念，才能一步一个脚印地带领年轻的教师队伍去实现宝韵的教育梦想。

1989年9月，坐落在海曙区马园社区的宝韵音乐幼儿园还在紧张地施工。马春玉园长带着8位刚走出校门的姑娘们租用海曙区青少年宫的一间只有8平方米的房间，大家围坐在一张办公桌旁，一起编织教育梦想，筹划园所未来。

当时幼儿园什么也没有，只有空荡荡的房子。幼儿园筹备初期，就产生了领导班子的雏形，那就是年仅28岁的马春玉园长、宁波师范调过来的虞雪芬副园长和教医幼儿园刚退休返聘的蒋菱卿顾问，一正一副外加一顾问组成了宝韵创业时期的领导班子。摆在三位领导面前的困难一个接着一个。如何招生？如何开展人员聘任？如何制订保教计划？如何开展音乐特色教育？

正所谓办法总比困难多。在那个没有电脑、没有电话的年代，招生宣传、人员招聘只能靠蒋菱卿老师亲自挥笔写在海报纸上，贴在幼儿园大门上；在那个没有搬家公司、没有搬运工的年代，马春玉园长、吴国琴医生、秦虹老师带着刚从学校毕业，年仅只有19岁的娃娃兵将一张张实木床抬到寝室；在那个没有钟点工、没有吸尘器的年代，老师们把自己当成清洁工，里里外外打扫卫生，为的是给孩子们创设一个干净、舒适的环境。

体力上的困难根本不叫困难，真正让大家感到棘手的，是20世纪80年代末的中国经济发展水平偏低，教育资源相对匮乏，音乐特色教育没有现成的样板，怎么办"音乐"特色幼儿园？当时的条件迫使她们走上了自己学习、自己培养、自己成长的自力更生之路。1989年的深秋，马春玉园长带着"娃娃兵"，背着米袋（当时上海音乐幼儿园教师午饭是自己准备盛有生米的饭盒交由食堂蒸的），启程来到上海淮海东路2号——上海音乐幼儿园学习培训。在短短的一周时间里，老师们观摩教学活动，学习"音幼"特色课程，接受园长的精心教导，白天听课学习，晚上讨论分析，开始了解、接触特色课程，萌发课程意识。她们还抓紧学习乐理，补练乐器演奏基本功，求教音乐艺人，搜集儿童歌曲。当时还没有明确的构建园本课程的认识与理念，但实际上她们已经用行动开启了一条通往宝韵特色课程体系的求索之路。

如何坚持正确的办园方向，完整、准确地贯彻教育方针，在保证幼儿全面发展的基础上，适度开展音乐启蒙教育，并通过音乐教育更好地促进幼儿全面发展，从开园之日起，宝韵的领导班子就在思考这个问题。大家群策群力，集思广益，经历了无数次的理念碰撞，一次次推翻重来，一次次的讨论争辩，最终决定把"以美健体、以美益智、以美养德、以美陶情"作为宝韵的培养目标，把"四心服务"即以"爱心献幼儿、放心给家长、恒心钻教育、全心创事业"为办园宗旨，把"全面＋特色"作为办园特色。

传承与改革——赋予完善与创新

宝韵发展时期的核心团队深刻认识到发展需要文化精神的传承和教育改革的创新。宝韵的发展时期也正是宝韵领导班子新老更替的时期。当时，宝韵的发展与时俱进，办园理念、培养目标越来越受到家长、社会的认可，幼儿园班级规模和教职工队伍随之扩大，领导班子的结构也逐步发展变化，从"一正一副"发展到"一正两副"，时任副园长虞雪芬因工作需要调到市妇联下属的事业单位儿童乐园担任副主任一职，顾问蒋菱卿因年纪原因回家休息。为加强宝韵党建、后勤的力量，妇联领导考虑到幼儿园的实际情况，先后从其他单位调来牛桂琴和诸荣娣两位年长拥有经验丰富的副园长，使幼儿园的组织机构逐渐丰满。马春玉园长主持幼儿园的全面工作、分管教学业务，诸荣娣副园长主持党工团工作，牛桂琴副园长负责后勤保障。1996 年上半年，在主管部门市妇联的指导下，换届选举产生幼儿园宝韵党支部和宝韵工会委员会。时任三位领导班子充分认识到建立党支部、建立工会组织、健全幼儿园领导机制的重要性和必要性，这既是幼儿园管理理念与文化价值所在，也是幼儿园长期创建遵守、维护完善并使之延续下来的一种文化积淀，更是构建校园文化核心价值观，提高服务质量的关键之处。当时的宝韵领导班子提出从三个方面着手构建。

其一，提炼幼儿园办学的核心价值观。从 1990 年创办之初，幼儿园就提出了"以人为本、特色创新，发展孩子、成就教师，让幼儿园成为孩子的艺术乐园、教师的精神家园"的办学理念。以人为本，即以教师发展为本，以幼儿成长为本，旨在成为一种积极向上、自主发展的行为指向，为师生积淀成长的自信。宝韵师生的口号是"今天你以宝韵为荣，明天宝韵以你为荣"，在校园中，它是无声的战鼓和号角，形成一种巨大的教育力量，催人奋发向上，它对幼儿园每个成员都产生着潜移默化的影响和积极向上的情绪体验。党支部也积极配合，着手大力培养和发展年轻党员，充分发挥党员干部的先进模范，推动幼儿园健康发展。截至目前，宝韵集团已有 38 位党员同志。

其二，传承艰苦奋斗的创业文化精神，影响着一代又一代的宝韵人。从音乐特色园的创办与探索，到华城、荣安国际园的传承与创新，从艺术教育中心的开办到高新、海悦的合作办园，艰苦奋斗的创业文化精神已成为宝韵"敢为人先，争创一流"的主流文化，从而真正形成了每位员工创造美好未来的共同价值理念。

其三，建设公正民主的制度文化。制度文化是由幼儿园的法律形态和组织管理形态构成的显性文化。工会推出和制定了多项议案，充分发挥了教职工代表参与民主管理，商讨决定园所重大事情的规划、决策和监督各项规章制度的实施等的作用，保证了教职工的民主权益，充分发挥了广大教职员工的工作积极性。工会不断完善幼儿园的各项规章制度，合理地引入竞争机制和激励机制，教职工分工合作，各司其职，团结协作，层层落实，使管理更趋于规范化、合理化、科学化。

20 世纪初是中国经济发展的快速期，也是学前教育改革的发展期。宝韵面临着两个问题，一是 2002 年接管市妇联下属的实验托儿所，由于托儿所是自收自支的事业单位，为了提升品牌，提升经济效益，宝韵需要全面改造托幼环境，创办个性化、优质化宝韵早教园，顺应托幼一体化教育发展趋势。二是牛桂琴、诸荣娣两位副园长已到退休年龄。为此幼儿园经市妇联同意，面向全体教职工实行公开竞聘副园长职务。时任教育一线的侯鲁萍、徐皇君老师脱颖而出，成为新一任核心管理团队的年轻成员。侯鲁萍负责宝韵的教育业务工作，徐皇君主持宝韵早教园工作。随着新人上任，两个问题逐渐得到解决。

一个优秀的管理团队需要敏锐的洞察力和市场分析能力。随着早教园的接管与改造，课程模式的多样、教职工及幼儿人数的增加，一园两址管理给宝韵带来了新的挑战和新的课题。教育就是服务，服务社会、服务家长、服务幼儿。如何真正将服务落实？面对一园两址、多体制并存的幼儿园，传统封闭的管理模式已远远不能满足发展的需求。要让幼儿园在急剧变化的环境中求得生存和发展，就必须"创新和改革"，为品牌提升制定适宜的经营战略和管理体系。满足社会需求，适应市场发展，虽然存在着风险，但机遇和风险永远都是并存的，管理者要学会分析利弊，抓住机遇，挑战风险。当年马春玉园长大胆提出，要实现幼儿园的有效管理就要实现和追求幼儿园在教育效益、社会效益和经济效益三个方面效益的协同发展，即要树立三位一体的效益观。宝韵借助海尔集团"三只眼"的现代企业管理理论，抓住核心问题，抓住发展机遇，发现家长、社会的需求，实现办园效益的最大化。经集体讨论，共同研究，宝韵决定开创"三个一"：第一个"一"，2003 年大胆引进 ISO9001 质量管理体系，借力体系标准，使幼儿园的管理更加科学、更加规范，2004 年，宝韵顺利通过外审，成为宁波市幼教系统中第一所获证园，让宝韵从规范化管理逐步走向标准化的科学管理。第二个"一"，首创小班化教育满足社会需求，忍痛割爱从原来每班42名幼儿缩小到每班24名幼儿，继续保持两教一保的教师配比，大大提高了师生的互动频率，为幼儿的全面发展提供了重要保障。第三个"一"，创办多元化的混龄教育。多元化混龄教育课程包含了蒙台梭利的混龄教育课程，以及与美国奥本大学合作，引进全外教的英语课程。20世纪初，中国改革开放的浪潮一浪高过一浪，宁波地处长三角区域，经济高速发展，特别是外贸加工、进出口单位兴起，家长对多元化教育的需求值非常高。

实践证明，小班化教育和多元化教育深受家长的推崇和认可，特别是多元化混龄教育发展速度非常快，从两个班级发展到一个园区——2008年全部搬迁到宝韵华城幼儿园，成为宝韵的第一所独立分园，由此开辟了宝韵的新阵地。

推进与蝶变——赋予追求与梦想

宝韵集团化发展期是宝韵第三个十年，在此期间，一个一个分园如雨后春笋拔地而起。宝韵核心管理团队的格局随着集团规模的扩大，逐渐发展成"宝韵五美"，即全面主持集团工作的马春玉总园长、分管党务工作的徐皇君副园长、分管教育业务的侯鲁萍副园长、分管艺术培训的袁静副园长、分管人事后勤的周姝贤副园长。各级各类领导以及群众对宝韵"五美"的评价是：三强三精。"三强"是班子成员凝聚力与执行力强、责任心与忠诚心强、职业追求与示范引领强；"三精"是精诚团结、精打细算、精益求精。

开启宝韵集团化管理是在宝韵建园20周年庆典仪式上，由宁波市妇联授牌，直到2016年4月经市编办同意宁波市宝韵音乐幼儿园增挂宁波市宝韵幼儿教育集团牌子。一套班子两块牌子，行政规格也从科级升至副处级，班子队伍也从一正三副提升到一正四副。那时的集团已经达到5个园区一个中心，200多位教职员工，呈现出多体制并存、多区域分布、多层次定位的态势。基于幼儿园的发展现状，基于高位办学的需要，基于品牌文化的传承与发扬，宝韵如何"蝶变"？如何寻求新的突破？宝韵"五美"审时度势，制订顶层设计，提出"构建和美文化，实施和美教育"的发展主题，旨在以和美理念为灵魂，以幼儿发展为目标，深化幼儿园的办学理念与教育内涵，全面打造幼儿园和美文化品牌。

首先从管理上坚持优化管理。集团实行总园长负责制与分园长管理责任制相结合的管理策略，建立了扁平式、网络化的管理结构。如：针对集团区域跨度大、人员编制紧、工作要求高的实际情况，在集团内实行大部制管理的同时，宝韵在布点、用人、做事等方面做了探索；开展后备干部的岗位竞聘工作，以保证各园区中层管理队伍力量相对均衡；实行一位副园长和两位中层管理人员、三位年级组长各蹲点一个园区、分管一块工作，从而实现"总园长—副园长—中层管理者—各部门员工"的四级管理网络。坚持"三统一，四共享"的管理模式。"三统一"即在人员安排上实行统一调配、物资统一配送、财务统一管理；"四分享"即实现文化共融，品牌共创，特色共享，课程共建。历经十年实践，宝韵实现了集团化办园的"资源共享，优势互补"最大优势，逐步实现了集团内人力资本的增值和运营成本的减少。

其次推出"1＋X"的个性化管理。宝韵坚持和而不同的管理理念，倡导"求同存异、多样统一、各美其美、美美与共"的发展价值。宝韵的分园绝不是单一的复制，而是在继承中发展，在发展中创新。每一所分园都既有宝韵的共性，也有自己的个性。如：宝韵总园是一所有着30年办园历史的省一级幼儿园，底蕴深厚、内涵丰富，坚持把音乐教育作为一种手段、一条途径，通过音乐教育更好地促进幼儿的全面发展。华城园和荣安园则以开放性、国际化的蒙台梭利混龄教育为特色，以满足孩子个性化的发展。高新园、海悦园秉承信息化和多元化的教育理念，将早期阅读、创艺活动融入幼儿园的游戏课程。

最后建立多元化评价体系。如：园区发展评价(全面质量评价＋园区特色建设评价)、班级发展评价(全面工作＋特色工作)、教师发展评价(整体发展＋优先发展)、幼儿发展评价(全面＋特长)，使每个教师的潜力得到充分挖掘，每位幼儿的个性得到充分发展，形成"一园一品、一班一特"的差异化发展格局和"一人一特、一专多能"的复合型师生培养模式。

宝韵的核心管理团队已经不仅仅是教学者和管理者，同时扮演着设计师、企业家和艺术家等多种角色。她们凝心聚力，在位一天，尽职一天，有为一天。在她们的身上每天都演绎着精彩的教育管理故事。她们从"小"做起，不低估每一个小行动，不拒绝每一步小改变，不轻视每一种小美好，不放弃每一次微创新。她们正是以平和的心态、艺术的沟通、创意的做法，拓宽了办学思路，巩固了办学特色，打造了教育品牌，宣传了教育形象，提升了领导能力，赢得了社会的美誉。今天宝韵30岁了，在"宝韵五美"的带领下，宝韵处处呈现着"智者尽其谋，勇者竭其力，仁者播其惠，信者效其忠"的和谐格局。

提升教育内涵　凸显教育品牌

宝韵幼儿教育集团副园长　徐皇君

　　宝韵音乐幼儿园隶属于宁波市妇联，创办于1990年，是港胞捐建的音乐特色幼儿园。作为一所差额拨款事业单位，宝韵没有公立幼儿园的先天优势。因此在办园初期，宝韵就有自己明确的办园指导思想：人无我有，人有我优，人优我精。作为一所新办的幼儿园，在经过十年的艺术特色稳步发展之路以后，在2001—2005年这个阶段，幼儿园提出，要扩大办园规模，提高办园档次，创建多元化的品牌示范园。在这样的品牌背景下，当时的鄞州教育局需要引进优质教育资源提升幼教品质，主动提出与宝韵合作。鉴于当时总园的发展已经到了饱和状态，多元形态的国际班模式已被家长认可，宝韵在2005年年底与鄞州区古林镇镇政府签约承办宝韵华城分园。

华城篇

　　当时我们就明确导向——宝韵的分园绝不是单一的复制，而是在继承中发展，在发展中创新。每一所分园都既有宝韵的共性，也有自己的个性，即"1＋X"的差异化发展理念。因此，华城分园在传承宝韵特色的同时，引进蒙台梭利教育理念，探究和运用"蒙氏教学法"，并博采众长，融东西方文化的精髓，建设多元文化课程，不断丰富和深化幼儿教育的内涵，逐渐凸显混龄教育的特色。

一、倾心打造环境特色

　　作为一所力求主题与蒙式融合的混龄园，华城分园的环境以绿色田园系为基调，充分展现了"雅、序、意、趣"的内涵。高低不同的洗手台和桌椅配置充分体现了班级混龄需求的人文特点。我们努力"为孩子创设有准备的环境"，充分体现环境的显性和隐性教育功能。从显性的视觉效果上，我们要求融入生活味、添加人文味、点缀艺术味、渗入时尚味，给孩子美的熏陶和享受；从隐性的教育功能上，让孩子浸润在一个开放、真实、有序的教育环境中，无声凸显"学会生活、学会学习、学会共处"的培养目标。

二、倾力提升师资水平

（一）执着 AMI 的国际蒙式培训

一所学校的生命化发展，她的灵魂载体凿定是教师。我们每年派送教师到 AMI 国际蒙氏培训中心培训学习，取得合格的资质证书，经过跟班实习后，才能正式上岗。这也是为什么华城园能健康发展的关键所在。宝韵在其创办新的园所前 1～2 年储备相宜的教学与师资，保证新园建成后能在最短的时间内正常运转，办学成效以最快的速度体现。

（二）诚聘中国台湾蒙式名师驻园

当时的幼教师资具有普适性培养的优势，但宝韵华城园缺乏蒙式专业的引领，教师在教学过程中把握问题的敏锐性、分析问题的透彻性、解决问题的策略性等方面难以到位。每学期我们邀请中国台湾地区的专家进班指导并开展教学评估，帮助教师在环境规划、教学指导、个别诊断以及研究与实践能力方面的提升与发展，并将培训作为一种福利，选派优秀的教师去中国台湾进行学习交流。

（三）延聘宁大琴师和英语外教

幼儿园成功的艺术教育特色离不开优秀的艺术教师队伍，钢琴专业教师团队来自宁波大学音乐系的教师，小提琴专业教师来自市小提琴协会会长王百红老师的专业教师团队。华城园的课程涉及双语教学，为了保证幼儿学习纯正的英语，向外专局申请了独立聘请外籍专家资格，为聘请外教、保证师资的质量，创造条件。

三、倾情优化课程特色

针对当时家庭教育中多元序位人际关系的缺失造成独生子女社会性发展缺陷的问题，我们采用混龄的区域化学习，有效运用集体、小组和个体相结合的活动形式，组织幼儿在自主选择、合作交往、探索发现中进行学习、生活和游戏活动。经过多年的实践探索，华城园逐步克服了独生子女身上存在的社会性发展弱点，在促进了幼儿个体自主化发展方面积累了较丰富的经验，多次得到全国、省、市幼教专家和《学前教育研究》主编的现场指导和肯定。

（一）行政班级全混龄式编班

华城园每个班均有大、中、小三个不同年龄段孩子，创设了一个有哥哥、姐姐、弟弟、妹妹的大家庭。老师努力帮助每个幼儿在这种"大家庭"关系中找到自己的角色位置，并被接纳、关爱与支持，形成一种融合的大家庭式的教育氛围，促进孩子亲社会行为的发展。

（二）有准备的工作环境

儿童的本性是有序的，因此教室区域的环境规划、教具摆放的有序非常关键。华城园每一份教具都按照幼儿年龄、内容难易程度、邻域空间位置等来划分，并适当固定有序摆放，以培养孩子良好的空间秩序感和做事的有序性，有助于孩子专注学习和提高做事效率。

（三）体验式的自主学习

华城分园推行个体自主的独立探索与小组合作相结合的体验学习方式。蒙台梭利说过，"我听过了，我忘记了。我看过了，我记住了。我做过了，我理解了"。孩子在与蒙氏教具的互动中，建构着知识经验，而且专注力、秩序感、独立性、团结协作等影响其一生的优良品质也在体验式的自主学习活动中得以形成。

（四）个性化的教育管理

华城园教师以周为单位为每一个幼儿设计每天的个性化的辅导方案，避免了集体教育中不分教育对象进行要求统一、内容统一、方式统一的教育弊端，有利于促进每个幼儿富有个性的发展。

华城园在市妇联、鄞州区教育局的关心下，在宝韵总园的引领下，经过三年的努力，获得省 A 级食堂、鄞州区优秀教研示范园等荣誉。2011 年在鄞州区以最高分通过了省一级一类幼儿园的评审，这无疑是对我们办学成果的最好褒奖。华城园成为当时鄞州教育西乡片首家省一级一类幼儿园，成为古林教育强镇的示范园。同年，评审经验《彰显特色 提升内涵》在鄞州区园长会议上的分享，吸引了更多的幼教同行对宝韵华城幼儿园的关注与认可，并开启了与鄞州片区的园际结对工作。

在做好园际结对、辐射引领工作的过程中，马春玉总园长指出"三个要"的思想：一是结对对象要广泛，不仅要有幼儿园的管理人员、骨干教师、后勤队伍参与，还要关注具有特长的教师之间的交流互动；二是结对内容要丰富，涉及幼儿园管理、教育研究、教学设计和教师发展等不同侧面；三是结对方式要多样，采用现场观摩、送教上门、说课交流、合作教研等多种方式。这样的交流，无异于将宝韵的成功"秘诀"与姐妹园全盘托出。对此，马春玉园长说："抱着一种开放的态度，毫无保留地让别人学习，既能促进对方发展又能鞭策我们去挖掘自身的价值，让宝韵发展得更好。"华城园实实在在的带动取得了明显的成效。2014 年"幼儿园全混龄教育的实践与探究"课题获得市级规划课题一等奖；《有准备的环境》论文获得甬江杯教科论文一等奖，并在论坛讲演，让更多幼教同行了解宝韵华城分园多元文化课程和特色环境；2015 年课题"和美班组文化的建设"获得区级一等奖，为华城园努力打造集团和美理念下的教师团队增添了荣誉、智慧和动力。

荣安篇

随着华城园蒙式混龄的教学特色不断深入，家长口碑与社会效应也在不断提升，家长们从全市各地慕名而来。在时任鄞州区委书记陈奕君的推荐下，2014年鄞州区教育局又一次主动向宝韵抛出了橄榄枝，在鄞州经济文化发展的核心地块，承办宝韵荣安幼儿园，以满足家长对优质品牌园的需求。

集团规划要求荣安分园在课程上与华城分园同质。在规划筹备荣安分园时，作为筹建者，我们意识到大跨度、大规模、一园多址的办园模式给原有的管理运作方式带来了新的挑战：如何让各园区发挥原有优势并取长补短？如何保证优质教育品质不会由于多个园址而被"稀释"？于是我们借助集团的优势实行"三统一四共享"运行模式，即利用"人员、财务、物品"统一管理，"品牌、课程、特色、教研"共享。尤其是在教师团队组成中实现师资补充，将华城园的骨干教师与部分成熟期的教师调到荣安园担任班主任工作。这样，一方面给成熟期教师成长提供了新的平台，另一方面给崭新的荣安园奠定了强有力的师资与管理保障，同时又给华城园注入了新鲜血液，激活了新的增长点。

2016年1月，受鄞州区教育局邀请，在全体校（园）长的读书会上，我作为幼儿园唯一代表做了题为《提升教育内涵 凸显教育品牌》的发言，传播了宝韵荣安分园的教育特色和宝韵教育理念，把集团化办学模式下的荣安园的发展推向新的进程。宝韵教育在鄞州区学前教育界口口相传，吸引了中外教学团队的交流互访，成为鄞州幼教一张靓丽的名片，促使荣安分园努力成为传播和美教育的阵地。

宝韵荣安分园作为鄞州区域内的优质幼儿园，积极发挥品牌优势，引领和带动周边幼儿园共同发展。在助推区域共优的过程中，荣安园将继续坚持和美教育所倡导的"和而不同"理念，力求优势互补、共同发展。

教师与课程——携手共进，比翼双飞

宝韵幼儿教育集团副园长　侯鲁萍

叩问心萌，人人事事何时了，时光流逝如沙河；沁想历程，年年岁岁花相似，岁岁年年人不同。时光机让宝韵走过三十年，在宝韵青春懵懂的少年期进入创新锐意进取的青年期之时，一大批的优秀教师在这摇篮中长大。宝韵现有市区20位教坛新秀，7位市区学科骨干，3位市区基本功一二等奖，3位教科室主任和6位教研组长。幼儿园教育最重要、最核心的三个元素：一是孕育着园所文化的环境，二是体现着培养目标的课程，三是渗透着对幼儿深刻解读的教师。如今再来回顾教师队伍的成长经历和课程的构建过程，还真是有很多值得提炼总结的经验。现套用"做学问的三大境界"来梳理一下。

一、求索

> 昨夜西风凋碧树，独上高楼，望断天涯路。
> 路漫漫其修远兮，吾将上下而求索。

我园于1990年成立。刚刚开办时，园区年轻教师居多，教师专业发展的内驱力尚嫌不足，缺乏足够的自主发展动力和能力。教科研须提升基于教师需求的针对性专业引领，为老师们搭建一个更为广阔的成长平台，从而真正促进教师的专业发展。

当时对课程的概念模模糊糊，但我们认为，幼儿园的教学不单单是上课，还包括日常生活及运动游戏活动。首先，要明确办什么样的幼儿园，培养什么样的幼儿；其次，要知道招聘什么样的教师，配备什么样的教材；最后，要清楚孩子需要什么，怎么给予。带着一连串的问题，我们边探索边请教，边学习边实践。

"引"课题　宝韵于1998年成立教科室，我有幸成为教科室主任。在教科室的带领下，宝韵开始申报市级区级课题，还带动了一批教师，成立了课题组。坚持走科研兴园之路，在宝韵形成了以科研促教研的良好氛围。

首先，确立规划。教科室牵头起草了宝韵五年教育科研规划，使科研工作有方向、有计划。

其次，制定制度。以科学管理目标为方向，宝韵分别制定了教科室岗位职责制度、教科室工作制度、不同职称教师科研制度、目标考核制度、课题申报制度、经费资助成果处理制度。各种制度之间相互联系、相互补充、相互协调。教科室通过较完善的制度，积极指导教师，提高科研意识，选择园内的重点课题，每学年带1~2个教师搞科研，对计划制订、过程实施、论文撰写进行指导，通过手把手地教，使教师们少走弯路，摸清教育科研规律。

"规"管理　2003年宝韵引进ISO9001质量管理体系。我带领教科室成员在摸索中前行，逐步梳理并编写了教研教科和师训的质量管理手册，为规范教科研工作奠定良好的基础。

首先，梳理各种制度。教科室对幼儿园教科研制度从实用角度推进梳理教师成长，对备课、观摩、说课、家长工作、课题申报等制度进行规整。

其次，整理各种量表。教科室将幼儿园正在通用的各条工作量表统一起来按照块面系统编号，形成部门手册表格。

天道酬勤，我们在摸索中前进，在前进中收获。虽然那时候师资力量比较薄弱，课程内容比较零散，科研水平不是很高，但宝韵人甘于奋斗、乐于奉献的精神却换来了可喜的效果：1993 年 6 月《把好方向关，办好特色园》一文在《幼儿教育》杂志上发表；1995 年《树立科学的音乐教育观念，培养幼儿审美能力》获宁波市教育成果二等奖，并在《学前教育研究》杂志上发表；1997 年《加强音乐教育，促进幼儿全面发展》研究报告荣获浙江省首届幼教优秀论文评选二等奖；《关于幼儿音乐教育的家教指导——如何组织音乐家教专题讨论会》在全国的幼儿家教指导形式研讨会中交流、在新世纪幼儿园课程思想和课程实践高级研修班中交流、在 1999 年第 3 期《海曙教科》上发表；《激发音乐兴趣，提高幼儿音乐素质》获宁波市教育科研论文二等奖、省幼教论文一等奖、全国音乐教育论文二等奖。在"全面＋特色"的课程理念指导下，宝韵幼儿园的孩子不仅学习优、独立能力强，而且大多具有艺术特长，连续 5 年获得浙江省"明珠杯"钢琴比赛一等奖，得到了"五架钢琴"的嘉奖。宝韵幼儿园的孩子经过"全面＋特色"课程活动的熏陶、浸染，呈现出良好的精神风貌。

二、磨砺

> 衣带渐宽终不悔，为伊消得人憔悴。
> 宝剑锋从磨砺出，梅花香自苦寒来。

"促"成长 教研注重"成熟一个发展一个推进成长"。在"构建和美教育文化"的背景下，宝韵的园本教研是建立在以教研引领为主导、以教师为主体的教学研讨方式，追求快乐、民主、智慧的研讨氛围，把教师的发展和幼儿园发展紧密地联系在一起 。旨在针对不同发展阶段的不同需求，有针对性地开展培训，形成教师对自我的专业成长的定位和规划，从而促进教师专业成长的可持续性发展。

宝韵提出了打造"青蓝工程"的设想，旨在教师专业发展"青出于蓝而胜于蓝"。该工程通过教师职业生涯的规划，将教师职业生涯划分为 4 个阶段：一期工程——新手教师，二期工程——潜能教师，三期工程——骨干教师，四期工程——引领教师。同时园本教研以分层管理思路跟进，分别帮助教师找到个人目标与组织发展机会的结合点，实施分类教研，做到每位不同发展水平的教师有专人培养。每一届教坛新秀评比、市区学科骨干评比必定是全力以赴准备。选主题，备课，一轮轮试讲、说课，一起制作教具，研磨活动，忙至深夜的日子比比皆是。

我们制定了一套较为完整的培训、检测、评估、激励制度和园内骨干教师、引领教师的评选制度，在评价机制上，构建教师专业成长档案袋，从单一的评定转换到描述性的质化评价。以此充分调动教师的工作积极性，实现教师的专业成长，真正做到"青出于蓝而胜于蓝"；建立一支德才兼备、素质优良、数量足够、结构合理、相对稳定而又充满活力的、适应21世纪教育发展需要的一流师资队伍，以最终实现幼儿园的可持续发展。

"探"课程 经过近十年的努力，宝韵在艺术教育方面积累了一定的经验和基础，教师的教育理念、教科研能力有了较大的提升。开展科学系统的园本课程研究既是对全体宝韵人教育思想和教育理念的重构，又是一次"教育观""儿童观"和"课程观"的变革。幼儿艺术情意课程是以情意教育为基石，以幼儿艺术经验为基础，以艺术教育融合其他教育领域的情意主题为基架，以本园、本地资源为基辅，最终促进幼儿的情意基本发展。这正是我们所追求的理想课程和教育目标，也是宝韵人课程探索之旅。

面对这样一个庞大的系统工程，对于一线的幼儿园园长和教师来说，犹如开火箭飞船、造万里长城，我们也曾彷徨、迷茫。课程改革没有现成的路可走，面对困难我们迎难而独行，甘愿体味探索过程中的艰苦、迷茫、痛苦和快乐。在反思教学现状、教育行为的同时，我们开始了长达八年之久的实践研究和课程架构，直至2010年4月《在艺术摇篮中成长——幼儿园艺术情意课程的构建》一书出炉。这是一本具有里程碑意义的著作，它不仅仅是宝韵艺术情意教育研究与实践历程的全面记录，更标志着宝韵幼儿园园本课程体系构建的完善与成熟。回顾宝韵幼儿园课程构建的第二个时期，宝韵的团队披荆斩棘、敢想敢做，在探索路上耐得住寂寞、忍得住艰辛，至今仍令人自豪。

在二十多年的探索过程中，宝韵音乐幼儿园的课程建设经历了从艺术特色到情意素质，再到和美文化的发展过程。在这个过程中，不仅是课程的内容与形式在不断丰富与扩展，更重要的是从课程的目标、到载体选择的原则，再到实施的策略以及课程体系的评价均在逐步得到提升与完善。2001—2010年，这十年的潜心研究艺术情意课程的过程是一段自力更生、艰苦奋斗的过程，没有参考资料，没有可供参考的蓝本，带领团队一次次修改，一稿稿成文，多少次暑假集中开会，头脑风暴，唇枪舌剑，推翻重来。让我难忘的还有2017年报精品课程的经历。精品课程文本撰写和整理、拍摄脚本撰写、拍摄导演、场景布置、后期制作指导等工作十分繁杂。在整个环节中，我集文本、现场、幕后导演等多种角色于一身。四月启动，确定课程申报方案，各园区组长分工合作，精品课程申报表、园本课程纲要、典型活动设计或教材、精品课程录像视频PPT等的呈现，花费了我们大量的时间和精力。仅园本课程纲要就经历了"吐血"20余稿，多次向专家讨教，再对材料进行修改完善。一个多月的披星戴月、咬文嚼字，推翻重来，一稿稿的脚本配音，三天连续高温天的各园区拍摄，等等，其中的纠结、迷茫、困惑不言而喻。一次次想说差不多了，就这样吧，但又一次次拿起来，坚持精益求精。2008年12月，宝韵"和美课程"被评为浙江省第二届精品课程，为我园在课程改革大潮中赢得了先机，有了课程前进的蓝本。

为什么我们的眼里常含泪水，因为我们对这片土地爱得深沉。这里有我们的智慧、汗水和心血，当困难来临，我们众志成城；当困难已去，我们相助守望。精品课程有我们近二十年的研究与坚守，一个个项目实施，一次次修改，草根式的课程最终受到专家的认可。这都源于和美宝韵的力量，我们必将驱散痛苦与灾难的阴霾，迎来光明与希望的明天！

三、扬帆

> 众里寻他千百度，蓦然回首，那人却在灯火阑珊处。
> 同舟共济扬帆起，乘风破浪万里航。

宝韵不仅制定了教师专业成长的目标、内容、实施途径等，还制定了一套评价体系。2015年开始宝韵还成立了和韵音乐工作坊，搭建了教师专业发展的平台，促进并实现了教师专业成长。宝韵的老师们在全国省市级各类展示、各项比赛、论文评选中获奖，获得了不少成绩和荣誉。

"组"音乐坊 我园是浙江省第一所音乐特色幼儿园，在马春玉园长的引领下深入开展音乐研究，致力于幼儿园音乐活动游戏化教学的实践研究，一批音乐爱好者、有共同兴趣爱好的老师由开始的抱团学习，逐渐形成研修共同体，成立了"和韵"音乐工作坊。"和韵"工作坊的关键词在于"和"与"韵"。"和"是"禾"和"口"的合成，"口"在宝韵的意思是让每一位教师在工作坊有话说，大胆表达自己的所思所想；"禾"则让每一位教师如禾苗般茁壮成长，分享经验，体验成长的快乐，努力打造一个和谐的团队。"韵"是"音"和"匀"的合成，"音"旨在让每一位老师徜徉在音乐的韵律中，充分体味和感悟，大胆表达和表现；"匀"则是教育公平，注重差异性，促进每个孩子的发展。和韵音乐工作坊的构建是以研促修，提升教师研修的自觉性与自主性，是一种自下而上的自主性研修，源自真实教育情景的问题式研修，是一种多向互动的合作性研修，是对传统教研的一种改革和推进，是对主题性、主体性研修活动的一种尝试。在团队学习的氛围中，个体教师能通过与各种层级的成员间的相互对话，使自己教育观念受到碰撞，从而产生新的见解；教师团队也能在跨越式学习中，吸收多个园区和多个地域的音乐文化精华，有更多的原创活动和全新创意。

"研"活动 音乐教育是幼儿园特色，我们重新教歌曲入手探究，涉及音乐欣赏、打击乐等领域尝试，用不同的方法激发幼儿学音乐的兴趣，积累了丰富的经验。例如不断探索主体性音乐、经验还原、游戏化音乐教学，在听音乐的同时让幼儿"见"到音乐的再现内容，把音乐动作化、故事化、情境化、游戏化，凸显幼儿的主体性。四位老师坚持在南京与宁波之间奔波，参与全国幼儿园高级人才研修班的学习。经过魔鬼训练和严格的淘汰制度，她们不断克服工作忙的困难，挤出时间完成各种原创活动设计和论文撰写，现已是全国幼儿园音乐教育高级人才研修班的导师班、提高班、巩固班、基础班学员，并得到了许卓娅导师的认可。

树立"教研是教师的第一专业活动"教学管理思想，提高保教质量为中心，大胆进行课堂及教学创新，认真听课、评课。教师的专业成长，就是一次次在能力极限的边缘挑战自己的过程，把握挑战的机会。很多老师闯过了"克隆"之关以后，开始尝试设计原创活动。尽管开始在活动的整体美感和逻辑性上有很多欠考虑的地方，但经过教研团队在共同研讨过程中的反复调整，整个设计思路的逻辑越来越清晰，活动执教时的流畅性也变得越来越好，和韵音乐工作坊中的5位教师分别在第三届、第六届、第七届、第八届、第九届、第十届、第十一届全国幼儿园音乐教育研讨会中带课亮相，有7位老师在浙江省连续五届的幼儿园音乐教育研讨会中亮相，在全国已有一席之地。

"衣带渐宽终不悔，为伊消得人憔悴"。宝韵放飞的是希望，守巢的是宝韵人。如果说，宝韵人在30年的教师专业成长中充满了苦和乐，那是一个荆棘遍布、充满挑战的过程，是从烟雨迷蒙到晴空万里的过程，但更重要的是一个开启智慧、辛勤耕播到硕果累累的过程。我们在团队中吸收，在团队中成长。我们是和美宝韵人，你为圆心我为半径画圆，尊重规律用心等待，静待花开。我们行走在和美教育旅途上，追逐教育的美好，做最真诚的教育者。

悦享和美　别样精彩

——蓬勃发展的宝韵高新分园

原宝韵幼儿教育集团副园长　袁静

宝韵音乐幼儿园高新分园，为宝韵幼儿教育集团下属分园，又名宁波国家高新区第三幼儿园。为拓展宝韵集团化办园的发展渠道，为高新区提供优质学前示范，2011年在宁波市妇联、高新区管委会的大力支持下，高新区教育局和宝韵集团签订合作办学协议，区教育、财政等部门为宝韵高品质办园提供了强有力的政策支持、资金保障和人文关怀。皇冠园区于2012年3月开办，在七年多的时间内，高新分园得到迅速发展，至目前已成为拥有三个园区、24个班级、700余名幼儿的省二级和区域优质学前示范园。在高新分园全体教职员工的共同努力下，幼儿园相继获得市"巾帼文明岗"、市"五A级平安校园"、市级餐饮服务"示范学校食堂"、市"亲子阅读体验基地"等称号。

高新分园始终坚持以宝韵"和美"教育理念引领幼儿园精神文化，坚持"1＋X"的办园方针，坚守"和而不同，美彰个性"的办园理念；在"和在自然，美溢童趣"的环境理念引领下精心营造温馨和雅的校园文化氛围；以和美环境、和悦课程、和乐师幼、和洽家园打造为主体，积极探索、努力构建以"向真、亲善、创美"为目标的、服务于幼儿终身发展的课程。

一、政府重视，投入完善，高起点办园

（一）两次合作，两园展新姿

高新分园—皇冠花园园区占地3100平方米，建筑面积3717平方米，户外活动面积达1130平方米。园区环境优美，空间开阔，内部设计充分体现以儿童为本的理念，室内外环境创设温馨、舒适，色彩和谐，为幼儿健康成长创设优美雅致的学习生活环境和安全宽敞的游戏活动空间。皇冠园区配备有中央空调系统、安全监控系统、校园音响系统、多功能演艺系统等现代化教学设施，拥有室内大型演艺厅、幼儿绘本馆、科学探索室、创意美工室、专用音乐室等，满足了幼儿学习、游戏的需要。

皇冠园区于2011年10月正式开启筹备工作，同年12月，袁静园长带领高赟、马琳、赵爽、陈璐等8位老师组成第一批小分队，从家访约谈、新生适应、环境布置、区域材料制作入手，短短的二三个月，就如期完成160余万的设施

设备招标采购、教职工招聘、教材选订、幼儿录取等工作。2012 年 2 月 13 日教职工正式在分园上岗，仅利用开学前十几天的时间就顺利完成了家访和环境创设工作，并同步完成幼儿园事业法人的登记和食堂卫生许可证的申领工作。

2013 年 3 月初，高新分园迎来第一批 3 个班 75 名幼儿入学。幼儿园以"规范管理、特色打造、有效教研、活动引领"为工作目标，在稳定幼儿入园情绪和完成开学工作后相继开展了"甜甜春天阅读周""暖暖五月运动周""浪漫夏日亲子模特秀""六一宝宝乐翻天游园会"等系列活动；配合总部开展了"书香家庭"评比、"亲子阅读卡"制作、"和美歌词"征集等活动，使家长、孩子很快地融入宝韵这个大集体中，孩子们在和美温馨的环境中得到了健康快乐地成长。

2013 年 1 月，高新区教育局和宝韵集团再次牵手，开启江南景苑—高新分园第二个园区的合作。景苑园区占地 2400 平方米，建筑面积 2800 平方米，户外活动面积 850 平方米。区财政投入 200 余万元进行内部装修，160 万元用于设施设备投入。2013 年 9 月开学，两所园区共有 10 个班级 290 名幼儿和亲子班 26 人，教职工 51 名。2013 至 2015 年，陈飒、蓝晓琴、张爱波、薛梅娟、陈蕾、王云、韩秋明、马群等教师加入这个富有朝气的年轻教师团队，与首批高新园的创业者一起开启了分园快速发展之路。

2013 年 11 月，高新分园通过了宁波市四星级幼儿园评估、B 级食堂评估和高新区教育局 4A 级平安校园评估。

宁波市人民政府张明华副市长、市教育局沈剑光局长等市、区领导于 2012 年 5 月来园进行六一慰问；宁波市妇联杨小朵主席、翁敏副主席分别于教师节、"三八"节来园慰问全体师生；浙江省教育厅学前处刘惠玲处长、宁波市政府文教卫处周永明处长等领导相继来园视察调研；全国民办普惠性幼儿园政策调研专家组成员于 2013 年 4 月来分园调研集团化办园情况；高新区各部门领导和社管局於建良局长、教育局蒋红珊局长等多次来园慰问和指导。2015 年 8 月，幼儿园接待了参加中国学前教育年会的 200 余名代表来园参观座谈；在省区市各级领导的关心重视和大力推动下，幼儿园呈现出快速发展的良好态势。

（二）三度牵手，新园再绽放

高新分园不断深入贯彻和美教育理念和提升园所管理水平，保教队伍水平和教育质量逐年提升。2016 年皇冠、景苑两个园区获高新区阳光厨房建设先进单位称号；9 月与新疆库车第六幼儿园结成姐妹帮扶园，并接待四位教师来园跟班学习两个月。2016 年幼儿园达到 14 个班级 420 名幼儿的规模，分园从规范管理走向创新管理，从有序发展走向内涵发展和高效发展。高新分园在 2016 年前后相继荣获宁波市巾帼文明示范岗、5A 级平安校园、宁波市级餐饮服务食品安全示范学校食堂、宁波市首批"亲子阅读"推广基地、宁波市现代化达纲幼儿园等称号。

2016年12月高新区教育局与宝韵第三次牵手，占地面积6300余平方米、规模12个班、总投入6500万元的逸树园区(朱一地块)正式成为高新分园的第三个园区。2017年9月逸树分园首次招生2个班级56名幼儿，并于2018年3月搬入新园区。卫萍、叶菁菁、张楠姣、葛施翡等教师成为第一批入驻逸树的教师，开启了高新分园规模化、优质化发展之路。2018年6月，逸树园区二期规划启动，占地面积3000平方米的场地上将建造3个班级教学活动场所和1个音乐厅，将于2020年落成，届时逸树园区总面积将达到9500平方米。

作为一个力求宝韵和美文化与园区个性融合的分园，教师们努力为孩子创设"回归儿童立场"的幼儿园环境：来源幼儿生活、邀请幼儿参与、满足幼儿需要、追随幼儿反应，凸显"向真、亲善、创美"的和美课程培养目标，体现"美、序、意、趣"的环创特点，展现环境的生态价值、人文价值与教育价值，从视觉效果上融入生活味、添加人文味、点缀艺术味，给孩子美的熏陶和享受，由内而外地表现出对儿童的尊重、信任和接纳。

办园七年多时间，高新分园童趣化的生活环境、艺术化的创意空间融为一体，浓浓的文化氛围得到了所有来园专家和同行的一致肯定，在省、市内享有了一定的美誉度和影响力。2017至2018年，宁波市人民政府裘东耀市长、高新区黄利琴主任、赵岚岚副主任、市妇联顾卫卫主席、周媛儿副主席、宁波市教育局王晓勇副局长等领导相继来逸树分园慰问、调研，对高新分园的规模化发展和优质化建设给予了充分肯定和积极建议。

二、打造团队，提升个体，多样态助跑

幼儿园借助集团"多层次定位和多样化发展"的发展目标，高效地发挥了集团的引领、扶持、管理和指导作用，通过环境浸润与打造、管理渗透与指导、课程研讨与开发、师资培训与帮扶，积极打造"和启心智、美润童心"的宝韵和美校园文化，使幼儿园快速走上规范管理、有序成长、稳步发展之路。

高新分园的开办融合了宝韵幼儿教育集团的优秀管理团队和精良中坚师资，是集团规范化、科学化运作的集中体现。园内目前自主培养了高赟老师为区"学科骨干"；陈飒、蓝晓琴、史南竹、毛丹儿老师为区"教坛新秀"。2018学年，宝韵的教师团队在高新区优质课团讨及上课比赛中获两项第一名，史南竹老师获宁波市城区第十四届中小学教坛新秀二等奖。高新分园多次面向江苏、烟台、贵州幼教同行和省、市区姐妹园园长、骨干教师开展交流活动，全园教

师区级以上公开课率达80%以上。

（一）"研训统筹"——助力教师快速成长

高新分园拥有一个年轻活泼、锐意进取、开拓创新的领导班子，拥有一支爱岗敬业、精益求精、团结向上、热爱幼儿、乐于奉献的保教队伍。幼儿园建立伊始就坚持采用ISO9001质量管理体系，实施在总园长领导下的分管副园长负责制、教师聘任制、岗位负责制、绩效考核制度等一套完善的规章制度。幼儿园根据ISO9001质量管理体系，调整园区教研管理网络，建立健全教研组管理网络。

分园根据区教研室要求和本园工作规划目标，在集团教科部门的统筹下实行"研训统筹安排"。高新分园以"八秒研修坊"模式开展园本研修活动，搭建多元平台，形成教研共同体，促进教师队伍快速成长。这种研修模式既有大组，也有年级组、项目研究小组，还有"智慧树"科学组、"哆来咪"音乐组，倡导能者为师、自主研修。

（二）"梯度突破"——有效提升科研质量。

高新分园年轻教师、新教师多，教研组采用"梯度突破"的方式，根据不同层次教师制定不同的教科要求，教研活动分级参与，论文发表分不同级别投稿。

幼儿园申报的《幼儿园纸戏剧综合课程构建的实践研究》作为市学前教育学会"十三五"重点课题立项。2018学年，《主题背景下学习性区域活动的实践研究》课题立项为市教科课题，《游戏背景下幼儿园户外区域联动的实践研究》课题立项为市级教研课题。仅2018学年高新分园就有市区级立项课题5个，全园教师教科获奖率每年均超过35%。

近几年，高新分园取得了令人满意的教研成果。课题《建构游戏中培养幼儿合作能力的实践研究》获2018宁波市教研课题成果评选三等奖；《幼儿园对话式阅读研究》获2015年市教育规划课题成果三等奖，有3篇发表在《学前教育研究》(全国教育核心期刊)上；《自主式区域研究》《幼儿园数学绘本的实践研究》等共4项幼儿园和个人课题分获高新区教育科研成果评比一、二、三等奖；《浅谈幼儿园音乐欣赏活动的原创设计》获中国学前教育研究会第十一届全国幼儿园音乐年会论文评比三等奖；《中国元素动漫培养大班幼儿传统美德实践研究》获2018年度宁波市教科所"学校德育研究"课题成果二等奖。

三、聚集"1＋X"，助推课程差异化发展

高新分园传承宝韵的品牌特色，努力传递和倡导宝韵集团的核心文化，积极探索"管理精细化、教师专业化、幼儿个性化、园区差异化"的发展模式，在继续开展音乐特色教学研究的同时，整合教育资源，拓展服务内涵，创设和美环境，

尝试开展"和美课程的园本化实施",推进高新分园自主、创新、可持续发展。

高新分园坚持推行"1+X"的宝韵园区差异化发展目标,逐步实现了宝韵"和启心智,美润童心"的教育理念,并在不断修正中保持自身多元、个性、持续的发展。

(一)悦美环境,凸显和美文化内涵

2011年集团以省级规划课题"构建和美文化,实施和美教育"为引领,加快加大园所发展步伐,着力形成有品位、有特色、与众不同、个性鲜明的和美教育文化体系。宝韵高新分园作为一个新办园,"全面+特色"的定位也在集团的引领下开始逐渐显现。早在筹备阶段,我们就对园内环境创设进行了统一规划和精心设计,在满足幼儿发展需要的同时,保证环境的开发和利用最优化,使园所环境充分凸显"雅、序、意、趣"的和美文化内涵。我们参考"微城化"的思路,将幼儿园的环境规划纳入幼儿园整体规划中。如在前期筹备阶段规划空间的功能、表现的主题、采用的形式、使用的材料和人员分工,努力在教育中体现和美教育的核心标志:尊重、理解、赏识、激励,精心打造育人品牌。

(二)阅读引领,构建领域课程体系

高新分园相继开展了《对话式阅读研究》(2013年市级规划课题,2015年优秀课题成果三等奖),探索了"坚持阅读,悦于分享的对话式阅读开展的五个途径"。《数学绘本研究》(2015年区级规划课题,2016年高新区课题成果一等奖),构建了"自主、互动、生活"的数学绘本活动,拓展了幼儿阅读教学的形式、方法和内涵。通过对绘本与数学结合的实施方案、小组层次性操作记录、个别化学习观察,使教师获得开展数学绘本活动的经验,提升教师的专业能力,使幼儿阅读的学习更具层次性和丰富性。围绕阅读课题,我们开展了"聆听幸福的声音"亲子阅读沙龙活动;进行了"奇妙书旅行"立体书和"暖暖的春天"亲子阅读报制作展示;举行了"带着绘本游春天"的户外亲子阅读、"保护地球"亲子等创意阅读主题活动。2017年起高新分园开展的《幼儿园纸戏剧综合课程构建的实践研究》,使阅读课程研究从方法、内容走向课程内涵研究。

(三)项目探究,推进主题实践活动

2018年、2019年高新分园重点开展和美课程的园区化实施,使幼儿通过项目化探究和学习性区域游戏的深度学习,让教育回归本真,回归儿童生活,进而促进幼儿的全面发展。

2018年我们以"学好一个文件、建立两条路径、做好三项工作"作为教科研指导重点来抓。全园教师认真研读市区《推进幼儿园课程改革实施的意见》文件,尝试以主题背景下的学习性区域为载体,深度推进和美课程中的主题实践活动。在以宝韵和美课程为"共同性课程"的基础上，以"主题博物馆"作为"拓展性课程"，构建了两条路径：项目探究和学习性区域的探索。

课程理念的统领、开放式与多样化的学习模式，改变了课程形态与内容方法，有助于统一教师的价值认同，让游戏成为课程的基本形式，使师生关系、教与学关系相互平等、互为主题，成为共建式关系。我们以鲜活的学习故事、课程故事为载体，以项目化探究为途径让老师走入课程，了解课程价值，向思辨、求真、探寻努力。仅2018年下半年高新分园就连续开展了11次主题审议和主题项目研讨，以点切入，以面纵深。我们开展了源于儿童的视点聚焦和幼儿的兴趣探究出发的来自动物日记、社会认知、科学探究、植物探秘、趣味生活五个维度的恐龙日记、会说话的蛋、奇妙的沙子、我是一个兵、遇见秋果、菜儿叶儿、玉米乐翻天、米宝旅行记等20余个项目探究活动，全园教师撰写学习故事、课程故事40余篇，其中叶菁菁老师获市三等奖。

（四）区域研究，顺应儿童学习方式转变

在课程意识的浸润下，随着儿童观的转变，我们越来越相信儿童是有能力的学习者和沟通者，读懂儿童需要，顺应儿童特点，提升儿童能力的"关联主题、关注兴趣、聚集学科"的学习性区域研究应运而生。它是项目探究与区域活动同步进行而又尊重幼儿发展差异、支持幼儿持续发展的个别化、小组化活动。它结合主题要求，尊重幼儿学习方式和特点，注重活动情景的创设，提供了具有情趣性、层次性、多功能性的活动内容和材料，创设轻松、愉悦的自主学习环境，使幼儿在与材料、环境、同伴的积极互动中，大胆想象、探索、创造，体验自主学习的快乐。高新分园学习性区域研究活动在2018年的两个学期进行了多次的研讨展示，全园教师建立了30余份"主题博物馆"的学习性区域材料。

高新分园以课程为依托，以活动为载体，各园区从节日活动到特色活动，开展了丰富多彩的活动课程；通过活动推进课程的深度开展，促进幼儿的全面发展。活动包括："拥抱春天，绘悦梦想——春天的童话"阅读节、"宝宝乐翻天"游园会、"快乐 PA 勇敢者之夜""童心欢唱"合唱比赛、"幸福像花儿一样"大班毕业典礼、红红火火充满浓郁中国味的"温暖冬日，童心童乐——新年喜乐会""特别的礼物"童乐堡开学礼、萌宠环游、博物馆之旅、新年民俗享乐会等主题特色活动10余项。高新分园还确立了课程专属纪念日活动，如感恩日、慈孝日、勤俭日、粮食日、消防日、畅游日、毕业日等。

律回春晖渐，万象始更新。回顾高新园的发展历程，也是宝韵从践行传承到创造创新的过程。从特色园成为文化园，从个性园成为品牌园，教育创新、高速发展的园所需要创新思维、创新管理，需要所有人的教育智慧和教育激情，也需要教育执着和教育坚守。我很幸运，在高新分园留下了这样一段执着与坚守的历程。

祝愿宝韵明天更美好！

在改革中发展，在创新中成长

——集团大后勤的质朴年华

宝韵幼儿教育集团副园长　周姝贤

俗话说，兵马未动，粮草先行。在战时，后勤保障的可靠与否往往决定着战争的胜负，古往今来，概莫能外。当然，对于教育单位来说，幼儿园工作主体以教育教学为中心，而后勤管理是幼儿园主体工作取得优异成绩的基本保证。后勤是幼儿园发展的基础，是幼儿园教育教学的保障。是的，在工程建设中、在活动组织中、在各类恶劣天气的值守中，在危险面前、在脏活累活面前，处处呈现着后勤人员高大的背影。他们的舞台没有聚光灯，他们永远是一台戏中的配角，默默无闻，本本分分做着自己的事，不求有功，但求无过。回望宝韵的美好，我想细说大后勤的故事……

一、集团大后勤管理模式——从初级走向高级

宝韵自创办至今，后勤管理模式经历了三个升级阶段。

第一阶段是传统模式下的后勤管理附属在行政领导管理范畴之中，实现了规范化管理。20世纪90年代初，宝韵幼儿园规模小，教职工人数少，同在一个幼儿园区，行政管理相对集中。除了马春玉园长全面管理行政、教学业务、财务工作之外，其他均由副园长管理后勤，任务的布置，要求的贯彻都能一人一管到底。由于当时班级少，信息技术不发达，交通不便利，物资相对贫乏，采购比较单一，所以涉及采购方面的问题，副园长基本上能解决了。到了20世纪90年代中后期，随着办园规模的逐步扩大、办园要求的逐步提升，特别是工程建设的跟进、物品采购的增多、零星维修的增加，为了保证后勤管理质量，决定增设一位唯一全脱产的王雪敏老师负责后勤工作，主要工作是采购与保管。因只面向一个园区，分管后勤的副园长和后勤组长两个人应付自如。幼儿园的二级后勤管理网络初见端倪，后勤管理也从无到有，从有到规范逐渐形成。特别是后勤加强了幼儿园的每一次工程建设档案归档工作和物品采购登记发放工作，使后勤管理的松散逐步走上轨道，逐渐走向规范。

第二阶段是 2003 年宝韵引进 ISO9001 质量管理体系，孕育产生了后勤部门，与行政逐渐剥离，实现了从规范化向标准化管理的转型。由于 2002 年创办宝韵早教园，幼儿园开始实行一园二址的管理模式，同时也面临着人、财、物管理上的诸多问题。而 ISO9001 质量管理体系标准是在发达国家长期以来质量管理经验的不断完善和总结基础上提炼形成的，并通过了各国各行业的实践检验，被证明是普遍适用和充分有效的。它具有科学性和规范性，逐渐被教育单位接受与认可并应用。当年马春玉园长大胆提出引进 ISO9001 质量管理体系，按照体系要求，结合幼儿园的管理块面、职能分工，设立了五个部门，分别是办公室、教研部门、教科部门、后勤部门、保健部门，并形成完整的制度管理体系和相应的实施机制，配套完成程序文件、质量手册以及部门对应的岗位职责、工作流程、工作表单。定期开展内审与外审，旨在借助于质量体系标准，建立起持续改进的原则，强调"凡事有准则，凡事有程序，凡事有监督，凡事有改进"，使管理者的管理行为始终处于一个有效的管理过程之中，使幼儿园管理更科学化、更规范化，更有效地促进宝韵的可持续发展。

当然随着部门的设立，五位中层管理人员也应运而生，形成幼儿园的三级组织管理网络——决策层，管理层，执行层。决策层总体把握全园的工作方向，正确决策；管理层通过上传下达，把工作精神、工作目标落实检查；执行层根据工作职责按步实施并按级反馈，使幼儿园的工作形成良性循环，提高了工作效率，保证了工作质量，提升了服务档次。经过 10 年的运行，大家发现办公室、后勤、保育保健三个部门在实际运行过程中，既独立又交融，你中有我，我中有你。如关于对外接待活动，虽然接待工作有明确的职责和分工，办公室负责制定接待方案、车辆安排、人员陪同等，后勤负责物品采购、场地布置等，但是在实际工作中没有严格的区分，需要大家共同配合完成，这也促成了大后勤向第三阶段的发展。

第三阶段是宝韵发展的第三个十年，将办公室、后勤、保育保健整合，实现集团后勤大部制管理。因为宝韵第三个十年，分园如雨后春笋般地相继成立，集团呈现着"一园多址，多元并存"的状态，如何发挥"资源共享，优势互补"集团化运行优势，实现集团内人力资本的增值和运营成本的减少，成为宝韵领导决策层必须面对的问题。马春玉园长为此提出"三统一四分享"的集团大部制管理模式。"三统一"即"人员统筹安排，财务统一管理，物品统一配送"。"四分享"即"文化共融、资源共享、课程共建、品牌共创"。其中办公室、后勤、保健三个部门纳入大后勤的整体管理体系中，由集团分管大后勤的副园长统一管理，并分设两位后勤组长、两位保健组长，分别管理集团大后勤申购维修、固定资产、基建工程、园保健营养、业务指导等区域工作以及属地园区的后勤安全、日常保健等细节工作；办公室的人事劳资、文件接收、宣传报道、档案管理等则由副园长直接分管。这一管理模式脉络清晰，点面结合，贯彻执行，落地有声，有效促进了集团大后勤良性健康发展。

二、集团大后勤的精细化管理——从量变到质变

后勤管理的宗旨是服务。服务是一门技术，也是一门艺术。服务的艺术魅力就在于两个字："精"与"细"。"精"是向管理工作要成效，"细"是反映服务水准，突出服务内在的素质。因此集团大后勤在面对后勤管理"一多二广"的特点面前，在和美教育改革中与时俱进，逐渐从量变向质变提升。

第一，借助于ISO9001质量管理体系，集团大后勤的工作体量大，吃喝拉撒、生老病死都与后勤有关联，如何从管理上体现精与细？正是借助于ISO9001质量管理体系标准，使得后勤在岗人员每一位都有岗位工作职责，每一项工作都有流程要求，每一个工作节点都能通过工作表单层层落实。执行层只需按照各个工作程序与表单实施即可，并在完成时签上自己的名字，管理层负责对执行层的各项工作情况开展检查、审核，发现问题可以追溯源头，将管理落在最小、最细的环节。层层落实、层层负责、责任清晰、职责明确的管理，可有效提升工作效率，有效实现日常工作精细化。如园区零星物品采购，由园区后勤申请—园区负责人审核—集团后勤组长审核—集团后勤副园长审批，如果超出副园长审批权限，则由副园长递交园长办公会议讨论通过。

第二，借助于内控管理制度。后勤管理多多少少与财务有联系，如何从制度上体现精与细？2018年幼儿园制定翔实的内控管理制度，来提高教职工对经济活动合规合法、资产安全使用有效、财务信息真实完整、有效防范舞弊和预防腐败等的内部控制意识，树立风险管理理念，有效行使赋予的公权力，培育和塑造良好的内部控制文化，提升公共服务效率及效果，为预防腐败、廉洁执政，为实现责任目标提供长效的保障机制。如幼儿园经费支出采用"正职监管、副职分管、集体领导、民主决策"的权利约束机制，凡属"三重一大"的事项，必须由党支部支委会集体研究决定。因此也需要我们后勤管理者每一个步骤都要精心，每一个环节都要细心。其实后勤的每一项工作都是精品，要把大家平时看似精心容易办到的事情用心、精心地做细、做好，确保规范。在采购、票证报销方面把握原则，对所有后勤人员严格执行采购及报销程序，要求对超过规定金额以上的采购、基建、维修等工程，严格执行财务内控制度中的报销制度，在发票报销时整理好办公会议讨论决定的会议纪要、合同、预决算清单或审计

材料、发票等附件材料，齐全后方能交给分管领导审批签字。幼儿园每年接受各级各类教育行政部门、财政部门、审计部门等单位的评估、调研、检查、审计，对幼儿园规范有序的内控管理都给予了充分肯定与赞赏。

第三，借力于政策推动。后勤群体是整个校园人事体系中最为复杂的一环，可用"五个大"概括其特征：学历跨度大，覆盖从小学到本科的全部教育层次；年龄跨度大，从"80后"到"50后"，最大年龄差近四十岁；岗位跨度大，从清洁工、厨师到专业技术人员财务、统计、医生，几乎就是一个"万花筒"；身份识别差异大，从零聘岗位到事业在编，几乎覆盖了集团人事阶梯的每一层级——在此基础上，存在着工作内容、岗位时间、薪酬体系等方面的差异，因此有了收入上的差异。长期以来后勤人自进入宝韵后都在发生改变。首先从意识上让后勤员工对幼儿园有归属感，承认工作的价值。面对后勤员工职位认同不强、收入普遍较低的情况，集团在响应宁波市最低工资标准调整之际，对零聘人员提高月工资，增加年收入，调动了后勤岗位员工的工作积极性。其次集团后备干部岗位竞聘从原来的教育一线，逐步向后勤一线延伸，使后勤服务岗位的教师们看到了自身发展的希望，也潜移默化地促进教师、后勤人员的行为慢慢发生改变。这些改变让我看到部门工作执行力度的增强，个体员工们干劲普遍更足、积极性明显上升，整个集团大后勤工作充满了活力，不断追求卓越，实现了"要我服务到我要服务"的转变。

第四，借助于外力推进。宝韵和美教育理念，办园特色得到了社会各界的关注和认可。因此参观学习、教学研讨、专家评估等各类活动纷至沓来，这也是推进宝韵大后勤不断创新、不断改进、注重服务细节的有利途径。从大环境上要保持整洁有序，温馨舒适。如厕所文化考虑到秋冬季节摆放护手霜、因女同志多而提供梳子，摆放绿植增添生活情趣；茶歇文化会考虑到季节问题，秋季提供菊花茶、冬季提供姜茶等；就餐文化，哪怕是快餐，也会注意按照用餐习惯有序摆放。细节是展示宝韵文化的窗口，也是决定质量、决定水平、决定未来的关键因素。现在的后勤面对每一处工程，每一次活动，每一次维修，每一次接待，每一次善意批评，每一个环节的细小问题，都会努力反思、主动检查、虚心接受、积极改进。现在，我们每到一所园区，都能看到宝韵有序的环境、真诚的微笑、优质的服务。

三、集团大后勤管理文化——从稚嫩走向成熟

后勤人文融于校园文化之中，是校园文化的重要组成部分。它体现时代性和先进性，一切以幼儿园利益为中心，以保障为目标，坚持奉献的理念，履行

服务的职责。30年来，宝韵教育品牌在宁波市学前教育界已具有一定的社会影响力，也植入了宝韵每一位后勤人员心中。曾听厨师张师傅说："虽然我只是一名普通的厨师，但是亲戚朋友一听我是宝韵的厨师，都对我另眼相待。家庭地位也高了，说话声音也响了。在宝韵我很开心，大家心往一处想，只要宝韵不辞退我，在身体允许的情况下，我将继续努力工作。"一段普普通通的话，折射出身为宝韵人的骄傲与自豪，折射出宝韵后勤人员的大局意识、教育意识、团队意识正从稚嫩走向成熟。

第一，立足岗位，树立全局意识。以前后勤人员只面对自己本职岗位，看到一点是一点，做好一件是一件，只停留在个体层面、园区层面。现在宣传报道、物品采购、人事安排、财务统计、师生保险等方面的后勤人员，会立足于从园区的一个点联系到集团层面上考虑问题。如新年活动的信息报道，办公室就会考虑到将集团各园区的新年活动信息进行整合，加以微信推送；又如当一所园区采购食堂用品时，采购人员就会联想到其他园区是否也需要，就在微信工作群里温馨提示。虽然只是一个小小的举动，但是后勤人员的全局意识正在发生着变化，爱园爱岗位的人格魅力正在散发着光芒。

第二，立足儿童，树立教育意识。幼儿园后勤就是为教育服务。以前后勤人员只关注事物的现象，没有通过现象看本质，为什么出问题？源头是什么？我们该如何参与？这些问题以往都没有人思考过。现如今在宝韵和美课程改革的影响下，也在悄悄地发生变化。维修人员在设施设备的安装上考虑到幼儿成长规律，准确定位适宜于幼儿开展活动的高度、长度等；采购人员关注幼儿的安全，会从活动安全问题与功能坊坊主紧密配合，选择安全的用品；保育教师主动参与班级幼儿自主活动环节的管理，引导幼儿对自然角植物生长的教育工作；保安积极参与园区零星维修，户外种植园打理，告诉正在散步的孩子们植物名称。基于儿童立场，基于儿童视角，后勤人员在每一次的业务学习中，将和美教育理念或多或少地吸收，用最简单的方式诠释着。俗话说：改革求发展，管理求效益。分管领导定期带领管理人员下园区调研、指导，穿梭于班级、穿梭于园区，目的是改进服务质量，丰富服务内涵，提高师生工作满意度，真正为教育做好服务。宝韵集团大后勤有一个代名词"快手"，因为教育服务需要追求效益，所以每天看到大家的工作节奏都很快，说话快、走路快、动作快、执行力快。

第三，立足高尚，树立和美形象。创品质幼儿园必须有一流的管理，一流的管理，一流的后勤团队。宝韵大后勤拥有一支勤劳、朴实、大度、英勇、真诚、清廉的队伍，它是推动宝韵后勤事业可持续发展的核心动力。别看我们平时接待委婉典雅、斯斯文文，一旦做起事来，个个都是女汉子！后勤团队中也是人才辈出，不是全才也是专才：有会修电脑的、会做木工的，会做缝纫的，精通财务的，文笔出众的，会钻研的。我们充分发挥每一位后勤人员的潜能，尊重不同的优势和个性，优化组合，求同存异，取长补短，营造出相互提携、相互支持、相互宽容、相互学习的文化氛围，做到小事勤沟通，大事多商量。现在宝韵大后勤的每一位员工心往一处想，劲往一处使，成员之间在政治上成了志同道合的同志，在思想上成了肝胆相照的知己，在工作上成了密切配合的同事，在生活上成了互相关心的挚友。正是这股强大的凝聚力和畅通的执行力，推动着宝韵教育事业的发展。

明年宝韵 30 周年园庆，我们已经行动起来了！我们将继续秉持爱岗敬业、务实创新、追求卓越的精神风貌，用实际行动来迎接她的到来！

第三节　静待花开

听！那是春天的声音，在儿画映趣的墙角，在童歌荡漾的亭廊，在秋千摆动的操场，在芽尖破土而出的花园……

看！在春天的脚步声里，一群人正默然前行。她们穿越雪冬，走过星夜。她们如春雨般飘然而下，滋润花草和树木；她们如阳光般辉耀、普照，播撒温暖和光明。

她们是宝韵人，是一群正走向春天、坚定前行、默默奉献、静待花开的幼儿教育工作者，她们是一群栉风沐雨、辛勤耕耘的幼教园丁。无论朝风夕雨，无论寒来暑往，在她们的心里，总是和风习习、韵和园美。三十年，她们蹲俯平视，宽容含笑，言行表率，亲和自信；三十年，她们肩负神圣的使命，怀着浓浓的爱意，满满地付出，静静地期待；三十年，她们以幼为本，与童为伴，默然前行……在春意初现的韵园，在和风轻拂的丛林，在涟漪微荡的水面，在风光明媚、景色秀美的甬江两岸……

三十年，宝韵的发展，少不了她们；三十年，一批批孩子快乐地成长，少不了她们。三十年，她们坚守在岗位，默默奉献，以园为家，静待花开。三十年，她们把全部的爱心与智慧浇灌在和美的宝韵园，把快乐和幸福的种子播散在孩子们的心中……

三十年了，让我们来仔细听听她们心里的声音——

春嫩不惧寒

初春纵不暖，嫩枝无所惧。坦然迎风雨，春嫩不惧寒。

2015年3月，宝韵的又一个分园——宝韵荣安园呱呱坠地。一所新园、一所蒙式特色园，3个新班，几位稚气未脱的年轻老师们在马园长、徐园长的带领下就这样开启了新的旅程，并且不断成长。一年又一年，荣安园有了5个班级、8个班、9个班的规模……短短的四、五年时光，荣安园犹如一个稚嫩的婴孩在蹒跚学步，却在前行的路上不断追逐。回首望去，这一段成长的旅程，真是淡抹韶华依稀醉。

嫩芽初见，蒙茸清浅，几多娇俏。一所新园，充满稚气，也充满朝气，遥望自己的未来，就像天上的云彩飘忽不定，而我们成长的旅程，终将是脚踏实地的征程。

2015年，荣安园建园初期，几位稚气未脱的老师们，开始了对日常管理的起步摸索，扎实抓好教师的常规工作；开始了对日常五大领域的基本上课流程的梳理，从模仿课开始，一步步实践、一步步探索，逐步提升教学研究能力；开始了对蒙式工作的逐个规范操作练习，从日常教育开始，逐个过关，并邀请中国台湾地区蒙台梭利资深教师罗淑玲女士全方位驻园指导。通过观察指导、教学指点、疑惑解答等形式，小到"教具的摆放"，大到"教师的教学"，一步步的分析、指导、引领，使老师们对感官教学有一定新的认识。起步，扎实而规范地走好每一步，是我们每一个人的目标，我们的脚步铿锵，我们的内心从容，我们成长的旅程，脚踏实地。

几经春秋，嫩蕊儿逐渐长大，年轻的老师们犹如那些娇嫩的花儿一样，细细的，渐渐地开始绽放，想在春天里秀出她们美丽的身影。年轻的荣安园也迎来了新的挑战。

一次次的改革、一次次的推进，老师们不断地成长。2017年，省等级评定如期而至，检验我们成果的时候到了。如何在省等级标准的引领下进一步推进蒙式园的教育改革？这又是一个新课题。我们的老师已是初长成，我们秉着包容的心态、审视的目光，汲取经验，保持特色，不断探索适合幼儿园发展的教改之路。每个老师不断学习优化了解半日活动安排，从老师的站位，幼儿的喝水、吃饭点滴做起，不断探索如何给孩子自主的空间，不断研讨如何将半日活动中的户外活动、生活活动、集体教学与蒙式个别化的区域学习融为一体，真正带领孩子感受"快乐自主、优雅有序"的学习生活。整整一个半月，老师们经历过多少个披星戴月的日子，一次次探索实践、一次次推翻重来，终于获得了专家评委的一致好评。评审中，专家老师由心而发的一句句"孩子们是真正的自主游戏""真是动如脱兔、静如处子啊"，给予了我们极大的肯定。这是一次高度专业性的认可，也是一次老师们专业水平质的飞跃！课程改革的步伐从未停止，怎样凸显儿童立场，把儿童放到课程中央依然是我们不断追寻的目标。前行路上，我们将一如既往地奋进。

一切美好梦想的实现，都需要付出不懈的艰苦努力。在青春的征程中，我们砥砺奋进。多年来，我们一直在编织自己的梦想，在领导的带领下踏上追梦之旅。我们知道，有梦在，荣安园必将唱响属于自己难忘的旋律，一路欢歌、一路精彩，鲜花用满山的灿烂换一个春天的倩影，我们用全心地努力换一个无怨无悔的结局。

细数几年来的收获，心中甚是欣慰。荣安园区于 2017 年 12 月顺利通过省二级幼儿园评定，被评为四星级幼儿园，获得专家的一致好评。园区先后两次以优异的成绩通过发展性规划督导。加大课程改革的步伐，在总园和美课程的引领下，和华城园一起完成了蒙氏园课程园本方案——"和合"课程的构建。荣安园区实施梯度式教师团队打造工程——"1369"工程，要求一年出样(适应工作)，三年像样(胜任工作)，六年像模像样(园级骨干教师)，九年榜样(市区级骨干教师)，引领每位教师快速成长。荣安园的青年教师们逐渐成熟，慢慢开始了承担公开展示活动的重任。2016 学年首次在"首南街道"开放半日活动；2017 学年两位老师在鄞州区级层面公开展示；2018 学年先后有 16 人次进行了公开展示活动，特别是集团总园长马园长蹲点进行教学指导之后，老师们的业务提升更为迅速，更多的老师能挑起重任，公开讲座、观点报告，向专家、同行自信地进行展示。荣安园的青年教师们一个个逐渐脱颖而出，从一开始的学年区级以上零获奖，到 2018 学年先后有 7 人在街道、区级比赛中获奖；沈琦惠老师基本功比赛二等奖、童蕾老师优质课比赛二等奖，周旭琼老师更是获得了宁波市优秀教师的殊荣，陈亿洁老师有幸考进了宝韵的编制。荣安园青年教师们的科研水平逐步提高。一直以来，科研是老师们心中的痛。开园前三年，共计 10 篇论文在区级以上获奖，且仅限于园长、教科研组长积极参与，但老师们一直在努力。到 2018 学年，仅仅一学年的时间，就有 13 篇文章在区级以上发表、获奖，获奖率达超过 50%。有了质的飞跃，老师们的科研积极性提升了，科研能力得到了肯定。

碧草如酥处，繁华锦上时。左岸梦想，右岸幸福，将青春的道途，点缀得满径花香。回望，是一段充满挑战、写满奋斗的青春年华。展望，又一个崭新、充满希冀的未来正向我们走来。在荣安，有最贴心的大小管家，有最甜美的老师们，大家一路奔跑，携手前行，精心打造校园生活中的每一处环境，潜心做好每一个活动，静心钻研每一次教学。这里，有互相帮助的人气，有默默奉献的风气，有艰苦奋斗的勇气，还有不拘小节的大气。我们携手完成了一个又一个课题、一场又一场比赛、一次又一次展示、一个又一个活动……而我们，也将在这漫漫长途中，收获属于自己的风景。

春嫩不惧寒，于蝶舞蹁跹处，我自铿锵！

我与宝韵共成长，宝韵有我们更精彩

高新区教坛新秀　高新区学科骨干　高新区优秀班主任　高赟

宝韵的发展牵动着每一个宝韵人的心弦，宝韵的发展凝聚着每一个宝韵人的智慧，宝韵的发展更是推动着无数个宝韵人的发展！因而宝韵在创造了无数个精彩的同时，也筑成了"我们"无数个精彩。爱的馈赠是相互的，有了宝韵做我们坚强的后盾，我们生活精彩、学习精彩、工作更精彩；而有了年轻、博爱、务实的我们，宝韵将会永远精彩！

这个"我们"究竟是谁呢？在宝韵这一个大家庭中，活跃着这样的一个活力美少女团队，她们曾被喻为幼儿园"新鲜的血液""跳动的音符""多彩的画卷"。您一定猜到了，这就是我们的青年教师团队。这是一个年轻、博爱、务实的团队，富有朝气、乐于奉献、积极向上、豪情满怀！

因为年轻，因而我们朝气蓬勃！

人人都拥有过年轻，年轻是生命赐予每一个人的珍宝。然而，"青春多美丽，时序若飞驰。前程未可量，奋发而为之"则是我们对年轻的理解。"如何奋发有为呢？"作为一个年轻的团队，我们努力使每一个人朝气蓬勃，促使我们团队的蓬勃发展。平等、自主的人性化团队氛围建设让每一个成员都品尝到其中的美妙滋味，促使我们更好地处理权利与义务的关系。面对幼儿园一系列大大小小的任务，我们总能诚恳地接受，并竭尽所能完成。在这一过程中免不了牺牲休息时间、牺牲好心情、牺牲与家人团聚的机会，然而一次次爱的体验，让我们正视到了自己存在的价值，工作的劲头更足了；一次次面对任务时的并肩作战，让我们学会了团结，团队的凝聚力更强了；一声声致歉的话语，让我们学会了理解，你、我、他之间的沟通更频繁了；一张张字里行间流露着的帮助与期待的反馈表，让我们学会了深思与总结，活动更加有声有色了……我们创造了精彩，精彩的光环让我们也变得如此精彩，正像我们的孩子一样，我们也在不断地成长着！

因为博爱，因而我们无私奉献！

一个年轻的高新团队，我们接受着幼儿园中的爱。瞧，领导们一句句关爱的询问令我们心生涟漪；同事们一句句关切的问候令我们心存感激；老教师们一句句祝福的话语令我们满怀希望……多么生动的画面、多么美妙的情景，这就是我们宝韵人的本色啊！集团总园长马春玉倡导的信念就是筑"和美文化"、做"和美教育"、育"和美儿童"。正是在这种思想的熏陶下，我们也学习了"爱"，学会了无私奉献，用自己那涓涓爱心去浇灌更多的童心。然而，在我们自身的成长中，也有浮躁的时候、有迷茫的时候，更有情绪波动大的时候。正当我们为此苦恼时，幼儿园的思想教育、师德学习及时地帮助我们形成了良好的工作意识，明确了自身的发展方向。对于幼儿园，我们充满感激、幸运与自豪，它使我们快乐健康地成长。我们只有努力使我们的爱成为自觉行为，并释放爱的最大能量，以进德修业、脚踏实地的态度对待我们的工作，才能回报幼儿园对我们的馈赠！

因为务实，因而我们积极向上！

在竞争的时代需要真才实学的人。年轻赋予青年教师爱竞争、好胜的性格。在园内外大大小小的业务竞技活动中，都有教师们刻苦努力的身影，设计优质课、撰写论文、训练基本功等。快乐的学习生活令教师们变得神采奕奕、充满生机与活力，幼儿园你追我赶、共同进步的良性氛围逐步地形成起来了……一个个成绩的背后都有我们为之付出的晶莹汗水，但更有收获喜悦那一刻的快乐与满足。孜孜不倦、学以致用是我们对待学习的态度！

展望未来，我们豪情满怀！

高新青年教师团队是宝韵大家庭中的一个小角色。在我们的团队中，我们倡导"激情创业"。激情能促使我们全身心地投入到工作与学习中去，我们也将一如既往地带着激情生活、带着激情工作、带着激情学习。

宝韵就像一座大厦，需要无数个精彩的"你""我""他""你们""我们""他们"来共同建造。那么，就让我们共同携起手来，用我们的"精彩"去创造宝韵发展旅程上无数个"精彩"吧！

小小的城，小小的我

——致一群可爱的华城人

宁波市教坛新秀　海曙区学科骨干　李雅

美丽的小华城以"蒙台梭利"教学为特色，是宝韵的第一所分园，于2008年诞生在薛家南路盛世华城小区。时光在瞬逝，四季在变换，有欢乐、有汗水。2011年，我们的小华城从一个稚嫩园变成省一级一类幼儿园，这都离不开我们可爱的华城人。让我们一起走进小华城……

2008年，小华城正式成立。作为宁波第一所蒙台梭利幼儿园，我们接到一项重要的任务，浙江省蒙台梭利教育年会要在华城园开展，进行一场对外的蒙氏观摩活动。新的环境、新的挑战、新的课程，对于刚做蒙台梭利教师的我来说十分忐忑。但是当展示活动结束后，黄老师对我说："你的教具准备得很用心。"妙老师说："你跟孩子们的互动好自然。"她们的这些话，给了我鼓励，给了我信心，给了我能量，让我更有激情地投入到了华城的教研工作中。一年后，我们又接到了一次蒙氏开放活动。中场休息时，偶然听到了两位老师的对话。"这个老师我认识，去年我也是在她们班观摩，那时她压根不会带工作，好呆板。想不到现在他们班的进步这么大，真是让我刮目相看啊！"心情复杂的我在活动之后与搭班倾诉，才知道，原来那时老师们的话是为了鼓励我这个新成员。让我有了自信，正是这个善意的谎言让我不断向前，让我在华城开启了幸福的工作。这样温情善良的华城人，她们不可爱吗？

初见的美好还在眼前，深交的感动又入心间。在宝韵华城的每一个日子里，我看到了爱岗敬业、团结一心的华城人。曾经在华城的徐园长和顾老师她们爱园如家，天天早进晚归，日夜为华城园操心着，丝毫不敢松懈。而我面对不佳的身体依然天天用心地走在华城园的每一个角落，用乐观的心态带领着大家前进。黄双青老师，号称黄可爱，经常在吃饭时候为我们带来各种关于教育的大新闻，有着满满的正能量。赵香英老师，号称赵仙女，是电脑技术纯熟的PPT高手，每次有老师要上公开课，她总是热心相助。为了达到课件的完美，常常自愿牺牲周末休息时间。黄英老师和朱海霞，号称黄大师和朱大仙，常常设计出各种精致的蒙氏教具和大家一起分享。可爱华城小七美，她们有的擅长舞蹈，有的擅长美术，每一次环创和每一次的活动，都少不了她们忙碌的身影。还有"于麽麽""唐天才"常常在节日为我们设计各种暖心的活动。大家可曾会想起宝韵春晚上的我们演过各种小品？每次都是全员皆演员，不管是主角配角，还是青衣小丑，大家从不推诿，也不争抢。你们看我，白骨精、高贵妃，正邪也罢，都乐在其中。俗话说，单丝不成线，独木不成林。我们的小华城，就是有着一股团结敬业的力量！就拿去年毕业典礼来说，这么大一场活动，在没有特别专业的后勤组，没有外力帮助的情况下，从设计到排练，从排练到演出，我们全凭自己，齐心协力，不分你我，顺利完成了一台大节目，赢得了家长的赞许。更可敬的是当活动后大家都筋疲力尽时，有的还在那里汗流浃背的扛着椅子，有的还在那里卖力地扫着大操场，依然自觉地把所有的道具、椅子等收拾得干干净净。还记得那时天已乌黑，可大伙还在那里累并微笑着……这样团结敬业的华城人，她们不可爱吗？

十一年过去了，我默默地见证了华城的成长，默默地汲取了华城的养分，已成为不折不扣的华城人。看到我身边一位位诲人不倦、无怨无悔的华城人——胡老师，日复一日，穿越城市中央上班，从教 26 年，青丝变白发；妙老师，1998 年加入幼师行列，至今已工作第二十多个年头；朱老师 26 年、黄老师 22 年、于老师 20 年、张老师 17 年，卓老师 15 年。你们知道吗？华城的平均教龄是 14.7 年。在这个物欲横流的时代，是什么支撑着这群可爱的人守住教师梦，是什么支撑着这群可爱的人编织教师梦？她们对孩子的热爱，那就是她们对教师工作的情怀。孩子们每一次哭闹、每一次跌倒、每一次微笑、每一次进步、每一次入园、每一次毕业，都让老师们感受到教育是一场润物无声却又桃红柳绿的播种。这样坚守如一的华城人，她们不可爱吗？

时代的画卷是从细微处缓缓展开的。当我们回望过去，映入眼帘的是无数普通而平凡的幼教工作者。正是由于每一个华城人的不懈努力，以微小的个体凝聚成一股巨大的力量，助推每一个孩子成长！那就是我们的华城梦，那就是我们的教育梦，那就是我们的中国梦！可爱的华城人有一句可爱的话：最浪漫的事，就是让我牵着孩子的手，一起传播幼儿园的美好！

小小的城，小小的我，将永远在宝韵的怀中荡漾……

做最好的自己，成最美的海悦

海曙区教坛新秀　海曙区学科骨干　陈萌

> 如果你不能成为太阳，
> 那就当一颗星星。
> 决定成败的不是你尺寸的大小，
> 而在做一个最好的你。
> ——《做一个最好的你》【美】道格拉斯·玛拉赫

二胎产假结束，我面临的是一个两难选择，一是继续回到总园，那个从2001年毕业开始扎根，继而努力、成长、收获的地方。那里记载了我太多的故事，一草一木、一桌一椅、一言一语都能轻而易举地勾起我的回忆。二是到海悦分园负责园区管理。什么是园区管理？我不懂。只是想到，让我去管理一帮孩子绝对没什么问题，但要在一个完全陌生的地方，上传下达、组织协调、独当一面，心里就慌得很。一切都是未知，但，不尝试又怎么知道自己行不行呢？源于内心的声音，成就更好的自己，让我坚定地向自己发出了挑战。

心态的转变，唤醒了我的管理意识。2017年11月，我正式到海悦上班。那一年，海悦园一共就4个班，班级少、人数少，刚好给了我一个缓冲期，能够尽快适应新的岗位。麻雀虽小，五脏俱全。一切从无到有，很多事情远远没有表面上看到的那么简单。

我的一天，是从解决后勤的突发问题开始的。早上七点半到园，门卫的冯师傅就会跟你说，哪哪厕所的灯不会亮了；食堂的师傅也会来讲，豆浆机的开关跳闸了；再过会儿，又有老师跑来讲早操的音乐播放不出了……其实这些我也不懂，但为了不影响幼儿园的正常秩序，必须得操心，必须及时跟进。之后，教研、师训、教科、办公室、培训部的各种事情纷至沓来，一下子从制度的执行者到制度的管理者转变，一开始的状态也是懵的。有些时候难免会蹦出一个念头"我怎么知道？""我又不会，我又不懂""这又不是我分管的事"。但细想之下，不懂的事情还得要弄懂，不是你分管的事情，还是得你来统筹。"方向不明干劲大，思路不清想法多。"这大概就是当时的我的真实写照吧！

于是，我给自己设定了做事的三部曲：第一，做事之前不懂的先向领导或主管块面工作的组长们讨教经验，结合园区的特性，理清工作思路。第二，熟悉工作流程，及时反思，记录自己的工作失误或问题，在第二次同类工作中加以改进，一次要比一次做得好；第三，多听听不同的声音，多巡视多走动，了解大家的想法，解决工作中的实际问题。

慢慢地，心态的转变，唤醒了我的角色意识，让一切都顺畅起来。我想，我是幸运的，是领导的信任，才成就了现在大胆做事的我。

年轻的海悦，年轻的教师。新老师的成长需要聆听、沟通、支持，更多的是陪伴和鼓励，帮助年轻教师实现她们的专业发展，更坚定了我管理的信心。比如古林镇的新教师师德演讲比赛，符合条件的新老师都报名参加。经过赛前一篇一篇的稿子修改，一次一次的上台练习，最终一位老师获得二等奖，两位老师获得三等奖。其他老师虽然没有获奖，但她们感触颇多，说站在那个陌生的演讲台上，好像不那么怯场了。年轻教师的成长和历练，让我感动。又如第五片区的数学操作材料制作比赛，不是听到比赛时的抱怨，而是把它当成了一次提高教师研读数学关键经验的一次教研活动，人人参与设计制作，共同分享。在此基础上推荐三份材料进行优化参赛。在优化的同时，年轻的史晓琳、林小斐、汪幸梓三位教师又进一步明确了数学的关键经验。分别获得了一、二、三等奖的好成绩。这样的结果，是众望所归，又何尝不是前期大量的积淀呢？

骨干老师的蜕变同样需要磨砺和提升。海曙区的优质课比赛，一路陪着赵娜，从试讲到现场上课，最后获得海曙区二等奖的好成绩，这个结果实属不易。也许有人会说，她的运气好，抽到的都是之前准备过的。可反过来，是运气好的背后花了多长时间的研讨与积累。第一次试讲，抽到的主题是"环保"，她和很多老师陪着磨课做教具一直到凌晨，这真的不是一个人的荣誉，是团队的智慧，是巧妙地运用。第二次现场上课，抽到的是"瓜果的秘密"，在外面等候的我，可以帮她准备需要的材料。拿到纸条看到两个字——西瓜。我就直奔菜场，帮她准备好所有相关的物品，仿佛她的这个活动就在我的脑子里。是什么原因？就是因为那些在一起研讨的日子里，大家的思维不断地碰撞，深刻地铭记，互助地成长。直到第三次的现场上课，赵娜很巧妙地设计了一个关于木耳泡发的活动。在台下观摩的我，特别激动，默默地在心里为她鼓起了掌。

每当走进班级的时候，我发现问题不仅仅只是一味地指责，而是把它转变成一个个教研活动。我们总是觉得这个不对、那样不好，但不对不好的原因在什么地方？主题墙太空洞，那就做一次关于主题墙的研讨；课堂回应太简单，那就做一次关于提问与回应的现场交流；试讲说课太模糊，那就做一次示范与研讨……每一次都有互动，每一个人都在参与，让教研活动不再流于形式。我成了团队的"班主任"，细节上严格要求，用人上大胆宽容。把领导们培养我的方式，同样用在了我们这个团队中，给予老师们信任，给足老师们支持，张扬她们的才华，收获共同的成长。

2020 年，宝韵 30 年，海悦 3 年，也是我工作的第 19 个年头。我庆幸当初的选择。是宝韵这个强大的平台，让我从一名小小的菜鸟，一路成为集团骨干、教坛新秀、学科骨干。我想，我是真的很幸运。我想带着这份幸运，传递给海悦这个年轻而又温暖的团队。希望我们每个人，在最美的宝韵，做最好的自己，与宝韵共同成长。

十 年

宁波市教坛新秀　宁波市学科骨干　林昔娜

> 一抹阳光，一杯热茶，一阵思绪，时光如画卷徐徐展开……

遇见·扎根

2009 年 9 月，我与宝韵相遇。我以第一名的成绩考取事业编制，插班到中班年级组橙橙班任副班主任。我尽快熟悉着幼儿园和班级情况，与孩子建立感情，赢得家长信任。升入大班后，在班主任熊老师的推荐下，开始担任实习班主任。新手上任更想把工作做好，一心扑在工作上。夜幕中，空空荡荡的幼儿园里总有一盏灯独自亮起。即便回到家，也总是伏案工作。功夫不负有心人，我的付出收获了家长的信任与肯定、孩子的喜爱与发展。这是对我最大的鼓励，它激励着我继续前行。

汲取·破土

2011 年 9 月至 2014 年 7 月，我担任班主任，整整一届三年。

起初在家长眼中，我们都是"小年轻""新手教师"，把孩子交给我们自然是有顾虑的。我下定决心要带好这个班级的孩子，做好家长工作，打破家长的重重顾虑。于是，在班级管理和教育教学方面推出了一系列有效的新举措，让家长看到了我的专业能力以及对工作、对孩子的用心。很快，班级良好的氛围逐渐形成，孩子在集体中愉快学习快乐生活，各方面发展好、进步快。随之而来的就是家长对班级老师的信任与认可，对班级工作的支持与配合。在班级管理方面，这三年对我来说是摸索前行、逐步积累、日渐成熟的三年。其间代表幼儿园参加海曙区教坛新秀评选。通过业绩、笔试、即兴上课的层层选拔，一路披荆斩棘，荣获海曙区教坛新秀一等奖的好成绩，并由区里推荐参评宁波市教坛新秀。但正当准备申报之时，意外地发现自己已有身孕。当时的心情特别复杂，市教坛新秀的评比，不仅代表我个人，更代表幼儿园的荣誉，本想尽全力参评，结果却心有余而力不足了。转眼到了第二学期，我的肚子越来越大，在做好班级日常工作的同时，也实在是没有多余的时间和精力准备比赛了。因此，这次比赛我是真真正正"裸考""裸评"了一把。顶着五个多月的大肚子去上课，评委老师见了也直说"真不容易啊！"最后，我荣获宁波市教坛新秀三等奖。虽说稍有遗憾，但在这样的身体状态下，没有临阵退缩，而是勇敢地坚持参赛，也该收获自己的掌声。这三年，我用尽全身的力量在宝韵的沃土中汲取养分，破土而出，一刻不停地实践着、思考着、积累着、收获着，每一个瞬间都值得刻入记忆深处。

转型·拔节

三年三种职务，一个区级荣誉，一个市级荣誉，这是我的拔节期。2015 学年至 2017 学年，我担任班主任兼年级组长，跟着原教研组长韦红霞老师学习，开始接手教研工作。2016 学年至 2017 学年，我先后被授予海曙区优秀青年教师、宁波市百优班主任称号。从一线教师转型为管理者，我不断积累经验，及时反思自己，注重管理艺术。作为年级组长，我所带的年级组常规工作扎实，特色活动精彩，组内教师积极性高、执行力强。作为教研组长，我当好领头雁，辐射自身能量，引领老师们开展"真教研"，进行"分层研修""深度研修"，使工作思路清晰，活动举措有创新、有实效。充分发挥团队中每一位成员的作用，调动大家的积极性和主动性。瞧，我们的团队中有像毕鹰、徐琳玲、章艺、冯婷婷这样发挥传、帮、带作用的骨干教师，有像唐琪、吕晶珍这样课程意识极强的新秀教师，有像高峰梅、陈淑娜、倪琼瑜、水伟燕、陈玲、俞燕玲这样踏实肯干的经验教师，有像戎熠、俞婷婷、刘敏、韩玉洁、王超波、郁媛媛这样极具想法的潜力教师，还有像罗钰婷、杨芳琼、毛丹宁、芦蓉这样富有生长力的新手教师，有像沙莉莉、黄燕娜这样能干的年级组长以及像徐海亚这样睿智的师训组长。我们凝心聚力，我们并肩同行，我们抱团成长，这就是我们和美而专业的教研团队！

近几年，在集团马春玉总园长的鼓励下，我逐渐走出幼儿园，多次受邀将宝韵的音乐教育特色、音乐教学经验与同行们交流分享，足迹遍布义乌、宁海、北仑、鄞州等地，深受好评。此外，在大家的厚爱下，我成了宝韵的"金牌主持"，频繁主持各大活动，除了集团大大小小的活动，还有市妇联"庆七一，唱红歌"活动、胡剑红名师工作室"名师面对面"直播活动、海曙区"园本教研特色项目"立项园对话活动等。这三年的回忆对我来说是最丰满、最丰厚的，同时也是我最辛苦，收获最多的三年。

沉淀·绽放

2019 年 5 月，我被授予宁波市学科骨干荣誉称号。参评宁波市学科骨干犹如经历了一场高考，而马园长是给予我最大支持和帮助的导师。每个县(市、区)只有 1 个名额，马园长为宝韵额外争取了珍贵名额。单从业绩来说，我原本还为自己满抽屉的奖状和荣誉证书自信满满，一比较才发现，人家资历比我老，职务比我高，荣誉比我多，基本都是副园长、省教坛新秀，心里不免有点没底气。对手如此优秀，名额又是争取来的，心想绝不能给咱宝韵丢脸，这下压力山大了。前去教育局开动员大会，於局长豪言壮语地说"海曙参评的 12 位老师都是最优秀的，一个都不能落下，必须人人评上！"哎哟，吓得我一下子买了二三十本专业书籍和复习资料，天天恶补到凌晨。说实话，我从来没这么用功过。结果，总算不负众望，作为市学科骨干中最年轻、资历最浅的一位，我想我是幸运的。这份来之不易的喜悦和收获来自团队的力量。我永远不会忘记，马园长一直鼓励我，还专门请专家为我辅导。备课那天晚上，省特级教师邵爱红老师为海曙助力，在身体不适的情况下带病坚持，亲自来园为我辅导；师傅胡剑红老师有公事在身无法前来，便特通过电话指导，关心进程；工作室的师姐们纷纷主动前来助力；同事们与我一起奋战，一直陪伴我到凌晨。一个人的力量是有限的，团队的力量是无限的，这些点点滴滴都将成为我心中最美好的回忆。

实在是感叹时间的飞逝，让自己的脚步显得如此匆忙。可回头看看自己走过的路，每一步、每一个脚印都坚定而踏实，都留下了我成长的痕迹。我想，成长永远是"痛，并快乐着"的，积累和沉淀过后就是精彩的绽放。

宝韵是一个和美而有力量的团队，是我成长的摇篮。从一名副班主任成长为班主任、团支部书记、年级组长、教研组长，团队的助推与历练是我成长的催化剂。团队中有敬爱的导师，还有亲爱的同事们。宝韵领航人马春玉园长是我人生中最重要的导师，她总是尽其所能为我搭建各种学习、展示、发展和成长的平台；业务副园长侯鲁萍老师一路陪伴，给予我细致的指导与帮助；同事们支持和鼓励，总是在我最需要的时候伸出援助之手。我是孩子心中"亲爱的娜娜老师"，是家长眼中"专业的林老师"，是同事口中"并肩作战的宝韵娜姐"。我孜孜不倦地行走在幼教路上，追随着儿童，与儿童同行。

感谢宝韵伴我共成长。在三十周年到来之际，我没有珍贵的礼物，也没有华丽的辞藻，我只有一颗如初的赤子之心。我愿与宝韵人共同分享人生的真谛：土壤中没有种子，就没有禾苗的破土而出；心中没有期待，就没有鲜花的美丽绽放。因为期待，所以努力！因为努力，所以美好！让我们携手并进，愿我们因宝韵而绽放美丽，愿宝韵因我们而增光添彩！

脚印 20 年

宁波市教坛新秀　冯婷婷

20 年是个什么概念？

20 年，能让一个嗷嗷待哺的婴儿变成成人，能让一个青葱少年为人父母。

迎着朝阳，我再一次步入焕然一新的宝韵大门……

如果把宝韵幼儿园比喻成一个婴儿，那么她现在已成长为一个能在社会上独当一面的能人。而我，自 1999 年至今，参加工作已满二十载。经历 20 年的磨砺，我也从一个不谙世事的懵懂少女变成了幼儿园的老教师。

回首这 20 年，刚开始也跟每一位踏入幼教岗位的老师一样，度过了一个不适应、茫然、不知所措的阶段。但是我相信没有人天生就是天才，没有人天生就有经验，我们需要机会，需要一个可以磨炼的平台。而宝韵从不吝啬这样的机会，总是那么宽容地接纳每一位新人，并且非常乐于给新人锻炼的机会。只有经过锻炼才能成长，宝韵总是愿意做那么一块磨刀石，而我就是在这块磨刀石上慢慢成长的。

每次的公开课都让我学到了如何更好地组织活动、如何寓教于乐；每次的家长会都锻炼了我独当一面的能力；每次的外出学习都让我学到了先进的教学方式和模式；而每次的失败都让我越挫越勇，更加激起征服的欲望，从稚嫩到现在的成长。

这些年来，我曾先后获得过海曙区教坛新秀一等奖、市教坛新秀二等奖，多篇论文在全国及省市级评比中获奖。在领导的信任下，作为集团的音乐学科带头人，在平时的音乐教学中坚信，唯有大胆创新、潜心磨研才能与幼儿共享音乐世界的快乐与美好。我曾两次在全国及浙江省音乐研讨会上展示音乐活动，获得同行及专家的肯定。点点滴滴的成绩背后承载的是宝韵幼儿园的关爱，是园长、同事的支持和家长的信任，是他们的引领和鼓励给了我前进的动力和勇气，是宝韵这片广阔的天地给了我一次次磨炼和提高的机会。我的成长与宝韵已融为一体，我的根基已经深深驻扎于幼教这片瑰丽的热土上，我将继续绽放出自己独特的美丽与芬芳。

小时候总听一些老人在说：人这一生嘛，总要一步一个脚印，每一步都走稳走踏实了，当你回头观望的时候才不会有遗憾。那时我不懂、很朦胧，现在我只想说：我认同。所以我努力地走好每一步，更好地留下自己的脚印。

遇见宝韵，与你共成长

宁波市教坛新秀　徐琳玲

初遇。我最初认识的宝韵音乐幼儿园坐落在柳汀立交桥下，那时的我还是一名邵逸夫艺术幼儿师范的学生，随着带队老师和同学们一起来到了这里见习。那时的你是我眼里的向往！

再遇。毕业后回了老家宁海工作，在工作第六年的时候有幸再次来到久违的宝韵学习听课，还记得当时开课的老师上了一节歌唱活动《三轮车》，她的音乐教学活动生动活泼，孩子们在游戏中轻松地玩音乐、学音乐。这一教学方式深深地吸引了我，打开了我对音乐教学的新思路。这时的你是我心里的期望！

相融。2005年女儿刚出生一岁，跟随家属工作调动至宁波，竟意想不到地和仰慕已久的你相遇了，投入了你的怀抱，成了其中一员。此时的宝韵已经在马园长的引领下在宁波幼教界赢得了举足轻重的地位，我骄傲着：因为我也是宝韵的一分子。虽然我没参与宝韵的过去，但我却见证了她的巨大改变，宝韵走过了峥嵘岁月，一路风雨兼程永不停步。

2004年宝韵成立了国际部，开设了英语和蒙台梭利教学，我成了其中的一分子，寒暑假去杭州参加培训，接触了最新的国际化的教育理念。2008年开办了第一家分园——华城分园，我也从总部转战至分园担任国际六班的班主任，一待就是五年。2011年我又回到了总园继续担任班主任工作。

回首。我在宝韵已有15年，宝韵也即将迎来30岁生日。而我，一个一线普通的老师紧紧跟随着它的脚步慢慢地成长着。评省一级一类幼儿园时，我和同事们主动加班，做好班级建设，大家只想幼儿园能更上一层楼。总园旧貌换新颜搬进崭新的教学楼时，面对家长的质疑和担心，我和老师们目标一致，耐心地做好家长思想工作，得到了大多数家长们的认可，也让我深深地感受到了宝韵教师身上坚韧的气质！正是因为我们的热情，才会有家的温馨；正是因为我们的团结，才会有集体的力量。是的，宝韵人就是这样，一直怀揣着我们自己的目标，走在服务和收获的路上。现在的你是我的骄傲！

期许。未来，我是宝韵蓝图里的一分子。巨大的建筑，总是由一木一石叠加起来的，宝韵的品牌，需要我们一砖一瓦地建设。一个个班级犹如一只只船，组成了幼儿园这个大船队，我不仅仅要管理好自己的船只，更要发扬团结协作的精神，与其他的船只齐头并进，共同驶向那胜利的前方！

让我们大家携起手来，在这块和美的园地里，辛勤播种，让我们为幼儿园的明天一起创新、拼搏、奉献！

释放青春正能量

——我与宝韵共成长

宁波市教坛新秀　黄燕娜

屈指一算，我与您的第一次见面已有 20 年。那时的您已经是一所小有规模的幼儿园。那时的我在学校老师的带领下，一边参观园所，一边在想，如果有一天，能在这里工作应该会是一件比较幸福的事情！

2003 年，从学校毕业的我对于宁波并不是很熟悉，就像漂浮在水面上的浮萍有太多的不安。毕业实习我选择了宝韵，在这里有热情洋溢的姐妹们，你们的热情温暖着青涩的我。在这里，有温柔智慧的老师们，你们的专业技能吸引着我。实习后，宝韵这个有温度的大家庭留下了我，从那一刻起，我便深深地喜欢上了这份职业。

随着时间的推移，我在宝韵工作十六年了，对一个人的人生来说，十六年是多久？这十六年里宝韵经历了一次又一次的蜕变。在您蜕变的过程中，我不断积累、不断沉淀、不断成长。

2003 年 8 月，我有幸成了周姝贤和周君老师的徒弟，在两位周老师的言传身教下，我稳步成长，第三年便开始做实习班主任。工作第四年就开始独当一面，与新老师一起组合带新小班。在宝韵工作的十六年里，园领导给我们搭建了不同的展示平台。我曾10 余次在区、市骨干园长、教师培训学习中展示教学活动，2 次跨区送教，均得到了同行及专家们的肯定。我设计、执教的语言活动"我的爱有世界那么大""小雨滴的世界"在海曙区语言优质课比赛中分别荣获一、二等奖。记得每一次的试教及研讨，马园长、鲁园长都会在繁忙的工作之余，出现在教室中，随堂听课、点评，我的教学能力也在比赛、展示、磨课中稳步发展，快速提升。2011 年获海曙区教坛新秀一等奖，被推荐参加市教坛新秀比赛，2012 年获宁波市教坛新秀三等奖。

十六年，我们一起经历了省一级一类幼儿园的评定，从初识您时的一个园所发展成了横跨四个行政区、拥有 7 个园所的集团园。

十六年，我变了，从学校毕业时的懵懂到走向工作岗位的成熟。不变的是依然追寻最初的梦想，热爱着这份事业！

十六年，同你共奋斗之时，我收获了从青春年少到结婚生子初为人母，参与了您的发展变化，见证了您的辉煌历程。相信下一个 30 年，我们仍然共同奋进，见证未来的美好！

遇见你，是我的幸运

宁波市教坛新秀　董蕾

作家峻青说过一句意味深长的话："人的一生是漫长的，但在关键处常常只有几步，特别是在你年轻的时候。"真要算起来，我迈向宝韵的第一步是从 2012 年开始的，这一路都是追寻梦想的脚步。

一颗种子，一场考试。2012 年 9 月，我从小学转岗幼儿园，来到宁大创意实验幼儿园工作，成了一名幼儿教师，正式开启了幼教生涯。初入幼儿园的我，感觉一切都是新鲜的，一切也都是困难的。因为非专业的关系，零基础的我一切都得从头开始。为了帮助我快速成长起来，凡是有去听课、参观的机会，园长都带着我一起去。12 月的一天，园长通知我第二天去宝韵幼儿园参观学习，早就听搭班老师说过"宝韵音乐幼儿园"可是宁波市最好的幼儿园之一，让我的内心十分期待与兴奋。短短半天的参观学习，就带给我很大的触动，我问园长，怎样的老师才能进入宝韵这样的幼儿园工作？园长笑着回答我："肯努力的老师都有机会，你唱歌和弹琴都不错，肯努力的话说不定真有机会进去！"一颗种子悄悄地埋下了，此后便时常关注宝韵的各类信息。时间飞快，转眼间来到 2014 年 3 月，我参加宝韵公开招聘事业编制幼儿教师的笔试，笔试成绩是第 11 名，按照 1∶3 的比例没能进入面试的资格，与宝韵擦肩而过。但也要感谢那场考试，正是因为那场考试，我意识到自己还不够努力，于是把《指南》从头背到了尾，几乎可以一字不差地默写出来。在一个月后的东钱湖公开招聘中，我以笔试第二、面试第一的成绩顺利进入编制教师队伍。

一次邂逅，一心向往。我被分配到了东钱湖仙枰幼儿园，令我惊喜的是，仙枰也是一所音乐特色幼儿园，园长还是"马春玉名园长工作室"中的一员，让我隐隐觉得自己和宝韵之间的缘分以另一种方式延续了。看到我对音乐教学非常感兴趣，园长找来了许多宝韵幼儿园音乐教学的资料让我学习，一面鼓励我挑战镇音乐公开课，一面鼓励我继续深造学习。2015年初，我考取了宁波大学学前教育专业在职研究生，在学院给出的实践导师名单上我看到了"马春玉"老师的名字，当时我激动地对其他几个同学说："都不要和我抢，我要跟马春玉老师。"同学们都半开玩笑地说："放心，知道你向往宝韵……"当时想着以后做毕业论文还是想选和音乐相关的方向，希望能得到马老师的指导和建议。

同年4月的一天，马春玉老师作为学前教育学会的副会长到东钱湖送教下乡，负责本次活动的拍照和信息报道工作的我全程参加，有幸聆听了马老师《游戏化歌唱活动的设计与实施》的讲座。她分享了许多宝韵幼儿园具体的实际操作方法，给了我很大的启发。我鼓起了勇气上前跟马老师打了招呼，简单介绍了我的情况并询问了心中的困惑，没想到马老师是那么的平易近人，几句话深入浅出地解决了我的疑问，并鼓励我在音乐教学的道路上继续研究下去，还欢迎我随时去宝韵幼儿园参观学习。这次"邂逅"让我对宝韵又多了一份向往。

一份热爱，一个追求。狄更斯说："在这个世界上，我们无法选择工作，但对工作的态度，我们却有权利有责任去认真选择。"我热爱我的工作，本着"笨鸟先飞"的道理，本着心中"成为宝韵的一员"的那份向往，我不断努力着。在同事眼里，我就是个"拼命三娘"，凡是大大小小的比赛我都积极参加：从"甬江杯"到"教坛新秀"；从"三年说课"到"五年汇教"；从"基本功比武"到"教学能力竞赛"；从"教玩具设计"到"七巧板"，各类比赛我都一一尝试过，因为我始终觉得，只有多一点努力，才会离梦想更近一些。成功的背后最大的秘密武器、最大的法宝和秘诀还是那最普通的两个字：勤奋。而不断支持我的就是那份热爱的信念，这份信念让我从"圈外人"变成了"圈内人"。围绕"音乐"教学，我逐渐开始参与课题"幼儿园歌唱教学教师PCK的实践与研究""渗透式歌唱教学对德育的影响研究"……在各级各类课题的研究与实施中我不断学习着。在参加宁波大学组织的市骨干教师培训班中，我有幸聆听了宝韵侯鲁萍副园长《回归音乐 有效学习——基于关键经验的游戏化音乐活动设计》的讲座，讲座中的一段话深深地打动了我：我们始终坚持，幼儿音乐教育不只是学习音乐，而是通过音乐来学会学习、学会做人，基于幼儿视角做研究，是提高音乐教学活动质量的关键……听了这段话，我忽然明朗了，通过音乐来学会学习，学会做人，这也是我一直以来想要带给孩子们的共同追求。

一种文化，一段情怀。在做毕业论文的一年多时间里，我将毕业论文选题定位在传统文化和音乐教育之间，最终确定了《幼儿审美视角下古诗词歌曲欣赏活动的研究》这一题目。在收集文献的过程中，马春玉园长所著《幼儿园和美文化与教育》在幼儿美学研究中给了我很多理论上的依据。在研究的过程中，发现宝韵在践行的"和美课程"和我研究的幼儿审美视角不谋而合。在春华秋实的呼吸间，日子一点点地前进着，可我心中的"宝韵情节"却越来越深。2019年6月，接到马老师的电话，询问我是否还想来宝韵，我一口回答："当然想，一直想。"调动程序由此开启，通过随军调动，我也生平第一次感谢"军嫂"的身份，过程虽曲折，但一纸调令终于让我的梦想变成了现实。

一路学习，一同成长。梦想还是要有的，万一真的实现了呢？2019年7月22号，是我正式来宝韵报到上班的日子，我真正成了宝韵的一员。这四个月里，我明显地感觉到自己在成长，沐浴在和美文化下的环境创设、班级管理、课程建设、团队关怀、专业发展……一路探寻，感受着教育的本真，体验着成长的欣喜。我知道，我与宝韵真正的遇见才刚刚开始，这是一份幸运的开始。

我的宝韵缘

宝韵音乐幼儿园教师　水伟燕

> 从心出发，点亮梦想，励志教学，为爱到达。

说起和宝韵的缘分，应该追溯到2001年，在经历了一个月的等待与期盼之后，我如愿以偿地成为宝韵大家庭中的一员。19年，我从一个小姑娘变成了一个12岁孩子的妈妈，从一个副班老师变成了一个有着19年教学经验的班主任。这是一场最美的邂逅，遇见了幸运、遇见了美好！

宝韵是个温暖的大家庭，而班级就是"小家"。我这个班主任便是"小家"里的"一家之主"，首要任务就是料理好我的"小家"。于是，我精心构筑"快乐童年"成为孩子们的好妈妈；诚心营造"温馨家园"成为家长们的好伙伴。我在一次又一次的机会中历练着，在一次又一次的付出中收获着，先后有20余篇论文获市、区乃至全国的一、二等奖，多次尝试并承担了园、区、市里的各种公开课乃至全国的音乐克隆课，两个心理健康活动分别在宁波市和海曙区获得一等和特等奖，科学活动"有趣的不倒翁"荣获鄞州区优质课第一名的好成绩……宝韵家园成就了我的幼教理想，宝韵精神塑造了我的勤奋踏实、努力坚强的品格！特别是上学期期末时，第一届毕业的孩子从美国耶鲁大学毕业，特意来幼儿园看我们，感动、幸福和美好顿时涌上心头……孩子们的成长、家长们的信任也让我感受到了幼儿教师职业的幸福，在付出中收获着大爱。

我深深意识到一节成功的教学活动，不仅在于那些精致巧妙的教学用具，更是老师和孩子之间心灵的交流、智慧的对话和生命的呼唤。那是几年前我参加全国音乐活动课而尝试在克隆的基础上进行改编和创新，体现最新的音乐教学理念。人们在初期做克隆课的时候一般都会比较盲目，不知所措，仅仅停留在教育行为的"复制"上，不能较好地解决现场的"突发事项"。在园长马老师、鲁老师的指导下和音乐坊老师的沟通分析中，我渐渐理清各环节所蕴含的教育目标和教学策略，反复地上现场课，不仅积累了不同年龄段幼儿对同一个音乐不同的理解和表现，还积累了同龄孩子对同一问题的不同反应。由此我不断地整理问题并解决问题，将原克隆课在导入环节、角色分配、活动类型定位以及对音乐的感知方面做了适当的改编和创新，最后呈现出环环相扣、循序渐进的韵律活动。

虽然反复研讨、学习、实践非常痛苦，但每一次对教学策略、方法和途径的调整和改变都是提升自我的机会，能让我更好地站在孩子的角度，考虑孩子的年龄特点和学习特点，归纳经验，得出适宜的教学方法。19 年，我从原来的不熟悉到现在的游刃有余，这一步步的成长，既有我自己坚持不懈的默默努力，也是团队推动着我不断前进。

在宝韵，老师们就像一块小海绵孜孜不倦地吸收着来自四面八方的养料，在满满正能量的团队包围中，用初生牛犊不怕虎的拼劲，守护着自己最初的梦想，获得了成长。我相信，爱是可以传递的。因为我在宝韵大家庭中时时能感受到爱，沐浴到爱。我也将用爱与坚持，管理好班级小家，消除家长的误会，赢得信任；用爱和接纳、宽容和支持，为孩子们打造一个温馨的家。

从心出发，为爱到达！

那年匆匆

宝韵海悦分园教师　陈春衣

2002 年暑假，我踏上了去宁波的路途，在途中经过柳汀立交桥，从车窗向远处眺望，看见一双红色的水晶鞋，高高地挂在楼房的最顶上。我探出头往下看——哇！原来是一所幼儿园，看着好大好美，心里闪过一个念头，要是能在这所幼儿园工作该有多好啊！之后机缘巧合地接通了马园长的电话，让我在 8 月底上课面试，我想要好好把握来之不易的机会。回到家，认真准备上课内容和教具，在家一次次试教，一次次更改，向班主任方老师请教教学方法。功夫不负有心人，我面试成功了，如愿以偿地进入宝韵，成为宝韵的一员。

在宝韵 17 载，回忆起点点滴滴，一直让我坚守岗位、让我感动的是宝韵人团结有爱、领导们可敬可亲。进宝韵的前三年，我先来到了宝韵早教园，徐皇君园长年轻有为，领导我们在班级环境上有很大的改变与突破，我也从中学到了很多，尤其是美术方面的教学。每次园内、园外公开课，徐老师都会层层把关，把自己的一些教学理念和方法毫无保留的交给我，让我在美术领域上有了很快的提升。我曾带领大班孩子参加美术专业比赛，还获得"优秀指导教师"称号。徐老师不但在业务上给予帮助，在生活上也时常嘘寒问暖。另一位是我的师傅韦红霞老师，同是异乡人，生活中我们是无话不说的姐妹。跟她相处的时间里，她让我在生活上开阔了眼界，在工作上开拓了思路，尤其是在家长工作方面。由于年轻不知道如何开展家长工作，是韦老师开导我，教会我处理的方法，在家长面前处处包容我，给我异乡的工作生活带来了温暖而美丽的色彩。

2005 年结束了早教园的三年教学任务，我来到了总园担任国际部助教，这是一个什么岗位？我要面临怎样的挑战呢？一切都未知，老师们都说助教就是保育员的工作你都得做，还要进班协助老师做好蒙氏工作，我当时听完情绪很低落，不理解为什么我一个幼儿园老师要去做保育工作，冲动的我来到了马园长的办公室，哭着跟马园长央求别让我去国际部当助教。马园长当时的一番话，到现在我还记忆犹新，她说"春衣，你看过章子怡的个人访谈吗？章子怡说 18 岁不会思考的人，我们会说她可爱；20 岁不会思考的人，我们会说她天真；但是 20 多岁了她还是不会思考，我们就会说她无知。你是哪一种呢？"当时我恍然大悟，认为不好的安排才是最好的安排，欣然接受了新的岗位，跟"水水"、蔡菱洁一起建立新的班级组合。果不其然，在国际班这一年我学到很多新鲜事物，特别是蒙台梭利的教育理念让我受益匪浅，虽然只做了一年的助教工作，但对幼儿保教更加了如指掌，得心应手。

幼儿园工作是一份爱的工作，是爱让我坚持当初的那个梦想，以至于在2010年我生完孩子没多久，在班级保育老师和副班老师离职的情况下，我就放弃产假，早早来上班，赢得了家长的信任和支持。至今一直在一线担任班主任工作，对自己的职业生涯早已有了方向和定位，脚踏实地，一步一个脚印，在平凡的岗位做好平凡的工作，不辜负自己的初心。

成长，遇见更好的自己

宝韵华城分园教师　卢嘉丽

当我写下这个题目时，心头不禁涌动着一股温情，一阵甜美，一丝高兴。眼前呈现出一段段在宝韵的美好时光，和孩子一同度过的每一天，此时此刻都是那么鲜活地跳动着。四年前，带着对这片净土的神往和期望，我来到了宝韵参加面试，成功投身于这个多彩的宝韵华城分园。回首这过去的四年，岁月记载了我们工作中辛勤的汗水，记载了操场上与孩子为伴的欢笑。看着孩子们的笑脸，看着孩子们的成长，我感到极大的快乐。

2018年，承载着太多事，有喜悦有忧愁，有成功有失败。3月28日，公开招聘事业编制笔试的那一天，我怀着忐忑的心进入了考场，不知等待我的会是什么样的结果。回到考试前，本来是一头雾水的我们，因为"丫丫"老师的加入而变得豁然开朗。为了方便大家互相参考、学习，我们成立了"深夜奋斗组"，是我给群取的名字，因为大家总在群里交流到很晚，深夜也不足为奇。丫丫老师会出题目来考我们，我们都很积极地给出自己的答案，不管对错都可以借鉴她人的优点，也是颇有收获的。我也感受到了小伙伴们的爱，原来团结的力量是这么强大！虽然最后没有成功，但这次的经历让我学会了成长。

成长，让我学会了自律。回眼望去，已经经历了4个春夏秋冬，而我从一个不懂得自律的新教师慢慢蜕变成一个懂得自律的"老"教师。以前的我对待工作不够认真，总想着能减少点工作量就不去做了，这样的态度对于自己和他人都是不好的。虽然平时我也在慢慢地成长，但是考编的经历让我迅速地明白了机会是留给有准备的人。我开始为每一堂课做好课前准备，如PPT、教具、音乐等；普通教学中我开始注意与孩子的互动，让孩子的兴趣、语言和思维能力有所提升。在雨天的室内活动，不再给孩子们玩方便的积木游戏了，而是拼搭一些障碍物来锻炼孩子们跳、钻、爬的能力；在蒙氏工作时，重新捡回刚学蒙氏的那股冲劲，给孩子们制订适宜的计划，教授孩子们工作，认真写观察记录并记录他们的工作状态与特殊的评语。

成长，让我学会了坚持。坚持需要兴趣。要想坚持做好一件事情，首先要对这件事情有兴趣，没有兴趣就会索然无味。我主动承担了艺术培训中心舞蹈和声乐表演两门课程。我发挥自己的专长，坚持不懈地坚守在自己的岗位上。当看到孩子们在汇报演出上精彩的演出，看到孩子们在舞台上展示着最闪耀的自己，我明白了，这是属于我和家长们的"哇"时刻。时光告诉我，看到孩子们学有所成、学有所获才是我最大的心愿。

成长，让我学会了感恩。在日常班级工作中，我与于老师融洽相处，愉快合作，心往一处想，劲往一处使，班级有什么活动，我们会一起商量方案，尽最大努力搞好班级的活动。当我要上公开课时，于老师会帮我理一理思路，顺一顺环节，让我的课更加丰富饱满。于老师也是个"idea"能人，每次的活动她总能想到亮眼的地方，让班级更加出彩。在我考编期间，是于老师不辞辛苦帮我带班。她说："嘉丽，你好好复习，好好考，我来带班。"因为她的存在，我才能心无杂念地去看书。我真的非常感激，谢谢你，于老师。

蓦然回首，我和孩子们现已一起走过了酸甜苦辣的四年时光。四年的幼教生涯，我始终是一步一步扎扎实实地走过来的，没有半点松懈，没有半点退缩，有的是满腔热情，猛进脚步，斗胆立异。现在我很充实，别无所求，只期望孩子们安全进步开心绚烂！我爱幼教事业，我爱我的孩子们，我将坚定不移、脚踏实地地走下去！这是属于我和宝韵的故事……

新的一年，我将以新的计划，去实现新的目标。我将认真生活，认真过好每一个当下，去遇见更加美好的自己。

携宝之手，与韵同行

宝韵音乐幼儿园教师　毛丹宁

时光荏苒，转眼间我来到宝韵也快一年半了。回首与宝韵一起成长的往事，日子中竟全是斑斓的光影。虽然相识不久，却是不可割舍的记忆。

初识。2018 年的 5 月。刚从大学走出来，带着满腔的激情与热血走进幼儿园实习。那会儿的我在古林镇薛家幼儿园，与宝韵隔街对望。这个崭新的、充满朝气的园区无时无刻不吸引着我的目光，每每路过都感叹着如果我能加入宝韵这个大家庭就好了。有一天，我终于鼓起勇气，来到了宝韵的门口，问起当时的门卫冯师傅"你们还招老师吗?"得到的答案是不缺老师，总园会分配老师过来的。我内心充满了遗憾跟失落，为此难过了一晚上，辗转反侧，久久不能入眠，可我依旧不死心。第二天一早，就打电话到了总园办公室，再一次地询问他们是否还招老师。印象极深，接电话的是郑洁老师，她的声音犹如天籁之音，是她告诉我五月会招新的老师，让我可以准备一下面试。于是我开始认真准备面试的内容，深知宝韵是个优秀的团队，想要加入必须让自己也足够优秀。很快就到了面试的日子。那天面试的人很多，我的手心里全部都是汗，心也怦怦直跳。好在功夫不负有心人，面试时我发挥得不错，最终如愿加入了宝韵大家庭，我和宝韵的故事也就此展开……

　　成长。2018年9月，我正式成了小四班的副班主任，拥有了属于自己的班级，也深刻感受到了责任两个字所包含的意义。在日常带班中有陈老师像大姐姐一样给我建议，在专业能力的发展中有鲁老师、林老师的细心指导。作为新教师的我不曾慌张，因为我知道在岗位上作战的不是我一个人，我是站在巨人的肩膀上，背后支持我、帮助我的是一个有力量的团队。宝韵就是这样一个有爱的、有凝聚力的大家庭。让我印象深刻的一件事是2018年的12月那场古林镇青年教师的基本功大赛。那年的12月对我来说是忙碌的一个月，忐忑的一个月，亦是丰收的一个月。在这一个月内我参加了两次青年教师基本功比赛。一次是园内举办的青年教师基本功比赛，还有一次是代表幼儿园去参加古林镇青年教师基本功大赛。12月初，当我得知集团要举办青年教师基本功大赛时，内心是紧张的，因为幼儿园人才济济。在比赛当日，看到舞台底下乌泱泱一片评委时我一阵晕眩，虽然都是一些和蔼可亲的熟悉面容，但是头一次以比赛这么正式的形式面对他们，内心的一只名叫"慌张"的小兔开始乱窜了。比赛之际也是状况百出，八分钟记忆的故事在讲述过程中紧张到忘记了内容，最后硬着头皮把故事编了下去，舞蹈也是因为自跳自唱导致整个人气喘吁吁，弹琴的时候更是因为紧张到手发抖而一整段漏掉。但让我意想不到的是，大家最终选择让我代表幼儿园去参与古林镇的青年教师基本功比赛，其实当时的我是很感动的，也非常感激大家愿意包容我、信任我，同时还能够给我这么好的历练机会。我暗下决心，一定要拿奖为自己的幼儿园争气!

　　在这次的比赛中，最让我感动的是赛前大家陪同我一起准备比赛的内容，这个过程我并不孤独。邱爽老师为我进行了讲故事的辅导，陪我一同练习讲故事，一个中午的时间让我学习到了许多讲故事的技巧，从生涩胆怯记不住故事，到学会尝试记忆关键人物关键情节，用不同的声音语速去表现故事中的不同形象。钢琴专业毕业的张老师为我的弹唱进行了辅导，让我在演奏时更加从容与自信。教研组长陈萌老师更是为我提出了许多宝贵的建议，为我安排了一次次的培训，亲自送我去赛场。比赛的结果不负众望，我获得了一等奖的佳绩。而我在收获奖状、奖品以外，还收获了技能上的提升、宝贵的比赛经验……

续写。从今日到未来。作为一名新教师的我，需要学习的内容还有很多很多，未来职业生涯的道路还很长很长，我希望自己能够一直坚守着教师的职业理想，记住自己最初来到这个岗位的初心。我谨守着自己的誓言——不忘初心，砥砺前行，携宝之手，与韵同行。未来，遇见更好的自己！而我与宝韵的故事，未完待续……

宝韵，你好！

宝韵荣安分园英语教师　周晓璐

2008 年，我刚毕业。听说宝韵需要一名英语老师，那时的我才刚来宁波，对宝韵并不了解，只是在亲戚那里知道"宝韵是宁波数一数二的幼儿园"。于是，我去了华城园面试。一进幼儿园被那整洁雅致、富有童趣的校园环境和一群可爱的孩子们所吸引，心想着如果能在这如此"高档"的环境中工作，那是多么让人神往啊！

事与愿违，面试完的我迟迟都没等来"宝韵"的好消息，于是去了一家培训学校工作，随着时间的流逝，对去宝韵工作的念想也慢慢变淡了。转眼一年过去，有一天，手机突然响起，是"宝韵"在召唤我，顿时，一颗安定的心又开始悸动。宝韵正常的工作机制和优雅的校园环境深深地吸引着我，于是我毅然辞去了已有起色的工作，加入了宝韵。

事与愿违，我没有进入理想的华城园，成为一名英语助教，而是被分配到了宝韵艺术教育中心，工作内容是协助培训部的一些日常工作，给小提琴课配班，哪里呼唤，哪里上。英语课都安排在每天四点钟以后的培训课，或是步行20 分钟去早教园，每周六坐 30 分钟的公交车去洪塘幼儿园上课。所有的一切并不是那么美好，曾打过退堂鼓，但我觉得只有历练才能成长，谁都可能是从打杂开始的。在小提琴的配班课上，我会领着一群人没琴高的小不点去上课。在课堂上，虽然他们拉的琴声让我有点受不了想捂耳朵，但看着那些小小的身影拉琴的样子，真是太酷了！真是羡慕这群孩子能在最好的年龄遇见最美的音符。只有宝韵的孩子才能如此幸运！

那年我正赶上宝韵20周年庆典，我做着与专业不相干的活，但是却让我认识了卡纸、海棉纸、瓦楞纸；让我懂得了什么叫抢妆、抢台；让我感受到了宝韵浓浓的艺术氛围，更让我看到宝韵教师的多才多艺，也坚定了我要留在宝韵的决心。

2011年8月，我被通知转入梦想的岗位——华城园英语助教。带着憧憬和期盼来到了华城园。但现实和理想总是有差距，刚入职不到一周，我被家长投诉了。在英语课上外教揪了一下在课堂上调皮孩子的耳朵。由于我没有及时制止外教的不当行为，事后又没有及时与家长沟通，造成了不良影响。这件事后，我再也不敢大意"助教"这个岗位了。为协助外教上好每一堂课，我都会在课前帮外教准备好上课用的教具，提前进教室，合理安排好孩子的座位，让孩子们静下心来，安静地等待外教上课。在课堂中，积极配合外教维持课堂纪律，及时发现开小差、注意力不集中的孩子，加以提醒；对于在课堂里表现内向的孩子，则积极鼓励。争取在课堂里让每个孩子都有发言的机会，争取做好外教与孩子沟通的桥梁，争取用最简洁的语言让孩子理会外教的意思。

在宝韵的10年时间里，我虽然没能和宝韵经历起步的困难，但我有幸见证了宝韵的辉煌，参与在宝韵华城每个值得回忆的历史时刻。"滴水是有沾润作用，但滴水必加入河海，才能成为波涛"，深信汇入河海的我们，终会凭借努力成为助力宝韵发展壮大的波涛。

与幼教有缘，与宝韵有情

宝韵音乐幼儿园体育教师　沈贺飞

世事如棋，人海茫茫，人与人之间能够相遇相知，或是相亲相爱，是必然，也是偶然。

2014年即将从宁波大学体育专业毕业的我，当时十分的迷茫和纠结，是回到自己的家乡富阳还是留在宁波寻求一席之地？一次偶然的机会让我走进了幼儿园。踏入大门，看到一群孩子在开心、快乐地玩耍，孩子们的笑声让我焦虑的心情得以平静下来，试上了一节体育活动课后，我被孩子们围着、抱着。之后，我便爱上了这种状态。得知宝韵接纳了我后，心情更是无比激动，我的幼教生涯从此开启。

"小朋友们好，我是喜羊羊哥哥。"这个名字其实是小朋友所赐，当时孩子们对着我就一直喊喜羊羊，应该是动画片给他们留下了很深刻的印象吧。喜羊羊好动、调皮、有时会闯些祸，但本性善良，显得真实可爱。这正是孩子的特点，我也非常喜爱，我想这个名字会是我通往孩子心灵的桥梁，用了 5 年，还会用很多个 5 年。

"老师们好，我是沈贺飞老师。"作为宝韵第一位正式在编的男教师，应担当起男教师在幼儿园的责任，发挥男教师的作用。一名专职的体育男老师，不仅需要在体育游戏中让孩子学到本领感受快乐，还需要发展成全能型选手。面对早操的编排与实施、室内外活动的创设和指导、各类运动会的组织与安排、后勤音控工作的协助、艺术培训工作的担任、外出比赛带队训练等工作。我不断磨炼自己，始终保持一颗上进心。在园领导的培养与支持下，我带领幼儿获得全国啦啦操联赛金奖、宁波市健美操比赛一等奖、宁波市跳绳锦标赛团体第一名等多项荣誉，培养了一群热爱运动的孩子。5 年的幼教生活让我深深地喜欢上了这个职业，并将成为我的事业，希望能用男教师最阳光的一面影响孩子，陪伴孩子健康快乐地成长。

"前辈们好，我是小沈。"作为一名非幼教专业毕业的年轻教师，来宝韵工作，是一种机遇，更是一种挑战。宝韵的大家庭非常温暖，对每一位新教师都呵护有加，尤其是对男同胞。各位大姐姐不管是在教学能力上还是在生活上，都给予了我最大的帮助和照顾，特别是我们宝韵的灵魂人物马园长。每当我感到前方特别迷茫、不知所措时，马园长总能像指南针一样帮我找到方向，教导我踏踏实实，一步一个脚印。五年的时间从一个青涩的少年蜕变成一位成熟青年，是温暖的大宝韵，让我茁壮成长。

没有飞扬的文采，没有华丽的篇章，我只平淡地讲述我和宝韵最真实的故事。宝韵诞生三十周年，我虽只参与了短短 5 年，但接下来我会用每一年的时间，陪伴和见证宝韵的未来，与宝韵共成长。

一缕阳光，折射别样风景

宝韵音乐幼儿园体育教师　邬旭凯

我愿做一缕阳光，照亮你未来的路；我愿做一块基石，帮助你稳步前行；我愿做一位朋友，同你快乐游戏。我，是一名幼儿园男教师。

选择，抉择。2015 年，20 岁的我满怀憧憬地走进了宝韵这个大家庭。那时我的心情十分激动、十分自豪，同时也有点不安。我是一名男老师，在幼儿园里男老师是比较稀缺的一种存在。男老师毕竟不像女老师那么细心和温柔，在工作中也会感到有些孤独，很多心里的想法和情绪不知道可以向谁倾诉。开始的我有些迷茫、担忧，一度怀疑当初的选择，幼儿教师真的适合男生吗？我能够坚持得下去吗？

坚守，坚持。一段时间后，我的工作生涯出现了第一个转折点。与单位领导偶然间的一次谈话中，领导得知我会轮滑，鼓励我尝试组建幼儿轮滑队。从这时开始，工作有了方向也有了目标。刚开始只是教孩子们一些基础的动作，保证每个小朋友都能够学会轮滑。直到2017年3月，和同事的一次聊天中得知宁波近几年一直在举办"宁波市中小学生轮滑大赛"。我鼓足勇气报名参赛，验证自己的教学成果。在接下来的一个月中加大了难度与技能的训练，感谢孩子们，在操场上一圈圈地滑行，一次次地跌倒，一次次地甩飞出去，又一次次地爬起来，脚后跟磨破了皮，都一直坚持着。训练很辛苦，当看到孩子们跑过来冲着我大声地喊"小邬哥哥，我来啦"时，觉得一切都是值得的。努力过后总会有收获，轮滑队的小朋友取得了两个第一，两个第三和多个前八的好成绩，我也对自己组建轮滑队更加有信心。

本以为之后的轮滑比赛会一帆风顺，可是没想到，准备带队去参加浙江省幼儿体育大会轮滑赛的前4天，我的阑尾炎爆发了，在手术过后的第3天，我毅然决定出院带小朋友去嘉兴参加比赛。当时医生告诉我，伤口没有愈合，如果现在出院随时可能会裂开，如果伤口裂开，那将十分危险。那时的我根本无法完全直起身子，只能够弯着腰捂着肚子上的伤口带队去比赛。记得当时妈妈送我出医院时看我的眼神很是担心，但架不住我的任性与坚持。我们收获了浙江省幼儿组200米第四和第七的成绩，幼儿园也被评上了宁波市优秀轮滑校园的荣誉。

感恩，感动。我是一个特别容易被感动的人。别人一个鼓励的眼神，一句温暖的问候，一次及时的帮助，常常会激起我心中的涟漪。2019年彻底改变了我的人生轨迹。参加宝韵公开招聘事业编制的考试，在决定考编到考试的两个月时间，我忘记了周末，忘记了放假。每天都是在琴房和舞蹈房度过的，其间想要休息，想要放松，但总过不去心里那一关。回想起来我是幸运的，在这次考试中得到了许多老师的帮助。考试前，本来是一头雾水的我，因为李雅老师的加入而变得豁然开朗。为了方便大家互相参考、学习，我们成立了"深夜奋斗组"微信群，大家总在群里交流到很晚，甚至在凌晨2点的微信群里还能看到一条条的消息。这次的考编让我感受到了来自领导、同事和小伙伴的爱，感受到了强大的团队力量！考编经历让我成长了！

从来没有什么机缘巧合，所有的成功都是厚积薄发。三载磨一剑，愿见你牵黄又擎苍，翻山裂大江。莫言语，且看那翩翩少年郎。

宝韵园育花人

> 　　30年辛勤耕耘，30载硕果累累，经过30年的积累和沉淀，一批又一批优秀教师在这片沃土上收获荣誉，幸福成长。宝韵30年累计培育了近20位市区教坛新秀，正高级教师1名，副高级教师4名，市区骨干教师8名，市区级优秀教育工作者4名，市区级优秀教师6名，市区级优秀班主任6名。

年年岁岁静待花开，岁岁年年育花无痕。

听了宝韵园丁的心声，我们知道这是怎样的一群人，她们对孩子的爱有多浓，她们对宝韵的情有多深！两千多名孩子，三百余名教师，这是一个庞大的家庭。在这个温暖的家庭里，每一位老师都怀着对孩子的爱、对宝韵的情，默默坚守在工作岗位上，发挥着重要的作用。在这群人中，不乏刻苦钻研、积极上进、为宝韵增光添彩的教师，不乏甘于平凡、无私奉献、为孩子呕心沥血的教师，以下就是她们中的优秀代表——

毕鹰：宁波市第二届教坛新秀

1989年8月，她以优异的成绩毕业来到宝韵工作，三十年来与宝韵同呼吸共命运，与宝韵同发展共成长。三十年诚心守护，不忘初心；三十年爱心付出，润物无声。她用满腔的工作热情，践行了一位党员教师的责任，坚守着班主任这颗螺丝钉的岗位。她的身上写着"三十年的青春昭华"，三十年如一日，始终勤勤恳恳地工作，孜孜不倦地育人，在教师生涯中不断进取、不断超越，奉献自己全部的青春年华，始终坚守那份爱与责任，坚守那份教育情怀。

史南竹：宁波市第十四届直属教坛新秀、海曙区第十二届十三届、高新区第四届教坛新秀

2016年寒暑易节，她犹如一只辛勤的蜜蜂，不断耕耘、默默收获。作为一名班主任，在做好班级工作的同时，努力提高自己的教学水平，多篇论文区内获奖，心理辅导个案《我当哥哥了》在2015年8月出版的《直面童心的点拨——幼儿园个体心理辅导101例》一书中发表。作为一名曾经的团支部书记，带领

青年团员们获得了市直机关二星团组织称号，个人还被评为市直机关优秀团干，宁波市优秀团员。2017年她到高新分园成为一名年级组长，在短短的两年时间里，荣获高新区教坛新秀一等奖，市级直属教坛新秀二等奖，优质课比赛一等奖。

章艺：海曙区第八届教坛新秀

1999年毕业于浙江幼儿师范学校学前教育专业。她平时积极参加园、区组织的教育研讨活动、继续教育活动等。利用业余时间参加学历进修，获得浙江大学汉语言文学专业本科学历。坚持理论联系实际，钻研业务，获得海曙区教坛新秀评比三等奖；区科学教学活动评比三等奖；区数学优质课比赛二等奖；区心理健康教育优质活动二等奖、市第二届幼儿园心理健康活动优质课三等奖等多个奖项。

张艳：海曙区第十届教坛新秀

作为一名一线教师，她十分擅长音乐活动，在教学上有自己的想法与风格。2006年，设计并执教《落叶》获海曙区幼儿园音乐优质课一等奖。2010年，《和尚与老鼠》登上在长沙举办的第七届全国幼儿音乐教育研讨会的舞台，获一致好评。同时，该教案还获得2010年浙江省学前教育研究会音乐教案评比二等奖。

董玉梅：鄞州区第十届教坛新秀

从事幼教一线工作十余年，以"如我所是，而非如你所愿"的教育理念为使命。同时她还是资深的蒙台梭利教师，通过实践的观察反思，尊重孩子，走进孩子的内心，她把教育核心价值通过自己的实践得出研究反思，多项教研成果在各区获奖。2012年鄞州区教师基本功说课一等奖、全能一等奖；2015年鄞州区第十届教坛新秀二等奖。

吕晶珍：海曙区第十三届、十四届教坛新秀

2008年毕业于浙江师范大学杭州幼儿师范学院，作为一线教师，她擅长弹唱画跳等专业技能。在班级工作认真负责的同时，还能钻研自身的业务学习。她多次参加幼儿园音乐教育的研讨学习，并获海曙区教坛新秀一等奖、区基本功二等奖、优质课二等奖等奖项。孩子的进步和发展是她最大的收获、最高的荣誉！

陈飒：高新区第三届教坛新秀、高新区优秀班主任

2006 年 6 月毕业于浙江师范大学学前教育专业，2009 年 9 月进入宝韵，迄今从教 13 年。任教期间，曾荣获高新区优秀班主任称号，高新区教坛新秀一等奖，高新区教育论坛三等奖；多篇论文、案例在市、区级获奖并发表在教育杂志上，多次在省、市、区级开课、赛课，是一名工作认真负责、积极进取，深受学生、家长、同事喜爱的好老师。

蓝晓琴：高新区第三届教坛新秀、高新区优秀班主任

2008 年毕业于华东师范大学的她一直耕耘于学前教育第一线。2013 年来到宝韵高新分园，2015 年获高新区优秀班主任称号；2015 年 12 月获高新区教坛新秀二等奖；负责的市、区级课题获一、三等奖；20 多篇论文获宁波市、区级不同奖项；多次向幼教同行开课、展示班级区域活动、做专题讲座。她承担着高新分园的教科建设工作、年级组管理工作，带领高新分园的其他教师共同进步。

周旭琼：宁波市优秀教师

2008 年从金华职业技术学院师范学院毕业后来到宝韵大家庭。11 年来一直奉献在幼教事业的一线，努力从一个"实践型"教师转变为一名"反思型"地教师。她重视观察孩子、学会解读孩子的一言一行，了解孩子的"一百种语言"。走进了孩子的心灵，是孩子嘴里可爱的周妈妈。

郑书瑶：高新区优秀教师

始终保持一颗热爱幼教事业的诚心。2014 年撰写的德育案例收录在《直面困境的精彩：中小学德育创新 101 例》中，同年还获得"我是童话家优秀教师奖"，家庭教育案例获实践活动经典案例二等奖；2016 年论文获高新区幼儿教育论文二等奖，全国"幼儿园优秀活动案例"二等奖；2017 年获高新区主题教育论坛二等奖，课题获高新区区级个人课题成果一等奖。

陈嫣妮：高新区优秀教师

毕业于四川音乐学院舞蹈表演系，虽不是幼教专业，但她积极学习各种教育理论、阅读有关书籍，曾多次面向区市省级开放音乐教学活动；2017 年发表观察记录《米奇时装秀》、教育随笔《"水帘洞"的秘密》在《学前教育杂志》征文

活动中荣获一等奖。2018年8月荣获宁波国家高新区文体教育局"高新区优秀教师"，同年微课《舞蹈＜走在山水间＞》获高新区2018年教育教学微课评选三等奖。

叶菁菁：高新区优秀教师

一位毕业于浙江工业大学艺术学院艺术设计专业的老师。2018年逸树园区开园以来，她担任起大量本职工作以外的园内任务，特别是对幼儿园的环境布置更是有自己独到的见解。从设计到草图到样品，她都能逐个击破。同时她在教科研各个领域都有不俗的成绩，所带的班级多次获得环境创设特色班级称号。

唐琪：海曙区优秀青年教师

宝韵首位全日制学前教育专业研究生，现任集团教科副组长。作为一名研究生教师，她总有一股爱学习爱钻研的韧劲，不断探索新时期幼儿教育的新途径、新方法。她参与开发的"和美课程"入选第二届"浙江省幼儿园精品课程"；执笔的课题"'三坊十八区'环境下幼儿自主性创艺活动的研究与实施"获市第十一届基础教育教学成果奖和2016年度市教育科研优秀成果一等奖；主持或参与9项课题在区市级获奖；另有25篇文章在区市级获奖，其中2篇在《幼儿教育》《河南幼教》发表。她带领的集团教科室被评为"2016—2017学年区教科先进单位"。

黄双青：海曙区优秀班主任

1998年毕业于浙江幼儿师范大专班。其间担任19年的班主任工作，所带班级各方面表现突出，同时多篇论文在区级获奖或发表。此外，她还担任过幼儿园的舞蹈教学工作，带领幼儿参加各类演出并取得较好的成绩。现担任华城园年级组长工作，上传下达、出谋划策，协助园区负责人做好各项工作。

顾军波：鄞州区优秀班主任

1990年毕业于宁波幼师的她，以第一名的成绩来到了宝韵大家庭，一干就是三十年。从一名普通的带班教师成长为年级组长、保教主任、园区负责人乃至集团中层管理者。她转变角色迅速，成绩显著。曾在区级基本功比赛和市直机关青年歌唱赛中取得可喜成绩，带出的徒弟也在不同岗位担任引领者。她始终全心全意地带好每一届学生，深爱家长和孩子的喜爱。2010年，她被评为鄞州区优秀班主任。此外，还担任过声乐专业教学工作，教授的多名幼儿获省、市级奖项。目前全面负责集团后勤工作，兼工会副主席工作。

王云：高新区优秀班主任

王云所带的班级多次进行市区级开放以及公开课展示，所撰写的《有趣的纸杯》在第六届全国"幼儿园优秀活动案例"征文比赛中荣获二等奖。王云积极参加园内外或区里组织的各项活动，制作的微课在宁波国家高新区首届终身教育优秀微课评选中荣获二等奖。在高新区"我的读书故事"教师征文评比活动以及教师演讲比赛活动中，分别荣获二等奖。

赵娜：高新区优秀班主任

赵娜多次在市区级幼师见习、园长培训班等展示教学活动，到姐妹园送教。学科论文在海曙区学科论文（幼教）评比活动中获一等奖；课题《跟着线玩——小班美工区线艺活动的实践与探索》荣获 2018 年度海曙区教育科研优秀成果评比二等奖。随着活动组织能力的逐渐提升，在 2019 学年海曙区幼儿园优质课的比赛中获二等奖。

陈蕾：高新区优秀教育工作者

2008 年大学毕业后陈蕾就在宝韵工作，至今已有 11 年。2015 年荣获高新区优秀工作者称号，多次带领舞蹈专业幼儿参加市、区舞蹈比赛，获得过二等奖的好成绩。她的座右铭是：用左肩担着我爱的孩子，用右肩担着我爱的幼儿园，执着坚韧地挑起深爱的教师行业，为教育事业献出自己的一点光和热。

张燕燕：鄞州区师德楷模

2002 年毕业后张燕燕就在宝韵工作。她为人和善，乐于助人，工作认真负责，遵守各项规章制度，吃苦耐劳，不计较个人得失，始终以集体利益为重，以幼儿园工作为重。她用真情感染孩子，用爱心关注孩子，了解、爱护和尊重每一位孩子，是家长心中的好老师，孩子心中的好妈妈！

三十年，从宝韵音乐幼儿园发展成为宝韵幼儿教育集团，老师们爱岗敬业，积极进取，十年如一日默默奉献，不断追逐自己的教育梦想。宝韵的教师团队，有的已经光荣退休，有的还是刚刚入职的新人，她们一代又一代努力创新、传承、发展、成长。在这样的团队中，孩子喜欢、家长满意的老师不胜枚举，专业素养优秀的老师层出不穷。正是有了这些热爱幼教、不辞劳累、无私奉献、静待花开的园丁的辛勤付出，才迎来了宝韵园的春天，才浇灌出竞相开放的万紫千红，才培育出芬芳四溢的满园桃李。

第四节　大爱无痕

在宝韵园有这么一群人，她们或许只是世人眼中的一颗颗小小的"螺丝钉"，然而却常年如一日地"钉"在平凡的岗位上，发挥着不可替代的重要作用。

爱在"菲特"里远行
——感动宝韵2013年抗击"菲特"历程

"菲特"灾情：四面环水，十月围城

2013年的10月，人们还在欢度长假，殊不知一场灾难已悄悄来临。雨，伴着风儿不停倾洒；水，沿着墙体不断上涌，一夜之间宁波竟成"十月围城"。立交桥告急，苍松路被淹，到处都是黄水，到处都是深渊。宁波交通中断，河水倒灌。宝韵四面环水，成为孤岛。

此次"菲特"台风来袭，宝韵3000多平方米的操场被积水围困，西大楼一楼7间教室全部受淹，700多平方米的木质地板和复合地板全部浸泡在水中。昔日的大型玩具，此时已经成为"水上玩具"；昔日的沙坑，已经成了"游泳池"；昔日的贝贝班已荡然无存，只留下挂在"上空"的照片。

抗台救灾：风雨同舟，众志成城

灾难瞬间凝固了宝韵的笑脸，威胁着宝韵的财产安全。时间就是生命，救灾刻不容缓。马春玉园长第一时间做出指示，一个个抗台救灾教职工来了，蹚着水勇敢地走向了宝韵。她们用瘦弱的脊梁顶起了钢琴，背起了木床；她们用纤细的手臂扛起了柜子，抬起了玩具。无数次的来回走动，无数回的搬起放下，腿抬不起来了，脚起泡了，手臂全是乌青，手脚结痂了又化脓，她们的身上伤痕累累……但是她们风雨同舟，众志成城，共同抢救着财产，共同守护着家园。

灾后工作：同心同德，传递真诚

当大水退去，全体教职员工同心同德，传递真诚，全力投入灾后工作。对受灾的所有教室进行消毒，对每一张床铺、每一把桌椅、每一个柜子都进行消毒擦拭，不放过任何一个角落，甚至连沙坑里的每一粒沙石都要冲洗干净。同时幼儿园启用了所有的辅助用房作为临时教室来安置孩子们。

感动人物：饱含泪水，爱的深沉

为什么她们的眼里常含泪水，因为她们对这片土地爱得深沉。在整个抗台救灾的过程中，我们深切地感受到了宝韵老一辈人对幼儿园的责任。她们坚忍执着，她们不愿幼儿园蒙受巨大的损失，天灾面前，她们是如此坚强。同时我们又看到了宝韵未来的希望，她们虽然年轻，但有责任感，作为宝韵的主人，把宝韵看成赖以生存的家园。守护家园，保卫家园的财产，她们肩负着义不容辞的责任。

灾难面前，我们的领导班子、园务成员和教职员工当中涌现了一批舍小家保大家的优秀领导和员工，如此顽强的背后是对宝韵深刻的爱。

总园长马春玉：对她而言，幼儿园是她生命的浓缩。在她的心中，幼儿园的利益高于一切。当她望着越涨越高的水位，身心的痛楚不言而喻，马老师每每说起那几天的经历时总会眼含热泪。灾难来临时，她三天三夜坚守在幼儿园，吃泡面，睡沙发；断电情况下，她半夜起床打着手电筒去观察水情，即使点着蜡烛也要坚持抢救受灾物品。万事想在前，冲在前，凡事亲力亲为，老师们看到她满是乌青的手臂都不禁潸然泪下。为保证幼儿园能正常复学，她果断决定启动辅助用房作为临时教室，将 7 个受灾班级分别安置。她是一个抗灾中"谋规划、思全局、行在前"的智者。

业务副园长侯鲁萍和后勤副园长徐皇君：侯鲁萍副园长花了近 6 个小时含泪写下两篇文章来记录从 10 月 7 日—13 日宝韵人抗灾的全过程及在抗灾过程中涌现的"感动宝韵"人物，她写下了许多感动宝韵的人物事迹，却唯独没有写到自己。就是这样的她，整整一周内，无论是灾难发生时的抗台救灾还是灾后重建时的清理打扫，都尽心考虑，用心付出。为此她一再推迟去参加国培的时间，直至最终放弃这样一次宝贵机会。

徐皇君副园长兼顾两个园区的灾情。7 日坚守在华城分园，8 日一大早就带着儿子徒步来到总园，一到就投入救灾工作。她的腰一直不好，但重活、累活从不落下，搬床、搬钢琴都在走在前面，在现场调度过程中善于指挥，经常听到她"一二三"响亮且有号召力的声音。奔波在两园间的她脚上满是水泡，但照样泡在水里搬运，从来都不喊一声苦。经常听到她说："我留下值班，你们休息一会儿。"她们是两位"为人着想，不辞辛劳"的人。

办公室主任周娣贤：10月9日清晨5时许，她从青林湾徒步蹚水近三个小时来到幼儿园。清晨的水异常的冷，加之前一天走了两个多小时，腰椎间盘突出的她此时已完全直不起腰来。当她将手中的早餐递给值班领导的那一刹那，大家的眼眶湿润了，因为这将是大家铭刻记忆的一份早餐。就从这一天起，她日日在幼儿园值班，观察水情，进行灾后清理工作，顶着腰痛，脏活累活都不落下，却从未说过一个痛字，从不提一个累字，她的"坚持、坚毅、坚韧"感动着宝韵人。

总务组组长王雪敏：10月7日上午，她主动到园区查看情况，检查各间教室、走廊。抗灾前线，她走在前面，扛起物品、背床，关键时刻，没有男同胞在场的情况下，还抬起了钢琴。同时她又在最后面，细心检查每个角落。她的脚上都是水泡和伤痕，每天贴上5个创可贴继续上阵。抗灾的几天中，所有值班人员的后勤保障工作从不落下，一歇下来，她想到的不是休息，而是在停电的食堂里烧开水、烧饭，她是一个"任劳任怨、无私奉献"的人。

年轻的共产党员郑洁：她来幼儿园才一年，抗灾的三天中，家住江东的她每天坚持6点出门，在妇儿医院水已经没过大腿的情况下依然勇敢地走向幼儿园。她带着湿漉漉的头发，还在往下滴水的裤腿，举着给值班断粮的老师们送来的温暖早餐。抗灾工作中，总能在看到她的身影，哪里需要就到哪里。她还背着相机，记录整个救灾的场面，留下了重要资料，每天在网站上发布报道；晚上还等待领导指示，给家长和教职工们发通知。她是一个"不怕困难，坚持不懈"的年轻共产党员。

园务成员：园务成员都来到幼儿园参加班级、仓库的救助工作和值班工作。8日早上，年长的吴医生走过来，路滑摔了跤，起来继续抢险，回去后一直打电话问灾情，还说"有需要，只管叫我"，可见这位元老对幼儿园的深刻感情；周君和张蕾老师走了近一个小时来到幼儿园；住江东的韦红霞老师克服没有直达公共汽车的困难，走一段，乘一段，千辛万苦到达幼儿园；熊燕燕老师放下住院的女儿到幼儿园参加抢险；陈萌老师将孩子安置到朋友家再走到幼儿园。

后勤男同胞团队：男职工在幼儿园是稀有的，在大灾难面前他们又是主力军，重活难活前总有他们的身影。

退休返聘的62岁老职工范雄发师傅：听说幼儿园受灾时主动打来电话，主动请缨，10 月 7 日晚上第一个到达抢救贝贝班，抬钢琴、扛床一样不落。8 日晚上在水位上涨的情况下继续前来救助小四和小六班。8 日中午抗台老师们的泡饭、面条、茶叶蛋都准备充分。由于多次地来回蹚水，范雄发师傅的脚上生出脓疮，但还是继续下水抢救财产。

后勤应俊师傅：平时从住处骑车来园都要半小时，灾后从住处一路走来要 1 小时以上，而且地处低洼地段，路上的艰难可想而知，但每天总能看见他早早来参加抗台。他重活抢着干，主动留下值班，每天来回在路上就有 3～4 个小时。

财务徐云争老师：7 日晚上他一接到电话，便立刻蹚过积水，来到幼儿园抢救贝贝班，直到将近凌晨才回家。第二天在岳母家严重受灾的情况下，搬运好物品，安置好家人。第三天一大早又出现在幼儿园值班，出现在需要他的地方。

才来一个月的保安冯信岳师傅和华城分园保安张军民师傅：冯师傅一接到电话，立即赶到幼儿园，一到就说："对不起，我来晚了。"冯师傅在抢救工作中十分投入，在抬钢琴时，总能看到他钻到钢琴键盘下，用他瘦弱的肩膀托起钢琴，只为把重量压到自己身上，让别人能轻一点。扛床时，走路总比别人快，恨不得自己多做点。张师傅虽然是华城分园的保安师傅，但主动来到总园帮忙，一个人背起床铺就走的形象已印在我们心中。

门卫王师傅：王师傅是幼儿园忠实的守候者，整日整夜地守在幼儿园，没有人时他顶上，有人时他也上，他是全天候的抗台者。他没有一句怨言，任劳任怨地把幼儿园当成自己的家在守候。

班级教师：10 月 8 日，贝贝班的林燕老师早早来到幼儿园，将自己班级的东西能搬的搬，能打包的打包，井井有条；班级老师孙妍薇、李施思、戎熠、乐伊莲和程雯医生是宝韵最年轻的老师，有的是同年 9 月才加入宝韵大家庭的。她们积极参与救灾，充分展示了 90 后的风采。保育员老师小三班叶老师、中五班姚老师、小五班的诸老师一到幼儿园就立刻投入工作。其他园区的老师一起援助总园：华城园的过丹丽医生给值班的老师送上早餐，高新园区的陈蕾、张楠娇老师也到总园来参加战斗。

危难之中见真情，上级领导的深切关怀与慰问，外聘专业老师的深夜探访，家长们的声声问候……正因为有你们、我们、他们，"菲特"才被战胜，宝韵才如此美丽。

小小螺丝钉，蕴含大作用

——孕育大爱的宝韵后勤团队

后勤工作是集团管理工作的重要组成部分，是教育教学和实现教育改革的后备力量，它能确保教育教学的顺利进行，确保办学效益。因此，高度的事业心和责任感是干好后勤工作的基础。后勤工作人员就像一颗颗小小的螺丝钉，肩负着管理集团各项工作的重任，深知为教育教学提供优质的服务，把集团建设得更加美好是自己的天职。他们爱岗敬业，脚踏实地、勤勤恳恳地为教育教学服务。

顾军波：从一名普通的一线教师成长为年级组长、保教主任、园区负责人乃至集团中层干部。成为集团后勤组长的她每天都要面对一堆繁杂琐事，只有夜深人静的时候才有时间沉浸在采购和发票堆里，认真挑选、仔细核对、反复校对，直到门卫阿姨快睡时才默默离园。整个暑假基建工程不曾一日停歇，但始终毫无怨言，是集团全体师生学习生活中最有利的后盾。

杨聚颖：一位从年级组长走上集团后勤管理岗位的老教师。起初，即使生病住院也始终未曾忘记工作，在病床上通过电话、微信等方式联系工作，身体还没完全康复就急匆匆赶来上班了。她说："幼儿园需要她，她也离不开幼儿园"，她是园区后勤的一道屏障。

史红伟：从教30年，可能从未想过自己会走上一个每天和人员、数字打交道的岗位。但是因为幼儿园需要，她决定克服困难，不断学习，适应、接受新的岗位和挑战。做过年级组长的她才思敏捷，每天对着电脑前海量的数据和报表耐心细致，为老师们的信息和利益提供有力保障。

郑洁：一位毕业于中文系的老师，时刻与文字、报道、照片打着交道。"每逢佳节倍思亲"，而她每逢节假日来临总是与电脑相伴，为了把孩子们的节日花絮和精彩活动呈现给家长，经常连晚饭也顾不上吃忙着编辑微信报道，殊不知家里还有个嗷嗷待哺的孩子等待着她。她是一位宣传报道的默默奉献者。

徐云争：身兼数职，其中最重要的身份还是"财爷"——承担集团的财务日常收支和结算工作。他是两个男孩的爸爸，又是个早出晚归的爸爸，送完孩子上学后，就早早地坐在办公室里开始工作。为了和会计对接，周末、假期里也时常在幼儿园加班加点。孩子在作文里写到希望爸爸有多一点的时间陪伴他，让他倍感心酸，因为他知道宝韵同样需要他。他为幼儿园的资金正常运转提供了有力保障。

王梦娜：宝韵唯一一位在编的保健医生，同时也是浙江省托幼机构卫生保健专业委员会委员，宁波市唯一一位获此殊荣的保健医生。"民以食为天"，她每天要为集团师生制定食谱。她是师生们营养和健康的守护者。

俞知音：幼儿园仅有的一位有14年临床经验的保健医生，同时也是一位极具号召力的保健医生，尤其是在幼儿园完成加固装修后的开学前期，百废待兴之时，是她带领了广大保育老师积极投入卫生清理工作。她重活累活脏活抢着干，满身污渍时总能笑着说："没事，洗洗就好了"。她为全体师生健康安全保驾护航。

应俊：幼儿园的"万能修理工"，12年来奔波在各个园区，每天上万步，微信运动记录就是最好的见证。他每到一个园区，都让老师们翘首期盼，教师的电脑网络、班级的设施设备等一出故障，首先就想到给他打电话，他不是弯腰俯身，就是攀高爬梯，还有夹在设备中间维持维修姿势直到深夜。他始终无怨无悔，为师生的正常教育教学提供强力保障。

卫萍：一位来自部队幼儿园的教师，是一名高新区的优秀教育工作者。她以园为家，把全部的热情和力量投入到教育事业中，尤其在逸树园区开园不久，人手紧缺之时，更是胜任多重角色。她在担任教师工作的同时，负责园区的后勤工作，哪里缺人哪里上，是一位名副其实的园区后勤管家。

蒋琳：荣安园"开园元老"级的保健医生，是园长的好助手，更是大家的后勤小总管。各类烦琐的工作常常使她焦头烂额，但是高度的责任心总使她在纷杂的事务中求得一条正确的道路。园区内各项荣誉的获得是对她工作最好的表彰，也是对她未来工作最好的鼓舞。

徐思娅：加入宝韵不到三年的保健医生，虽然资历尚浅，经验不足，但是对待工作认真负责，面对突发状况，总能以孩子的健康为重，提前安排好喂药事宜，事后跟踪，保证园内每位幼儿身体健康。她是全园幼儿健康的守护者。

范雄发：鸡鸭鱼肉、油盐酱醋常年与他相伴，靠近他就能感觉到他身上的厨房气息。每当天蒙蒙亮，大家睡意正浓时，他已经在幼儿园的厨房里开始了一天的工作。炎热酷暑里围着锅犹如围着火炉，寒冬腊月里遇到冷水感觉冰冷刺骨，但他始终不曾退缩。30年的坚守，只为给师生们提供美食保障。

冯信岳：一位幼儿园的保安，熟悉园里的每一位老师，认识每一位家长，叫得出每一个孩子的名字，对幼儿园门口出现的可疑人物都会仔细盘问，对家长们的询问都会给出耐心细致的回答，对每个孩子的日常接送者都了然于心。他是孩子们安全的守卫者。

自带光环岁月稠

——退休教师忆当年

2019 年的重阳节，宝韵幼教集团工会安排了一场"退休老同志回娘家"的活动。在参观幼儿园的新环境中，集团总园长马春玉特别介绍了孩子们的小木床。这不是我们三十年前一起精心挑选的小床吗？现在刷上了新颜色，已焕然一新，但还是透着三十年前的木香。用了三十年，一张都没扔，这些小木床承载着我们青春时的回忆，见证着我们成长的足迹，也算是宝韵发展的"见证人"了……在座谈、参观和会餐中，我们这群老同志一起"淘老古"，回忆宝韵三十年来的甘苦历程。看着幼儿园今日的辉煌，不由得感慨万千。因为这是我们的家呀，我们都是在宝韵的怀抱中历练、成长起来的。

一面旗帜

宝韵第一位保育教师——老知青魏云春。1944 年 2 月出生于河北省唐山市，是一位有思想有学识的人。随着知青下乡的大浪潮，魏云春老师也下放到当时的宁波鄞州区安家落户，在一家村办工厂担任副厂长的职务，一干就是十多年。为了自己孩子今后的发展，她毅然辞去副厂长的职务，来到宁波市区。当时正处于改革开放的初期，就业问题非常困难。魏云春老师四处打零工，在一朋友处得知知青就业政策开放，知青都能够回城进入事业单位，她立即到当时的劳动局咨询，四处碰壁，都未果。天无绝人之路，作为一位新时代新女性，有问题找妇联。在那年的"三八"妇女节当天，她向妇联写了一封信讲述了自己的个人情况与境遇。收到此信，妇联领导非常重视，由当时担任儿少部的陈曼义部长亲自接待了她，并详细询问了她的情况。知道魏云春老师为了孩子的将来发展，敢于放弃，是一位有胆识，有个性，有爱心，肯吃苦的好妈妈。那时，宝韵音乐幼儿园正在筹建，正是需要保育教师的时候，陈部长立即答应她来宝韵工作，先解决生活上的困难，还答应妇联将竭尽全力帮助她解决人员性质问题。魏云春老师就这样成为宝韵第一位保育教师。

刚刚从学校毕业的老师们，面对空空荡荡筹建中的幼儿园，不知道如何入手打扫卫生。魏老师总是将重活脏活揽在自己身上，亲手指导年轻的小姑娘们学会整理与打扫，像大姐姐一样关心爱护着年轻的小姑娘们。周娴贤副园长回忆起 30 年前和魏老师一起带班时印象最深的一件事，至今还历历在目。有一天午后，寝室间一直弥漫着一股臭味，打开窗户始终都无法散去。"是不是哪个孩子拉出粑粑啦？"为了保护每一个孩子的隐私，我们一个个走近孩子的床边掀开被角闻，原来是薇薇肚子不舒服，她说自己放了一个屁屁，粑粑就出来了，怕小朋友会取笑她，难为情不肯说，导致身上、衣服上、床上都是粑粑。魏老师二话没说，抱起孩子一边跟我说："周老师，帮忙去食堂取些热水，我来帮她清洗。"一边拿起自己的一件外衣裹住孩子的身体，一边用自己的额头碰一下薇薇的额头测体温，发现没有发烧。整个下来动作娴熟，根本顾不上自己的衣服是否会弄脏。她说："感恩于宝韵，宝韵是我宁波的家，是宝韵给了我第二个青春，虽然在保育教师岗位，但是我会把爱与责任继续，脚踏实地工作。"魏老师是这么说的也是这么做的。每当新的保育教师加入时，都请她带教指导。魏老师不厌其烦，不仅耐心指导保育教师的一日工作流程，还对新保育员做好思想教育工作。当时她就是宝韵保育教师队伍的一面旗帜，她必将是在宝韵人心中永远飘扬的一面旗帜！

一种精神

退休老同志原保健组长吴国琴、原出纳秦虹、原办公室工作人员缪凤婷回忆起当年，有太多难以忘怀的片段。

吴国琴说："我们第一批来幼儿园报到的，共有九位同志。曾记得1989年，马园长带领老师们去上海学习，留下我和秦老师两人看家，做开园前的筹备工作。有一天，家具厂把六个班的幼儿床、桌子、小凳子都运到幼儿园。当时的厂方只负责运送，不负责搬货。这些物件质量都特别好，全是实木，所以也相当重。我们两人把一张张床、桌椅从一楼搬到三楼（因为一、二楼还在装修）。后来，妇联儿少部陈曼义部长来落实床铺是否到位，看到我们两个女职工搬得汗流浃背，她一声不吭就加入了'女汉子'的队伍。我们三人一起将这些家当整齐有序地叠放起来，放满了整整一间教室。一个单位要开门面向社会，需要采购很多日用品，小到一枚图钉，大到绿植盆栽……当年可不像今时今日，动动手指就能网购到家。我们两人每天就靠着两辆自行车，驮着买好的东西，徒步走回幼儿园。"

缪凤婷说："记得1999年，幼儿园第一次带孩子们去北京参加'红塔杯'全国幼儿基本体操比赛。到北京后，幼儿是封闭式管理，只有我们老师进行照顾，家长不能随同。为了比赛能取得好成绩，马园长和李映老师负责幼儿的体操训练，我和吴医生积极做好后勤保障工作。训练中随时督促孩子喝水；每次训练后给孩子洗澡、洗衣，一天需要两三次；为了增加孩子的营养，且节约开支，我们找到水果批发市场，一个个地精心挑选，让孩子们吃得好、吃得安全；每晚睡前还给孩子喝牛奶；晚上怕孩子睡不好、蹬被子，时刻关注着，有时甚至还会帮其他幼儿园的孩子盖被子，几乎没有睡过一个安稳觉，我想这不仅是一名教师的职责，也是一位母亲的天性。白天，个别孩子累了、不舒服了，我们轮流背他……孩子在异乡得到了精心呵护，使家长们非常放心。在马园长与李映老师的带领下，孩子们取得了全国幼儿体操比赛一等奖的好成绩。当比赛结束，大部分幼儿被家长接走了，我们才感觉到困意，那几天实在太缺觉了。马园长叫我们出去放松一下，我们哪都没去，倒头就足足睡了一个下午。"

元老们纷纷表示，大家记忆犹新的还有 2003 年，"非典"肆虐全国各地，突如其来的"灾难"让人们惶惶不安。学校停课，电影院退票，到处有人喷洒消毒水，撒石灰，一天洗八遍手，超市货柜哄抢而光，板蓝根成了救命稻草……电视新闻每天都会播报各地新增病例、死亡人数，以至于在今天的中国，几乎不认识 26 个英文字母的人，也早已熟悉了"SARS"这个单词所代表的恐怖。当年，在全国人民众志成城，抗击"非典"的战斗中，宝韵也经历了一场艰巨的斗争。因为我们是幼儿园，孩子们年龄小、体质弱，都是易感染人群，所以防护工作异常重要；又因为我们是音乐特色幼儿园，除了教室，还有多个琴房，所以消毒工作相当繁重。我们每天要进行多次消毒，琴房用一次消毒一次，每个班级每天消毒两次；严格登记家长和幼儿的出入情况，一天一汇报；调整幼儿食谱，加强饮食营养……这些工作，医务室首当其冲。那段日子几乎天天加班，我们中午从不休息，加强午间检查与消毒，排查园所内各个死角，就是为了确保每位幼儿的平安健康。在这么困难的社会环境中，为了孩子们能保持正常的作息生活，不落下学习，宝韵坚持开园。当时，我们也听到社会上众多反对的声音，但不久后就被宝韵超强的团结精神和执行能力所淹没。全体教职员工严格遵照上级领导部门的指示，行政、后勤、教师，各部门通力协作，做到全园 20 多个班级，800 多位小朋友，无人感染，大家平安顺利地度过了这段非常时期，同时，也让社会各界都看到了宝韵强大的团队力量！

在这次"淘老古"时，秦虹无意中做了个"总结"发言："天欲亮时鸡自鸣，马若识途蹄自奋。不要人夸颜色好，自带光环耀人间。"

一份执着

"如果你是一滴水，你是否滋润了一寸土地？如果你是一缕阳光，你是否照亮了一分黑暗？如果你是一粒粮食，你是否哺育了有用的生命？如果你是一粒最小的螺丝钉，你是否永远坚守在你生活的岗位上？"这是伟大的共产主义战士雷锋在日记中的一段话。在和美宝韵校园里也有这样的老师，用满腔的工作热情，践行了一位党员教师的责任，坚守着一颗螺丝钉的岗位，在她身上写着"有一分热就发一分光"。她就是我们宝韵总务——王雪敏老师。在工作中，她三十年如一日，勤勤恳恳地工作，孜孜不倦地育人，始终爱园如家。

2017年1月，王雪敏老师正式退休了。还记得台上的王老师捧着鲜花和祝福，闪着泪光回忆着自己工作20多年来的点点滴滴，激动地说："虽然我退休了，但是只要大家需要我，我一定再回来。"她是这么说的，也是这么做的。第二天，大家都离园放假回家时，她却依然一个人在库房埋头清点。又过了一年，2018年了，王老师做奶奶了，远在杭州的小孙子出生了。大家都为她高兴着，心想着这次她终于可以歇一歇了，可她却说："现在幼儿园还需要我，我还不能走。"克制着自己对小孙子的思念和对家人的愧疚，她依然坚守在岗位上。只有在零星稍许空闲的日子，她才允许自己暂时放下工作奔赴杭州看望小孙子。有时候是周六去周日回，有时候是晚上去清早回。

2019年8月，本在杭州休假陪伴小孙子的王老师得知台风"利奇马"将席卷宁波，当天便坐了最近的一班车赶回了宁波，回到宁波的第一件事就是检查清点，进行安全隐患排查，确保幼儿园人员财产安全。作为一名幼儿园的老同志，每逢恶劣台风天气，她都始终未曾忘记职责和使命。就当大家在古林中学参加全体教职工大会，留一位保安坚守在幼儿园时，台风再次来袭，又是她想在前，冲在前，及时关闭了门窗，控制了灾情，减少了损失。

过去的岁月里，身为总务的她，对幼儿园所有财产和物品了如指掌，她是大家眼中的"万事通"，只要大家有困难，需要帮助，她总能为你解燃眉之急。同时，她又是一个事无巨细的人，在她的笔记本里密密麻麻的字迹，记满了幼儿园的大小事，或许纸张可以粉碎，但粉碎不了那工作的轨迹和岁月的记忆。

今年，已经是王老师工作的第28年，退休后的第3年，可她依然坚守在岗位上。想必这28年的时光里，她亏欠了很多人，她亏欠了父母，总是让他们牵肠挂肚；亏欠了孩子，不知不觉中他已悄然长大；亏欠了爱人，家中巨细全由他一人扛下。可她不亏欠的人更多，不亏欠每一位求助者，一个电话总能及时出现；不亏欠事业，她所有的激情、所有的青春全部燃烧奉献；不亏欠所有师生孩子，在每一个不平静的夜里，在每一个挺身而出的时刻，在每一个关乎舆情的地方，都有她坚毅的身影。有一分光就发一分热，王老师用自己的敬业奉献精神默默地散发自己所有的光和热。而在她散发的光和热里，我们看到了一份执着，一份朴素而伟大的执着。

爱的解读

——教师露真情

樊乐燕老师：爱温暖了我

2007 年，我背起行囊走向我的大学，大学三年的教育还没结束，我已经迫不及待地想去幼儿园上岗了，一切都是那么的憧憬……2011 年经过班主任老师的推荐走进了杭州三江幼儿园，一教就是五年，我很热爱我的工作，整整在杭州待了 8 年。这八年里，我一直藏着一个小秘密，每一次节假日，坐动车到宁波南站，然后在南站转中巴车回溪口，每一次南站出来必经柳汀桥，柳汀桥上去的右边就是我最憧憬向往的宝韵音乐幼儿园。每一次快上柳汀桥时我的头总是转向它，目光直到车子开过看不见了才离开。每一次都在想象，我要是能在这所幼儿园该多好啊！一切都是那么的美好，8 年后我回宁波居然真的进入了梦寐以求的宝韵幼儿园，在宝韵的每一天都是那么充实，那么令人感动。

我刚来宝韵不久，爸爸病重，当时很崩溃，天天以泪洗面，是同事们的爱，是她们的微笑，是她们的拥抱，是她们的安慰，让我的内心不再那么孤单、软弱。记得那一次手机收到通知，要求集中开短会，我向往常一样拿着笔和笔记本上三楼会议室，没想到一进会议室，就听到同事们唱起生日快乐歌，看到同事们捧着蛋糕向我走来……对啊，那天居然是我的生日。除了工作和忙于爸爸重病照顾之外，自己都忘记了自己的生日，而我的同事们还精心帮我准备，当时就泪如雨下。她们一个个的祝福，还有那温馨的合照，始终温暖着我，终将伴我一生。我只想说："有你们真好！"

我一直在爱的温暖中感受着爱。记得在一次体育游戏课上，我原本受伤的脚又扭了一下，当时疼得叫了一声，并马上用手捏住脚，脸上露出了痛苦的表情。就在这时，我听到了孩子们关心的话语，"樊老师，你当心点""樊老师，你怎么了？"……马上就有很多小朋友围在了我的身边，有的还用小手来揉我的脚。看到孩子们稚嫩的小脸，我真的很感动，没想到孩子们会那么地关心我、爱我。我连忙说了声"谢谢"，孩子们给我的回应是人世间最纯洁、最可爱、最感人的"不用谢"三个字。此时此刻，我感觉孩子们真的长大了，懂事了。而疼痛也慢慢消去，取而代之的是无比快乐、无比幸福的感觉！是的，我很幸福，我会将这份幸福传递给每一位我身边的人……

林小斐老师：爱不需要语言，爱是行动

我很荣幸成为宝韵幼教集团海悦分园的一名幼儿教师，从此开始了我人生新的旅程。在短短的一年里，我庆幸能在海悦遇到这么多帮助我的人，支持我的领导和同事，让我在幼教路上不断成长。刚来幼儿园的时候，环境陌生，教学常规工作也很陌生，于是我用眼睛观察、用耳朵倾听、用笔记本记录着。在每一个与孩子为伍的日子里，我感受着喜悦的幸福，脸上总是挂着美美的笑容，心中总是装着满满的快乐。我把自己的那一份愉悦，那一份爱心，那一种执着，无私地奉献给了孩子们，用真心、真情去开创天底下最为纯洁、灿烂的事业，我也将收获人生的价值和满满的希望与感动。

2019 年，我设计的教学区域操作材料被推荐参加古林镇数学区域材料设计制作比赛。对于这次来之不易的比赛机会，我格外珍惜，希望可以通过努力取得好成绩，为宝韵海悦园争光。周园长、陈老师非常重视和关心，一起和我研讨如何将数学区域材料从课程理念入手，从小班幼儿的认知水平介入，呈现的教具既体现趣味性、美观性，又具有操作性、递进性。于是在原有基础上，我搜索了大量有关小班的数学区域材料图片，认真解读小班年龄阶段的发展特点，重构了设计方案，以小班幼儿容易理解的"小兔的菜园"入手，设计一一对应的数学区域活动材料。我将一个两层的月饼盒子，巧妙设计，精心制作为教具，当我拿给班主任杨老师的时候，她给我提出了外包装不美观，收纳不方便，填沙太重不易幼儿拿取等意见和建议。为了追求完美，同事们和我一起改进，门卫师傅知道我为比赛而加班，拿来点心给我，并帮我整理制作留下的垃圾。晚上加班他经常催促我说："你走吧，我来扫。太晚了，快回去吧！"

世上有许多东西，给予他人时，往往是越分越少，而唯有一样东西却越分越多，那就是爱！是的，正是这份爱，当获得优异成绩的时候，内心有一股暖流缓缓袭来，是领导、同事们无私的帮助，让我的内心更加强大，让我更有动力去努力。我将不辜负领导同事们的期望，把爱的力量延续，我也要把爱"分"下去……

李慧荣老师：爱的味道

也许没有人会留意到春天破土而出的第一丝新绿，也不会留意到那蓬勃的生机伴着希望的活力。因为那一点点绿意，太普通太平凡了！当那平凡而琐碎的 27 年从我身边悄悄走过时，我却深深地爱上了它，爱上了我钟情和选择的幼教事业。也正是那一个个平凡和普通的日子让我体验到爱的味道——

酸

时光荏苒，仿佛还是昨天，我从遥远而美丽的新疆来到宁波。初来宁波时，我去过一些幼儿园应聘，但由于种种原因，一直未成功。出生在新疆的我，热爱自己生活的土地，爱着淳朴、善良、直爽的亲人、同事和如油画般变幻的景色。偶然的机会我看到了宝韵亲子部招聘老师的消息。经过几轮面试，2008年10月我加入宝韵，成为其中的一员。接到通知的我鼻子有点发酸，大宝韵果然不同，从没因我是新疆户籍而有任何不同态度。我有幸成为宝韵艺术教育中心第一个也是唯一一个专职亲子班老师。我将自己在早教中心学习培训的内容结合幼儿园实际需要制定了宝韵亲子班课程，从最初的朦胧到之后的日益清晰，亲子班从最初的一个班级扩大现在的亲子早教部，真是让我感慨万千。

甜

作为一名幼儿教师，所有的经验和心得都是日积月累、慢慢沉淀下来的。一年后的机缘巧合，我从亲子班来到了宝韵幼教集团的第一所分园，进门砖就是要通过高强度的蒙台梭利培训。在杭州培训的日子，一整天除了吃饭就是培训，练习、操作，晚上回到住处，一笔一画书写"葵花宝典"，写到深夜两三点是家常便饭。

一天上午我偶然接到了马园长的电话，"李老师，你们几个培训的如何？很辛苦吧，大概中午我爱人去杭州出差，我让他给你们带去了奉化水蜜桃，你给大家分分，给培训的老师们也尝尝！"挂了电话，一股暖意涌上心头，兴高采烈地告诉同行老师这个暖心的好消息。中午，接过马老师爱人送来的奉化水蜜桃，我们和培训的老师一起品尝了带着领导关爱、带着宝韵温暖的水蜜桃，好甜好甜……甜到嘴里，暖在心田。

苦

转眼到了2016年的9月，新学期我们迎来了10位小班新生，经过几天对环境的适应，他们的情绪已基本稳定。其中一个叫QQ的女孩，她的举动与众不同，引起了我的注意。她和老师、小朋友都没有语言交流，甚至连眼神的交流都没有，但是会自言自语。开始上课的时候，她常常突然就跑开了，但老师讲的儿歌、故事却全能学会，而且认识很多字。她总是一个人踮着脚尖，然后莫名其妙地低头快速地跑来跑去；常常把教学具弄得乱七八糟后就离开了，午睡时间，她一直喃喃自语，吵得其他孩子也睡不好觉，搞得活动室里"状况"不断。我和另一位老师就像火线上的士兵，疲于应对，既怕她做出不安全的事情，又要照顾班上其余29个孩子，十分狼狈。

对于种种不同于其他孩子的表现，我们与家长沟通，经过医院诊断，初步断定她是一个自闭症孩子。医生说，专业的特殊治疗费用昂贵，需要家长陪同，会给家庭带来很大的压力。幼儿园的教育环境、小朋友之间的交流互动，更有助于孩子的康复。这时，我们两位老师面临着选择：留下QQ，会给我们增加很多工作量，并且存在太多的安全隐患；劝退QQ，我们省事了，但孩子可能就不能受到正规的教育了，孩子的妈妈全职照顾起来也是心有余而力不足。思来想去，我们觉得孩子的人生路途艰苦难行，与其在路上为孩子铺一层地毯，不如在孩子的脚上穿一双鞋，让她将来走得更远。我们把现实生活中的事情分成若干个小单元，然后再一环一环地合起来，使QQ掌握相应的行为规范。如该怎样吃饭、怎样午睡、怎样去洗手间、出活动室的时候应该怎么做等。我们尽量以平常心对待她，只要是她能力所及的事情尽量让她自己做。在工作时间，我们尽量用玩黏土、手指画、折纸等精细动作来让她找到适切的刺激感觉，并借助幼儿园的一日生活，与小朋友一起交流，进行语言沟通训练，使她和正常孩子一样，享受正常的幼儿园生活。

三年的时间里，班级的老师时刻提着一颗心，下班安全地把她交到妈妈手里，心才放下来。我们欣喜地看到了QQ的进步：早晨，会向老师问好；平时，能和小朋友共同玩游戏……虽然不能和常人一样进行复杂的交流，但是简单的交流没有任何问题。更为重要的是，升入小学一年级后，从小学反馈回来的信息称她学习成绩很优秀。这验证了那句话：上帝为你关上了一扇门，就一定会为你打开一扇窗。三年我们的"苦"换来一个孩子、一个家庭的甜，再苦也值得！

辣

宝韵春晚是宝韵人一年一度最盼望也最开心的日子，忙碌了一年的老师们终于可以歇一歇，庆祝寒假的到来，虽然是简单的自助餐，但吃什么不重要，重要的是我们全体教职员工终于可以欢聚一堂的快乐心情。我们华城的节目以小品见长，编剧李雅老师有"华城最强大脑"称号，她经手的剧本总是当下最火剧，老少皆宜、全员上场，笑点不断。

而我，一直被分配到的都是反面角色：西游记里的妖精、甄嬛传里的皇后、延禧宫里的高贵妃，无论接到什么角色，我们都认真对待。春晚上，我们的节目是各个分园都很期待的节目，全场笑声不断。看，领导笑得眼泪花都出来了，老师们笑得前仰后合，在大家意犹未尽中，期待着下一年的宝韵春晚的到来。

在宝韵的十一年里，我能从每一个领导的身上看到她们积极的心态。她们充满热忱，奉献自己，用积极热情、一丝不苟的工作态度带领着我们。这样的队伍深深地感动着我，也感召着我，我每天都充满激情、快乐地工作着。在宝韵这个大家庭里，我感觉自己就是其中的一个孩子。从初来的陌生到慢慢融入，从最初的懵懂到现在的成熟，在这个大家庭里有领导的疼爱与关怀，让我收获很多也成长很多，让每个人获得成长的财富。而我们这些家庭成员也无比珍视这个有温度的大家庭，并无怨无悔地维护着这个大家庭的一切，因为我们在这里品到了人生真爱的味道。

杨萍老师：爱，需要保护与赏识

爱，是一种保护，像保护荷叶上的露珠一样，小心地呵护；爱，是一份重视，不管是优秀的，还是不优秀的，都如珍如宝，一视同仁。

来宝韵也有五六个年了，回想与孩子们相处的点点滴滴，整天和这群"调皮鬼"在一起，常常被他们天真的言行逗得哭笑不得，孩子们童真的个性表现得淋漓尽致，而我也在他们的牵引下一步一步和他们一起走进这纯真的爱的世界！

在爱的世界，学会与孩子相处。又到午睡时间了，过了五分钟，午睡室里静了下来。我四处转转看看，有没有异常的孩子，忽然发现莹莹正捂着眼睛从指缝里偷偷地瞧我呢！我童心大发，同时又想看看有哪些小朋友入睡最快，于是就说："睡着的小朋友请举手。"我以为没几个举手的，结果却使我大吃一惊，许多小朋友在我的诱导下举起了手，我在那儿偷笑着，但还是表扬了他们："举手的小朋友真棒，午睡表现最好了。"心里却在想：起床之后一定要和他们讨论讨论，睡的人到底还能不能听到说话声。莹莹听到我的表扬后，迅速闭上了眼睛，又把小手放进了被窝，小声在那说："老师，我也睡着了。"过了一会儿，她真的睡着了。从这件事中，我感受到指责的作用是微小而短暂的，而保护与赏识的力量是巨大而永恒的。孩子们对教师有一种特殊的依恋心理，他们在幼儿园里做的每一件事，不管对错都希望得到教师的赞许和肯定，即使是关注的一瞥、信任地点头，在他们眼里都是一种"爱"，一种"保护"，一种安慰和鼓励。

在爱的世界，我和孩子有个约定。师："今天老师有点不开心。"幼："为什么呀？"师："昨天老师在班里讲故事，讲的时候总有小朋友打断我，今天老师又要讲故事了，我好担心，怕有些小朋友像昨天一样打断我。不过老师知道我们班小朋友很乖的，我们来个约定，老师在讲故事时小朋友尽量不要打断好吗？如果有小朋友不小心一时兴奋又讲了，老师打个安静地暗号（食指放嘴边）就马上不讲好吗？"幼（齐声）："好的。"这一次讲故事孩子们都很配合，都在安静地倾听故事。个别平时爱插嘴的小朋友，忍不住开口说话了，但一看到我摆出安静的手势，立刻捂住嘴巴不说了。有的孩子还在同伴犯规时，小声地提醒，因此整个活动进行得很顺利。遇到这种事情时，有时真的很迷茫。时常在组织活动时，有孩子一时兴起抢过你的话题，然后滔滔不绝地讲述他的快乐经历，有时看着孩子专注的神情还真是不舍得打断，可是不制止，就会引起其他孩子的跟风，使活动偏离主题。重视孩子一个简单的手势，重视孩子一个细微的表情，在这次的活动中，我与孩子的一个简单约定使我顺利地开展了活动，既避免了孩子的不良行为，又拉近了老师和孩子之间距离。一个细小的举措就可以让活动的气氛更融洽，使活动的流程更流畅。我相信我会以这次活动为契机，多一些小机智，多一些小进步。

孩子的世界是晶莹剔透的，他们的心灵是那样的清澈纯洁。孩子的世界是五彩缤纷的，他们的想法是那样让人无法预设的。和孩子们相处的每一天都是新的，和孩子们的故事每天都在上演。在这里，我们体会着孩子们成长的喜怒哀乐。我们在这里耕耘，在这里守巢，在这里放飞希望！作为"孩子王"的我，将努力为他们撑起一片明净的天空，在这一片天空中继续着我和孩子们爱的故事……

薛梅娟老师：谱写爱的诗篇，读千遍不厌倦

你从古老的童谣中走来，韵味悠长的童谣里浸润着爱的音符；
你从青春的脚印中走来，且行且吟的脚印里洒满了爱的阳光；
你从生命的花圃中走来，姹紫嫣红的花朵上挂满了爱的露珠。
亲爱的宝韵，你谱写着爱的诗篇，读千遍不厌倦。

2012 年，我的孩子要上小班，正好皇冠园开始招收第一届小班，这是宝韵在高新区的第一所分园。孩子有幸进入宝韵大家庭，我在成为宝韵第一届小班家长的同时也成为高新分园的教师。如今，我的孩子早已入小学，成为五年级的小学生。而我，也在宝韵这个大家庭里度过了 8 个年头。

在这八个春秋中，对我来说，感受最深刻的就是一个字——爱。爱，就在课堂中；爱，就在日常生活的点点滴滴中。说不清对爱的感觉，可我知道，酸甜苦辣，它应有尽有！

有时，爱是甜的。

班里有一位小朋友叫豆豆，他在家里不怎么说话，在幼儿园里，更是"废弃"了语言的作用。有一次吃中饭的时候，每个小朋友都开始愉快地进餐了，只有豆豆面无表情地坐着。我试着询问原因，劝说豆豆吃饭，但是他不理我。眼看问不出来什么情况来，孩子又不愿意吃饭，我有点着急，只好一边抱着孩

子，轻轻地拍着他，一边暗暗地想办法。没想到抱了一会，孩子开始伸手主动地抱住我，把小脸蛋紧紧地贴在我的脸上，他的表情慢慢地柔和起来。放学的时候，我再次把豆豆抱在怀里，豆豆定定地看着我，我从他的眼神里看到了肯定还有信赖。后来，我们的拥抱变成了一种习惯。再后来，很多让人惊喜的转变，就是在一天天的拥抱中发生着的……

有时，爱是苦的。

在2013年的那个暑假，我经历了工作中或者说人生中，较为难忘的一段经历。我失落、沮丧，甚至懊恼！也曾一度想离开宝韵，离开幼师这个职业。但领导们，用她们特殊的爱关怀我、保护我，用她们特殊的爱帮助我、感动我，我下定决心，也要用我的爱，去关怀孩子们、保护孩子们，甚至感动孩子们！

送人玫瑰，手是香的，爱是甜的；受人警示，话是冷的，爱是苦的。然而，无论甜苦，爱总是耐人寻味，读千遍不厌倦。感谢爱让我成长，在宝韵这片我热爱的土地上，我愿意一直播种热情，一直投入热忱，一直把爱洒在这片土地上。因为宝韵也同样用她博大的胸怀赐予我爱的能量。

爱在宝韵，我的眼里不经意地流溢出爱的光彩。

爱在宝韵，我的心中不自禁地充满了爱的暖流……

我盈握着一把爱的种子，站在宝韵赋予我的责任田里，满腔热情播种着、耕耘着——用我的心、用我的情、用我的生命……

保育教师：爱的真情

宝韵的保育教师队伍里大多是些退休返聘人员，面对着保育工作的辛苦和劳累，她们没有人在乎物质上的回报，却都享受着精神上的收获。在保育老师们的描述中，让人感触最深的一点便是这份爱的真情。

爱职业，深感自豪和骄傲。来到宝韵的保育老师，即使已经退休，也是一干好些年，因为她们有着共同追求和感受。像沈亚萍、储利芬、田勇菊、徐竹君、诸惠娟、史培贞等在宝韵干了很多年的保育老师们表示，保育教师这份职业给她们的退休生活添砖加瓦。回想最初的手忙脚乱到现在的如鱼得水，她们感到非常自豪和骄傲，感受到了生活的激情和动力，从此爱上这份职业，拥有了事业的第二春。而这也道出了很多保育老师的心声。

爱孩子，感受童真和快乐。能从事保育工作的老师们都是喜欢孩子，对孩子充满爱心的，同时又发挥着原来工作的丰富经验的价值。像虞亚玲、林芳等原来做过其他职业的保育老师们表达着想继续发挥余热，每天能面对孩子们天真烂漫的笑容，仿佛永远拥有着一颗年轻的心。她们关爱孩子，热爱工作，这也流露了很多保育老师的真情。

爱宝韵，建立了深厚的感情。即使有些保育老师在宝韵"累"了多年，离开宝韵时依旧是那样的依依不舍。像退休的张惠芬老师说的那样："起初在离开工厂的工作岗位来到宝韵工作时，简单地认为做保育工作是件轻而易举的事。但在后来的工作中才发现事实并没有那么简单，和孩子、家长的沟通，为人处事，待人接物都是一门学问。经过不断学习，还能取得了资格证书，使自己得到新的成长。看着一届届的孩子们毕业，长大成人成才，心里感到无比欣慰，在宝韵的日子改变了我的人生。"是的，保育老师在宝韵工作的过程中收获了别样的人生，也和孩子们、老师们建立了深厚的感情。

大爱无痕，大音希声。宝韵园是一个孕育爱、传播爱的地方。三十年，一批批孩子走进宝韵园，几年后又挥手告别。在这里，他们养成好习惯，走进生活；他们喜欢多运动，锻炼身体；他们合作玩游戏，体验学习；他们平等地交往，融入集体。他们在这里沐浴着老师们无私的呵护与关爱，收获健康与快乐，开启幸福人生。他们和老师们一样，成为一批又一批展示宝韵和美、见证人间大爱的宝韵人。

第五节　岁月峥嵘

漫长岁月，宝韵音乐幼儿园走过了漫长的征程。是啊，三十年，宝韵人迎来送往，一批批家长陪伴着孩子高兴而来、快乐而归，宝韵也随之"长大""成名"，赢得了社会的青睐与赞许。那么是什么支持宝韵长大、成名的呢？正如已经年满85岁高龄的学前教育专家董琳琳老师分析的那样，三十年来，宝韵之所以能取得如此骄人的成绩，是因为有"三项要素"，即上级领导的重视、支持和指导；有梦想、敢担当、勇于开拓创新的园长；团结奋斗、能攻坚克难的教职工团队。是的，与各级领导支持、园长的引领一样，团结奋斗、能攻坚克难的教职工团队也是宝韵长大、成名不可或缺的要素。

正是在这样的教职工团队中，有一批人，一批"元老级"的拓荒者，他们在宝韵音乐幼儿园开办的早期就成了宝韵教工团队中的一员。他们数十年如一日，坚持幼教之业，坚守宝韵之家，不负家长之望，不辜社会之责，无私付出，默默奉献，鬓发雪染，无怨无悔。他们既是宝韵精神的创造者、和美事业的奋斗者，也是宝韵发展的见证人。

宝韵琴声

——94 岁高龄的林元宁老师讲述自己的宝韵之缘

林元宁口述，林元宁之子记录、整理

> 大爱无痕，宝韵留声；琴声无痕，宝韵留印。
>
> ——"钢琴奶奶"林元宁

林元宁老师是宁波市第一届、第二届钢琴协会会长，是名副其实的宁波钢琴界"元老"，我们尊敬地称她为"钢琴奶奶"（图 2-7）。

图 2-7　林元宁老师

图 2-8　林元宁与马春玉（左一）、
周姝贤（右一）合影

今年是中华人民共和国成立七十周年，国庆前夕，我荣幸地获得了一枚由中共中央、中央军委、国务院颁发的纪念章。在惊喜之余，宁波市宝韵幼儿教育集团马春玉园长和周婶贤副园长第二天到我家里来看我，这一前一后好巧啊！

两件事情接踵而来，使我感到十分高兴，同时也觉得不是偶然和巧合，是有一定联系的。如果说我获得纪念章是取得了一些成绩的话，那么在宝韵幼儿园任教的岁月就是这些成绩的重要部分，宝韵给我搭的台，使我能够施展一些才能。

时间过得真快，我在宝韵任教都三十年了。记得宝韵音乐幼儿园刚成立不久，马园长来找我，要我给孩子们上钢琴课。

对于幼儿的钢琴教育我是很赞同的，因为我1982年刚从余姚师范退休，李平之老师就来找我，要我去宁波教育学院上钢琴课。在给各中学的老师们培训一段时间的钢琴后，有感于成年人学钢琴的局限性，我逐渐将目光转向儿童，并在市民进的帮助下成立了蓓蕾学校，专门培养小琴童。马春玉园长的邀请正吻合了我的音乐理念，我欣然答应。

宝韵是一所以"音乐"著称的艺术幼儿园，来这所幼儿园上学的孩子们都喜欢音乐，家长们也都是喜欢音乐的人，因此音乐的氛围很好，吸引、聚集了不少天分高的孩子。当时报钢琴的学生特别多，从一开始招收6~8名，到以后的10名、16名、24名……随之，杨建森、陈宇兰、肖红、钟青、方红军、沈周怡、张波等老师也加入宝韵钢琴教学团队。

在我手下学习的那些孩子们接受快、领悟力高，比较好教。像蔡圣、张追、孙晓璐、张楚晗、王燮弘、陈璐颖、李娇、王静芝、韩晶、周婷婷、丁之元、费莹、张育铭、陈悦等都是非常出色的，获得过各种奖项。后来，他们中的好几个人去国外留学成了名，也有的在国内继续深造，很有造诣。俗话说三十而立，以蔡圣为代表的青年钢琴家已经活跃在世界舞台上，上列的这些人也都是宁波钢琴界的佼佼者。

至今还记得一些学生的学琴片段：

蔡圣第一次来见我的时候，还是他妈妈抱着来的，我给他做了一些听音的测试，他无论单音和双音都能听出来，觉得他的耳朵非同一般，是块学音乐的好料子。果然，在以后的学琴过程中，幼儿园的定期汇报演出、考级、各类比赛，如听力、音阶琶音的比赛，茉莉花音乐会等，他都崭露头角。1996年，上海音乐学院郑曙星教授听了蔡圣演奏的一首莫扎特的《奏鸣曲》后说，"这孩子不仅会用耳听，而且会用心弹，难得的好苗子"。后来，蔡圣就成为郑曙星教授在宁波的第一个学生，第一次去上海是我陪蔡圣一起去的。再后来，他去了加拿大等世界各地深造、演出，终成大家。

孙晓璐在弹巴赫时十分流畅，看到她在复调方面特别擅长，专门为她举办了一次"巴赫作品擂台赛"。为造声势，特意请来了上海和杭州的教授，既当评委又是见证。比赛中，孙晓璐的《二部创意曲》打败了十几个学生的攻擂，获得"擂主"称号。在座的教授们感到十分惊讶，纷纷称赞。

图2-9所示为林元宁与孙晓璐(左一)、蔡圣(右一)合影。

图2-9　林元宁与孙晓璐(左一)、蔡圣(右一)合影

张楚晗平时弹琴很少看谱，与我平时的要求格格不入。我为解答这个疑问，就拿掉了她的琴谱，她能不费劲地背下来，再叫她弹以前的曲子，她也能弹下来。这样我才发现了她有超强的记忆力，便决定给她申报音乐记忆的吉尼斯纪录。我请来了吉尼斯纪录上海分部的工作人员，宁波公证处的工作人员和上海的教授。在现场测试时，张楚晗居然能全部背出30多首较长的曲子，轰动了全场。也正是因为有这个突破，她信心倍增，考上了上海音乐学院附小。

三十年来，我欣喜地看到宝韵的名气越来越大，规模也越来越大，社会上赞誉一片。我觉得，一个学校办得好与坏，并不是马上就能看得出来的，要经过时间的检验，因为教育是个长远的过程，树人的工作不是一天两天可以完成的。在现在社会普遍浮躁、急功近利的环境里，宝韵幼儿园能坚持自己的教育理念，不为干扰诱惑所动，一步一个脚印地前进，实在难能可贵。

宝韵的成功，体现在一大批优秀教育工作者孜孜不倦的奋斗，使得不间断地涌现出音乐人才。我忘不了宝韵琴声，忘不了那些可爱的孩子们。

祝愿宝韵的明天更加美好，韵声长扬！

幽幽君子兰唱暖童心间

——"幼教工匠"汤兰君老师

撰文/宝韵园史编写组

2019 年 11 月 5 日,阳光和煦。82 岁高龄的汤兰君老师,一头银发,却格外精神。她盛情地拿出特意买的橘子和小零食招待我们,谈笑间就像一个纯真无忧的孩子。

汤兰君老师是宝韵开园初期的声乐专业导师,可以说是宝韵的第一代功臣之一。其实,她并不是声乐科班出身。1955 年,汤兰君老师从杭幼师毕业后,来到宁波第二幼儿园,成为一名普通的幼儿园老师。聪慧勤奋的她,很快就被大家认可,赞扬她是一位懂得语言、音乐、舞蹈、美工等多方面知识的优秀幼儿教师。

汤兰君老师在音乐方面极具天赋,又积极好学。经过潜心钻研,26 岁的她被调至中学做音乐老师,后又重归幼教行业,在宁波师范学校幼教培训班负责师资培训。

1993 年,汤兰君老师作为外聘老师,带起了宝韵的声乐专业。她从中大班选拔出有较好音乐素质的孩子,组成了一个声乐小团队,为孩子们进行声乐教学。汤老师用心揣摩适合孩子们的教学方法。在《鸭子的一家》中,汤老师引导孩子们利用站位、坐位、蹲位的不同身势,形象地感受"鸭宝宝""鸭妈妈"和"鸭爸爸"的高音、中音和低音,孩子们很容易就将歌曲中的角色特点通过声音表现表达出来,效果特别好。

汤老师特别看重音乐的情感教育,强调"感受和表现力是音乐的灵魂"。对于当年的《小乌鸦爱妈妈》,汤老师感受颇深。"乌鸦妈妈年纪大呀,躺在窝里飞不动呀。小乌鸦呀叼来虫呀,一口一口喂妈妈。"这是一首表现母子之情的儿童歌曲,歌词与旋律都充满了温情。在学歌曲前,她先用故事情景让孩子体验歌曲所包含的情感,激发孩子"爱妈妈"的感恩之情。"乌鸦妈妈老了,小乌鸦照顾妈妈时很温柔、很小心,所以唱到小乌鸦时声音要轻轻地"……孩子们的情感被激发后,唱到动情之处,都情不自禁地流下了眼泪。在汤兰君老师绘声绘色的引导和教学下,孩子们投入其中,《小乌鸦爱妈妈》感动了所有观众。当年,宝韵捐资人孔爱菊女士对孩子们的表演啧啧称赞,"爱妈妈"的情感温暖人心。

让我们意外的是,汤兰君老师还珍藏着当年宝韵声乐专业孩子的来信,其中有个孩子现如今也是幼教行业的一员。"从幼儿园到大学,算时间,接受您的教育时间最短，可是您带给我的影响最大、最深……您的笑容里包含着爱抚、理解、真诚、信任和鼓励，使我的脸上也出现了您一样的笑容。我要像您对待工作、对待孩子那样去对待幼教事业和孩子们。"学生对教师的感激之情，使汤兰君老师感到无比欣慰与自豪。

在近四十年的幼教生涯中，汤兰君老师兢兢业业。凭借对这份事业的热爱与忠诚，获得了许多荣誉。1986年被评为宁波市三八红旗手；1987年被评为浙江省幼抚先进工作者并当选省第六届人大代表；1988年获得全国优秀教师称号并获得王宽诚育苗一等奖，参加了国家教委在烟台举办的全国优秀教师夏令营；1991年出席在北京召开的全国民进会员先进事迹经验交流大会并做了《把一颗爱心献给幼教事业》的发言；1992年获得宁波市首届园丁特殊津贴。几年来，她还撰写了教学论文，其中两篇被宁波师范学院学报采用，一篇获1991年中师教学论文二等奖。1991年，她的名字被选入宁波市"知名人士"档案并被破格升为幼教高级讲师。

在宝韵三十周年庆到来之际，集团副园长周姝贤代表宝韵幼教集团看望了这位德高望重的"幼教工匠"，感谢她为宝韵的孩子们、幼教同行们开拓了声乐教学的道路，于是就有了文中开头的那一幕。

尽管粉笔将这位"工匠"的一丝丝头发染白，可是为了孩子，为了她不悔的事业，她"愿做红烛照新人，燃尽脂膏终不悔"。

图2-10　汤兰君(左)与周姝贤(右)合影

闪耀民乐魅力　点亮宝韵童星

——翁广铭　宝韵音乐幼儿园二胡专业老师

撰文/宝韵园史编写组

二胡艺术家翁广铭先生（图2－11），现任中国音乐家二胡协会会员、浙江省二胡协会理事、宁波市音乐家民族管弦乐协会会长。

图2－11　翁广铭（后排左一）梁羽辰（后排左二）

二十多年前的金秋，当翁广铭老师第一次踏进幼儿园的二胡教室，看到十几个可爱的娃娃们，在家长的陪伴下，整齐地坐在凳子上，宛如初升的太阳，跳跃而又有活力，翁老师顿时看到了一片希望。为推动宁波的民乐发展，从娃娃抓起，这不正是翁广铭老师的二胡梦想吗？

每逢周一与周三下午，大、中、小三个年级的二十多个小朋友，每周六节的二胡专业课，翁老师的上课强度非常之大。小朋友由于年龄小，左右手控制能力还比较弱，幼儿本身又处于好动好玩时期。翁老师为了使他们能安定下来，在教学中用讲故事、讲笑话、比画手势的方式，与小朋友交起了朋友。孩子们还给了翁广铭一个亲切的称呼："大哥哥。"就这样，孩子们在这位"大哥哥"的耐心引导下，逐步认识了曲谱，学会了运弓，掌握了指法，拉出了美妙的旋律……

有一次期末汇报，每一个小朋友都要上台独奏乐曲。当轮到小班的徐思源时，她突然大哭起来，不肯上台演奏，在翁老师耐心劝说与安抚下，才勉强演奏，完成了汇报。此后，翁老师就经常鼓励徐思源，使之成了班级里拉得最好的孩子。小姑娘也不负翁老师的期望，在小学就到新加坡参加国际华人民乐比赛，获得银奖、获浙江省星星之火器乐比赛金奖，现在在美国读大学。

二胡的教学，让翁老师体会深刻的是"事在人为"，勤奋是成功的关键。记得有一个名叫董彬彬的小朋友，因为手指短，在幼儿园时没有被其他乐器选中，就转到了翁老师的二胡班。小姑娘炯炯有神的大眼睛，藏不住对学习的渴望，顿时打动了翁老师的心，将她收进了二胡班。董彬彬很努力，家长也很配合，进步非常快。后来，她成为二胡班中的佼佼者，是南京艺术学院优秀学生，曾获江苏省第三届大学生艺术展演特等奖、"华乐之韵"国际二胡大赛B组金奖第一名等殊荣。

为了使小朋友有更多的机会演出，翁老师经常带他们参加各种省、市级大活动。如：携《赛马》《好日子》参加宁波市庆祝新年的百人二胡演奏，携《光明行》参加市教育系统艺术节的百人二胡演奏等，在诸多演出活动中使得小朋友得到锻炼，演奏水平日益提高。

三十年来，从宝韵幼儿园培养出来的二胡人才，有的成为音乐老师，有的上了专业艺术院校，有的成了人民大学、澳门大学、厦门大学的佼佼者，有的在国外继续深造，人才层出不穷。翁老师深深感受到，二胡教学辛苦又甜蜜，但音乐能带给孩子无限的正能量，在成长道路上终身受益。

音乐从娃娃抓起，希望宝韵将传统文化民族器乐教学继续发扬光大。

做人比学琴更重要

——王百红 宝韵小提琴导师

撰文/宝韵园史编写组

王百红，现任全国小提琴学会理事、浙江省小提琴学会副会长、宁波市小提琴艺委会会长。

王百红老师（图2-12）16岁起就进入宁波市专业文艺单位从事小提琴演奏工作，先后赴上海和中央音乐学院进修。自宝韵1990年建园以来，王老师就开始发展宝韵的小提琴教学，建立了宝韵专业的小提琴团队。历年来，出自宝韵小提琴专业的众多学生在全国乃至国际比赛中屡获大奖。目前也有许多学生在艺术院校工作，如澳门演艺学院、香港国际学校、美国亚利桑那州立大学艺术学院、中央音乐学院、宁波大学音乐学院等，以及在德国、澳门、北京、杭州、苏州、宁波等交响乐团担任重要职位。值得一提的是，曾经有一届9个学小提琴的孩子当中，有8个考上了上海音乐学院，这是有史以来从未有过的先例。可以说放眼全中国，都是首屈一指的。而这跟王老师严要求、精教学是分不开的。王佳婧、王佳稚、李秉章等，都是王老师在宝韵培养出来的优秀小提琴学子。

图 2 – 12　王百红先生

2020 年，宝韵三十周年大庆，王老师作为宝韵的小提琴导师，受邀接受访问。说起他与宝韵的小提琴情缘，最大的感受是"欣慰"。"当看到孩子们因为坚持和努力学有所成时，是做老师最幸福的时刻！"但一说到学琴，王老师又流露出一种担忧："现在很多家长老想着考级、升学加分，大约有七八成的家长是为了这个才让孩子学琴，这是不得了的比例啊！"他觉得这是从教三十年来遇到的最大挑战，很多有灵性的孩子因此丧失了继续学琴的兴趣，这是整个社会的损失。王老师也一直强调，"不能忽略基本功，要一步一步来，天赋再好也要靠勤奋，不要为了考级练一两首曲子，即使你考到了十级，人家邀请你去演出，难道你拿出一张证书就可以了？音乐是一种爱好，学习繁忙挤一挤时间，练习15 分钟也很好。音乐绝对不会影响学习"。他还经常跟学生讲："一个人的人品非常重要，学习如何做人比学琴还要重要。"

王老师与宝韵之间，以琴延情。在这三十年里，有许多令人感动的温情片段。回忆起 2013 年，菲特台风席卷宁波。当时，宝韵的马春玉园长、徐皇君副园长、侯鲁萍副园长、周姝贤主任和多位老师在幼儿园抗台值班，却被意想不到的大水围困。幼儿园周边的道路全部被大水覆盖，宝韵成了一座四面环水的"孤岛"。老师们这一困就是三天三夜，靠着泡面、饼干充饥。眼见幼儿园的生活物资几近"弹尽粮绝"，就在灾情最重的一个晚上，王老师深一脚浅一脚，淌过积水，辗转来到幼儿园看望老师们。除了可亲的笑容、温暖的问候，还给老师们带来了许多水果和生活用品，以解决日常所需。看着湿漉漉的裤脚、被水泡开的皮鞋，在摇曳的烛光下，几位老师不禁眼角湿润。一位宝韵外聘专业老师，对幼儿园能有这般兄妹情、战友情，实在难能可贵。图 2 – 13 为马春玉、徐皇君、侯鲁萍、王百红(从左至右)合影。

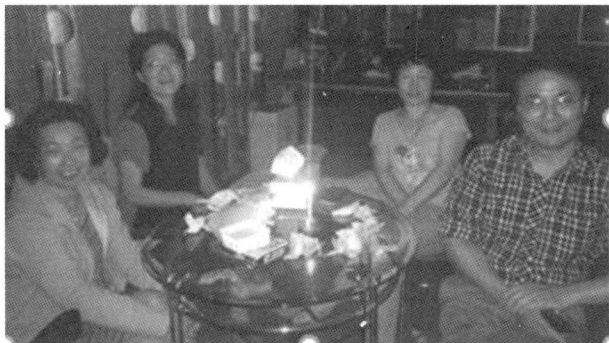

图 2 – 13　马春玉、徐皇君、侯鲁萍、王百红（从左至右）

　　王百红老师曾先后获邀于中央电视台音乐频道、宁波电视台、北京音乐生活报、小演员杂志和宁波多家报纸媒体专栏采访。因王老师为宝韵小提琴事业做出的巨大贡献，在宝韵二十周年庆典之时被授予"终生成就奖"。

　　王百红老师说，学海无涯，艺无止境。我要与宝韵共成长！让我们共同祝福宝韵的明天更美好！

图 2 – 14　王百红学生小提琴音乐会

犹抱琵琶半遮面，大珠小珠润宝韵

——孙丽萍 宝韵音乐幼儿园首任琵琶专业老师

撰文/宝韵园史编写组

2019 年 10 月，当我再一次推开宝韵幼儿园的大门，忽然意识到三十年就将匆匆而过。迈进琴房的那一刻，仿佛耳边依稀回荡着《金蛇狂舞》的激昂、《彩云追月》的悠扬……

回想第一次踏进宝韵的大门，那是 1990 年，也是在那一年，我迎来了宝韵第一届琵琶专业的学生。直到 2013 年我的学生来到宝韵从事琵琶教学工作，我才开始了"退休"生活。整整二十三年，二十三届的学生，在宝韵相识琵琶、喜欢琵琶、学会琵琶演奏。史珺、陈丹丹、郑佳宁等一批优秀琵琶学子，有考入各大音乐学院继续深造的；有从事琵琶教学工作，投身教育事业的；有成为专业演奏员，在大大小小的舞台上绽放光芒的……

图 2-15 "传统琴艺名师"孙丽萍

在宝韵二十三年的教学生涯中，有一个叫"佳佳"的小姑娘让我印象特别深刻。记得刚入小班上第一节课的时候，她就非常明显，不是因为个子高，恰恰相反，她是这个班里最矮小的一个。刚学抱琴的那会儿，身体都还没琵琶大的佳佳一直抱不好琴，好胜的小姑娘常常因此而掉眼泪。我每次都会在上课的时候鼓励她，在下课的时候单独指导她抱琴。经过一段时间的练习，佳佳"抱琴"的问题终于得到了解决，但是其他的问题也随之而来。佳佳父母因为工作都很忙碌，专业课都是外婆来陪。随着教学程度一点点加深，外婆也越来越吃力，佳佳也逐渐没有了兴趣。我就利用下课的空余时间，找到佳佳谈心，了解到她的内心还是很喜欢琵琶的，只是没人陪她练习。之后，我在幼儿园一有空就去找佳佳，陪着她练练琴、谈谈心。渐渐地，佳佳的学琴进度就跟上了，能跟上大部队一起参加演出、比赛。获了奖项的佳佳也越来越有积极性，幼儿园毕业后的她也没有放弃琵琶，选择继续学习，顺利通过十级。

琵琶是个相对比较冷门的乐器，能在宝韵传承三十年，而且能培养出一批又一批的优秀学子，好似一棵小树苗经过三十年的浇灌施肥，慢慢长成参天大树，这离不开马春玉园长的领导有方，离不开各位园丁的悉心栽培。从宝韵毕业的薛韵善、黄瑜绮进入了宁波演艺集团成为专业琵琶演奏员；现就读于上海音乐学院的范蓉、朱歆怡，在各个舞台继续发扬着中国传统琴艺文化；史珺、陈丹丹、乐伊莲，现在已经是宁波琵琶学会领导班子的成员，乐伊莲更是回到宝韵，成为宝韵琵琶教学一匠，带领着更多的小朋友走进琵琶的世界。

怀揣舞蹈之梦　成就艺术之路

——朱宁老师与宝韵的舞蹈情缘

撰文/宝韵园史编写组

朱宁老师（图2－16），自1998年至今担任宁波市爱菊艺校校长，是宁波唯一一位舞蹈专业出身的校长。朱老师从小就喜欢舞蹈，从小到大没有间断过舞蹈的练习，哪怕是高中毕业以后进了一家制锁厂上班，她也一直活跃在宁波群艺馆等地方。1984年，广济中心小学要创办文艺班，在宁波全市特招舞蹈老师，热爱舞蹈的朱老师离开原来的核算员岗位，通过考试成为一名人民教师。那年，她23岁。

当了5年的教师后，朱老师觉得自己需要继续深造才能教得更好，所以向学校提出

图2－16　朱宁老师

了申请。校长被朱老师的决心所感动，同意她脱产去读书。随后，她进入山东省青年干部管理学院舞蹈大专班进修。这个班很厉害，是和中国舞蹈研究所一起联合办学的。读书期间，朱老师认识了贾作光、肖苏华、潘志涛等舞蹈家，也跟他们学习了编舞以及舞蹈教学知识。

结束学业后，同学们纷纷去了北京、上海、广州等大城市，而朱老师依旧回到了宁波，回到了她梦开始的地方。

1991年，在马春玉园长的邀约下，朱老师来到宝韵，为宝韵开启了舞蹈教学之路。随之，朱老师带领宝韵第一届舞蹈专业的孩子，凭借原创古典舞《百

子嬉春》夺得宁波市舞蹈比赛一等奖。当年，由朱老师编排的舞蹈《小小斗牛士》更是夺得宁波市多个舞蹈比赛的一等奖，在20世纪90年代掀起一股拉丁浪潮，在宝韵传承至今。后又与宝韵另一舞蹈元老李映老师，带领宝韵的体操队连续两届夺得全国幼儿艺术体操一等奖。

多年来，宝韵的各类舞蹈会演、公演，都不缺朱老师的身影。三周年、六周年、十周年、二十周年的园庆，朱老师更是亲力亲为，参与演出的编排、导演。朱老师回想起2010年宝韵二十周年大庆会演，当时的情景仍然历历在目。四百多名演职人员，她全场调控，丰富的工作经验让她忙而不乱，有条不紊。在大家的努力下，演出非常成功，社会反响强烈，获得赞誉一片。

在对朱老师的访谈中，她说起最多的一句话就是"我对宝韵有很深的感情"。的确，朱老师可以说见证了宝韵三十年的艺术之路，在舞蹈专业发展上功不可没。用她的话来说，宝韵就像自己的家，走进宝韵就有一种归属感。基于对宝韵的感情，朱老师让女儿也接受了宝韵的启蒙教育，现如今已与妈妈一样成为一名德才兼备的青年教师。

说起舞蹈，朱老师满心喜悦，没有一个苦、一个累字。一直以来，她主张"以艺育人，健康成长"。朱老师培养了一大批优秀的舞蹈人才，包括艺术体操全国冠军张悦晴，早年从宝韵选到爱菊艺校训练体操，后又经省队输送到国家队，成就了今日的殊荣。这几年，朱老师领导爱菊艺校通过对外交流、实践、拓展，让外界看到了爱菊学生鲜亮的一面。其他县市区以艺术为特色的学校一家一家建立起来，"爱菊"成了大家取经的对象。怀着对艺术的信仰和教育事业的追求，年过半百的朱老师依旧精神饱满、和颜悦色、仪态高雅。

宝韵与爱菊是姐妹学校，朱老师与马春玉之间也有着深厚的"姐妹之情""战友之情"。从宝韵接受艺术启蒙教育的孩子，很多都进入了爱菊艺校继续进行艺术基础教育。可以说两家单位在艺术的道路上是一条线，为各行各业输送了一批批优秀的艺术人才。

把教育"刻"在宝韵，把传承"留"给教师

——宁波市学前教育老专家童婉春老师

撰文/宝韵园史编写组

重阳节前，马春玉园长带着我们一起去探望了91岁高龄的童婉春老师。我们习惯称童老师为"童奶奶"，听她女儿说，童奶奶知道我们去看望她，兴奋

得一晚上都没睡着，一直在关注敲门声。见面时，童奶奶满头银发，精神矍铄，思路清楚，拉着马园长的手侃侃而谈。那天是童奶奶讲话最多的一天，与我们一起回忆过往，一点都不觉得累。

记得 20 世纪 90 年代初，宁波首位毕业于北京师范大学前教育系的童奶奶从宁波幼儿师范学校退休后，本着对学前教育事业的执着与热爱，毅然来到年轻的宝韵，担任起教育顾问，扶持、指导年轻教师的教学业务。那时还是分科教学，我们这些宝韵元老级教师、第一代教师、第二代教师……都曾经是童奶奶的学徒。她带领大家为公开课展示、为参加各级各类教学比赛一起磨课、一起研课，一次次推翻，一次次重构，取得了无数荣誉，留下了许多教育故事，也让我们看到了老专家对教育事业认真的态度，对教育事业的执着，对教育事业的坚守。

徒弟史南竹到现在都清晰记得当年的故事，她说："童奶奶是我进入宝韵工作的第一位师傅，每周四是我最'煎熬'的日子，因为有我又爱又恨的科学课。当时年逾 70 的童奶奶，每周四都会雷打不动地坐着公交车从江北到海曙，来幼儿园听我上科学活动。童奶奶说'你每一次的科学课都要好好地准备，每一节课都要当作公开课来上，我每周都会来听，还要现场评课的。'她是这样说的，也是这样做的。有时教学活动组织到一半，我就被童奶奶请到一边，看她亲自示范活动环节，如何提问，如何回应，如何小结。我笨拙地学，模仿着上，稳扎稳打地夯实基础。到后来，我慢慢熟悉，一步步提升，是年迈的童奶奶一路领着我走来，逐步走上教学轨道。"

徒弟黄英说："童奶奶严谨的教学风格一直感染着我，影响着我，为了能过童奶奶这一关，也为了真正能上好数学课，我把小中大各年龄段孩子学习数学的特点、数学目标及内容都翻了个遍，每一节的数学课教案都认真设计，提前请童奶奶修改，然后再精心制作教具，课后聆听童奶奶的指导及自我反思。就这样，在童奶奶一次次的耐心指导下，在和童奶奶一次次的交流碰撞中，在一次次的课堂实践反思中，对数学课的认识与教学得到了很大的进步和提高。"现在我的耳畔还一直回荡着童奶奶说的一段话："幼儿园教师要始终保持一颗童心，一颗爱心，读懂孩子。要不断地思考，我们的教学活动能给幼小的心灵留下些什么？给孩子们的人生启迪留下些什么？幼儿学数学可不能像小学生、中学生那样！"

一切的一切，都是因为有宝韵这块"沃土"，正是有童奶奶毫无保留的付出，把教育印刻在宝韵，与年轻的宝韵同呼吸，才有宝韵人的薪火相传，让一代又一代的老师成长起来，从最初的徒弟变成后来的师傅，这就是传承的力量。让我们心手相连，同呼吸，共成长！

图 2 – 17　周姝贤、童婉春、马春玉合影（从左至右）

砥砺奋进三十年

——宝韵人的骄傲与自豪

撰文/85 岁高龄宁波市学前教育专家　董琳琳

宝韵音乐幼儿园建园三十周年大庆即将到来，我和宝韵人一样激动与期待。三十年来，我见证了她以惊人的速度发展，并以过硬的品牌、优质的教育、高雅的校园文化赢得了上级的肯定、同行的赞誉、家长的信任与社会的认可。当下，她已成为市妇联、市学前教育一张亮丽的名片，一块宁波市学前教育响当当的牌子。三十年来，宝韵能取得如此骄人的成绩，有三个基本要素是不得不提的。

图 2 – 18　董琳琳

一、上级领导的重视、支持和指导

宝韵诞生在 20 世纪 80 年代末的"宁波帮，帮宁波"的大背景下，由港胞孔爱菊女士捐资兴建，行政上归属市妇联，业务上接受市区教育局指导。宝韵的发展不仅得到市妇联、教育行政部门的支持，还得到了市编办、市人社局、市发改委、市财政等多部门的响应，在经费运行、人员配置、职称评审、业务培训等方面一直都受到重视。

二、有梦想，敢担当，勇于开拓创新的园长

园长马春玉三十年来一直在宝韵这片土地上拓荒、耕耘、播种、管理、收获。她带领她的团队不计报酬，淡泊名利，披荆斩棘，锐意进取，经历了艰难起步、开拓创新、渐入佳境三个阶段，完成了幼儿园的三次"蜕变"，为幼儿园的发展奉献了青春及全部聪明才智。

第一阶段(1989—2000年)为幼儿园的初创探索期。年轻的小马来自一线，毫无管理经验，派来的九个小姑娘清一色都是刚出校门的毕业生，要办好全省第一家音乐幼儿园，这批"娃娃兵"一脸茫然，犹如"老虎吃天，无从下口"。但是她们有优势，她们风华正茂，活力四射，大家齐心协力，学习讨论，确立"全面＋特色"的办园宗旨，向社会有关专业协会求助，寻找教材，制订计划，边学边干边改进，在实践中历练，渐渐地入门。园长学着撰写论文并被采用，发表在《学前教育研究》和《幼儿教育》上。这时"音乐特色"已初见雏形，每年招生供不应求，完成了幼儿园的第一次蜕变。

第二阶段(2001—2010年)为幼儿园攀登创新期。有了十年的实践探索，教师们迅速成长，园长此时已自信满满，她对音乐特色课程进行反思后，觉得应该更新观念，与时俱进，原来的课程学科意义偏重，现在必须关注幼儿健全人格的形成，培养优良品质，于是又开始构建以艺术为载体的情意课程。2010年4月通过在实践中反复修订后，《在艺术摇篮中成长——幼儿园艺术情意课程的构建》一书出版，老师们的专业理论水平和科研能力再次迅速提高，事业心增强，社会声誉再上一个台阶，完成了幼儿园的第二次蜕变。

第三阶段(2011年至今)为幼儿园渐入佳境阶段。此时的宝韵，马春玉园长已被评为浙江省学前教育第一位正高级教师，还荣获"全国三八红旗手""宁波市改革开放40周年领军人物""宁波市名园长"等光荣称号，开设了"名园长工作室"，连任数届宁波市学前教育研究会秘书长，现任浙江省学前教育研究会常务理事和中国学前教育研究会理事。她先后多次主持并参与国家级、省级课题研究，专题讲座、授课指导、教学点评等达100余场(次)，30多篇论文在省、市级以上刊物发表、获奖，三本专著在光明日报出版社、宁波出版社出版。这一阶段又适时开发构建了和美课程，打造了幼儿园和美文化，积极发展分园，形成了宁波市第一个专业性质、规模最大的幼教集团。

从2016起，为了让更多的孩子和幼儿园分享宝韵的优质教育，贯彻党支部决定，马园长带领宝韵的党员干部开展"红心向党、绿色送教"活动。三年来送教48次，累计154人参与，受益人群2300多人次，足迹遍布余姚、奉化、宁

海、贵州、内蒙古、延安、延边等地。她在教师专业成长、课程开发、园所环境创设和集团资源统筹等方面都起到了引领作用，幼儿园的知名度与影响力也从省、市扩大到了全国相关的帮扶结对地区，实现了幼儿园的第三次蜕变。

三、团结奋斗，能攻坚克难的教职工团队

经过三十年的打磨和历练，宝韵的教职工团队已形成自己的独特气质。她们拥有大气、儒雅的职业素养，热爱孩子，能吃苦耐劳，工作责任性、自觉性强，经常主动加班加点，不计报酬，方方面面的和谐人际关系，早已形成了良性循环的工作氛围。新教师分配进来在老教师的带领下，耳濡目染，很快就进入状态，勤学上进。一些"元老"级教师甘于奉献、精于专业，是幼儿园的中坚力量，其中不少人走上分园的管理岗位，独当一面开展工作，成为园长的得力助手。其中像徐皇君、侯鲁萍、袁静、周姝贤、韦红霞、周君等尤为突出，她们的论文多次在区、市、省内获奖，有4人已被评为副高职称；20多人被评为市、区级优秀教师和优秀班主任；20人被评为市、区教坛新秀，8人被评为市、区骨干教师。

宝韵的娃娃同样出色，他们在老师的辛勤培育下茁壮成长。他们爱学习、独立能力强，多数幼儿的音乐潜能都得到了早期发现与开发。在第一个阶段初创期，参加浙江省"明珠杯"钢琴比赛，连续五年获得一等奖，得到了五架钢琴的奖励；建园以来有40多名孩子考上了上音、中音等音乐专业学府以及北大、复旦、耶鲁、剑桥等名牌大学；近三年来宝韵幼儿还累计获得5个国际奖、16个全国奖、123个省级奖、172个市级奖。如此众多的奖项、高端的荣誉集中在一所幼儿园，实在令人瞠目与景仰。

三十年砥砺奋进，筚路蓝缕，辛勤付出，终于换来了累累硕果，这是宝韵人的自豪与骄傲！我衷心祝愿宝韵幼教集团的明天更美好！

以梦为马，不负韶华

——我和宝韵三十年

宝韵音乐幼儿园元老教师　徐海亚

1989年，我18岁，刚出校门，宝韵尚在孕育中，基建中的宝韵尘土飞扬。年轻的马春玉园长带领着我们十来个刚入职宝韵的教职工，借居于海曙区青少年宫，开始了开园的筹备工作。教师组先开始环境布置，那时的环境布置非常

简单，主要以美观为主，凭借着刚刚从学校出来的美术功底，做几块版面应该不难吧？可是完成以后，马老师说，这样的装饰太普通，我们的环境布置要有音乐的特色。仿佛混沌中的一缕阳光，令人豁然开朗，对啊！我们是音乐幼儿园，就要有音乐的特色。青涩的我朦朦胧胧中有了一个小小的心愿，我是音乐幼儿园的一名教师，要多学习音乐，上好音乐课。

1990年，我19岁，宝韵1岁，宝韵正式开班了。我也成了一名真正的幼儿教师，小二班的班主任。小二班是一个民乐班，小朋友们除了学习普通幼儿园都有的教学内容，还要学一门民族乐器，有的学琵琶，有的学古筝，还有的学二胡。妇联领导说，我们音乐幼儿园的老师也要学一门乐器，要有特长，就这样，我和几个一起来园的伙伴，跟着宁波效实中学的张希圣老师学起了二胡，跟小朋友学琴一样，每周回一次课。我利用业余时间学习二胡的演奏，空班时间担任钢琴辅导，认真带班，钻研教材教法，虽然忙碌，却很充实。马园长在繁忙的事务工作之余，一有空就夹着听课本，出现在教室中，随堂听课，随堂点评，我的业务能力被"逼"得飞速提升。省二级评审、省一级评审、六星级幼儿园评定，年轻的宝韵在不断成长，同时也给我们提供了一次次公开课的机会。那些年我参与过的省幼教年会开课、市幼教年会开课、幼师见习开课，几乎都是音乐活动。印象最深的是音乐欣赏《快乐的小厨师》公开课，活动结束后，听课的老师纷纷向我讨要音乐与教案，这让我初次品尝到了成功的喜悦。那时的我们青春飞扬，激情满满。

2002年，我31岁，宝韵12岁。在不断探索中的宝韵开始了小班化教学的尝试，日臻成熟的我成为第一届小型班的年级组长。将原来一个班40多名幼儿缩减到24名，教学模式、教学方法不断创新，我和组内的老师们开始了热烈的研讨。小班化教学顺应的是幼儿个性化发展需要，那种灌输式、被动式、整齐划一的教育方法无法实现我们的教育目的，不能很好地促进孩子的发展。小班化教学有条件让我们寻求一种自然的、符合幼儿年龄特点的、能满足幼儿富有个性、不同需求的教育模式，使每个孩子在享受快乐童年的同时身心得到全面、和谐的发展。我们不断实践、探索、创新，我们的课题"小班化教学促进幼儿自主性发展"在海曙区立项并获奖。那时的我们风华正茂，充满希望。

2017年，我46岁，宝韵27岁。宝韵已是有着"七园一中心"的幼教集团，声誉远播，接待来自全国各省、市一批批的学习者、来访者。我作为一名经验丰富的老教师，受领导和老师们的信任，担任集团师训组长。教师的素养影响着一个幼儿园的教学质量，集团内有一百六十多名教师，要合理安排他们的培训，使他们学有所获，我深感责任重大。我着手了解集团教师的发展需求及专业发展现状，制定项目化的园本研修方案，统筹安排教师五年 360 学分的培训，参与接待外来教师和实习生的学习，为新教师的成长搭建展示自我的平台，开展"敞开心扉，畅谈未来"的新教师座谈会，策划"见证你的成长——总园师徒结对活动"的满三年新教师的成长故事汇报，组织"挥洒青春，秀出风采"的集团新教师教学活动展示。我在角色的变化中，不断感悟，做好服务。今天的我们，老成持重，春泥护花。

2019 年 9 月 10 日教师节，我站在总园西三楼的舞台上，接受浙江省任教三十年教师的表彰——"徐海亚老师自 1989 年 8 月从浙江省幼儿的师范学校毕业，任职于宁波市宝韵音乐幼儿园，悠悠三十载，春风化雨，桃李满天下，依然坚守在幼教岗位上，把青春奉献给了神圣的教育事业……"我聆听着温暖的颁奖词，接过集团总园长马春玉教授手中的"荣誉证书"，不禁感慨万千。不知不觉，我在宝韵已经整整 30 年了。我在最美的年华遇见最美的你，从你初创时的 3 个班级 75 名小朋友，到今天的"七园一中心"，60 多个班级，近 2000 名在园幼儿，我为自己是宝韵的一员感到骄傲。

在未来的岁月里，我将继续与你同行，一起书写精彩的教育人生。未来的我，将继续在宝韵坚守，以梦为马，不负韶华。

我与宝韵三十年

宝韵音乐幼儿园元老教师　成红萍

1989 年 10 月，23 岁的我，随着中国改革开放的大潮，从内地山西太原九一小学，调到了沿海开放城市宁波，当时宝韵还在筹建中。我来宁波 30 年，宝韵建园 30 年，我与宝韵一起成长，见证了宝韵的发展。

我作为在宝韵工作了 30 年的普通一线教师，我也有自己成长的故事，但我的故事很简单。在宝韵，我有两个身份：1990—2007 年是带班教师；2007 年 9 月至今是电子琴专业教师。

宝韵是一所音乐特色幼儿园，1995 年报钢琴专业的幼儿非常多，幼儿园远远满足不了家长和孩子的学琴需求。同属于键盘的电子琴乐器，学起来入门快，可以进行小组化教学，宝韵为此决定增设电子琴专业。马园长与我商量，由我一边带班一边兼任电子琴辅导员。虽然电子琴和钢琴同属于键盘器乐，但是我也有很多不同之处，我需要先给自己"补课"。

克服困难，坚持学习。当年电子琴专业课排在了周六，上辅导课的我必须随堂听专业教师的课程，将专业教师的教学内容熟记于心，熟练于手。除了正常带班，我一有空就进琴房练琴，辅导电子琴专业的孩子学琴，几乎没有自己的休息时间。一个外地人，在宁波无亲无故，孩子又小，周六上课，为了听课，孩子怎么办？只能找人邻居、朋友托管，就这样，一直坚持了 12 年。每当看到学习电子琴的孩子们获奖和取得成绩的时候，总会因为激动而流泪，并常常勾起愧对孩子的一幕幕场景。我在教孩子们学琴，而自己的孩子发高烧在家无人照顾，我不知道这是否是高尚，但我知道，这就是教师的责任。

坚守专业，创艺术特色。2007 年，当时已经是 41 岁的我，是我教学生涯的转折点，我成了一名电子琴专业教师。我高兴但也犯愁，怎样提升电子琴专业，让电子琴专业走得更远……在一次工作汇报中，马园长听到我正在尝试电子琴合奏教学，非常支持。至今我还一直记得马园长说的话："电子琴教学要搞好，就要搞出自己的特色！"我也一直在研究、探索合奏教学何时开始更适合专业发展，也通过课题研究"在幼儿园开展重奏教学的尝试"，寻找教学方法。于是从小班第二学期，我就尝试合奏教学。在合作中，孩子们能体验音乐的愉悦和成功的喜悦。由此，宝韵电子琴专业队伍的稳定性不断增强，学琴的队伍也不断壮大，由刚开班的 10 人，逐步发展到 40 人，再到 60 多人。看到专业队伍的发展，我心里感到很欣慰。我每年带领孩子们参加单项和综合性的电子琴专业比赛，连续几届都获得一等奖。幼儿组合奏，更是成为专业合奏比赛的亮点。宝韵的孩子们是参赛年龄最小的选手，却多次取得特等奖、一等奖的好成绩！孩子们获得的荣誉，就是我人生最大的收获。

三十年，个人成长与宝韵故事说也说不完。宝韵三十周年园庆活动即将到来，我将尽全力为宝韵贡献自己的一份力量，为宝韵而立之年献礼，也为自己职业生涯画上圆满的记号！

第六节　桃李芬芳

三十年，从这里，美丽的宝韵园，走出了多少孩子，如果不翻开统计名册，我们或许已经记不清了。然而，宝韵母校，您就像一位慈祥的母亲，用深深的爱意和祝福，轻轻擦去记忆里的尘土，孩子们动人的情景、欢乐的场面、笑颜音容……至今依然历历在目。

在您的眼里，每一位孩子都是那样的灵敏聪慧、活泼可爱，每一位孩子都会努力成为他们独特的自己，都会拥有自己幸福的人生。他们无须用伟大和奇迹来证明，纵然平凡，他们也永远是您的"贴身小棉袄"，是您不弃的骄傲，是您心中的最好。

爱在左，责任在右

1993 届毕业生　邵敏

时光荏苒，如今我已经在宝韵工作了 15 个年头。在这里的日子，我的内心感受到的是满足，是幸福。每当可爱的孩子们亲切地叫我"邵老师"，我都明白教师需要担负的责任，需要付出的努力，需要尽心尽力的坚守。每当我想起能够在自己从小学习和生活过的幼儿园里担任老师，我就不禁想到那首让人感慨的、熟悉的旋律——长大后我就成了你，才知道那间教室，放飞的是希望，守巢的是你……

记得在我很小的时候，母亲告诉我宁波刚开了一所新的幼儿园，那是一所音乐幼儿园，可以学乐器。带着好奇，经过面试我有幸考进了宝韵。很骄傲，我是宝韵的第一届学生；很骄傲，是宝韵让我坚持了继续学习乐器的动力。我从 5 岁开始学习琵琶，8 岁开始学习小军鼓，如今有幸再次回到幼儿园成为专业教师。现在再回想小时候，我最爱的地方就是宝韵，每天在幼儿园能够看到亲切如妈妈般的王老师，能够和小伙伴们共同玩耍和学习。回想起当初的时光，才知道这份美好早已在记忆中定格，曾经那份对于幼儿园的爱，如今依然在我的心中留存。激励着我作为一名老师，像我的老师们一样，把爱传递给这些可爱的孩子们。我喜欢带着孩子们在音乐的世界里徜徉，喜欢看到他们在舞台上精彩地表演。每一次节目从排练到演出，需要经历的是不断的练习。这份台前的荣耀正是幕后的辛苦换来的，这份辛苦和付出让我觉得值得、满足、更觉得踏实。

正是对幼儿园的那份热爱，让我能够在如今从事自己热爱的幼教事业。在幼儿园工作的日子里，这里让我觉得暖心和幸福。家长们的信赖和认可，给我带来了动力，让我一路前行，没有了彷徨和迷茫。学习音乐是一个需要循序渐进的过程，也是静待花开的过程。在这个过程中，我和孩子们一起努力。当他们站到舞台上的时候，我内心有着属于自己的那份成就感。2008 年 2 月，我曾带领大班孩子们去到央视的录制现场。在鞠萍姐姐来宁波时，跟着马园长一起，带领大班爵士鼓专业的孩子们参加央视节目的录制。除此之外，我还曾带着我的孩子们参加过各种各样的比赛、演出。经过不断的努力，这些年来我多次被评为省、市优秀指导教师。这些成绩的取得，是我和孩子们共同奋斗的硕果。

三十而立的年纪，宝韵幼儿园已经发展成为一所值得家长信赖，赢得各界认可的幼儿园。这里是我成长过的地方，如今是我奋斗的沃土。这份心中的情感给我带来的是一种执着和坚守的无悔。我相信，伴随着幼儿园的发展，我会在这里更好地和孩子们快乐地成长。爱在左，责任在右，我秉承着初心努力奉献。小草是幸福的，它把绿色献给了春天；小鸟是幸福的，它把歌声献给了森林；鲜花是幸福的，它把圣洁献给了大地；我也是幸福的，因为我把爱献给了一群天真烂漫的孩子。幼儿教师是一份有信仰的职业。虽做着不为人知的工作，也享受着不为人知的幸福。我们面对的是可爱的孩子们，他们身上经常会有意想不到的美好发生。

做一名幼儿教师真的很幸福！走进孩子，你不仅能够回到纯真时代，还能看到多彩的世界，更能品尝到幸福的甘甜。在我成长的幼儿园，我会继续用我的爱浇灌希望，伴随着幼儿园的发展，努力地去创造美好的未来，在幸福里徜徉！

秋韵
——写给三十周年的宝韵
1998 届毕业生　乐伊莲

午后的秋天，阳光明媚。风吹过，树叶像蝴蝶一样翩翩起舞，在风中盘旋，又缓缓落下。午饭后和几个同事走在幼儿园的走廊，有人聊起自己在宝韵工作第几年了的话题。大家你一言我一句地说着，回忆着我们工作以来的各种事情，而我却呆呆地看着眼前这一片地方。在 21 个秋天前，我就在这里，也一定是在这样秋高气爽、晴阳高照的秋天，我与蝴蝶一样的树叶一起翩翩起舞，一起嬉戏玩耍。

翻开收藏在抽屉里的老照片，时光总会回到 1998 年。我时常拿着照片问妈妈，这么多的幼儿园你怎么最后选择了宝韵？妈妈总是云淡风轻地回答，因为好啊！那时候的宝韵就非常与众不同，入学的每个孩子都要学习一门乐器。妈妈就给我报了电子琴，估计她那会一定憧憬着女儿的手指在键盘上飞舞的样子，但是现实却给了妈妈当头一棒。马园长说电子琴的学生爆满，琵琶还能报。现在想来马老师的这一句话，成就了我接下来的 20 年。就这样，我成为1998 届小班里的一名琵琶专业的小朋友，也是在那一年认识了我的琵琶老师——孙莉萍老师。

要问我幼儿园记忆最深的事情，那就要属我 6 岁那年宝韵十周岁的生日了。我很荣幸参加了幼儿园的十周年晚会，虽然记不清演出前的排练日子，但肯定记得演出那天后台串场的忙碌。琵琶专业的我，肯定有琵琶节目。那时候有个姐姐领奏，我们坐在小蘑菇凳子上跟着姐姐一起演奏《天山之春》。多年以后再次翻看当年的演出视频，原来舞台上的我是那么可爱，那么自信。还有引以为傲的《数鸭子》舞蹈节目，老师们制作了一个大大的鸭蛋，舞台上的我们从鸭蛋里破壳而出后，变换各种小鸭子造型，服装随着音乐起舞。那一年的晚会特别的隆重，来了好多的贵客，好多的宝韵毕业生们都回来了，演奏小提琴的毕业生们占满了整个舞台和观众席的每一个空隙。

也是那年我从宝韵幼儿园毕业。毕业的那天我穿上了园服，在幼儿园的角角落落拍了照片。宝韵南门印着幼儿园名字的墙也常常路过，常给我的同学们介绍这是我的幼儿园，是我琵琶启蒙的地方。时光流逝，我在成长，宝韵也在成长，一眨眼就迎来了宝韵 20 岁生日。晚会、音乐、画展好像热闹了一周，我也从杭州赶回宁波，为我的宝韵庆祝生日。

深秋的树叶已经铺满了路，踩着嘎吱响的树叶，我再次走过南门印有幼儿园名字的墙。宝韵还是那个宝韵，在一样的秋天，与蝴蝶一样的树叶一起翩翩起舞玩耍的我，身边多了一群我的学生们。是的，我回到了宝韵，成为宝韵的一名老师。琵琶专业毕业的我，除了开始琵琶专业教学外，更多的是进入班级里跟小朋友为伴，和他们一起走过了三个春夏秋冬。"长大以后又成了你"，说的也应该就是我了。我大班时的班主任杨老师成为我这个年级组的年级组长。老实说，刚开始工作的时候，多年前的师生情感一直挥之不去，同事的感觉一直没有，那种敬畏的感觉困扰了我很久很久。这三年，看着自己班里的小朋友在操场上玩耍，在教室里学习，在舞台上表演，不禁会想起这个操场这个教室这个舞台，你们乐老师也曾奔跑过、认真过、微笑过。与班级小朋友为伴的三年也过得非常快，我也在宝韵这个大家庭里成长，撰写的论文在海曙区、宁波市里获奖，从一个新老师变成了一位"七成新"的老师。宝韵也在这几年里越来越壮大，从柳汀桥边的总园发展成为拥有 7 个园一个中心的宝韵幼儿教育集团。

2016 年我带的班级的小朋友毕业了，我也在那年的秋天加入了宝韵艺术组，全身心地开始了我的琵琶专业教学。从总园到高新逸树园，一周来回跑着上课，就像当年我的琵琶启蒙孙老师一样，迎来一届又一届琵琶学生，带领着小朋友认识琵琶，学习演奏琵琶。这几年在宝韵的教学中，我不断地成长，带领无数的小朋友在大大小小的舞台上演出。小朋友们也在宁波市、浙江省乃至全国的比赛中屡获嘉奖，我也成为宁波琵琶学会唯一的一个90后领导班子成员。我在成长，宝韵的琵琶教学组也在成长。从孙老师开始到我，走过了30年，宝韵的琵琶老师队伍也在越来越壮大。每每认识个弹琵琶的，说自己是从幼儿园就开始学琵琶的，多半是个宝韵娃。

金秋时节，丹桂飘香，过完这个秋天，宝韵即将迎来30周年的生日。三十个春秋，三十载光阴。我和宝韵的故事，还在继续，相约下一个秋天，相约下一个十年，相约下一个"三十次花开花落、三十轮日月星辰"……

长大后我就成了你

1999 届毕业生　戎熠

在1997年的某月，我突然被家人告知要去住新家了，也突然得知我要换一所幼儿园就读。这对于生性内向、慢热的我来说，一时半会儿很难接受。印象中，在原来幼儿园的最后一天放学时，我哭得撕心裂肺，舍不得离开。

然后，我就来到了宝韵音乐幼儿园。第一天上学，怕生的我牵着爸爸妈妈的手，沉默地踏进了幼儿园，却又偷偷地打量着这里的一切。比原来幼儿园更宽广的场地、更丰富的户外游戏设施都在吸引着我的目光。很快，有一个和蔼的声音响起："欢迎你来到宝韵音乐幼儿园呀！"

我抬头，是一位有着一头卷卷短发的阿姨，后来我才知道，她就是我的园长妈妈马老师。为了消除我的不安和紧张，园长妈妈亲切地拉着我的手与我聊天。马老师问了我很多问题，你最喜欢吃什么呀？你喜欢玩什么呢？你能给我介绍一下你喜欢的玩具吗？你愿意给我表演节目吗？我都认真地、如实地回答。

在一来一去的问答式聊天中，慢热的我逐渐放下了防备，对着面前亲切的园长妈妈突然开始产生了信赖。我为园长妈妈画了一幅蜡笔画，画了一位快乐的跳舞的小女孩。园长妈妈接过我的图画，夸我画得真棒，我紧绷的脸总算笑了出来。

后来园长妈妈亲切地带我来到了我的新班级，一位瘦瘦白白又温柔的老师牵过我的手，带我来到了班级中。她温柔地抱着我向班级里的小朋友介绍我的名字，我也在她的怀抱中感受到了温暖，就像妈妈的怀抱一样让人安定。她就是现在的集团副园长周娴贤老师。在我的记忆中，周老师是个画画、讲故事很厉害的老师。我喜欢听周老师讲故事，每次总能沉浸其中，仿佛我就是那故事的主角一般，随着故事情节起起伏伏。而喜爱画画的我更是把周老师当成了童年时的榜样。周老师可太厉害了，不管画什么都能画得如此相像；周老师可太神奇了，我觉得很难画的动物为什么在她讲解了方法以后就变得简单无比，轻轻松松就能跃然纸上。也幸亏我有周老师这样细心指导、耐心教学的启蒙老师，才让画画这件事成为我至今的热爱吧！而班级里的保育老师，也就是王雪敏老师，她给我的印象是永远轻轻柔柔，她的眼睛永远笑得弯弯的，在我生活上有不习惯的地方，总能帮助我适应，让我很快习惯了在幼儿园的生活。

在宝韵音乐幼儿园，我又岂能和音乐分开呢？于是，我在这里找到了第二个兴趣，那便是舞蹈。虽然我是中途插班，但是专业严谨的李映老师对我多加指导，让我的基本功很快就追上了比我学得早的孩子。每一次对外的演出，李映老师也总是鼓励我去参加，让我慢慢接触各种场面，也使我的性格慢慢外向起来，不再怯场。后来我还很荣幸地被李映老师选拔进了体操队，代表幼儿园去北京、萧山等地参加比赛。我们十多个孩子去往陌生的北京参加时长一周的比赛，各种水土不服、分离焦虑，一路都有像妈妈一般的老师贴心照顾。记得我是个每晚睡前就会想妈妈哭得稀里哗啦的孩子，就有老师抱着我，哄我直到入睡；记得北京那里的饮食我们吃不惯，就有老师给我们准备了零食，填饱我们训练后饥饿的肚子；记得赛后我们一起游长城，有个小朋友水土不服拉肚子，就有老师背着那个孩子走完了全程……在这一周离家没有爸爸妈妈陪同的日子里，老师就成了我们共同的爸妈，为我们遮风又挡雨。

这些表演和比赛的经历，锻炼了我的胆量，丰富了我的阅历，是我这辈子都难以忘怀的。而在学习美术、舞蹈和体操中养成的品质也为我今后的学习、工作打下了良好习惯的基础。

时光如梭，我毕业了，每次路过这块熟悉的地方，我都会忍不住往里瞧一瞧我曾经的母校又发生了什么变化。这份牵挂一直都没有变淡，这也注定了当我在高中选择专业时，会毫不犹豫地选择幼教专业吧。毕业后，我只写了一份求职简历，因为我只想回到心心念念的母校，就像一个离家的孩子迫不及待地想回家一般。当我再次来到宝韵音乐幼儿园时，我从一名渴望知识的学子变成了教书育人的老师，而我的母校也与我共同成长着，发展成为在高新、海曙、鄞州横跨多区的集团化幼儿园。而我也有幸能继续与曾经妈妈一般亲切，用心呵护指导我的老师们共事，我在她们身上感受到了无私奉献、无微不至的爱。她们是我的榜样，我也要让我的孩子们感受到无私奉献、无微不至的爱。

谢谢我的恩师们，你们为我种下了教师梦，并让我坚定了自己美丽的梦想。长大后，我就成了你。请放心，我会继承和发扬你们的精神，带着你们的关爱，沿着老师们的道路一路前行，永不言止，永不言弃。

在母校宝韵，有一群"特殊"的人。

他们一家中，父母与子女"两代人同校"，

那是令人动情动容的"家中之家，园中之缘"，

他们都在您的怀抱里，同是宝韵人……

情缘宝韵

1991 届毕业生戴易斯

我和宝韵结缘于中班。荣幸的是，我是宝韵的第一届毕业生。宝韵令我印象最深刻的是她对学生音乐方面的教育，这从她的名字就可以看出来。如果不是因为宝韵，可能我一辈子都不会去学习弹钢琴。虽然在弹钢琴方面，我的造诣并没有那么精深，但是弹钢琴却完美地、及时地开发了我的智力，锻炼了我的思维能力，提高了我的逻辑思维水平，这对于后来我在英国剑桥大学学习数学大有裨益。

30 年前宝韵刚诞生的时候，还没有现如今在宁波的口碑，经过宝韵全体师生和最尊敬的马春玉园长的不懈努力、积极进取，将自己的青春都毫无保留地献给了宝韵，现在的宝韵在宁波有口皆碑、家喻户晓、蒸蒸日上，宝韵的分园在宁波遍地开花，走进了宁波的千家万户，这些辉煌的成绩就是最好的证明。

30 年过去了，我早已成家立业，现在我的儿子戴博已经被英国排名前三的布莱顿学院录取了。正因为自己亲身的经历，以及对于宝韵的无比信任，我在他小时候也把他放到了宝韵接受先进的教育，特别是音乐方面的熏陶。因为宝韵所负的盛名，所以很多家长都慕名而来，希望自己的子女能在宝韵接受最理想的教育，让他们赢在起跑线上，对将来有所助益。我的儿子戴博冲破了重重难关，经历了数番面试，幸运的是最终他被宝韵录取了。当得知这个好消息时，我欣喜万分、欢欣雀跃，就像当初我接到剑桥大学的录取通知书一般地无比兴奋、高兴。戴博被宝韵的录取象征着我对于他从出生开始的教育获得了一个里程碑式的成功，我也深信戴博在宝韵的学习一定会对他的将来有不可替代、不可磨灭的作用，对此我感到非常放心，也非常安心。因为宝韵于我就像是一个亲切的娘家，当然她将来也会是我家族的娘家，因为我的儿子也是宝韵的一名学子。

每逢在电视上、网络上看到、听到宝韵的学子获奖，尤其是音乐方面获得殊荣的时刻，我都会由衷地感到万分欣慰。这时我的脑海里常常浮现出我的儿子获奖的画面。对于我来说，每一个宝韵的学生都好像是我的宝贝，每一位宝韵的老师都好像是我的亲人，特别是马园长，她亲切得就好像是我的另一个母亲，总是那么地慈眉善目、和蔼可亲。每当看到马园长，我就回忆起30年前她对我谆谆教导的画面，那是多么熟悉的感觉啊！

剑桥大学已有将近1000年的历史了，我真诚地希望同为我的母校的宝韵也能像剑桥大学一样，永永远远地持续下去，培养出更多杰出的人才，像剑桥大学一般人才辈出，永久活在无数学子的心中，永不忘怀！

我和孩子成了校友

1991 届毕业生　林佳薇

回想三十年前的幼儿园生活，几个特别有意思的画面，在我的脑海中跳跃。午餐时分，带棕色裂纹的虎皮蛋卧在绿油油的青菜上，一口咬下去外脆里弹，香极了。午后的柔和阳光美美地洒在地板上，印出窗户的漂亮样子，小朋友们围在弧形的窗户下坐了一个半圆，对面是老师正在讲故事，我却跟周围的同学们偷偷做起了游戏，被老师批评了。幼儿园里举办模特大赛，我自己去挑了妈妈的一条蜡染裙子，配了件白衬衫，学着走电视上看到的模特步，还自己加了个定点动作，得到了老师的表扬。夏天的琴房里，小小的我坐在大大的钢琴前，听着老师上课，脑袋和小手紧张得要命，下不了键，生怕弹错。

这一晃眼，近三十年过去了，再一次踏进园区，是给我们家的女儿00报名亲子班，心情忐忑又雀跃。当她完成了亲子班的课程，通过小班的面试，终于拿到录取通知书的时候，我冲她大笑着说，亲爱的宝贝，我现在是你的同门师姐啦！

之后，陪着00去小班报到。我好好看了看熟悉又陌生的教室，现在的教室远比记忆中的大而且丰富得多：娃娃家，小厨房，各种玩具，大钢琴，电视机，读书角，展示墙，等等。小椅子倒是跟记忆里的一样小巧可爱，午后的阳光依旧美丽，真羡慕她可以在宝韵度过三年。

终于在经过了近一个月的焦虑期后，00开始了每天开开心心的日子，特别盼望着去幼儿园。我们也迎来了第一次晨间护苗队站岗。00在校门内带着绶带，跟每一个进来的家长老师同学问早。我跟其他护苗家长们在校门口帮助孩子们下车刷卡。天气很冷，回头看看正在认真鞠躬大声说早安的00，回忆起自己小时候也曾经站在同一个位置上，热情满满地做着一样的事情。看着她，我的眼里满是笑意，打从心里觉得温暖。

现在，接00放学后的路上，我们会聊很多关于她在幼儿园里发生的事情，有开心的，有疑惑的，有伤心的，有惊喜的。我也会跟她分享当年的我是如何在幼儿园里度过的。

不知再过三十年，当她回忆起她的幼儿园时光，又会有怎样有意思的画面呢？

艺术启蒙播种热爱生活的种子

1991 届毕业生　杨维文

我是宝韵音乐幼儿园第一届的学生，看到母校蓬勃发展，取得累累硕果以及在社会上获得良好声誉，让我提起母校就油然觉得自豪和骄傲。也是出于这一份自豪与骄傲，当自己有了孩子，也希望他能成为宝韵的小学子。很幸运，今年我的儿子也如愿成为幼儿园小一班的一员。母子成了校友，感受着我们与宝韵之间奇妙的缘分。

去年当我帮孩子报名回到学校时，看到熟悉的校园，不由让我回想起自己在幼儿园的模糊记忆。校园的建筑变化不大，操场、教室、大厅都让我感到亲切又熟悉，到现在我还能回忆起在学校的一些片段。午饭后，老师会弹奏钢琴曲给我们听，后来长大才知道老师弹奏的是名曲《致爱丽丝》，当时只觉得老师弹得真好听，内心有了音乐的流淌，孩子们都变得安静乖巧。有时启蒙教育就是在这样的不经意间，在孩子的心里播种了对美和艺术的热爱。当然，孩子在幼年时爱玩才是天性，在我的记忆中回忆起来最开心的莫过于午睡后的户外活动。骑自行车比赛，还有一些奔跑追逐的小游戏，到现在，脑海里仍可以像放电影般回放那些片段，心里也能感受到孩童时天真无邪的快乐。人们常说，幸福的人用童年治愈一生，而不幸的人用一生治愈童年，可见童年对一个人一生的影响和重要性。幼儿园是孩童走向独立的第一步，我觉得自己很幸运，能在音乐的启蒙中获得良好的教育。当时我在幼儿园学习的是民乐扬琴，要学习五线谱、乐理知识，并要在家长的监督和陪伴下进行练习，这也增加了很多亲子间的互动。虽然有些时候也会哭闹、打骂，也会不理解为什么其他孩子在玩耍的时候，我要坐在琴边苦苦练习，但成年或懂事以后，更理解了父母对自己的付出和培养。现在想想，其实无论是否在音乐上获得技能或成就，那一份坚持和学习,是日后无论做什么都需要的品质。

看到很多校友在音乐的道路上不断坚持并取得很高的造诣,很是羡慕和钦佩,而我由于中学课业的增加,就没有再坚持音乐上的学习。到了大学,我选择了法律专业,这是一个要求理性而严谨的学科,与音乐的感性表达方式是不同的。毕业后我从事律师工作,这是一个讲究与人沟通的工作,不但需要法律上理性的分析,权衡利弊,也需要感性的认知和处理方式,将严谨的法律有温度的落地化解矛盾。我现在时常感慨,觉得从小的音乐学习给我了很好的启蒙教育,让我在理性和感性间寻求到一种平衡。促使我平时也喜欢用听音乐、观赏艺术演出的方式感受对世界的多种不同的表达方式。幼儿园的教育就像园丁,通过音乐、绘画等艺术形式在每个宝韵孩子心里种下一颗热爱生活的种子,在长大后感受不同的世界和快乐!

我家的宝韵情结

1994 届毕业生　朱晋熠

说到宝韵,这是我从小到大听到的最多的词。宝韵就像我的家人一样,柔软又亲切,温柔又和蔼;对宝韵的情感像"亲情"一样,融入了我的生命和回忆深处,浓烈又深沉,难以言说又难以割舍。千言万语不知如何说起,我想用几个小故事拼成回忆的剪影,讲述我家的宝韵情结。

妈妈:宝韵是一生追求的事业

40 年前的 1979 年,一个农村姑娘在她的志愿表上填报了一个完全不了解的专业——幼师,不曾想,这成为她毕生所追求的事业。1981 年,19 岁的她开启了她长达 30 多年的幼儿教育之旅,她对幼儿的热爱和对音乐教育的执着,让她成为一名优秀的幼教骨干教师。1989 年,港胞孔爱菊、孔庆隆返乡捐资 50 万港币,并以他们父亲的名字命名,兴建了宁波第一所音乐特色幼儿园——宝韵音乐幼儿园。幼儿教育、音乐特色和对幼教事业的热忱与专注,把她与新建的宝韵联系在了一起。从此妈妈的生命中刻上了宝韵的烙印。从幼儿园创办之初担任园长至今,她把全部的精力、梦想和希望都种植在了这里。

从创办之初,妈妈带着 7 名老师,自带干粮坐着轮船去上海学习、取经,通过 30 年的精心呵护,把宝韵这颗小幼苗慢慢培养成苗壮成长的大树,已经成为拥有 7 所分园和 1 所艺术教育中心的幼教集团。不记得儿时的我,有多少次被妈妈"寄存"在门卫爷爷那里，成为最早来、最晚走的幼儿园留守儿童。每天早上 7 点整，妈妈就骑着她的咖啡色女士自行车出门了，后面有我的"专座"——有踩脚的黄色藤椅。从西门口卖鱼路出发，穿过西塘河，听着咏归路菜市场清晨的叫卖声，闻着马园公园的花草清香，7 点 20 分前准时来到妈妈的单位开始"上班"。每天晚上 7 点整，暮色笼罩，我一边和门卫吴师傅聊天一边等妈妈下班，偶尔会咪点绍兴黄酒或者杨梅烧酒，蹭点米饭和油炸小黄鱼。在听了数十遍绍兴口音的故事，终于等到妈妈清脆的自行车铃声，我也可以"下班"了。后来读了小学、中学，我已经对妈妈的早出晚归很习惯了。妈妈半夜进出家门也是很正常的事情——碰到台风或者要准备重要的教学活动任务。寒暑假是教师这个职业的"福利"，她也基本没有享受过。在我的印象中，妈妈就像一个"永动机"，永远在为宝韵这艘大船燃烧着自己的能量。也正是因为她的投入和热忱，让我感受到宝韵在她心中的分量，也让我感受到将生命融入事业的巨大能量。后来我工作了，她也总是半开玩笑地对我说："忙忙碌碌了 30 年，如果哪天我退休了，我心里肯定会空落落的，不知道要做什么了。"我接话说："以前小时候盼着你早点退休，可以多陪陪我，现在觉得即使你退休了也千万别闲下来，和孩子们待在一起，和幼儿园待在一起，你会永葆青春的！"

爸爸：宝韵背后默默的支持者

如果说，妈妈为宝韵奉献了 30 年，那爸爸一定是这 30 年背后最坚定的支持者。爸爸总是说，两个人认识之初，是妈妈对幼教事业的热忱和专注让他一见倾心。一开始，我一直觉得这是一句讨老婆欢心的甜言蜜语，但后来发现爸爸一直用实际行动践行着他的"初心"和承诺。30 年来，爸爸为了让妈妈全身投入心爱的幼教事业中，主动包揽起家务和带娃的重任，从做饭、洗衣服到给我扎头发、接送上下学和辅导作业，他样样拿得起、做得好。

如果妈妈在工作中碰到不顺心和困难，爸爸一定是第一个倾听者和排解者。宝韵成立之初，困难重重，业务和管理上都要两手抓，原来业务出身的她一下子很难适应，一度萌生退意——想改行，爸爸先是耐心听完她的"牢骚"，然后还真的主动陪她去人才市场找工作。结果兜了一大圈，差点被一家保险公司招去当"业务员"，但妈妈最终还是选择回到幼教老本行。我问老爸怎么那么笃定地让妈妈"改行"呢？爸爸笑着说，这招叫"以退为进"，知道妈妈是个"幼教工作狂"，让她对各行各业都了解下，解开她心中的心结，她又会主动选择老本行，而且会更加热爱。确实，那次"转行"风波之后，妈妈再也没有想过"走其他路"，一门心思投入到创办宝韵的事业中。

如果妈妈的"工作狂"中毒过深，爸爸也会适度为她"减压"。以前的夏秋的台风季，宝韵总园因为建造年代久远，顶楼会出现一些漏水情况。妈妈经常半夜出门要去"抢险救灾"，爸爸总是劝阻妈妈说："台风天漏水，半夜你去了还不是一样漏水？"眼看劝不住，他也一把抓起衣服，跟着妈妈出门，一起到幼儿园去"抗台"，"你们幼儿园大多都是女老师，加我一个男丁，做做苦力活也是好的！"

这就是我的爸爸——妈妈的"垃圾情绪中转站"，宝韵背后的默默支持者。

我：宝韵音乐特色的受益者

我是宝韵94届毕业生，宝韵对我来说既是幼儿园也是家，可以说，宝韵见证了我的成长，承载了我童年的大部分记忆。因为妈妈工作的关系，我需要长时间待在幼儿园里，一天12小时，有时候寒暑假也需要待在那里"加班"。但我在宝韵待的时间最长的是"琴房"，因为我是个琴童，一个有着"苦难"童年的琴童。和别的孩子一样，在音乐特色的宝韵中，我也得选一种乐器。是的，从3岁半开始，钢琴这个又爱又恨的好朋友，就一直伴随我了。说实话，对一个琴童来说，是没有童年的。虽然不会像郎朗父亲那么"鸡娃"，但妈妈对于我的钢琴事业也真的是很"投入"——从3岁半开始"全年无休"，每天雷打不动2个小时的练琴时间，寒暑假"加码"到6~8个小时，我在宝韵的琴房里一边练琴一边"陪伴"妈妈加班。记忆中，无数次和妈妈斗智斗勇"预谋"减少练琴时间，无数次想偷偷卖掉我的钢琴，无数次从琴房窗户探出头去，看着不用学乐器的小朋友自由地奔跑，无数次被同学嘲笑说小时候没看过某电视剧。相信每个琴童听到这些都会会心一笑吧？可这确实就是琴童的日常生活。

然而，也正是因为有这个"又爱又恨"的好朋友，才让我学会了坚持、专注和时间管理。这得益于宝韵的音乐启蒙，得益于宝韵专业的音乐师资配备。每天晚上2个小时的练琴时间，从幼儿园小班到高三，我坚持了整整15年，这就是习惯的强大力量！别人可能会问我是如何在课业负担繁重的初高中坚持下来的，因为妈妈有令在先——晚上7点到9点是练琴时间，作业请在其他时间完成。如果没完成，麻烦老师"督促"（批评）。紧张的时间，让我感受到"做作业是件愉悦而又珍贵的事情"，分外珍惜来之不易的"幸福"。所以从小学开始，即使到高三，我全部的作业都是利用学校课间和午间休息时间完成的，回到家里是练琴和阅读课外书的时间，而且每次都是高效并且专注地把所有作业做完。学习钢琴，非但没有影响我的学习成绩，还让我养成了良好的学习习惯和时间管理技能，这让我在初中和高中都在效实中学就读，并且以不错的成绩考入厦门大学。如何把一件困难的任务拆分，排好时间表并且坚持到底，如何在最短的时间里完成最多的事情，如何提高完成工作准确率，等等，这样的习惯让我受益终身。到了相对轻松的大学，我依然保持严格高效的自我管理习惯，每天早上6点30分起来开始学习法语，自习到晚上10点图书馆熄灯，即使周末也是如此。到了工作岗位上，多任务的时间管理让我获益，最短时间内高效完成任务，别人需要加班的事情，我在日常时间内就能完成。"七天抓五天，五天抓白天，白天利用好工作时间"。

儿女：幸福的"宝韵二代"

宝韵已经历了30年，30年是一代人的成长时光，现在好多宝韵的前几届毕业生已经三十而立，踏入了人生的新阶段，而更多的"宝韵二代"也进入宝韵幼儿园，享受宝韵优质的教育资源，延续父母辈对宝韵的情结和希望。

我的大宝已经三岁半了，刚刚就读于宝韵的小班，比起我们那时，我感慨他们真的是太幸福了：每天一节的外教课，沉浸式的蒙台梭利课程体验，每周一节的艺术中心课程，优美的园舍环境创设。这些都是宝韵在30年中总结经验、与时俱进、不断创新的结果。大宝热爱音乐，选择了小提琴，每天坚持打卡训练，同时和我斗智斗勇。我想到自己的童年，我也看到自己一步步化身为"虎妈"，但我也可以预见他的未来——获得陶冶情操的技能，收获受益终身的好习惯。我并不后悔，我也相信他以后会慢慢理解。

我的小宝才8个月，她最喜欢去宝韵接她哥哥放学，她很享受宝韵优美的环境创设，我相信她也会爱上宝韵的一切。这就是一代一代的传承，优质教育资源的传承，和美园所文化的熏陶，优秀人生道路的延续。

这就是我们一家人的"宝韵"情结。

宝韵，带给妈妈一份一生追求的事业，带给爸爸一位相伴的爱人，带给我一个一生受益的习惯，带给孩子们一所一生值得回忆的人生启蒙园。

宝韵是最美的行囊

1996届毕业生 李成林

人生一世，草木一秋，世间就是这样，我们不断地在不同的路口徘徊，总在寻找自己最初的模样。在宝韵度过的时光，令我此生难忘。虽说那时的我朦朦胧胧，只知道吃喝玩乐，但想到我与宝韵时间所许，缘分所致，必定会留下一些刻骨铭心的难忘记忆。至少在那段启蒙的日子中，我过得美满、充实、高兴。我爱宝韵，是打心底的尊敬和爱戴，它在我萌芽的起点为我装上最美的行囊，鼓励我砥砺前行。

1993 年一个明媚的早晨，在妈妈的陪同下，我怀着忐忑激动的心情踏入宝韵。记忆中是和蔼可亲的马春玉园长热情地迎接我们，虽说彼此陌生，心里却觉得她比妈妈还要温暖。我很庆幸，在我幼小的启蒙阶段，有这样一位园长细心照料着宝韵的每一分子。风风雨雨，多少年过去了，直到如今，她依然坚守在自己的岗位上，不说她究竟为宝韵付出了多少，至少宝韵在她的陪伴下风雨无阻，攻克了每一个难关，到现在依旧像 1996 年我走出宝韵时一样，生机盎然，焕发光彩。

都说前人栽树，后人乘凉。我在班主任周娴贤老师的庇护下，茁壮成长了三年，也不知道现在已经是副园长的她是否对曾经调皮捣蛋的我依然牵肠挂肚。要知道每个心智不成熟的孩子都有种目空一切的个性，当然我也不例外。小时候，我喜欢惹她生气来彰显自己的特别，直到后来我奋发努力成为一名优秀的人民警察时，才发现当初的行为是多么愚蠢，但似乎我的这一行为并没有让班主任对我产生厌恶，反而更加得到她的喜欢。一直到后来我有了自己的工作室，我也开始像一个教师一样开班授课，孜孜不倦地为每一个人阐述我的想法和见解。自不待言地讲，那种身临其境的体验让我恍然大悟——自己很幸运，走入了宝韵，了解了宝韵，以及到后来想念宝韵，因为我和宝韵甚至和所有从宝韵毕业的同学早已心成一线。

后来我并没有辜负岁月，就像我走出宝韵时一样信心百倍，我也成家立业，如今已为人父母。希望自己的子女能够在自己的呵护下成长，这是每一个父母义不容辞的责任，所以我把她也送入宝韵。可能对宝韵深厚的情感早已经根深蒂固，但更重要的是，相信我女儿也会将宝韵赠予我们的行囊一直延续下去。这不但是一种传承，同样，她也会和我一样，背上宝韵的行囊，在以后的生活中无所畏惧，勇往直前。

恰逢宝韵 30 华诞，我怀着感激的心情为此着笔，不仅是对宝韵的怀念，更是希望宝韵能够淬火成钢，谱写不朽的神话！

人生起航的地方

1996 届毕业生 季依依

我和宁波市宝韵音乐幼儿园相遇于 1993 年的 9 月，三年的幼儿园生活是那么丰富多彩，给我留下了很多珍贵的回忆。这么多年来，时不时地经过幼儿园，也算见证了宝韵的成长。

刚进入宝韵的时候，我还是一个三岁的孩子。因为爸爸的工作地点和宝韵仅隔着一条马路，每天早上爸爸就骑着自行车载我去上幼儿园。奶奶家也就在附近，每天放学的时候，奶奶就会来幼儿园接我和在我隔壁班的堂妹，然后穿过当时觉得好大好大的马园公园回奶奶家。路上奶奶会给我们买一支棒冰，有的时候是一根棉花糖，我和妹妹就同奶奶分享着幼儿园当天发生的趣事。等爸爸下班了就到奶奶家来接我，奶奶就会跟爸爸说我当天有没有被幼儿园老师告状。从小我就是个太过活泼的孩子，记忆中总是不好好午睡，蹲在寝室门口给小朋友们的鞋子排队；不好好吃饭，偷偷把吃不完的饭藏在饭碗底下，还以为自己做得天衣无缝……

犹记得在幼儿园时参加过的各种园内的比赛，如拍皮球比赛、跳绳比赛，还有穿衣服比赛，等等。在备赛的期间，稚嫩的我们每天都很兴奋地练习着。由于幼儿园是艺术类幼儿园，大家都有各自选择的专业。我的专业虽然是小提琴，但也"不务正业"地去参加过舞蹈演出。当时为了一个拉丁舞的节目，大家聚在一起排练了很久，印象中还有电视台来录制过。期末时候的汇报演出也是相当精彩的。除了专业的汇报演出，各个班级还有音乐舞台剧的节目。印象最深的是当时我们班表演《白雪公主》，每个女孩子都希望自己能被选上，成为演公主的那个人。然而现实是残酷的，主角只有一个，能被选上演七个小矮人都已经不容易，我就只能做背景里的一朵小花。但这也不妨碍自己在家穿上最漂亮的裙子，偷偷演一下公主的戏份。

虽然宝韵是一家艺术幼儿园，但艺体不分家。幼儿园对小朋友们的体育锻炼也非常重视。当时幼儿园里有一个小型游泳池，天气开始转热的时候，游泳池就开放了。家里的相册还收藏着好多张当初我在泳池里那"矫健"的身姿。

一转眼，26 年过去了，我自己的孩子现在也在曾经给了我许多珍贵回忆的宝韵收集着他们自己的回忆。我的儿子目前就读于中班，小班的时候参加音乐剧表演，还有幸当了一回小"主角"；女儿目前在亲子班，在老师和我的陪伴下慢慢适应幼儿园的生活。园区今年正好翻修完毕，以全新的面貌迎接着我们。每次送孩子到幼儿园，看他们在里面开心地学习、玩耍，我恍然间仿佛看到了二十多年前的自己，就在这同样的一片土地上，在老师的带领下，和同学们一起慢慢认识着这个世界。看着越来越先进的教学设备，越来越完善的各个不同功能的学习和游戏的区域，还有同样兢兢业业为培养好孩子们辛苦付出的老师们，心里感慨万千。

虽然已经毕业很多年了，却仿佛自己从来没有离开过，会回想起在宝韵的点点滴滴，想起老师对我的辛勤栽培，还有同学之间天真烂漫的情谊。宝韵是我人生正式开始的地方，现在也是我的孩子们人生正式开始的地方。不忘初心，方得始终。值此母校三十周年华诞之际，衷心地祝愿她桃李芬芳满天下，再铸辉煌！

> 一代又一代，血脉相传，情缘相承。
>
> 割不断的思念与惦记，紧紧地把母校和孩子们的心连在一起。
>
> 三十年，孩子们也没有忘记母校，正如母校还清晰地记得孩子们。
>
> 三十年，一篇篇饱含真情的文字，从四面八方接踵而至，述说那不逝的情怀。
>
> 昨天今天孩子们以宝韵母校为荣，今天明天宝韵为孩子们自豪。

种下音乐的种子，随着成长生根发芽

1993 届毕业生　费莹

我叫费莹，1986 年出生，1989 年考入宝韵幼儿园，是宝韵音乐幼儿园第一届小小班学生，在那里，我度过了快乐的幼儿园生活。当时我家就在宝韵幼儿园的附近，看着空地上盖起了花花绿绿的大楼，听说是一家教音乐的幼儿园时，我妈妈给我报了名。我依稀记得老师带着我进了一个又一个教室，回答了一些问题之后，通知我被录取了。

当时的宝韵幼儿园位置属于宁波比较偏僻的郊区，四周都是农田，还有宁波火车站悠长的铁路线。当时的火车还很少，每次进站时绿皮车都会发出长长的啸叫声，追逐火车就成了班上的一件大事。只要一听到这个声音，我们就会一窝蜂地趴到教室窗口，向火车招手呼喊，兴奋地看着这个"大长龙"挂着浓烟驶入车站。

宝韵的特色是音乐，每个孩子都有自己选择的音乐项目。我从三岁半开始学习钢琴，在幼儿园的三年基本上也是我打下音乐基础的三年。每到音乐练习课，我们就走进自己的琴房，跟着林元宁奶奶开始钢琴启蒙。一开始是兴奋的，把钢琴当作很大很有趣的玩具，但当新鲜感渐渐消失的时候，练琴就变得枯燥又痛苦。对着一首音阶或者曲子反复弹奏，加之母亲要求又高，不弹完一定时间不能下琴凳。渐渐地就不再喜欢弹琴了，看到这个大块头，就想拿把斧头把它给劈了。但是看到幼儿园其他小朋友都在那里认真练习，自己也在这种氛围中跟着坚持下来。长大了才发现正是这种坚持，使我在人生过程中获得了很多不一样的体验。

在音乐中练胆量——在宝韵幼儿园时，就接触到各种演出机会，有园里艺术会演、电视台表演、音乐比赛，有的是面对大幕拉开黑压压的观众，有的是面对一排排严肃的评审老师，有的是面对熟悉的同学和老师。在一次次登台演出过程中，从一开始的无所谓到感受到紧张和压力，最后慢慢养成一种认真严肃对待的习惯，心态逐渐变稳，磨炼了毅力和耐力。

在音乐中学会沟通协调——有一天，我正在练琴，被小提琴王百红老师带到了小提琴练习室。王老师交给了我一首钢琴伴奏曲，练完以后就和小提琴手们一起合奏。这刷新了我对音乐的认识，一来是没想到两种乐器碰撞在一起是这么好听，二来为了能共同完成合奏，我要学会倾听小提琴手的演奏，跟着他们的旋律调整节奏和音量。就在这样一次次的排练和演奏中，我学会如何做好配合，如何随机应变。

在音乐中走四方、交朋友——我通过音乐结交了很多良师益友，特别是专业老师们。在他们身上，我总能看到一种不怕吃苦的韧劲和充满活力的热情。因为在幼儿园开始学琴打下的基础，在小学四年级考完十级以后，又开始学习圆号，后来被选入乐团。到了大学又担任乐团圆号首席，通过乐团生活，我结交了热爱音乐的朋友，享受团队合作带来的快乐。偶尔我也组小乐团找喜欢的曲子演，去一些地方进行表演和比赛。这些都给我的初中、高中和大学生活带来了更多的色彩和快乐。

三年的幼儿园生活如此短暂，在懵懵懂懂中就度过了，但宝韵留下的快乐记忆一直沉淀在脑海中、心灵中，滋润着以后的学习和生活。时光荏苒，如今，宝韵音乐幼儿园已成立三十周年，但每次路过幼儿园门口，美丽的园景、欢乐的笑声，依然熟悉与亲切，愿母校越办越好，一路桃李芬芳！

与你同行　不负韶华

1994 届毕业生　史珺

十年风雨，三十年育人，是"捧着一颗心来，不带半颗草去"的真心，更是"春蚕到死丝方尽，蜡炬成灰泪始干"的无私。时光流转，转眼间，宝韵幼儿园已经走过了 30 年的风雨之路。作为宝韵幼儿园的一分子，感恩成长，如今更是回忆满满。

脚踏实地，一路成长。还记得，1991 年，我来到宝韵幼儿园。那时候，叽叽喳喳的吵闹声，呈现出的是我们对这里的喜爱。老师的敬业，小伙伴们的朝夕相处，让我在这里收获着成长，感悟着快乐。虽然已经很久远了，但是对我而言，在宝韵学习琵琶的过往，一直印刻在心里。是啊，那时候，不知琵琶为何物，却在老师的悉心指导下，开始了我与音乐的不解之缘。1997 年，我考入了上海音乐学院附小。就这样，我带着一份小梦想，开始走上专业的道路。从那时起，琵琶就成了我生命里必不可少的一部分。从附小、附中到大学，再到后来的研究生，16 年的专业之路，有辛苦、有辛酸，但更多的是幸福。这一路走来，我将琵琶当作伙伴，至今已与琵琶相伴 20 多年，同时我将宝韵带给我的温暖一直放在心上，直到今日。

思绪转念过去，再低头伏案，竟然已经过去了 25 年。不知道曾经的幼儿园里，是否还有与我一样的孩子，捧着书本，看着夕阳，背着琵琶，与老师作伴，等待着明天。是啊，琵琶陪伴了我 20 多年。我也从未忘记在宝韵时老师的耐心与温柔。她们用自己的辛勤付出，换来了一个懵懂的孩子的期待与梦想。2013 年，我硕士毕业。面对多种选择，我毅然决然地回到了宁波，回到日思夜想的家乡，感触这片温暖大地带来的安心与守护。而今，宝韵已经 30 岁了，我也曾利用闲暇时间再次回去。宝韵与我们一样，也在成长、突破。如今的"文化共融、资源共享、课程共建、品牌共创"的集团化管理模式，也让宝韵小有名气，我也常常骄傲地跟朋友、同事们说起这里，说起这里是我梦想开始的地方。

一路成长，花开无数。从最初的 3 个班级，到如今的 66 个班级，宝韵用自己的方式，吸引着无数人的目光。作为优秀毕业生，我有些惭愧，但是内心最大的感触依然是感谢。感谢我人生中的第一所学校是宝韵，感谢与宝韵的相遇，才有了今天的自己。或许依然有不足，但是前行的路上，我从未觉得辛苦与忙碌。或许，这就是宝韵传递出的精神。

一分耕耘，一分收获，感谢母校，更是怀念那美丽的校园。如今，风雨同舟三十年，一代又一代宝韵人，带着一份初心和梦想，走向美好的未来，踏上更加出彩的人生征程。未来的路，不是康庄大道，是荆棘满地，但是信心满满。宝韵老师的那一份勤恳激励着我们，守护着属于我们的初心，践行着我们的使命，让我们能够追梦前行。

你听，仿佛有叽叽喳喳的笑声，从宝韵园里传来……

我的宝韵情

1999 届毕业生　周诗瑶

宝韵音乐幼儿园，是我人生步入的第一所学校，更是我梦想起航的地方。如今我已是上海音乐学院古筝专业的研究生，回想起来，这颗音乐的种子就是在这里被播种，在这校园的养分中慢慢成长起来的。

与古筝的相识要得益于宝韵。刚入园的时候，要选择艺术兴趣班，开始我选择的是舞蹈。但那时的我生性顽皮，爱闹爱跳，班主任徐老师找到我的父母，说我太好动，像个假小子，建议选一种稍微安静的乐器，来中和一下性子。就这样，父母带我去选择乐器。当时我一下就被古筝清亮的音色所吸引，瞬间爱上了它，也是从那时起我与古筝结下了缘分。在我的启蒙老师宝韵古筝教师王锋的教导下，我开始学习古筝。她是一个非常认真且耐心的老师，每一节课她都会提前做好教学计划，手把手示范教学。当时我们是 4 人的小组课，王锋老师会根据每个孩子的吸收情况来安排教程，绝不让任何一个孩子落下队伍。在学习的过程中，王老师总是鼓励我，给我信心，她的肯定对一个孩子来说是进步的极大动力。如今学琴已 20 载，对我来说，班主任徐老师和王锋老师是我人生中的贵人，而师生的相遇也是一种缘分。在她们的指引下，我开启了音乐之路。

宝韵这个充满了艺术气息的校园，让我从小就在音乐的熏陶之中成长。那么小就有机会让我勇敢地登上舞台，这对五尺之童来说是不可思议的。宝韵提供的演出机会，使孩子们在每一次历练中不再怯场，大胆地展现自己。在这艺术的浸泡中，孩子们更具想象力和感受力。也正是因为这样，家长们总说"从宝韵出来的孩子就是不怕大场面"。2019 年，我登上 CCTV 民族器乐电视大赛的舞台，在央视璀璨的灯光下，我内心触动，想起第一次上台时的情景，想起踏上梦想阶梯的第一个脚步，我想骄傲地说："我从宝韵来！"

我爱宝韵，她像一位母亲，每一天我都能感受到温暖和爱。她不仅是我艺术的起点，更是我初识世界的起点。在校园里，老师们给予我们无微不至的关爱，教会我们如何与这个世界友好相待，为我们注入新鲜的养分。在这样的环境中，每一个孩子都能健康快乐地成长。我想，拥有着这样一支优异师资团队的核心，肯定是一个极其出色的领导人。而这位出色的领导人就是马春玉园长。在一次与马园长的交谈中我得知，她 19 岁就开始从事幼教工作，她目送了一批又一批有音乐特长的孩子快乐地跨出幼儿园，在各个领域成为优秀的人。她说教育事业让她快乐，让她感受到了生命的承载，她为我们优秀的宝韵毕业生感到骄傲。在不久的未来，我也将成为一名教师，也希望自己能够学习马园长为教育事业无私奉献的精神。她就是我的榜样！

在宝韵音乐幼儿园三十周年园庆之际，我将满怀感恩，对我的母校说一句："妈妈，生日快乐！"

梦开始的地方——宝韵

2001 届毕业生　张楚晗

宝韵是我梦想开始的地方。在我的记忆深处，她是温暖的摇篮，是银铃般的笑声，是每天午间的饭菜香，是琴房中延绵不断的琴声，是舞蹈房中稚嫩却又自在的舞姿。

宝韵鼓励孩子们漫无边际地做梦。还记得中班时一次以"未来梦想"为主题的班课，老师问"大家的梦想是什么呀?"孩子们踊跃地说出答案：老师、警察、医生、科学家……轮到我的时候，我不知道为何脱口而出："我想成为美人鱼！"虽然有点不好意思，但是看到老师鼓励而略带惊喜的眼神和微笑，我真切地感受到一阵暖意。的确，对孩子来说，梦想没有标准答案。

宝韵建立了我对于钢琴和音乐最初的美好认知。这种认知为我日后的成长奠定了无比坚实的基础。而这一切源于每个学音乐的孩子在宝韵获得的悉心栽培和个性化培养。当 4 岁的我坚定地选择钢琴作为我的乐器时，我从未想到过这位"大伙伴"会见证我每个阶段的成长，成为我生命中无比重要的一部分。我在音乐上的长久坚持得益于宝韵为学音乐的孩子们营造了一个充盈、有爱、艺术氛围极强环境，让我在学琴初期就建立了对音乐的憧憬、尊重、执着和一种沉静的专注力。

我对美的认知和舞台的热爱也源于宝韵。在宝韵的四年时光里，我在一次次的弹琴、跳舞、演讲、表演中得到充分的尝试和锻炼，建立了对自己的认同感和自信心。宝韵的老师们都是守护创造力花骨朵的天使，让我们这群孩子在浸染艺术的过程中潜移默化地懂得管理和释放自己的情绪，并学会用艺术来表达自己。我还深深记得自己参与的每一场舞蹈表演，穿着小天鹅的舞蹈服，画着大浓妆的样子，虽然滑稽，但的确增强了我对美的认知和舞台上的自信。

现在想来，能够在这种教育模式下成长是极其幸运的。当我来到美国耶鲁大学读书之后，我认识到美育在西方通识教育体系中极为重要。优质的美的教育在培养完美人格的过程中不可或缺，且这种影响会伴随人的一生。宝韵对美育长久地坚持和重视在国内以应试教育为主的体系下并不多见，因而更为珍贵和值得推崇。

我喜爱带过我的每一位宝韵老师：在小小的我的眼中，她们美丽、青春、飞扬、善良，我渴望长大后成为她们那样的女性。我觉得她们是发自内心喜欢自己的事业，享受跟孩子们相处的过程。哪怕长大后回想起来，那些画面仍然温馨。

耶鲁本科和研究生毕业后，我进入教育投资领域工作，成为另一个角度的教育行业人士。每当我想到宝韵的点点滴滴，便会忍不住赞叹她独特的教育理念和培育模式，以及三十年如一日对艺术的热忱与守护。

值此宝韵 30 周年生日，献上我对她的思念、感恩与期待。

故事的起点

2002 届毕业生　张杰妮

在我接到这个"任务"的时候，其实心里很紧张，但更多的是兴奋。因为"宝韵"对我来说是一个神圣但太久远的两个字。闭上眼睛，钟表呈逆时针方向快速旋转，回到二十年前故事的起点。

老实说，在我的记忆里，刚进幼儿园的我一点也不快乐，不爱吃饭，不爱说话。在入园前期的生活中，每天我大部分的时间都在大声哭闹，等着老师来哄。这样做的战绩还是不错的，接连好几周的早餐可以得到马园长的贴身陪护。有了社会认知的我现在再回去想这件事，觉得自己真的太厉害了！

记忆里，胆小的我进了舞蹈班，居然还被李映老师安排在了队形前排。对于生性畏畏缩缩又没有柔韧先天优势的我来说，当然是超级大灾难了：除了僵笑啥也不会，动作学得慢，齐舞还经常突兀得因做错动作而被动变成"节目主角"……可是尽管这样，李映老师不知道是看中了我的哪一点，给了我光明正大做主舞的机会，上演出跑节目。现在长大成人，试着站在当年老师的角度仔细想想，可能只是因为太看不过去一个那么明显最内敛的人站在台上做表演，所以与其让观众吐槽，不如当成特色。

　　当时接触我的老师、家长、同学们都知道，我是个不爱表达，害怕跟人说话的小孩儿。班主任周姝贤老师跟李老师一样做了一个大胆但我怎么都想不通的决定：把我推上了宝韵"官方合作司仪"的宝座，大大小小的演出活动都让我去做主持。每一次演出前数不清多少遍地跟我对主持稿、节目流程：午睡时间、放学时间、吃饭前后……我上台前周老师跟"母上大人"一起起个大早为我做妆发；一次一次地告诉我我可以；甚至几次因为我太害怕就跟我一起上台。当我离开周老师参加活动的时候才发现，这一切其实并不是当时想象的那么理所当然。

　　作为一个现在还在艺术道路上坚持奔跑的女孩儿，一路从宝韵幼儿园到爱菊艺校再到伯克利音乐学院；从中国大大小小的舞台到美国娱乐公司一名旗下练习生。回首宝韵带给我的并非多么高深的专业知识，更多的是教给我"从艺先做人"：让我懂得怎么去付出爱、担起责任、输出相应回报。我也相信宝韵，你在三十年中带给孩子们的爱，有一天会让我们以三十万倍以上的力量返还给你。宝韵加油！

浅忆宝韵

2002 届毕业生　邬天米

　　于每一位小朋友而言，上幼儿园这件事真是比登天还难。说起来也十分有趣，上次放假时与外婆偶尔经过了一个幼儿园，正见一小萝卜头哭天喊地地与自己的妈妈进行拉锯战，就是不愿意跨进幼儿园的大门一步。外婆看着不禁笑了起来，说道："你曾经也在这家幼儿园上过学。那时你太小啊，或许不记得了，每天上学我都要一直牵着你，生怕你像第一次上学时一样，'嗖'地就从自行车后面跳下去，撒腿就往家里跑。后来到了宝韵之后，反倒是乖了许多。"我听了小时候的"勇猛"事迹，开怀地笑出了声，仔细一回想——是啊，幼时大部分的记忆都在这宝韵幼儿园了。

第一次去宝韵时，我已然是一枚骄傲的中班小萝卜头了。初到宁波，初到陌生的班级，拘谨又好奇，时不时地就往旁边瞄一瞄，看看周围的小朋友里谁比较顺眼。教室很大很明亮，尤其是敞亮的窗外透入的明媚阳光真是让我心情愉悦，不自觉就会坐到窗边的小桌台上拼积木。要说最快乐的事情是什么，大概是每天快到中午的时候，老师就会教我们学唱好听的歌曲了。小朋友们纷纷放下手中的小玩具，坐在教室的各个角落，用最纯净的童声跟着老师的琴声哼唱歌曲。其实很多时候不知道歌词是什么，但在那样一个纯真的年华，和最喜欢的小伙伴一起唱出来的歌声中，是无法言说的快乐和幸福。唱完歌，吃完老师们精心准备的饭，自然就是小朋友们明明很困但就是不想睡觉的午睡时间了。那时候我经常睡完短短一觉就会醒来，之后老师就会让无所事事的我帮忙看看周围的小伙伴睡得是否安稳。我应声踮步在床铺之间，看着一些小家伙睡梦香甜，而另一些已经悄然转醒了，睡眼惺忪地看着周围，一看来人是我，立刻精神了，冲着我调皮地眨眨眼。那时我心想，他们真是可爱极了。如今想想，越是这样简单的快乐，在长大后却越是难得了。

除了在自己教室里的日常学习与生活，我还参加过学校的舞蹈课和画画课。在这两个领域我都没什么天赋，所幸老师们总是会很耐心地手把手、循序渐进地教我。最开心的莫过于在舞蹈中学会了花式呼啦圈，还穿过戏服，拿着手绢，唱越剧《小九妹》过了把瘾。从那时起便隐约体会到了学习的快乐，也自然而然受到了许多音乐上的熏陶。想来，之后我那么喜欢音乐，并且最终选择走上了音乐道路，与宝韵老师们精心为孩子们营造的艺术氛围以及他们的耐心教导是息息相关的。

我很庆幸，在我的幼时记忆中，在宝韵这个可爱的地方，满满的都是快乐和阳光。哪怕到了现在，我还能想起那时候我们班上的老师们对待孩子的真心。我想起看到孩子手上擦破了皮时，陈老师拿着云南白药，一边给孩子上药，一边轻轻给孩子吹一边问疼不疼的场景；我想起黄老师在小白板上一笔一画教我们画画的场景，她画的画真是好看极了；我想起史老师每次在孩子放学回家前一直等着，直到把每一个孩子亲手交到家长手里的场景。那一片真心，当真难得。谢谢宝韵给我留下的美好记忆，也希望它在未来发展得越来越好的同时不忘初心。

梦从这里启航

2006 届毕业生　李秉章

时光荏苒，从宝韵幼儿园毕业到现在已经有十三个年头了。听闻宝韵成立三十周年，倍感亲切，往事历历在目。

我当时以小提琴特长插班到宝韵幼儿园，因为小提琴班名额满了，我被安排到声乐班。

我记得第一天去幼儿园，妈妈怕我一下子接受不了新环境，担心了一天，晚上放学后问我，新幼儿园好吗？我当时大声地回答：老妈，这个幼儿园太好了！被子特别软，盖在身上特别暖和。我对宝韵的第一印象，是阳光照在午睡的小床，那床暖和的被子让我睡得无比踏实。

记得当时家离幼儿园比较远，我要转两辆公交车横穿整个市区，所以每天基本上是踩点到幼儿园。当时马园长每天早上都会在幼儿园门口迎接小朋友，她像一个慈祥的妈妈，能记住每个小朋友的名字，对每个小朋友都报以慈爱的笑容。我每天早上碰到她，都大声地跟她说："马园长好！"。但最神奇的是，我毕业好多年后，有一次去宝韵，碰到马园长，她竟然还叫得出我名字。我跟她拥抱的那一瞬间，真觉得无比温暖。

我还记得当时的班主任周老师，她是教唱歌的。我因为专业不是声乐，所以很少上她的课，只在有空去上她的课。她对我很好，经常问我，练琴辛苦吗？我摇摇头说，不辛苦。我一直认为，宝韵是我学小提琴生涯里种子发芽的阶段，阳光充沛，土壤肥沃。在学小提琴的日子里，无比感谢王百红老师，是他的高规格和高要求让我打下了坚实的基础。王老师那时很严厉，回不好琴课是要挨批的，所以每天好好练琴是头等大事。也感谢周秀美老师，她每天中午在我们午睡的时候，让我只睡一半时间，每当我还睡意正浓，便把我从被窝里抱出来，帮我一起穿好衣服。我眯着惺忪的眼睛跟她一起到琴房练琴，天天如此，所以感谢她当年如此负责地陪练。而每年的六一是最开心的日子，我们一帮小朋友化好妆，在台上表演，当时我拉的《梁祝》还获得过园内一等奖。

古人说，三十而立。宝韵走过了三十个年头。三十年来，宝韵从一个园发展到七个园，一直保持着音乐特色教育，希望宝韵越办越好。

鹏生俊翼当高飞，振翅翱翔千万里。

三十年，一批又一批可爱的孩子，

带着满脸的淘气和稚笑，踏着成长的节奏而去，

去寻求自己的梦想，去闯荡更广阔的天地。

三十年，他们带着感恩与思念纷纷回归，接受您的检阅，

请看前来探望您的那些优秀孩子的代表——

戴易斯：1991 届毕业生，现任宁波易斯戴教育集团执行董事。

2003 年获英国高等数学挑战赛金奖，2004 年以入学考试最高分入读英国剑桥大学，2007 年获英国剑桥大学菲茨威廉学院荣誉文学学士，2011 年获得文学硕士，2012 年任宁波易斯戴教育集团执行董事。

张追：1991 届毕业生，钢琴演奏博士。

四岁开始启蒙学琴，多次获得市级钢琴比赛一等奖。2003 年以优异成绩考入上海市师范大学音乐学院表演系，2009 年受 Wesley Roberts 教授邀请赴美攻读硕士学位，获得 Campbellsville 大学全额奖学金。2011 年获得博士学位，获得美国 Kentucky 大学全额奖学金并受聘为该校钢琴老师。2012 年、2013 年连续获得学校颁发的钢琴教学与钢琴演奏杰出贡献奖。在美期间，摘取了州立钢琴比赛的独奏和重奏两项桂冠。2016 年在 American Protege 国际钢琴比赛中获得第二名，并在美国纽约卡内基音乐厅举办获奖音乐会。

李晓临：1992 届毕业生，小提琴专业，现任美国 South Mountain Community College 弦乐系教授。

美国 South Mountain Community College 弦乐系教授，亚利桑那州斯科茨代尔爱乐乐团驻团艺术家，Laniakea 弦乐四重奏创始成员及小提琴手，亚利桑那州立大学小提琴演奏博士。曾获 2019 年香港国际室内乐比赛第一名，亚利桑那州立大学协奏曲比赛第一名。作为一名资深的室内乐音乐家和独奏家，参与过世界各大主要音乐节包括美国 Aspen 音乐节。涉及意大利 InterHarmony 音乐节、瑞士 HEM 音乐学院国际交流音乐节等。演出足迹遍及美国，涉及欧洲和亚洲，并与世界著名的音乐大师同台演出，其中包括小提琴大师 Joshua Bell、Cho - Liang Lin, Shmuel Ashkenasi, Ilya Kaler, Martin Chaifour；合作过世界著名的弦乐四重奏团体，例如朱莉娅弦乐四重奏，上海四重奏，Brentano 弦乐四重奏，St. Lawrence 弦乐四重奏等。

郁伟巍：1992 届毕业生，小提琴专业，现任浙江省小提琴学会理事、宁波

市音乐会协会小提琴艺术委员会理事。

2009 年毕业于华东师范大学，从事小提琴教学工作十余年，先后获得香港国际小提琴比赛、香港国际室内乐大赛、上海蜂鸟杯音乐大赛等优秀导师奖，所指导的学生获得国内外各种奖项，2012 年宁波青年室内乐团成立担任首席。现担任浙江省小提琴学会理事、宁波市音乐会协会小提琴艺术委员会理事、宁波青年室内乐团首席和社会水平专业考级考官等。

王佳婧：1993 届毕业生，小提琴专业，现任教于澳门演艺学院。

4 岁起随父亲学习小提琴，10 岁就读上海音乐学院，其后以全额奖学金赴澳大利亚悉尼音乐学院深造，20 岁时澳大利亚政府因她在国际舞台上为个人及国家获得的荣誉，为其颁发澳大利亚特殊人才公民身份，随后又获得香港优才移民。22 岁获得音乐硕士，被聘任为澳门乐团副首席。

赵欢：1993 届毕业生，现任中国国际金融有限投资银行部任经理。

曾获得全国初中数学竞赛浙江赛区二等奖、全国高中物理竞赛浙江赛区二等奖。2005 年，以优异的成绩同时被北京大学光华管理学院和香港大学全额奖学金录取。2009 年，在北京大学获得经济学和统计学双学士，并以全额奖学金保送本院金融硕士。2011 年毕业，现任中国国际金融有限投资银行部经理。

费莹：1993 届毕业生，现于国家机关部门就职。

曾先后荣获全国第五届"千名好少年"百花奖；全国第六届"百名好少年"创造奖、首届全国大学生"自强之星"入围奖。目前在中央纪委国家监委派驻机构工作。

蔡圣：1994 届毕业生，钢琴专业，现为世界青年钢琴家。

当今世界浪漫派的青年钢琴家，国际舞台上最活跃的华人钢琴家之一。11 岁时去加拿大多伦多皇家音乐学院学习，15 岁时以全额奖学考上美国纽约茱莉亚音乐学院中学部，荣获加拿大全国钢琴协奏曲大赛首奖。17 岁在美国波士顿新英格兰音乐学院获得全额奖学金，获得音乐学士学位。2019 年于美国半人马录音公司出版首张全集舒曼作品 CD，并已与蒙台利尔 ATMA 公司制作完毕李斯特超级练习曲全集，同年 5 月向全世界发行。

朱晋熠：1994 届毕业生，现任宁波杭州湾新区组织部主任科员。

2009—2010 年前往法国贝桑松大学应用语言学中心交流一年。2011 年毕业于厦门大学，获得文学、法学双学士学位。2017 年获得同济大学公共管理专业硕士学位。

史珺：1994 届毕业生，琵琶专业，现为宁波外事学校琵琶专业教师。

曾先后荣获第三届"龙音杯"中国民族乐器国际比赛少年专业组优秀奖，同年赴德国、奥地利进行交流演出。2009 年 10 月，与指挥家黄胤灵及上海爱乐乐团合作演出琵琶协奏曲《草原英雄小姐妹》；同年以优异的成绩保送上海音乐学院 2010 届硕士研究生。毕业后任宁波外事学校，担任琵琶专业教师。

时朦：1994 届毕业生，"缇纷在线"创始人。

2010 年毕业于英国牛津大学物理学，曾服务于高盛银行伦敦总部，担任投资银行分析员，参与多起欧洲大型互联网公司、知名电信公司的 IPO，担任过美国一家基金公司北京办事处的投资经理。后创办了"缇纷在线"，同时也是知名国际学校品牌赫德的联合创始人。

俞笛：1994 届毕业生，小提琴专业，现宁波大学音乐学院钢琴器乐教研室副主任。

甬籍旅美小提琴家，宁波市高级人才。毕业于上海音乐学院、美国 MSU。曾任海南爱乐乐团首席，获得音才奖、中新、ICAF、大阪四项国际音乐比赛最高荣誉与金奖，也是中国音乐国际比赛、浙江舞台艺术兰花奖、胡岚优秀博士奖励基金、教学创新奖、中银奖、珠江恺撒堡奖教金、最美宁大人等比赛与荣誉的获奖者。担任中国、新加坡、日本等地重要比赛评委，于国家大剧院、卡内基音乐厅、Leshowitz 多地演出及举办个人音乐会，指导多名学生在国内外比赛获金奖并考取上音等一流院校。

管晓：1994 届毕业生，小提琴专业，现工作于四川音乐学院。

2006 年以优异的成绩考入四川音乐学院管弦系，大学期间担任学生会副主席、系党支部副书记，先后获得国家励志奖学金、优秀毕业生等荣誉。2015 年取得电子科技大学硕士学位。2010 年至今就职于四川音乐学院，分管学院下属文化传播公司工作，担任人事部主管、党支部纪检委员、工会副主席；四川省音乐家协会委员。多次参加国家大型赛事及演出的主要承办工作，如金钟奖、文华奖、国家艺术基金歌剧等。

王燮弘：1994 届毕业生，钢琴专业，现任浙江大学宁波校区艺术教育中心教师。

2007 年考入上海音乐学院钢琴系，本科毕业作为上海音乐学院优秀钢琴系毕业生，在上海贺绿汀音乐厅成功演出。在上海雅马哈艺术中心成功举办个人独奏音乐会，同时作为"琴音圣手"钢琴兵团的领奏之一，在国家大剧院、上海大剧院、广州星海音乐厅等城市展开全国巡演。所教授的钢琴学生，在国内外各大赛事中摘金夺银。现为浙江大学宁波校区艺术教育中心教师、宁波市音乐家协会会员、宁波市钢琴艺委会常务理事、宁波李惠利中学、宁波爱菊艺术学校、宁波艺术实验学校钢琴专业负责人、D 调琴音社创始人。

梁羽辰：1994 届毕业生，古筝专业，现为浙江省民族管弦乐协会古筝专业委员会会员。

2008 年毕业于宁波大学教师教育学院，从事幼儿古筝教学十余年，是浙江省民族管弦乐协会古筝专业委员会会员，浙江省优秀艺术教师。所教学生曾多次在国际青少年古筝比赛、全国青少年古筝大赛、浙江省古筝分级大赛中荣获金银铜奖。2013 年 12 月，受邀参加在北京举行的第十八届全国古筝教学交流研讨会，与全国的古筝教学工作者一同交流教学心得，并得到中央音乐学院古筝专业导师、杰出古筝表演艺术家袁莎老师的悉心指导。还曾有幸受邀在宁波大剧院与著名古筝演奏艺术家王中山教授同台演出。

王丛玮：1994 届毕业生，现任荣安地产股份有限公司总裁。

2006 年毕业于华南理工大学土木工程专业，2018 年至今在清华大学五道口金融学院就读 EMBA。2010 年至 2014 年在荣安地产股份有限公司担任事业部经理、杭州区域总经理。从 2014 年 4 月至今担任荣安地产股份有限公司总裁，还曾担任宁波市政协委员、宁波市青联副会长等职务。

陈丹丹：1995 届毕业生，琵琶专业，任职于宁波文化广场教育投资有限公司，文化广场校区校长。

上海音乐学院硕士，琵琶、大提琴双专业，现任浙江省音乐家协会琵琶专业委员会常务理事、上海市音乐家协会琵琶专业委员会会员、宁波市琵琶学会副会长、宁波市音乐家协会会员、宁波市鄞州区音乐家协会理事。2013 年 11 月在上海音乐学院校音乐厅成功举办个人专场音乐会。2015 年获得"新松计划"浙江省青年演奏员大赛二等奖。2018 年获得第五届香港国际音乐节和 2019 年首届"华音奖"艺术大赛获优秀指导教师奖。

周思力：1995 届毕业生，现为复旦大学泛海国际金融学院金融学助理教授。

2011 年获得中南财经政法大学经济学学士学位，2013 获得上海财经大学金融学硕士学位，2017 年获得新加坡管理大学李光前商学院金融学博士学位，2017 年至今担任复旦大学泛海国际金融学院金融学助理教授。

李成林：1996 届毕业生，现为海曙公安分局刑侦大队团委书记、科技信息化工作室负责人、警务技术四级主管。

2014 年毕业于浙江警察学院，同年参加公安工作并借调至浙江省公安厅刑侦总队，其间参与多起省部级大要案，以优异成绩毕业于公安厅物证鉴定中心视频侦查技术培训班。2016 年、2017 年、2018 年连续三年被评为优秀公务员。2015 年被评为全市信息能手。2016 年被评为平安护航 G20 先进个人。2017

十九大安保先进个人、荣立个人三等功一次、个人嘉奖一次。在2018年刑事技术破案会战中被公安部通报表扬，并于2018年11月被海曙公安分局授予以名字命名的"李成林视频侦查工作室"。2019年发表论文《信息化进程下人脸技术在视频侦查中的应用》被公安部录用，同年11月受邀参加"第二届全国公安刑侦部门视频侦查论坛"。2019年7月经推荐入选宁波市公安局人才库。2019年12月经推荐入选全省刑侦人才库。

任元颖：1996届毕业生，现任舞界传媒公司舞蹈编导。

2001年考入上海戏剧学院舞蹈学校；2004年参加全国文华奖第八届桃李杯甲组获得优秀表演奖；2008年以专业第一的成绩考入上海戏剧学院舞蹈编导系；2012年参与编创多媒体舞剧《极境》。

王佳稚：1997届毕业生，小提琴专业，现为中央音乐学院教师。

2014年毕业于美国巴德音乐学院，同年以全额奖学金被耶鲁大学音乐学院录取为硕士研究生。曾获中国演奏家大赛三等奖、巴德协奏曲比赛第一名、华盛顿国际音乐比赛小提琴组第二名等多个奖项。2017年3月，她在美国纽约卡内基音乐厅成功举办个人独奏音乐会，同月发行了首张个人专辑。2019年，荣获第十二届中国音乐金钟奖，浙江仅此一人获奖。

董彬彬：1997届毕业生，二胡专业，现任宁波财经学院教师。

南京艺术学院中国乐器表演二胡硕士研究生，宁波音乐家协会会员、宁波文化促进会成员。曾获第二届国际二胡大赛专业青年B组金奖第一名；浙江省首届全国二胡独奏邀请赛专业A组银奖；第二届"敦煌杯"全国二胡大赛职业青年B组优秀演奏奖；江苏省第三届大学生艺术展演活动器乐合奏特等奖；浙江省大学生艺术节优秀指导教师。成功举办两场个人二胡独奏音乐会。毕业后从事二胡、韶琴、民乐合奏等教育工作。

丁之元：1997届毕业生，现于日本东京大学从事博士后研究工作。

高中期间曾获全国高中数学联赛一等奖、中国数学奥林匹克二等奖。2009年入读北京大学数学科学院。2012年获丘成桐大学生数学竞赛团体金牌，北大读书期间荣获学习优秀奖、中国石油优秀奖学金、五四奖学金、优秀毕业生等。2013年以优异成绩被美国芝加哥大学全额奖学金录取，攻读数学博士。2019年前往日本东京大学"Kavliy宇宙物理与数学研究所"从事博士后研究工作。

薛韵善：1997届毕业生，琵琶专业，现工作于宁波市小百花越剧团。

2013年荣获第二届中国民族文化艺术盛典琵琶专业组银奖。2016年荣获宁波市第二届青年演奏员专业技能大赛一等奖。

柴昀喆：1997届毕业生，现为宁波天一国乐团团长。

青年作曲家，宁波市图书馆天一音乐馆主讲嘉宾，宁波天一国乐团团长，伶 Remix 国风电音厂牌创始人，原杭州 HIDII 国乐团音乐总监，亚洲音乐家协会理事。2015 年为京杭大运河休闲旅游节开幕式创作三重奏作品《运河印象》，2016 年为杭州市拱墅区精神文明办创作 G20 宣传曲《礼乐中华》。2017 年为杭州国际时装周创作主题音乐《丝路华裳》。2018 年担任话剧《听见阳明》音乐创作及演奏。2019 年被宁波文广旅游局评为宁波形象优秀传播者。

顾晨田：1997 届毕业生，大提琴专业，乔治梅森大学青少年艺术学院大提琴教育艺术家。

2013 年从上海音乐学院毕业，同年被美国 5 所音乐学院同时录取，他选择了美国约翰霍普金斯大学皮博迪音乐学院；2015 年获得研究生音乐家文凭，夏季获全额奖学金，参加在美国缅因州举行的"太平洋音乐节"并担任大提琴首席；2016 年参加在休斯敦举行的"得克萨斯音乐节"并担任大提琴首席；2017 年考入美国华盛顿特区和巴尔的摩市的交响乐团，并成为乔治梅森大学青少年艺术学院大提琴教育艺术家。

周婷婷：1997 届毕业生，钢琴专业，现为任宁波工程学院教师。

2013 年宁波大学钢琴表演和商业管理双专业本科毕业。2016 年美国波士顿大学协作钢琴专业硕士毕业。2012 年获浙江省海伦杯第三届大学生钢琴大赛弗朗兹李斯特组金奖和斯卡拉蒂组银奖。2018 年带领宁波工程学院合唱团荣获浙江省大学生艺术节合唱甲组一、二等奖，同时获得优秀指导教师奖。

鞠扬：1997 届毕业生，现工作于英国黑石集团。

先后就读于广济中心小学和宁波外国语学校，后赴新加坡华侨中学留学。2015 年从英国剑桥大学经济系毕业，在伦敦从事金融业至今。目前就职于英国黑石集团。

胡岸遥：1998 届毕业生，青年作曲家。

1995 年开始接受幼儿园良好的音乐教育和艺术熏陶。2005 年考入中央音乐学院附中作曲系，毕业于中央音乐学院作曲系。现是一名青年作曲家。

刘诗雨：1998 届毕业生，现工作于宁波第二技师学院。

传媒文化硕士研究生，2017 年以第一名的成绩入编宁波第二技师学院。2018 年宁波中等职业教育技能（才艺）大赛教师技能类平面设计项目比赛、宁波市中等职业学校教师优质课评比活动、宁波市中等职业学校教师优质课工美专业评比活动等中均获一、二等奖；撰写的多篇论文获奖并发表，负责学院的报纸杂志设计工作。2019 年所辅导学生获得世界技能大赛宁波选拔赛第一、二名的好成绩，将代表宁波市参加世界技能大赛。

胡知行：1998届毕业生，现工作于银润（上海）股权投资管理有限公司。

毕业于美国戴维斯大学本科和美国纽约大学，在科技以及金融领域，找到了为之着迷的结合点，努力发现价值与理想的结合。2016年至今完成多家企业一级市场股权投资工作，现工作于银润（上海）股权投资管理有限公司。

谢晶：1999届毕业生，现在任宁波市青少年宫担任中国舞舞蹈老师。

2011年毕业于中央音乐学院艺术管理专业，参加"浙江省首届中等艺术节比赛"，获群舞《无名花》金奖、双人舞《同行》银奖。2010年参加第六届中国国际动漫节开幕式文艺晚会，参加省军区成立60周年演出、浙江省纪念五四运动91周年主题会演、世博会"春涌浙江"周的开幕式和巡回演出。2013年获首届金融艺术节群舞《高柜美丽》金奖。

周诗瑶：1999届毕业生，古筝专业，现为上海音乐学院研究生。

本科毕业于武汉音乐学院，2018年以第一名成绩考入上海音乐学院研究生部，曾荣获2019年CCTV中国器乐电视大赛弹拨乐古筝组10强；第十一届中国音乐最高奖"金钟奖"古筝比赛半决赛入围奖；第六届湖北省音乐"金编钟"古筝组银奖；连续两届湖北省古筝分级大赛专业组金奖；连续三届浙江省古筝分级大赛演奏级金奖；21世纪国际华乐节古筝比赛金奖；曾参与CCTV"风华国乐"及中国古筝网专栏录制；举办金钟赛前交流音乐会。

郑思嘉：1999届毕业生，钢琴专业，现工作于摩洛哥王国驻华大使馆。

先后于宝韵、爱菊艺校、宁外、效实等学校就读。后考入西安外国语大学法语系，大四由学校推荐去法国利摩日大学攻读法国文学学士学位，并在里昂第三大学获得硕士学位。回国后，进入摩洛哥王国驻华大使馆工作，至今已两年有余。

孔令凯：1999届毕业生，现工作于汇丰银行（中国）有限公司。

初高中就读于宁波外国语学校，先后毕业于美国伊利诺伊州厄本香槟分校获经济学士和波士顿大学金融硕士专业。目前工作于汇丰银行（中国）有限公司工作。

傅懿：2000届毕业生，现任宁波银行总行远程银行中心风险管理部风险建模师。

2012年毕业于蛟川书院，2016年毕业于西南财经大学金融学系，后赴美国伦斯勒理工学院就读量化金融与风险分析的研究生专业。2018年学成回国，现任宁波银行总行远程银行中心风险管理部风险建模师。

沙利文：2000届毕业生，小提琴专业，自由音乐人。

九岁时拜师俞丽拿教授并以优异成绩考入上海音乐学院附小，后直升保送至上海音乐学院附中，本科就读于上海音乐学院管弦系。在校期间专业成绩优秀，同时担任校弦乐队和管弦乐队首席，连续四年参加学校奏鸣曲国际大师班以及重奏大师班，并在第十一届青岛全国小提琴比赛和金钟奖中获得优秀奖。2016年考入小泽征尔音乐塾，演出经历丰富，既有与米沙·麦斯基，王健，陈燮阳，Christian Arming等大师同台的经历，亦到访过联合国参加新春演出，足迹遍及美国、日本、新加坡等地。

丁昊：2000届毕业生，爵士鼓专业，现工作于宁波甬创邦股权投资管理有限公司。

2017年毕业于美国东北大学供应链管理与哲学专业，毕业后在世界500强企业实习，学习监管公司网站和app的运营，打造商业规划书，吸引投资，积累了大量的工作经验，现担任宁波甬创邦股权投资管理有限公司投资总监职务。

薛韵善：2000届毕业生，琵琶专业，现工作于宁波市小百花越剧团。

2013年荣获第二届中国民族文化艺术盛典琵琶专业组银奖，2016年荣获宁波市第二届青年演奏员专业技能大赛一等奖。

张育茗：2001届毕业生，钢琴专业，现为华南农业大学研究生。

2002—2006年连续获得浙江省"明珠杯"少儿钢琴大赛幼儿组、儿童组、少年组第二名。2009年获得中国大陆第二届"门德尔松杯"钢琴大赛少年组二等奖。2012年参加第四届华人国际钢琴大赛获高中组特别金奖。2013年7月在宁波音乐厅成功举办个人钢琴独奏会。2013年被美国波士顿大学生化专业录取，赴美留学。2015年就读于浙江中医药大学。2019年被录取为华南农业大学研究生。

张楚晗：2001届毕业生，钢琴专业，现于美国一家公司任总裁办公室分析员。

耶鲁大学历史专业本科毕业，耶鲁音乐学院钢琴表演专业研究生毕业。曾获得"大世界吉尼斯儿童音乐记忆之最"的称号；联合创立了Still创新艺术表演团队；2014年在耶鲁与哈佛大学首演取得巨大成功，获得耶鲁大学"创新表演奖"；2016凭借音乐、艺术、脑电波跨界项目获得耶鲁"跨界艺术创新奖"。现在美国一家公司任总裁办公室分析员，详尽研究海外教育公司，对全球教育市场维度和细分领域有综合全面的了解。

王山：2001届毕业生，现为上海音乐学院硕士研究生。

2007—2008年获中央电视台第二届全国少年儿童歌手大赛C组全国银奖、第八届快乐阳光卡拉OK电视大赛全国特等奖。2014年获第二届新加坡世界华人声乐比赛高等艺术院校表演组金奖。2014—2015年推出多首单曲。2016年登上中国《音乐生活报》封面；同年获得第五届全国高等艺术院校中国声乐展演华东赛区金奖、全国金奖。2017 年举办《山海情》个人独唱音乐会；同年 11 月入围金钟奖全国复赛。2018 年 11 月获日本·东京国际声乐比赛金奖。

方星迪：2001 届毕业生，钢琴专业，现工作于英国联合利华总部。

曾获宁波市"优秀学生"称号，2011 年毕业于杭州外国语学校，前往英国曼彻斯特女子高中留学。2013 年本科入读英国伦敦大学学院考古学专业。2016 年入读英国剑桥大学考古学研究生，并在剑桥考古人类学博物馆实习。本科研究生期间多次参与包括威尔士巨石阵、南京历史研究院、希腊 Volos 地区史前考古项目。

邬天米：2002 届毕业生，钢琴专业，现为美国辛辛那提音乐学院硕士研究生。

2005 年以第一名的成绩考入了上海音乐学院附小，多次参加"明珠杯"全国钢琴比赛、丁善德钢琴比赛、第四届亚洲青少年比赛等赛事，皆取得了优异的成绩。2015 年毕业于上海音乐学院附中，并前往美国著名的欧柏林音乐学院攻读本科。2019 年以全额奖学金考入了美国辛辛那提音乐学院开始攻读硕士。

陈 悦：2002 届毕业生，钢琴专业，现为英国皇家音乐学院硕士研究生。

英国皇家音乐学院（Royal College of Music）与新加坡南洋艺术学院（NanyangAacademy Of Fine Arts）钢琴演奏专业荣誉学士学位。目前就读于英国皇家音乐学院（Royal College Of Music）钢琴演奏专业硕士。新加坡交响乐团合唱团成员。

张杰妮：2002 届毕业生，声乐专业，现为美国哈佛大学 Extended Program – Marketing and Management 硕士。

2019 年毕业于美国伯克利音乐学院学士学位，现就读美国哈佛大学 Extended Program – Marketing and Management 硕士。2016 年美国伯克利音乐学院首届华语音乐专场音乐会表演嘉宾。2017 年美国伯克利 Motown 非裔美国人乐队专场表演主唱歌手。2016—2018 年担任美国当地大小乐队主唱歌手巡回演出，现为美国 Chazown Management INC 娱乐公司旗下艺人，美国 NJU Entertainment 音乐工作室联合创始人，亚洲流行音乐协会（AAPM）成员。

黄瑜琦：2003 届毕业生，琵琶专业，现工作于宁波演艺集团。

上海戏剧学院琵琶专业毕业。2015 年参加《上海·雅乐》系列音乐会，担任琵琶演奏。2016 年参加闵行区第四届"百花齐放红五月"系列活动，担任琵琶演奏。

毛佳腾：2003 届毕业生，现为美国杜克大学研究生。

2015 年毕业于浙江省宁波市鄞州中学，2019 年毕业于上海大学电气工程及其自动化专业，毕业后入读美国杜克大学计算机工程专业，曾荣获浙江省物理竞赛一等奖、浙江省生物竞赛二等奖、上海市电子设计竞赛二等奖、第四届"互联网＋"大学生创新创业比赛一等奖。

蒋楠：2004 届毕业生，现为华东师范大学音乐学院钢琴表演专业学生。

2016 年参加美国 University of NORTH DAKOTA 的杉浦有郎教授在华东师范大学举行的大师班。2017 年参加上海施坦威音乐厅"梓叶摇时柏书楠磬"陈茹副教授学生钢琴音乐会。参加"2018 李斯特纪念奖——香港国际钢琴公开赛"，获中国·上海赛区自由选曲青年组一等奖，同年在家乡宁波开独奏音乐会。

苏荻云：2005 届毕业生，现为美国加州州立理工大学建筑设计专业学生。

曾两次参加浙江省钢琴明珠杯比赛，分别获得二等奖和三等奖；2012 年 12 月参加第一届雅马哈全国钢琴比赛获宁波市少年组二等奖；2013 年 5 月参加第三届德国欧米勒国际钢琴公开赛选拔赛，获宁波赛区自由演奏 A 组一等奖；参加全国海伦杯钢琴大赛获少年组金奖。

戴若成：2005 届毕业生，现为上海音乐学院本科三年级学生。

曾多次获得校级三好学生，跟随上海音乐学院管弦交响乐团 A 团参加多次世界各地演出，曾参加上海之春的演出。

宁波市艺术体操队成员，曾先后荣获 2017 年浙江省艺术体操冠军赛个人全能第二名、个人徒手操第二名、2019 年宁波市运动会全能第三名、浙江省少年艺术体操锦标赛中圈操第一名、徒手操第二名、团体第二以及全能第四名。

李秉璋：2006 届毕业生，小提琴专业，现为上海音乐学院本科二年级学生。

2009 年就读上海音乐学院附小、附中，2015 年获得第 32 届"上海之春"青年小提琴比赛三等奖，第二届香港国际室内乐大赛专业组第一名。2016 年获得第四届上海音乐学院室内乐艺术周"弦乐四重奏"第二名，同年 8 月参加奥地利维也纳、瑞士巴塞尔举办的国际室内乐大师班，获得"ISA 杰出室内乐演奏奖"。曾担任上海音乐学院弦乐团首席。

谭绵绵：2006 届毕业生，小提琴专业，现为上海音乐学院本科生。

曾获全国第六届中小学生艺术节器乐组独奏铜奖、澳大利亚国际弦乐协会"张世祥小提琴教学法成果"一等奖。2018 年考入上海音乐学院，改学中提琴专业，师从著名中提琴教育家沈西蒂教授。

徐嘉辰：　2006 届毕业生，小提琴专业，现为上海音乐学院本科生。

曾多次在国内省内各项比赛获奖，2016 年起跟随 Marc Amengol 学习。2018 年考入上海音乐学院，师从袁佳敏副教授，先后跟随张源、蓝汉成教授学习室内乐。在校期间曾多次参加室内乐大师班和小提琴大师班学习。

范煜文： 2006 届毕业生，小提琴专业，现为上海音乐学院本科生。

2018 年考入上海音乐学院，师从刘耕副教授，现本科二年级，曾跟随张源、蓝汉成教授等学习室内乐，曾与著名钢琴家阿格里奇、长笛演奏家帕胡德、指挥家张国勇等同台演出。

陈佳钰： 2006 届毕业生，现为武汉大学荣誉学院弘毅学堂学生。

2006—2010 年荣获第六届"明珠杯"少儿钢琴大赛幼儿组二等奖、宁波市第二届青少年钢琴级别赛暨中国作品比赛儿童组一等奖、"海伦杯"第四届中国作品钢琴大赛儿童组三等奖、郎朗国际钢琴大赛儿童组二等奖、中国大陆第二届"门德尔松"杯钢琴大赛儿童组一等奖、第八届"明珠杯"少儿钢琴大赛少儿组一等奖、全国音协钢琴考级获十级。2020 年获得学校公派英国"剑桥大学"的出国交流机会。

郑瑞诺： 2006 届毕业生，小提琴专业，现为上海音乐学院本科生。

2015 年获浙江省国际青年和平大使小提琴选拔赛少年二组金奖第一名，2015 年上海"海曲杯"小提琴比赛金奖、第八届全国"校园艺术新秀推选"选拔赛小提琴组特等奖、浙江省第四届小提琴演奏比赛少年组三等奖、福州国际音乐讲堂小提琴跨省邀请赛少年组第二名、澳大利亚国际弦乐协会"张世祥小提琴教学法成果"展演赛一等奖、2017 年桂林国际青少年弦乐嘉年华优秀奖。

桂晶晶： 2006 届毕业生，电子琴专业，现为中央音乐学院本科生。

2010 年达到浙江省音乐家协会的电子琴业余 10 级水平，分别于 2008 年和 2010 年荣获 CASIO 第十二届、第十三届宋庆龄基金会全国电子琴大赛浙江省选拔赛三等奖。2014 年达到浙江省音乐家协会双排键业余 10 级水平。2016 年第二届青少年才艺展演暨中国经典儿歌演唱大赛高中组器乐类铜奖、2016 艺术特长生第九届国际青少年艺术节宁波赛区高中组双排键专业金奖。2018 年入读中央音乐学院钢琴系电子管风琴专业。

盛子宸： 2006 届毕业生，钢琴专业，现就读于英国惠灵顿公学。

2014 年获 CCTV"希望之星项语风采"大赛浙江赛区总冠军、全国总决赛二等奖。2014 年赴项国留学，被英国顶级贵族公学惠灵顿公学录取。2017—2018 年获得金项射击比赛（包括北美和加拿大）的团体冠军，同时个人也获得多枚金牌。2019 年，在"纪念英国 2000—2019 年大事件文化展演"中自编自演的现代舞《2005》获最高荣誉。

华杰：2006 届毕业生，爵士鼓专业，现就读于天津音乐学院。

师从中国著名爵士鼓演奏家、教育家苟亮先生。目前担任天津音乐学院现代音乐系爵士大乐队二队鼓手，曾担任多位流行演唱优秀毕业生独唱音乐会现场鼓手，参演"为新中国成立 70 周年献礼"现代音乐系、手风琴系专场演出。荣获 2018 全国鼓手大赛成人 fusion 组一等奖、2018 Mapex 中国超级精英鼓手大赛第三名、2018 中国好鼓手全国八强。

柳海天：2006 届毕业生，小提琴专业，现就读于美国罗切斯特大学与伊斯曼音乐学院。

2018 年毕业于美国爱迪怀德艺术学院，现就读于美国罗切斯特大学与伊斯曼音乐学院音乐表演与心理学双学位。在校期间举办过两场个人独奏音乐会，与导师 Todor Pele 同台为洛杉矶青年合唱团伴奏演出。

王霄涵：2006 届毕业生，钢琴专业，现为清华大学经济管理学院学生。

2006 年、2010 年参加浙江省"明珠杯"少儿钢琴大赛，分别荣获一、二等奖；2010 年 9 月参加"海伦杯"国际青少年钢琴大赛宁波选拔赛，获一等奖；2010 年 10 月参加"海伦杯"国际青少年钢琴大赛全国总决赛，获得全国金奖第一名；2012 年 2 月在宁波市音乐厅举办个人独奏音乐会。

王睿一：2008 届毕业生，小提琴专业，现为上海音乐学院附中学生。

2014 年考入上海音乐学院附属中学，2012—2018 年先后参加于杭州举办的"三毛杯"浙江省第二届小提琴比赛暨首届浙江省小提琴分级大赛九级组金奖、第三届"海曲杯"少儿小提琴比赛 10 岁组金奖、第三届全国少儿"小金钟"小提琴比赛儿童 B 组银奖、全国第十一届少儿小提琴邀请赛大童 B 组金奖等，2018 年 3 月以全额奖学金考入"晨兴"音乐桥。

郝吉晨：2008 届毕业生，声乐专业，现为镇海中学创新班学生。

2014 年荣获宁波市海曙区编程竞赛一等奖、希望杯奥数二等奖、华罗庚杯二等奖。2017 年毕业于蛟川书院，保送镇海中学创新班。2017—2019 年连续三年参加全国物理竞赛荣获一、二等奖，并于 2019 年入选国家集训队，同年 11 月获清华大学自主招生协议录取"钱学森力学班"。

陈予谦：2008 届毕业生，小提琴专业，现为宁波市效实中学学生。

曾获第五届全国校园艺术新秀宁波赛区金奖、第五届中国音乐国际比赛器乐少儿组一等奖、张世祥小提琴教学成果展演赛二等奖、浙江省小提琴比赛少年组一等奖、上海"海曲杯"少儿小提琴比赛独奏金奖、中国青少年音乐比赛蜂鸟音乐奖上海赛区特殊重奏一等奖、德国巴洛克皇宫音乐大赛浙江赛区小提琴一等奖、浙江省中小学生艺术展演弦乐四重奏一等奖，曾获宁波市优秀团员。

张丹波：2009 届毕业生，钢琴专业，现宁波赫威斯肯特学校学生。

2012 年荣获浙江省"明珠杯"少儿 B 组三等奖；2013 年荣获第五届国际华人艺术节(新加坡)国际华人钢琴大赛小学中年级组钢琴独奏金奖。

高欣怡：2009 届毕业生，电子琴专业，现为宁波四中学生。

2008 年获卡西欧比赛一等奖。2009 年获卡西欧比赛二等奖。2012 年通过十级考试，同年开始学习双排键。2016 年获德艺双馨银奖。2017 年通过小 A 级考试，并开始学习为管乐队作曲。2018 年参加宁波少儿春晚演出，在校期间多次被评为优秀班干部和文体积极分子。

曹靖涵：2010 届毕业生，小提琴专业，现美国加州 WEBB 学校学生。

曾获第二届全国小提琴优秀考级展演浙江赛区省一等奖、浙江省小提琴大赛中童组浙江省二等奖、浙江省首届小提琴分级大赛浙江省一等奖、"海曲杯"上海少儿小提琴演奏比赛金奖、中国音乐"小金钟"奖全国优秀奖、香港国际小提琴大赛国际第三名、中国宁波市张世祥小提琴教学法展演赛特等奖、浙江省第四届小提琴比赛浙江省二等奖、"日本大阪神户国际艺术节"管弦乐大赛小提琴独奏特别金奖。

张悦晴：2010 届毕业生，现为艺术体操运动员。

2014 年底进入省队。2019 年 6 月到国家队集训。2015 年开始参加各项比赛，多次在全国比赛拿奖。2018 年在全国艺术体操锦标赛独揽十枚金牌，在马来西亚吉隆坡举行的 2018 亚洲艺术体操锦标赛上夺得一枚集体全能银牌和两枚集体单项金牌。

洪溢萌：2011 届毕业生，古筝专业，现为上海音乐学院附中学生。

上海音乐学院筝乐团天彩组合成员。2014 年获第二届获国际青少年古筝比赛"琼花杯"华东区域选拔赛少儿组 B 组特别金奖；2015 年获第四届国际古筝比赛"琼花杯"华东六省一市选拔赛少儿组特别金奖；2016 年获"日本大阪国际艺术节"(民族器乐大赛)古筝演奏金奖；2017 年获音柏文化艺术培训学校音乐展演一等奖，并获"音柏"奖学金；2018 年获浙江省第八届"群星杯"古筝分级大赛演奏级金奖；2019 年获盛世华筝·万人古筝展览少儿专业组银奖。

朱歆怡：2011 届毕业生，琵琶专业，现为上海音乐学院附中学生。

2014 年获艺术特长生国际青少年艺术大赛琵琶专业一等奖、第二届全国"敦煌杯"琵琶大赛优秀演奏奖。2017 年参加上海音乐学院金焱琵琶组合并随组合演出比赛。2019 年获"Iartschool＋"首届浙江省琵琶展演银奖，同年参加"琵琶十人行"独奏音乐会担任独奏、上海音乐学院附中国际室内乐节。

彭盛：2012 届毕业生，钢琴专业，现为东恩中学学生。

曾获 2013 年首届"海伦杯"中国钢琴公开赛全国总决赛四手联弹业余 B 组一等奖，2014 年第二届"中音杯"全国青少年钢琴艺术节暨大赛 7～9 岁组别独奏金奖，2017 年"洛杉矶"第一届国际青少年钢琴公开赛中国赛区自由选曲儿童 A 组一等奖，2018 年第二届"洛杉矶"国际青少年音乐公开赛浙江赛区舒曼少年 A 组一等奖。

姚佳恒：2012 届毕业生，小提琴专业，现为鄞州中学学生。

曾获中国—宁波张世祥小提琴教学法教学成果展演赛特等奖、浙江省第三届"三毛杯"弦乐分级大赛小中五级组银奖、上海市"海曲杯"少儿小提琴比赛重奏组银奖、第六届香港国际小提琴大赛第一名、第八届全国校园艺术新秀推选活动浙江赛区小提琴类一等奖、宁波市青少年电脑机器人竞赛、虚拟机器人（萝卜圈）小学组二等奖、全国小学生英语竞赛全国三等奖等。曾代表学校参加中国少年先锋队宁波市鄞州区第八次代表大会第三次全体会议，现任宁波市青少年交响乐团二提首席。

楼恺瑜：2013 届毕业生，小提琴专业，现为宁波市鄞州蓝青中学学生。

曾先后获得张世祥小提琴教学成果展演比赛一等奖、"海曲杯"少儿小提琴独奏银奖、中国福州第三届国际音乐讲堂暨小提琴跨省邀请赛第三名、全国青少年才艺大赛小提琴组（全国总决赛）金奖、浙江省第五届小提琴比赛中童组二等奖、海曙区第九届少儿才艺大赛暨第三届红领巾风采大赛一等奖、上音第一届小提琴展演（业余组）铜星奖。

谢祖园：2014 届毕业生，小提琴专业，现为海曙中心小学学生。

2013 年获第五届全国校园艺术新秀宁波赛区小提琴类幼儿组金奖。2016 年获全国青少年才艺展儿童 A 组器乐类儿童 A 组金奖、第八届全国校园艺术新秀浙江赛区宁波市小提琴小学 A 组特等奖。2017—2019 年获第九届全国校园艺术新秀浙江赛区宁波市小提琴金奖、中国香港小提琴大赛一等奖等。同时还在英语方面有突出成绩，2018—2019 年获中国日报社 21 世纪英语演讲大会浙江赛区小学组一等奖。

孙路凯：2014 届毕业生，电子琴专业，现为爱菊艺术学校学生。

曾获得"德艺双馨"浙江省总决赛金奖，中国青少年艺术节浙江省总决赛金奖。曾参加宁波电视台少年春晚，受邀参加上海海洋大学校友会演出，曾与郎朗同台演奏。在学好乐器的同时，也注重德智体全面发展，在学科竞赛中成绩优异，获得"睿达杯"浙江省三等奖、"奥林匹克数学竞赛"浙江省三等奖、宁波市航模比赛一等奖，多次被评为校三好学生与优秀班干部。

徐子墨：2014 届毕业生，小提琴专业，现为宁波赫威斯学校学生。

曾先后获得第五届全国校园艺术新秀宁波赛区、浙江赛区小提琴幼儿组金奖，第八届艺术特长生国际青少年艺术节宁波赛区少儿 A 组小提琴一等奖，第二届青少年少艺展演宁波赛区器乐类金奖第一名，中澳青少年才艺大赛悉尼总决赛荣获金奖，第五届浙江省小提琴比赛二等奖，亚洲青少年音乐节暨第六届全国青少年才艺展演小提琴金奖第一名，宁波市青少年小提琴展演金星奖。

陆恬恬：2014 届毕业生，小提琴专业，现为上海音乐学院附小学生。

曾获第四届香港国际小提琴比赛幼儿组第二名，第三届浙江省小提琴比赛儿童 A 组第一名，上海市"海曲杯"小提琴比赛二等奖，浙江省第四届小提琴比赛儿童 A 组第二名。2018 年考入上海音乐学院附小，在校期间屡获奖学金。

龚紫涵：2016 届毕业生，小提琴专业，现广济中心小学学生。

曾获第二届青少年才艺展演乐器合奏组金奖，第七届香港国际小提琴大赛幼童组一等奖，上海音乐学院附中第一届小中提琴展演 8 岁组第二名、第九届香港国际小提琴大赛儿童 A 组二等奖、重奏组一等奖。

吴子瑜：2016 届毕业生，钢琴专业，现为宁波市海曙中心小学学生。

2015 年第四届德国欧米勒青岛国际钢琴公开赛总决赛自由演奏 F 组特等奖，2016 年第十九届香港——亚洲钢琴公开比赛总决赛中国作品初级组/四手联弹初级组一等奖，2017 年第五届德国欧米勒青岛国际钢琴公开赛总决赛儿童音乐会 C 组一等奖，2018 年第二届洛杉矶国际青少年音乐公开赛——浙江赛区巴赫中级 A 组/童中国作品 B 组一等奖，2019 年新加坡国际青少年钢琴比赛浙江赛区自由选曲儿童 B 组一等奖，同年在家乡宁波开独奏音乐会。

谢妍：2016 届毕业生，舞蹈专业，现为爱菊艺术学校四年级学生。

校大队委员，2018 年获浙江宁波第八届青少年钢琴级别赛四手联弹中级组一等奖。2019 年获第十七届中国日报社 21 世纪英语演讲浙江选拔区决赛小学组三等奖，第十七届中国优秀特长生艺术节浙江赛区小学 A 组独舞类特金奖。

吴梓嫣：2016 届毕业生，声乐专业，现为海曙外国语学校学生。

2016—2018 年获中国少年儿童卡拉 OK 大赛浙江省特金奖、全国金奖，第二届幼儿歌曲演唱大赛全国金奖，第七、八届少年儿童艺术节全国特金奖，第四届青少年语言大赛全国特金奖，第四、五届"童星梦想"全国赛特金奖，宁波市三独比赛获声乐金奖，宁波市未来之星声乐大赛获未来之星奖；2019 年获北京电视台宋庆龄时代小先生诵读大赛全国金奖、宁波市第七届寻找最美童声少儿大赛季军、中国传媒大学全国青少年朗诵大赛全国特金奖；连续两年参加浙江电视台少儿频道的春晚录制，并由中国人民音乐出版社出版了个人专辑《彝家孩子跳弦来》《月亮和我一起走》《桃花扎西秀》等。

贺炫萌：2017 届毕业生，舞蹈专业，现为爱菊艺术学校学生。

宁波市艺术体操队成员，2017 年浙江省艺术体操冠军赛荣获个人全能第二名、个人徒手操第二名，2019 年参加宁波市运会荣获全能第三名、浙江省少年艺术体操锦标赛中圈操第一名、徒手操第二名、团体第二以及全能第四名。

洪子航：2017 届毕业生，爵士鼓专业，现为宁波市海曙中心小学学生。

进宝韵学习爵士鼓，参加过多次比赛，并取得不同的奖项。在幼儿园大班时，喜欢上了乒乓球，在教练的指导下，被宁波市海曙中心小学定为乒乓球特招生，现已经被宁波市小球中心吸收为市队队员。先后荣获 2018 年海曙区中小学生乒乓球比赛小学 D 组第一名、2019 年浙江省中小学生乒乓球比赛 2019 年组男子单打第一名。

没有人能够说清，从宝韵走出去的孩子，攀得有多高，走得有多远。他们从不追求奢华与虚荣，只追求属于自我的和美人生。他们从来没有止境，只要生命不止，就会进取不息！

天穹苍苍，树有参差；大地莽莽，草有良莠。诚然，不可能每个人都会一鸣惊人，都能成为伟大而非凡的人，但每一位孩子在母校宝韵的心中，都那么聪慧伶俐、活泼可爱，都承载梦想、孕育希望，都那么非凡而伟大！

三十年，未来无数个三十年，宝韵幼儿教育集团依然会不辜负社会的重托和国家的使命，永葆初心。阳光普照、歌声飞扬的宝韵园，永远是孩子们的乐园……

三十年求索·三十年积蕴

底蕴就是内涵，是内在的蕴藏与涵养，是人、事物以及社会组织的精神动力之根源，是决定其内在品质与外在表现水平的重要因素，是实现其存在与发展的前提与基础。

娴熟而生巧，积久而厚韵，做事贵在努力有方向，而成于持之以恒。宝韵音乐幼儿园之所以物美人和、底蕴深厚而且能长期实现快速而稳定的发展，之所以让人觉得充满了新鲜活力而且经久不衰，其主要原因就在于宝韵不仅追求外修形象，更注重内修涵养与品质。三十年，六个"五年发展规划期"，三个"十年发展阶段"，宝韵人始终坚持自己的办园理想与目标，坚持自己的个性与特色，坚持推行和美管理，实施和美教育，建设和美文化，孕育宝韵精神。三十年，他们围绕宝韵的个性与特色，提出了基于环境、课程、教师的"三个一"建设和基于服务于幼儿、家长、社会的"三个服务"工程；逐渐形成了对幼儿园教育的认识与理解，形成了具有宝韵特质和气场的"和美"理念，并将其渗透、融合在教育实践活动中；得到了宝韵人的普遍理解与深度认同，形成了萌发宝韵发展内驱力的根源，积淀成推动宝韵持续发展的内质与底蕴，展示出宝韵美好的发展愿景。

当然，宝韵的底蕴不是先天带来的，也不是外物赐予的，而是宝韵人自己在三十年的求索与奋进过程中通过思考和创造逐渐悟得的。三十年求索，三十年收获，三十年积淀，三十年感悟。虽然对于无尽的时空而言，三十年很短暂，但回顾宝韵从音乐特色幼儿园到幼儿教育集团的三十年发展历程，宝韵人却在短暂的时期内用自己的智慧与力量创造了宝韵发展的轨迹与愿景，积累了丰厚的幼儿教育经验与财富，形成了具有"宝韵特质"的办园思想、理念、精神与成就，并由此支撑着宝韵品牌不断深固、优化与发展。

第一节　办园保障——和美管理

和美管理既是一门艺术，又是一种文化。

和美理念的核心就是"内融外合、内和外美"，和美管理理念的核心就是"和以聚力，美以育人"。和美管理是宝韵人在学前教育领域创造出的重要成果与贡献之一，是和美理念与幼儿园和美教育实践相结合的产物。办园三十年，特别是进入第三个"十年发展阶段"，随着"和美理念"的正式提出，创设和美环境，建构和美课程，实施和美教育，建设和美文化，宝韵人迎来了推行和美管理的新阶段。

和美管理在宝韵得以形成、认同、推行和发展，主要得益于"人和"。宝韵幼儿教育集团有一支怀着美好的教育梦想、非凡的管理智慧的园长团队，有一支凝心聚力、开拓进取的核心管理团队，有一支富有爱心、奋发图为的教师团队。

和美管理并非一朝一夕偶然产生，其在宝韵的萌发与形成，经历了长期探索与思考、调整与改进。从宝韵创建初期的特色幼儿园的定位与管理，到求内质、创精品的品牌幼儿园的建设与管理，再到适宜于办学形式多元化、办学场地多址化、人员性质多样化的集团化模式的运行与管理，和美管理始终伴随着宝韵幼儿教育集团，并在制度化与规范化管理、程序化与标准化管理的基础上，更加深入地走向精细化与自觉化、服务化与艺术化管理的和美管理模式。

宝韵推行的和美管理蕴含着人本哲学思想精髓的"和美"理念，在宝韵基于"三环"和美教育体系中确立其管理的功能作用与价值定位，通过和美管理原则、管理内容、管理方式以及管理评价等来建构适宜于集团化运行的和美管理模式。

一、蕴含"内和外美"的和美管理理念

宝韵和美管理理念：和以聚力，美以育人。

（一）蕴含价值要义的和美理念

"和美"是人类社会与世界文明不断发展而走向价值认同、实现融合发展的趋势，是人类文明进步与时代发展对学前教育功能作用定位与价值取向的必然要求。《礼记·中庸》道"和也者，天下之达道也"；《论语·子路》言"君子和而不同，小人同而不和"。"和"是"相安、融合、合为一体"之义，是"和睦""和谐""和美"之意。而"和睦""和谐""和美"正是孕育人们高尚美德的义与理；"和而不同"不仅是人们追求平等与自由的为人、为事之道，也是世界文化发展与共存之道。所谓"和美"，既有"和睦、和谐"，又有"集美、致美"，表现为"和谐而美，美而和谐"。在宝韵人看来，和美是一种容易深入人心、浸润灵魂的价值理念。而理念是一种认识，是一种态度，是一种基于对和美教育思想认识与和美灵魂觉悟的理念。在幼儿园的教育实践活动中，和美理念内化、浸润幼儿园的每一位教职员工，进而产生意识与灵魂的觉醒，引发高度的自律与自觉，催生强大的向心力与生命力，从而形成强大的团队精神与凝聚力。

正如马春玉园长在其发表于《学前教育研究》杂志的《幼儿园和美管理文化的构建策略》一文中分析的那样，和是内在的价值取向、价值原则，它主要体现在和衷共济的办园目标、和谐相融的师生关系、家园关系，体现在和风顺畅的园所文化、和气致祥的资源整合等方面。因此，和的核心是爱与宽容，因为"和"，就容易达到"融洽"。美则是外显的价值导向、价值标准，它主要表现在特色发展、个性培养、课程建设、环境创设等方方面面，以达到因异而美、因和而美的效果。因此，美的核心是会意合群，因为"美"，就容易达到"愉悦"。因此可见，宝韵提出的和美理念，蕴含着深刻的哲学思想渊源与社会实践价值。

（二）"圆通圆美"的管理理念

宝韵人认为，和美文化追求的是圆通圆美，以圆为美是中华民族古老的哲学思想和传统的美学思想。方正圆满是人们共同的愿景和梦想，也是期待人生幸福的象征。宝韵人倡导的"圆心管理"正是和美理念在幼儿园管理中的创新发展与具体运用。

宝韵幼儿教育集团的管理理念具体表述为"和以聚力，美以育人"。其理念的内涵要义强调了"合"的凝聚力，突出了"圆"的向心力。如果幼儿园是圆，那么领导层就是圆心，对待每位教职工的关系就是等距半径，公平公正；如果幼儿园的班级是圆，那么带班的教师就是圆心，教师与幼儿的关系就是等距半径，对每位幼儿都平等对待；如果教学活动是圆，那么教学目标就是圆心，教学活动的过程就是画圆的过程。在宝韵幼儿园的管理词典里，圆心、圆弧不是对立的双方，而是构成"圆满"的必不可少的元素，是实现"圆通圆美"的共同体。"圆通圆美"的管理理念深刻而明晰地体现着秩序、规则与责任意识，体现着公正、公平与民主的人本思想。

宝韵幼儿教育集团的和美管理理念已经逐渐上升并进入一种精神文化的境界。宝韵人以实施和美教育、推进和美文化建设为契机，深化并完善精细化与民主化管理。在日常工作中，宝韵幼儿教育集团注重让全体教师民主参与，如参与制订幼儿园发展规划、参与中层干部的岗位竞聘、参与教代会的换届选举和提案表决等。同时，赋予教育专家、管理人员及家长、社干等更多的园务参与权、监督权等。在探索园所管理与发展的进程中，宝韵人先后创建了"集团发展咨询委员会""园区教育议事会""班级家长委员会""社区成员单位联谊会"等机构，明确赋予其责任与权力，充分发挥各类机构、各种组织在宝韵集团各园区教育与管理中的参谋、监督作用；加强幼儿园、家庭、社区的多方联动，让社会走进幼儿园，让孩子融入社会。通过民主唤醒教师、家长的主人翁意识，激发教职工拼搏进取的热情，改变传统的家园关系，逐渐形成"以和相融、以圆为美"的和美管理文化内涵。

和美理念的核心就是"内融外合、内和外美"，而和美管理的核心就是"和以聚力，美以育人"。首先，不可否认，"内融与内和"是人和事物相互之间内在关系的极佳存在状态。对幼儿园而言，内和就是幼儿园各种结构成分得以和谐共处的存在状态；内融即对幼儿园内各种教育因素做有机整合，实现互为支持与融合，以产生最大化的正向功能与效应。其次，"外合与外美"是人与事物外在表现形式与形象的极好的呈现状态。外合是对幼儿园外各种教育资源的合理利用，实现互相支持、合作互利；外美则是幼儿园整体运行与发展的优质态势的具体体现，是良好的幼儿园师幼气质与风貌、全园良好的工作状态与精神面貌的外在展示。"和以聚力、美以育人"是一种"有容乃大"的管理气质，是一种"无私乃宽"的管理境界，是一种"至理而美"的管理艺术，是一种"至心而和"的管理文化。它以内融与外合的兼容并蓄来汇聚力量，以内和与外美来追求一种至高的育人境界。

这种"内融外合、内和外美"的管理理念渗透于幼儿园的教育实践中，使其打破单一的、狭窄的、封闭式的传统教育模式与状态，从而追寻公正、民主、自觉、开放、融合、和谐的价值形态，进而形成整合多方力量的、形成合力的、具有强大内生力的健康教育生态。三十年来，宝韵幼儿教育集团逐渐形成"和以聚力，美以育人"的管理理念，营造了保障园内、园外和谐、顺畅的管理氛围，进而有利于促进师幼个性的充分表达与和谐发展，有利于宝韵事业在前行的道路上走得更稳健、更高远。

二、基于"三环"体系下的和美管理定位

在宝韵幼儿教育集团，其居于核心而又直接体现的管理目的就是为幼儿园的教育活动提供贴心的服务、全面的支撑和全程的保障。这是宝韵人对和美管理的原始理解，也是对和美管理的主要功能与价值作用的基本定位。

宝韵幼儿教育集团确立的工作重心是"三个服务三个一"。"三个一"即建设一个优美的教育环境，培养一支优秀的教师队伍，建构一套优质的园本课程；"三个服务"指要全心全意为幼儿服务、为家长服务、为社会服务。由此可以看出，在宝韵人的心里，至少有这样六个关键词或者说是主题词：环境、教师、课程，幼儿、家长、社会。三十年来，宝韵人正是通过牢记这些永不过时的"关键词与主题词"孜孜不倦地"建设"与"服务"，推动了宝韵办园规模和办学品质的各个层面的提升与发展。那么是什么推动着这一"提升与发展"的实现呢？究其根源，宝韵创造并推行的和美管理是其主要原因。宝韵事业得以优化与发展，和美理念得以认同与内化，宝韵和美管理得以充分地发挥其价值与作用，关键就在于宝韵人对和美管理准确而明晰的定位。正是这种具有前瞻性、大局性、全程性的定位，使得和美理念在宝韵幼儿教育实践活动中得到了充分而及时的运用与验证，使得和美管理理念得以切实而充分的发展与完善。

显而易见，宝韵对和美管理的定位是放在宝韵幼儿教育集团整体运行与持续发展战略的宏观层面上进行的。在长期的教育实践活动中，宝韵人坚持"三个服务三个一"的工作重心，心系幼儿教育，砥砺前行，逐渐确立了属于自己的、基于教育理论而又适于教育实践活动的、具有宏观视域的教育体系建构。

宝韵幼儿教育集团确立的教育体系被称为"三环"和美教育体系，其中"三环"是从幼儿园教育要素的应然功能、地位与作用出发指向的管理机制、教育课程和环境资源。"三环"和美教育体系是在和美理念统领下的宝韵品牌的主载体，是在和美理念贯穿下的和美环境、和美教育、和美管理相互作用、相互融合而得以共生、共存的统一体，是保障宝韵品牌整体形象美化、促进宝韵品牌教育功能优化、推动宝韵品牌运行机制深化、实现宝韵品牌自觉意识强化的基石，是宝韵对品牌教育、家庭社区与社会发展的重要贡献。图3-1为宝韵教育体系示意图。

（四）教育体系——创建"三环"和美教育体系

　　我们将宝韵文化所蕴含的"和美"理念渗透到幼儿园的环境、课程、管理等层面，从而揭示、深化宝韵幼儿教育的内涵与核心价值，提升、完善宝韵的品牌形象。

　　第一环是蕴含着和美教育理念的管理机制，是实施和美幼儿教育、建立教育活动秩序的根本保障；

　　第二环是幼儿教育课程，是和美教育体系的主体部分；

　　第三环是环境资源，是实施和美幼儿教育的基础与平台。

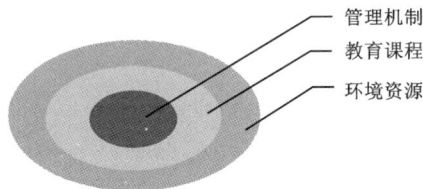

管理机制
教育课程
环境资源

图 3 – 1　宝韵教育体系示意图

　　和美管理机制要求的是确立融合和美理念的幼儿教育机构内在建构成分之间的存在关系、秩序以及其运行管理制度。在宝韵"三环"和美教育体系中，和美管理机制居于"三环"的核心地位。这充分体现了宝韵对和美理念及其支撑下的和美管理的深刻理解，充分体现了宝韵和美管理的内涵要义与特色。

三、适宜于集团化运行的和美管理模式

　　宝韵和美管理是在宝韵实施音乐特色幼儿园、优质品牌幼儿园的管理实践过程中逐渐形成的。在宝韵进入第三个"十年发展阶段"的时期，宝韵和美管理逐渐发展并建立起与其多元化、集团化发展相适应的管理模式。宝韵和美管理模式的品质与特点主要体现在其管理原则、管理内容、管理方式、管理评价等方面。

（一）和美管理原则

> "人管人累死人，制度管人管死人，文化管人管灵魂。"管理的精髓是"理"，不是"管"。"管"不是目的，"理"才是追求。面对纷繁复杂的人和事，如何做到科学管理，使得管理起到事半功倍的效应，既是管理者的难题，也是必须解决的问题。成功的管理经验是：超越"纷繁复杂"，提纲挈领地抓住"人"的核心。精于管，重在理。
>
> ——摘选自宝韵"五美手册"之《园长手册》

首先，融合"和美"理念的和美管理模式坚持以人为本的基本原则。它突出以幼儿为本，强调以和为美，注重教师、幼儿及其家长的发展需求，追求和谐融通、和睦融洽。它是一种刚柔并济、原则性与灵活性相结合、标准化与自治化相融合、宏观层面与微观层面相统一的管理，着眼于从文化上引领、制度上规范、评价上激励、人格上凝聚。

其次，和美管理强调"精于管，重在理"的重要原则。规划办园、实施教育、组织管理幼儿园的教育活动，实现幼儿园的整体发展，这是一项系统工程，是一项提高和美管理领导力的工程。这项工程的管理就像"治水"一样，宜引导、宜疏通，不宜封禁，不宜堵塞。

再次，和美管理突出民主管理原则。和美管理注重建立民主管理机制，尊重所有教职员工、幼儿及家长的权益，实现人人地位平等，力求园务公开、公平；充分调动和发挥教职员工、幼儿及家长的主动性与积极性，集合众人的力量与智慧，强调全员参与。民主管理机制不仅在于建立起管理与监督机构，更在于营造平等、和谐的管理环境与氛围，客观制定切合实际的园所管理目标，完善各项符合和美文化精髓的规章制度，科学制定管理评价标准，从而营造良好的和美管理环境，提高和美管理的执行力。

（二）和美管理内容与方式

和美管理模式在管理对象与内容上突出与宝韵集团化运行模式相适应，强调与多元化、集团化运作模式相一致。

宝韵集团化运行模式是宝韵人综合考虑宝韵幼儿教育集团自身的具体情况，坚持探索，追求实效，敢于创新，大胆提出的执行管理框架以及发展规划与演化范式。在长期的办园实践中，宝韵人通过经验判断、总结与反思、实践与检验、评估与改进，逐渐形成了具有自己特点、适宜于自身发展需求的运作与发展模式。这种模式的核心构成内容是"三统一"和"四共享"。"三统一"是基于人力资源、财务管理与物资配送等方面的统筹与统一。"四共享"是基于宝韵品牌、课程、办园特色、教科研等方面的分享与共享。宝韵创造性提出并实施的"三统一"和"四共享"（品牌共创、课程共建、特色共享、文化共融）管理模式也集中反映出了宝韵和美管理的内容与方式。图 3－2 为宝韵集团化运行模式。

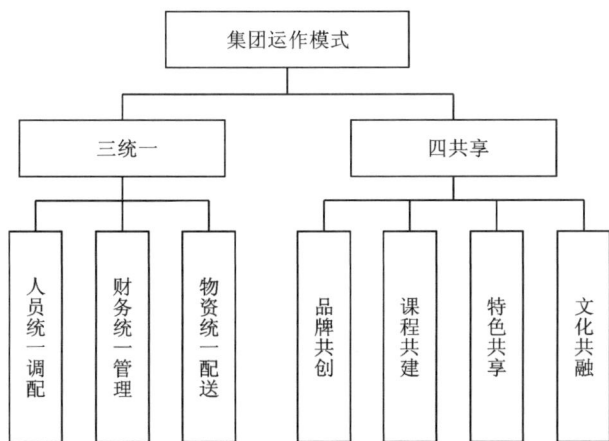

图 3－2　宝韵集团化运行模式

宝韵集团化的管理运行模式呈现了"垂直管理"，能有效地抑制、克服"散、乱、慢"的管理弊端与困难，极大地提高了工作效率，保证了教育资源的充分开发与有效利用，进而为宝韵幼儿教育集团所属各幼儿园教育质量的提高和宝韵集团的整体运行与发展提供了有力的保障与支持。

（三）和美管理评价及价值

和美管理评价的确立与实施，需要奠定基于和美理念认识以及和美管理目的与方式等层面的认识与认同。

和美管理理念，其核心要义在于平等、自律、宽容、合作。平等就是要坚持实事求是，坚持平等与尊重。这既是人与人之间确立良好关系的基础，也是建立起顺畅、和谐、高效的和美管理的前提。自律就是大力倡导全体教职工爱岗敬业，在工作中实现自动自发。只有充分发挥每位教职员工的工作热情与积极性，大家都热爱幼教事业、忠于职守、乐于奉献，才能从根本上保证管理的和美与高效。宽容是管理者、被管理者相互之间必须持有的工作态度，上下级之间、同事之间乃至教师与家长、幼儿之间，都要怀宽容之心，求同存异，礼让包容。这样才能更好地实现和谐与协作，达到融合、和美的境界。合作是实现和美管理，实现和美教育，实现幼儿园和美目标的必由途径。只有所有教职员工高度自觉遵守规约，遵守秩序，才能真正实现和美管理，才能真正实现相互之间的平等、合作与共同发展。幼儿园管理理念及其繁衍的园所管理文化是幼儿园的灵魂，它们贯穿于办园实践活动的始终，渗透了幼儿园教育活动的各个角落，体现着园所的特色，制约着幼儿园发展的进程。坚持平等、自律、宽容、合作的幼儿园管理理念核心要义，是提升幼儿园和美管理品质、实现宝韵和美管理的重要策略，也是实行和美管理评价的前提和基础。

和美管理评价坚持评价目的与目标的统领与统一，追求评价标准与制度的可行与完善，注重评价对象与内容的细化与统合，突出评价渠道与形式的适宜与明确，要求评价信息与分析的全面与准确，要求实现评价主体的多元化以及评价指标权重分配的务实性与合理性，强调宝韵幼儿教育集团的全员自觉反思与及时改进。教育活动是宝韵幼儿教育集团的核心工作，环境和课程评价是宝韵和美管理评价的重点。基于和美理念下"微城化教育环境"三大价值，即幼儿园和美环境生态价值、人文价值、教育价值的和美环境创设与管理评价是和美管理评价的重要组成内容，而坚持"课程框架下的教学活动是否适合幼儿"的总体评价原则中的指向幼儿的发展、课程的适宜性和教师能力的和美课程评价则是宝韵和美管理评价的核心。

三十年来，宝韵在以园长为核心的管理团队的带领下，积极作为，大胆创新，敢为人先，摸索、总结出了一套行之有效的和美管理模式；从管理理念与制度、运行模式与工具、实施策略与方法、监测机制与评价等层面建立起具有宝韵特色、符合宝韵园情的和美管理体系，极大地发挥出了和美管理的功能价值与支撑作用。回顾宝韵发展全过程，和美管理是宝韵建设与发展的重要保障，使得宝韵幼儿教育集团所属各个教育机构、各个部门更好地实行精细化管理、规范化管理、标准化管理，进而推动宝韵从特色发展定位到品牌建设与管理，再到集团化运行模式管理的进程提供了重要的、根本性的保障。

第二节　办园核心——和美教育

> 和启心智，美润童心。平等对话，共同成长。

作为学前教育机构，以人为本、以幼儿为本的宝韵幼儿教育集团，其工作核心一直是在探索、开展幼儿教育活动中坚持自己的办园特色、理念与目标，从而支持、引导并培养幼儿的身心和谐与健康发展。宝韵从建园至今，在特色化、品牌化、集团化的目标引领下，顺利走过了三个发展规划期。在这三个发展时期，无论是创特色阶段，树品牌阶段，还是集团化发展的阶段，宝韵人秉承"和美"理念，推行和美管理，实施和美教育，谱写了一曲感人动情的"和美"之歌。

"和美"是中华传统文化的精神内核，是中华民族精神的核心价值。传承、创新、发展中华民族的和美文化，推行和美管理，创设宝韵和美环境，建构和美课程，开展和美教育活动，培养和美教师，培育和美幼儿及和美家长，促进教师、幼儿及家长的共同发展与成长，这些都是宝韵人大胆的追求与创新，对于推动宝韵的持续发展具有深远的理论与实践意义。进入 21 世纪，宝韵人更加明确"三个服务三个一"的质量方针，坚持以服务幼儿、服务家长、服务社会为中心，加速三项核心工程的建设，即打造一个优美的校园环境，建构一套优质的园本课程，培养一支优秀的教师团队，从而为宝韵顺利走上集团式发展的道路提供了有力的支持与保障。

马春玉园长在宁波市名校长教育思想论坛上有这样的表述：在特色走向品牌的基础上，宝韵人正在进一步探索从教育品牌走向教育文化内涵的发展之路。宝韵人将继续把"和而不同，美彰个性"的和美教育进行下去。因为和美是一种能够积极体现价值与现实意义的教育行动，是生发正能量的行为，它作用并影响着幼儿园的每一个孩子；因为和美是一种能够孕育强大生命力的教育理念，是对教育的一种健康的科学的信仰，它影响着幼儿园的每一个成员的心灵成长；因为和美是一种强调"以美致和，以和塑美"的教育哲学思想，它是大目标下的微教育，它弥漫在宝韵各所幼儿园的每一个环节、每一个角落。

一、和美环境

幼儿园的环境是指幼儿园内幼儿身心发展所需要的一切物质条件和精神条件的总和，环境对幼儿发展的影响是极其深远的。《幼儿园教育指导纲要（试行）》明确提出："环境是重要的教育资源，应通过环境的创设和利用，有效地促进幼儿的发展。"

只有为孩子创设良好的教育环境，关注成长环境的生态平衡，才能促进幼儿多元化的表达和互动，让孩子有更大的发展空间。因此，需要幼儿园高效、有序、持续地开展此项工作，充分发挥环境的各种价值，做到合理规划、科学设计、精心实施，才能在满足幼儿发展需要的同时，保证环境的开发和利用最优化。宝韵人强调，在幼儿园的教育活动中，环境已作为一种"隐性课程"，促进幼儿各方面的发展。为此，宝韵给孩子提供了一个有序稳定的、内容丰富的、可自主选择的环境，把活动的自主权还给孩子，让孩子做生活学习的主人。

和美教育下的环境应该体现"和谐与共赢"，坚持全体成员的文化认同和个性化的宝韵教育理念，实现以"和"为核心，以"美"为特色的课程文化体系和环境构建体系；从可视的外在层面和可塑的内在层面全方位地展现全体宝韵人（包括教职工、家长、幼儿等）在理念、品质、行为等方面的构建与改变。幼儿园的和美环境教育应包括园风园貌、办学理念、教育思想、情感氛围、艺术娱乐活动等，使幼儿园的和美文化如同空气，无处不在。让这些经过长期积累沉淀形成的物质文化和精神文化，赋予幼儿园与众不同的个性和特色，而浸润在其中的全体成员，便具有了自己独特的风采。

（一）"四字诀"和"三大价值"

在长期的教育实践中，宝韵人总结出了宝韵音乐幼儿园和美环境的"四字诀"——序、趣、意、美，序即符合规范、井然有序；趣，即形式简洁、妙趣横生；意，即寓意丰富、意境深远；美，即富有特色、赏心悦目。另外，宝韵人还总结出了宝韵音乐幼儿园和美环境的"三大价值"，即生态价值、人文价值和教育价值。生态价值是指哲学上"价值一般"的特殊体现，包括人类主体在对生态环境客体满足其需要和发展过程中的经济判断，主要表现为生态的经济价值和生态的功能价值两个方面。人文价值是人类创造的具有精神指导作用的一个层面，是指经过长期积累沉淀形成的物质文化和精神文化，赋予不同幼儿园不同的个性。瑞吉欧的教育工作者认为："空间具有教育内涵，也就是包含教育性的信息和对互动的经验以及建构式的东西产生刺激。"它体现了教育主体的相互依赖、相互包容和相互影响。教育价值是指教育活动的有用性或"效用"，是人们有意识地掌握、利用、接受及享有教育时对教育活动有用性的看法和评价，环境的创设与利用过程也可以视为一种教育活动。

（二）和美环境的内容与目标

俗话说，环境可以造就人，环境对于幼儿而言同样具有无形的教育力量。在幼儿园的一日生活中，环境隐含着教育的意蕴与机会，它对幼儿甚至对幼儿园教师始终默默地产生着教化与影响，环境教育可谓无处不在。

宝韵音乐幼儿园的和美环境即重视精心创设常态化的物质环境和人文环境，同时也注重创设即时性的适宜于幼儿学习与体验的探究环境。首先，教师应尽可能地提供、创设丰富多彩的物质环境，创设具有美感意趣的环境来激发孩子的兴趣，创设真实开放的环境来体现自主与自由，创设规范秩序的环境来培养幼儿的专注与自律。其次，老师应尽可能地创设相互和谐的人文环境，营造关怀与爱的氛围来改善师与幼、幼与幼之间的感情与关系，充分发挥环境的潜移默化与榜样的引导激励作用，促进师幼融合与合作，支持幼儿的独立与自主发展。再次，教师尽可能地在教育活动中给予幼儿适合其情趣的探究环境，注重提供具有层次性的、多元化的操作材料以激发幼儿的探究兴趣，注重甄选蕴含结构性的、目标性的活动材料以增强并深化幼儿的探究品质与能力，注重挖掘、生成学习主题的活动材料以延展幼儿的学习经验，碰撞出探究的火花。

（三）和美环境的探究与评价

在宝韵人看来，幼儿园环境不仅是其教育理念的播放器，更是幼儿和教师实现共同发展与成长的平台，因此宝韵人将之视为幼儿园课程的重要组成部分，而幼儿园教育环境的创设与研究也始终被列为宝韵音乐幼儿园的重点工作内容之一。三十年来，宝韵人对幼儿园的环境建设做了大量的卓有成效的实践与研究：袁静副园长撰写的《幼儿园提升环境价值的策略》论文在《学前教育研究》杂志上发表；徐皇君副园长撰写的《为孩子创设有准备的环境》一文获甬江论坛一等奖；由马春玉园长主持的浙江省教育科学 2012 年度规划研究课题"构建和美文化，实施和美教育——幼儿园和美文化教育实践研究"确立为"和美环境研究"的子课题，更是将"和美环境"的研究提升到更高的境界。

宝韵人坚持认为，幼儿园环境的创设应以有效促进幼儿的发展为旨归。为此必须注意环境规划的整体性和可持续性，体现环境的生态价值和人文价值，突出环境的教育功能。幼儿园环境应经过精心设计，特别在区域布置和墙面布置上要注重开放性、动态性和互动性。和美教育环境的创设应注重遵循以"序、趣、意、美"为创设原则，突出园舍整体布局的文化承载性、知识传递性和艺术观赏性，展现和美环境规划的生态价值、人文价值和教育价值，构建和美环境教育空间划分项目的具体指标。而幼儿园和美环境教育空间可以根据整体规划划分若干具体项目，如幼儿园标识文化符号系统（园徽、主色调或色系、LOGO等）、重要公共空间（大门、围墙、门厅、走廊和楼梯等）、常规教育活动空间（教室、寝室、食堂、卫生间、多功能厅等）、工作场所（办公室、保健室、操作间、会议室等）、教育活动信息的软载体（通知与公示、预告与活动信息、人物故事、温馨提示等）。特别是近几年来，宝韵人大胆以"和"为核心，以"美"为特色，力求打造"意蕴深远"的标识文化、"凸显和美"的门厅空间、"主题鲜明"的走廊空间、"互动变化"的活动空间、"灵动有序"的公用空间和"细微生情"的即时微空间。

宝韵音乐幼儿园注重打造"有秩序（有规划）、有准备（有设计）、有变化（有实施）"的开放性生活环境和"有展示、有对话、有教育"的互动式学习环境，并结合环境所适用与服务的主要对象，有针对性地制定评估指标、权重与标准。生活环境如自然角、盥洗区、饮水区、午睡区、置物区、心情体验区、心理疏导区等，学习环境如班级活动室、游戏活动室、绘本阅览室、活动主题墙、幼儿作品展示区等，其区域设置应科学有序，便于幼儿活动；应动态调整，随着幼儿活动内容、活动需要或教育目标的变化而变化；应形式多样，满足不同幼儿活动的需要；应内容丰富，多为幼儿提供自主选择的内容；要有利于幼儿创造力、想象力以及动手能力的发展和提高；要有较好的幼儿活动观察条件，以便教师评价幼儿活动情况，总结和发现问题，及时改进和完善。总体而言，各区域要创设与儿童身心发展相适应的和谐的环境，舒适、安宁、轻松、快乐；要创设与幼儿审美要求相适应的充满童趣的环境，造型美观、色彩和谐，要有利于幼儿开展活动时表现出童趣美；要创设有利于激发幼儿不同潜能的多元智能环境；要创设与不同幼儿发展水平相适应的多样化的环境，游戏材料丰富多样，既能满足幼儿个别活动的需要，又能激发孩子的操作兴趣；要创设与幼儿年龄发展特点相适应的安全的环境，自制材料尽可能做到坚固、轻巧、美观、无锐利边角，让幼儿活动时有安全感和舒适感；要创设与幼儿园现有条件相适应的富有特色的环境，尽可能实现静态与动态相结合、相统一。这些从实践中总结出来的经验，逐渐形成了宝韵和美环境评价的原则与标准，也成为宝韵人实施幼儿园环境评价的重要依据。

二、和美课程

课程是宝韵音乐幼儿园实施教育活动、实现机构发展的主要载体，是体现宝韵教育理念、反映宝韵办学成效的重要渠道。三十年来，宝韵音乐幼儿园课程建设经历了自主探索、逐步推进的发展历程，实现了由音乐特色课程到艺术情意课程，再到和美课程的构建规划。

（一）和美课程的结构框架

在潜心挖掘艺术教育价值的基础上，宝韵音乐幼儿园精心选择适宜的内容，开展"1＋X"园区特色教学研究，以音乐特色课程和艺术情意课程为基础，建立起"1＋X"和美课程体系。

和美课程体系的架构是由课程理念、课程目标、课程内容、课程实施以及课程评价等结构板块构成的课程系统。其课程理念是"和启心智，美润童心"，课程总目标可归结为"向真、亲善、创美"，课程内容与载体是基于幼儿成长与发展需要，基于兴趣与爱好而统一支持幼儿实现与自我、与社会、与自然之间相互关系协调发展的主题。课程实施的载体与途径可归为微城生活、缤纷主题、节庆活动、社团实践等项目，其课程评价根据评价主体不同包括基于幼儿、基于教师、基于课堂等不同层面的多种评价方式。

从和美课程的内容所属领域类别来看，宝韵和美教育课程内容与载体包括两大板块，一是"1－预设性课程"，二是"X－生成性课程"。"1－预设性课程"主要包括主题活动课程和生活礼仪课程。主题活动课程坚持以《幼儿园教育指导纲要（试行）》和《3～6岁儿童学习与发展指南》等国家指导性文件为指引，注重幼儿在健康、语言、科学、社会、艺术等五大领域的核心经验，注重幼儿的全面发展。"X－生成性课程"主要包括宝韵园本特色项目课程和班本课程。园本特色课程注重开发与利用本园的各种教育资源，它凝结了宝韵音乐幼儿园自办学以来积极开展课程探索所取得的园本课程建设成效之精粹，迄今主要涉及艺术、蒙式、英语、阅读等特色活动。和美课程在实施过程中注重依托艺术活动教育载体，注重梳理并丰富幼儿园课程的意蕴与内容，注重突出课程的园本特点与地域特色，注重挖掘课程的教育意义与实践价值，注重课程实施过程及其效果的自我评价、反思与改进。从实施形式来看，和美课程包括微城生活、缤纷主题、节庆活动、社团实践等板块项目。从功能取向来看，和美课程的主题内容主要有利于幼儿建立与自己、与社会、与自然之间的关系。其内容进程通常以四季为时间轴，通过多感官（动觉、听觉、视觉、味觉等）、多通道、多途径来体验大自然、大社会的和韵与美好，从而构成诸如春之韵、夏之声、秋之色、冬之味等不同类型的富有特色的园本课程。图 3-3 为和美课程结构框架。

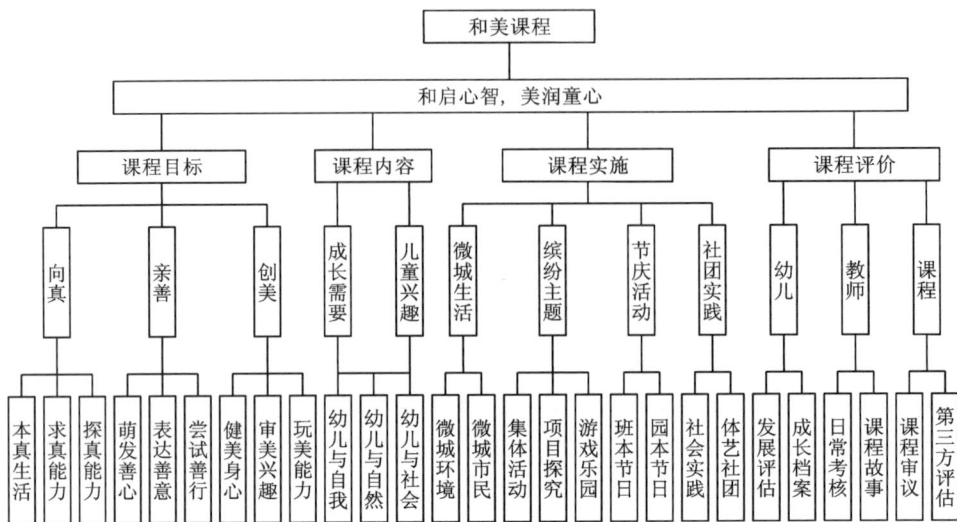

图 3-3　和美课程结构框架

（二）和美课程的目标与特点

和美课程的宗旨即核心目标是培养"言行优美，身心和谐"的幼儿，即宝韵人倡导通过实施和美课程来实现培养"向真、亲善、创美"的育人目标。在宝韵音乐幼儿园整体进入第三个发展阶段即集团化发展阶段之后，宝韵人更加明确地提出了"构建和美课程"的规划。坚持以"给孩子一个珍珠般的童年"为宗旨，以"和启心智，美润童心"为核心理念，通过开展丰富的生活活动、学习活动、健身运动、游戏活动以及精彩纷呈的文化主题活动等，实现"培养言行优美、身心和谐的和美宝贝"的总体教育活动目标。

在和美课程的实施过程中，积极进取、追求创新的宝韵人进一步依托艺术活动教育载体，注重梳理并丰富幼儿园课程的意蕴与内容，注重突出课程的园本特点与地域特色，注重挖掘课程的教育意义与实践价值，注重课程实施过程及其效果的自我评价、反思与改进。和美课程是宝韵长期努力探索、大胆创新的结果，是从无到有、由浅及深、自贫乏到丰富的幼儿教育实践经验的积累。它凝聚着宝韵人的智慧和汗水。有人这样来描述宝韵音乐幼儿园的和美课程：

其内容是生活化的、浅显易懂易操作的；其组织形式是综合多元的、整体统合的；其实施过程是对话互动的、灵活适宜的；其评价方式是多元多主体的、兼容开放的。正是因为自带着这样的特色与特点，"和美课程"便逐渐成为宝韵音乐幼儿园文化的重要载体之一，并成为宝韵人实施和美教育的重要基础与保障。

（三）和美课程的集体活动模式

宝韵音乐幼儿园确立实施"和美教育"，建构"和美课程"的办学理念与目标，将探索、建构体现平等、尊重、和谐、优美的和美课堂作为教研工作的重点，力求更加充分地发挥集体教学的积极作用，从而更好地实现促进幼儿真、善、美的品质发展与心灵成长的教育目的。

在宝韵人看来，和美教育的主阵地就是和美课堂，而和美课堂又是教师走进幼儿心灵、把握幼儿思维方式、了解幼儿内心世界、尊重幼儿自主发展的自然结果。经过近十年的探索，宝韵音乐幼儿园逐渐形成了被赋予特定的范式与意义，具有自身特色的和美课堂教学模式。即追求情智结合的价值取向、整合融通的教育目标与"双线"交织教学线索的课堂模式。这种模式可以简要概括为"一核、双线、三点、四环节、五策略"。"一核"指以和美为核心；"双线"指以幼儿的认知发展、情感发展为主线索，是课程设计与实施过程中应当呈现出来的情感线和认知线；"三点"指分析教材中的价值点、切入点、突破点；"四环节"指教学过程应包含四个基本环节，即激趣、感悟、表现、拓展；"五策略"指知识经验化、内容情境化、过程活动化、师生互动化、效益最大化等具体教学策略。图3－4为和美课程教学模式。

和美课堂注重目标的整合融通、环节的自然圆通、方法策略的灵活变通。"双线并进教学模式"要求教师按照"寻点、拉线、切面、画圆"的基本步骤完成教学设计与实施过程。以大班歌唱活动"夸家乡"为例，教师在设计目标时应"寻三点"，其中"价值点"应是激发幼儿爱家乡的情感；"切入点"应是幼儿经验还原与情感唤醒；"突破点"应是寻找歌曲的情感基调，帮助幼儿唱出爱乡之情。在设计教学过程时，教师应会"拉双线"，其中"情感线"可以设定为启动情智—激活情智—发展情智—展示情智的发展过程，"认知线"可以设定为认知准备—感知理解—完善认知—认知内化的发展过程。在教学实施过程中，教师则应会"切四面"，其中"激趣环节"应善于设置情景，营造美的心境；"感悟环节"应让幼儿欣赏歌曲，深化美的感知；"表现环节"应变换演唱方式，让幼儿自然抒发美的情感；"拓展环节"应通过展示评价迁移、扩展幼儿美的体验。总之，

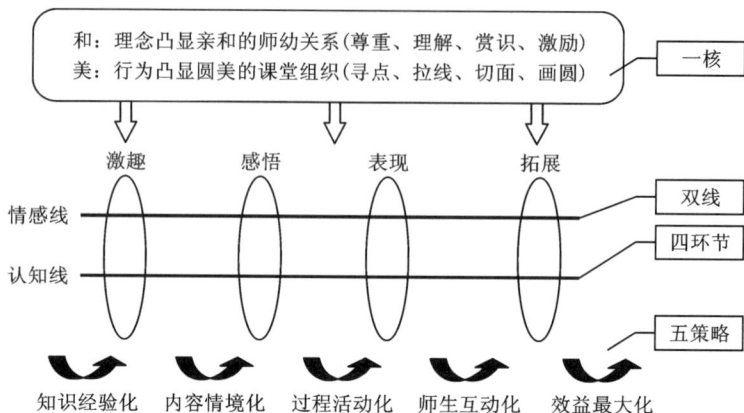

图 3-4　和美课堂教学模式

和美课堂要求教师从"促进幼儿身心和美发展"的教育理念出发，设计课堂目标与内容，并在课程实施时注意各个步骤的协调统一，实现各领域在目标、内容、方法上的整合。由此，和美课堂是理解和尊重幼儿生活价值的课堂，是符合幼儿年龄特点与发展规律的课堂，是幼儿真正喜欢、能够促进其和谐全面发展的课堂。

（四）和美课程的评价标准

宝韵人在探索、创新和美课程内容的同时，也非常注重课程活动的评价与反思。通过长期不懈的努力，宝韵人逐渐建立起与本园和美教育活动相适宜的课程评价体系，逐渐形成具有本园特色的和美课程评价标准。图 3-5 为和美课程评价体系。

和美教育活动的核心在课堂教学，和美课程评价标准的核心是和美课堂的评价标准。宝韵音乐幼儿园和美课堂的评价标准主要围绕和美教师、和美幼儿的发展目的，从仪态语言之美、情境展示之美、合作互动之美、课程内容之美、课堂节奏之美、课堂教学效果之美等方面来制定。

和美课堂标准主要包括三项评价维度：一是对课堂活动的评价。评价者会主要考察其价值取向与组织管理。其中，价值取向主要看其对幼儿发展的适宜性、经验性与挑战性；组织管理主要看其材料是否丰富、过程是否流畅、教师教育时是否机智灵活。二是对教师施教情况的评价，评价者会主要考察教师对幼儿的情感支持与教学支持。其中，情感支持主要看教师是否公平、敏感与积

和美课堂评价体系
- 情智活动
  - 价值取向
    - 适宜性
    - 经验性
    - 挑战性
  - 组织管理
    - 材料丰富性
    - 过程流畅性
    - 机智灵活性
- 和美教师
  - 情感支持
    - 积极性
    - 公平性
    - 敏感性
  - 教学支持
    - 沟通技巧
    - 组织方式
    - 反馈评价
- 和美幼儿
  - 情感态度
    - 注意集中
    - 情感愉悦
  - 智能发展
    - 思维活跃
    - 表现积极

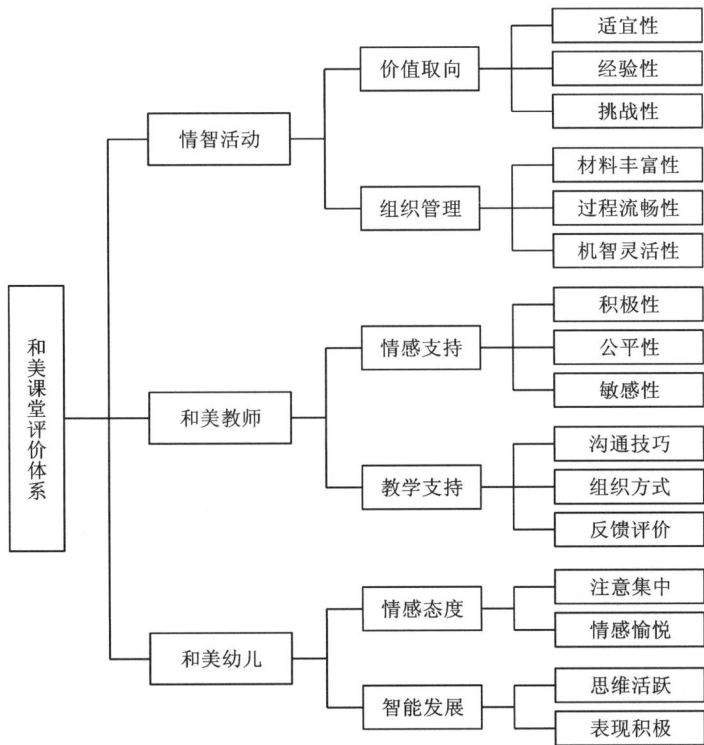

图 3 – 5 和美课程评价体系

极；教学支持主要看教师的沟通技巧、组织方式、反馈评价。三是对幼儿发展情况的评价，评价者主要考察幼儿情感态度与智能发展的情况。其中，情感态度方面主要看幼儿的注意是否集中、情感是否愉悦；智能发展方面主要看幼儿的思维是否活跃、表现是否积极。与此同时，宝韵人还坚持运用上述课堂评价标准进行反思，调整教学策略，让教师学会分析和正确判断生成内容的教育价值，学会呼应幼儿的需要和提高自身的教育机智，由此更好地促进幼儿的发展。

宝韵人十分注重和美课堂中的师幼互动，并将此视为和美课堂评价的重要内容。他们坚持认为，和美课堂构建的关键是幼儿园教师始终能够采取适宜的教育教学行为，呼应幼儿发展的需要。为此，宝韵人通过长期的实践探索总结了幼儿园教师应当具备的适宜行为，主要表现在以下方面：一是幼儿园教师能尊重和理解幼儿，能在掌握幼儿发展特点与水平的基础上很好地关注和解读幼儿的行为。具体包括：准确捕捉幼儿的兴趣点和确定适宜的教育内容；与幼儿共同收集相关材料，并鼓励幼儿根据自己的需要选择；准备多元化、低结构的适宜材料；提出启发性的问题，引导幼儿从多角度思考；给每位幼儿回答问题的机会，让每位幼儿都有亲身体验的成就感。二是幼儿园教师会赏识与激励幼儿，能对幼儿的行为价值做出正确的判断，并能很好地回应幼儿。具体包括：创设支持幼儿提问的良好活动氛围，并以期待的目光鼓励幼儿勇敢地表达与表现；鼓励和支持每位幼儿积极参与交流讨论，并欣赏每位幼儿的表达与展示；接纳每位幼儿的观点和兴趣，鼓励幼儿运用材料自主尝试操作，大胆探索与发现；时刻观察幼儿的情绪、态度和行为表现，努力了解其需要、愿望与意图以及其思维活动过程等，及时判断幼儿的需求和发展水平，不断引导其向更高水平发展；注重幼儿的个体差异，思考并了解幼儿有困难的真正原因，用认同的口吻以及游戏的方式来激发其学习与探索的兴趣；鼓励幼儿间相互沟通与交流、相互了解与支持，从而实现更好的协商与合作等。

总之，在和美课堂中，教师要真正了解幼儿，不断提升自己的专业化素养。教师应在教学实践中学会观察、捕捉幼儿生活中的兴趣点，创造条件，提供刺激，诱发经验；在幼儿需要的基础上组织活动，满足幼儿发展的需要。和美教育的实施效果最终体现在幼儿和教师身上，幼儿实现全面发展、心灵和谐、个性突出、体验愉悦，教师实现专业成长、职业幸福。可以说，乐教、乐学是和美教育的终极目标，幼儿园教师应做快乐的使者，学会捕捉自己生命中的每一次感动，以感恩的心接纳包容幼儿的一切，静静倾听每一位幼儿的心声，耐心等待幼儿慢慢成长。

三、和美师幼

> 我们眼中的教师：和而不同，各美其美。
> 我们眼中的孩子：言行优美，身心和谐。
> ——摘自宝韵音乐幼儿园《园长手册》

宝韵音乐幼儿园倡导的以"真、善、美"为核心的和美理念，在日常生活与教学活动中具体表现为"向真、亲善、尚美"。"向真"即倾向于幼儿的品质发展，关注幼儿发展需要，注重培养幼儿的兴趣；"亲善"即注重改善过程，倾向于鼓励幼儿与人交往，建立起良好的师生互动关系；"尚美"即指向改善环境资源，注重内外多方交流与合作。

教育的对象是人，教育的实施者是人，和美教育最终需要落实到人的身上。长期以来，宝韵音乐幼儿园始终以"教育活动"为办园的中心，始终把人尤其是幼儿园教师和幼儿的成长与发展摆在首位。马春玉园长有一句富有深意与哲理的话——和美教育是一种理想境界的微教育。她强调，和美是一种教育思想，会渗透在幼儿园的每一个人的内心，会弥漫在幼儿园的每一个角落。和美是理想中的大目标，和美教育则是理想中的微教育。和美微教育注重从日常生活的细微之处把幼儿引向真、善、美。而在这个引导的过程中，"和美幼儿"与"和美教师"会被赋予特定的角色与内涵，会得以充分地展示。

（一）和美教师眼中的和美幼儿

"有礼貌，能开口；会交往，真开心。学自理，能动手；好运动，能放开。会学习，有智慧；乐审美，有眼光。"这是宝韵音乐幼儿园为孩子们"拟定"的"行为密码"。表 3-1 为和美教育的幼儿行为目标。

表 3-1　和美教育的幼儿行为目标

价值目标	行为目标	形象勾勒
向真	三自	自信、自主、自律——我能、我会、我想
亲善	六会	开心、开口、开怀、开动、开窍、开拓 会生活——开心　会运动——开动 会表达——开口　会学习——开窍 会交往——开怀　会审美——开拓
尚美	四言	问候语：您好，再见 答谢语：谢谢，不客气 宽容语：对不起，没关系 请求语：请
	五行	礼貌：一言一行，文明礼貌 自理：生活学习，自理自立 守约：守约交往，诚信做人 好学：好问勤奋，兴趣浓厚 乐玩：喜欢游戏，健康快乐

"三自"即自信、自主、自律，重在发展幼儿的个性品质与社会性品质，特别是促进儿童主动、独立、合群等根基性品质的发展。"六会"是在"三自"的基础上演绎出来的具体行为及其能力的要求，包括在表达、交往、生活、运动、学习、审美等各个方面，要致力于包含着主动性态度和相对熟练的操作能力，即所谓"会"的幼儿发展目标。"四言"是基于幼儿表达与情感态度方面的具体内容，力求让幼儿在日常生活中的问候、答谢、宽容原谅及请求等情境下学会主动表达，认同礼貌与尊重。"五行"即是从情感态度(礼貌)、能力(自理、守约)、兴趣(好学、乐玩)等方面将教育目标具体化、明确化。宝韵音乐幼儿园创造性地提出，和美幼儿教育目标的核心就在于坚持培养"三自六会、四言五行"的和美幼儿，这正是一种把"真、善、美"宏观目标具体化的微教育。

　　在"三自六会、四言五行"的和美幼儿行为目标下，在宝韵音乐幼儿园教师的眼中，幼儿是快乐的精灵，是独立的个体；幼儿是主动的学习者，是天生的创造者。和美幼儿的发展，是在幼儿园教育活动引导下的主动发展，是指向幼儿一生的可持续发展，是融合幼儿的体、情、知、能等全方位的和谐发展。和美教师要积极创造机会与条件，努力支持每一位幼儿学会"三自"：学会自立，具备初步的生活能力，独立做力所能及的事情；学会自理，做自己的生活、游戏、学习和环境的主人，获得积极主动、富有个性的发展；学会自信，具有良好的学习习惯、态度及萌芽状态的学习品质，相信自己的能力，敢于尝试，敢于表现自我。

（二）宝韵和美教师的五味人生

　　宝韵和美教师的五味人生即"和、智、美、润、梦"(图3-6)。

　　味之一，和在童境。在宝韵，和在童心，教师和幼儿一样保持一颗童心，纯洁、朴实、真诚、热情，富于爱心；在宝韵，和在童进，教师始终关注幼儿的行为表现，始终引导并支持幼儿的发展与进步；在宝韵，和在童美，教师始终坚持艺术教育的特色，努力培养幼儿的艺术特长，努力培养与发展幼儿的审美意识以及创造力；在宝韵，和在童乐，教师积极营造快乐的活动氛围，努力创造优质的活动环境与学习机会，让师幼的内心充满无限的幸福感和愉悦感。在宝韵和美教师的词典里，和是一种文化、一种行为、一种传递，是一份操守，是一生的责任。

　　味之二，智在业精。在宝韵，智在乐教，和美教师会蹲下身子，细细看，静静听；会身在其中，多多玩，慢慢引；会站在幼儿的侧旁或身后，默默帮，紧紧跟。在宝韵，智在兼容，和美教师会真正想得开、放得下，会尊重幼儿的个性

和·智·美·润·梦
——和美教师五味人生

和 是一种文化、一种行为、一种传递，
是一份操守，是一生的责任。

智 是一种思想、一种灵慧、一种坚持，
是一份创造，是一生的奉献。

美 是一种艺术、一种表现、一种分享，
是一份心境，是一生的自信。

润 是一种渗透、一种影响、一种引导，
是一份能力，是一生的付出。

梦 是一种追寻、一种向往、一种理想，
是一份事业，是一生的幸福。

图 3-6 和美教师"五味人生"

差异，会以最大限度的宽容看待幼儿，会努力寻求或者等待幼儿的"闪光点"，会抓住稍纵即逝的教育事件与机会。在宝韵，智在善思，和美教师懂得"教学相长"，懂得自省与反思，懂得学习与思考是一种自我的行动，是由内及外的主动学习与成长的行为与过程。在宝韵，智在坚持，和美教师乐于耕耘，乐于奉献，乐于成为天真无邪的幼儿的玩伴与学友，乐于尽心担当幼稚懵懂幼儿的心理咨询师和思想引领者；她们知道幼儿园并非名利竞技场，幼儿并非简单的教育试验品，幼儿园教育并非简单复制的、立竿见影的工作；她们懂得幼儿教育中的坚守与坚持，懂得幼儿教育中的期待与等待；她们相信有一种恒久力量积聚后终究会出现，哪怕是昙花一现般的生命的灿烂与美丽。在宝韵和美教师的词典里，智是一种思想、一种灵慧、一种坚持，是一份创造，是一生的奉献。

味之三，美在心境。在宝韵，美在容止。所谓容止，不是单纯的容貌、服饰，还包括言行、神采、气质、个性、品味、风格等综合构成的秀外慧中、文质彬彬、形神兼备的风采。和美教师善于自我设计、塑造美丽。穿着打扮、为人处事、一举一动、一言一行，无不匠心独具、气韵非凡。她们应对从容，有礼有节，意气风发，神采奕奕。在宝韵，美在情趣。情趣是内心与外界的交鸣互动，是人们的情之所钟，趣之所指，志之所向。和美教师懂得用美的情趣点缀生命。她们相信只有情趣美的教师才能打动情趣美的孩子，相信情趣美是一种传

递与传承的力量。在宝韵，美在大爱。大爱本质上是一种面对人生、面对事物的态度。和美教师怀着坚定的信念，展示着博大的胸怀，积极地、乐观地、坚定地面对人生。处顺境不骄逸，处逆境不气馁。她们把点滴的爱，汇成一个个感人的和美小故事，让大爱在幼儿及其家长的心中传播与传递。在宝韵，美在融合。融合不仅是气氛与气场的祥和，不仅仅是言行与事物的和谐，更是思想与理念的认同与切合。从教育思想到教育策略，从教育方法到教育态度，从人生价值观到教育实践活动，从个人的品行规范到个人的素质与修养，和美教师都以美的心境去积极面对、主动融合。在园长与教职工之间，在教师与幼儿及家长之间，在新老员工之间，在班级之间，在幼儿园与家庭之间，和美教师以及全体宝韵人坚持求同存异，坚持和而不同。在宝韵和美教师的词典里，美是一种艺术、一种表现、一种分享，是一份心境，是一生的自信。

味之四，润在无境。幼儿教育活动常常被人们形容为一种润物细无声的行动。大爱无痕，大音希声，高深的境界在于无境。无境不追求严格的规矩与范式，不讲求统一的原则与标准，没有条条框框。在宝韵，润在细节。和美教师重视每天发生的平淡无奇却又温馨动人的小事，关注每一个细节，关注每一个生命。在宝韵，润在健康。健康是一种美，幼儿健康的体质和健康的心灵是人生美的初始。和美教师注重精心陪伴，注重心理的疏导与抚慰，注重心灵的滋养与呵护，努力让每一位幼儿在积极的环境中拥有健康的人生之初始。在宝韵，润在微笑。微笑既是关注，更是尊重。和美教师坚持"以幼儿为本"，关注并了解幼儿的欲望与需求，尊重幼儿的想法与做法，让幼儿在微笑中观察，在微笑中体验，在微笑中思考，在微笑中一天天成长。在宝韵，润在品格。人的品格既是影响外在形象的重要因素，也是一种支配行动、带动他人的内在力量。和美教师注重幼儿品格的影响与培养，更注重自身品格的调养与塑造。她们力求用自己的内在涵养与人格魅力来展示教育人生的美丽，来生发感动心灵的巨大能量。在宝韵和美教师的词典里，润是一种渗透、一种影响、一种引导，是一份能力，是一生的付出。

味之五，梦在佳境。在宝韵，梦在担当。和美教师懂得教师是影响一群人的事业，幼儿园老师关联着一个个可爱孩子的人生第一步，关系着千家万户的幸福。因此，和美教师必须秉持高度的责任感，抱着对幼儿一生负责的态度去做好每一天的工作。在宝韵，梦在关爱。爱是教育的基础，有人说，教育就是释放爱的过程。和美教师懂得如何爱孩子，如何关爱与呵护每一份童心，懂得爱从不计较回报，懂得真正的爱会尽心尽力、永不放弃。在宝韵，梦在家园。和美教师懂得良好的家园关系对幼儿教育活动的重要性，懂得良好的教师与家长之间的关系对幼儿成长的重要性。她们把处理好家园关系以及与幼儿家长的关系视为开展教育活动的重要保证，坚持事必躬亲，言而有信。她们也将之视为一种艺术而不止探索、不耻下问。在宝韵，梦在和美。和美教师知道幼儿园教师职业的平凡与平淡，知道幼儿园教师的神圣责任。她们朝着自己奋进的目标，抱着一颗平常的心，沉醉于书，追梦于路，始终如一地坚持，诗化自己的实践经历。在宝韵和美教师的词典里，梦是一种追寻、一种向往、一种理想，是一份事业，是一生的幸福。

宝韵音乐幼儿园的和美教师致力于达到一种境界，一种"和而不同，各美其美"的高境界。她们有童心，以童心养护童心；她们有爱心，以爱心呵护爱心；她们有真心，以真心换取真心；她们有耐心，以耐心支持耐心。宝韵和美教师正是通过"四心"来实现自己的发展与成长，来谱写自己的"五味人生"。

四、和美教育在宝韵的发展

创办三十年来，宝韵幼儿教育集团经历了三个"十年规划"，实现了三个不同层次的办园目标，经历了三个阶段的发展。在2011—2020年的第三阶段，以开展"和美课程"建设为核心，以浙江省教育科学2012年度规划研究课题"构建和美文化，实施和美教育——幼儿园和美文化教育实践研究"结题、《幼儿园和美文化与教育》一书的出版为里程碑，以"和美课程"被评为浙江省精品课题为巅峰，以"和美教育"与"和美文化"在宝韵音乐幼儿园正式形成并走向成熟为标志，宝韵人用教育行动和研究成果诠释了自己对教育尤其是对和美教育的深刻解读与执着追求。三十年，宝韵人用自己的深刻思考开辟了"和美教育"的新领域，用自己的实际行动诠释了"和美教育"的新含义。

（一）宝韵对"和美教育"的理解

宝韵人奉行的和美教育理念崇尚以爱启智，以美润心。宝韵人认为，幼儿园教育是一门心灵艺术，要从心灵走向心灵，要以幼儿园教师的真善美唤起幼儿的真善美。同时，教育也是一片创新的天空，幼儿园教师要用爱心启迪智慧，以童心养护童心，以爱心呵护爱心，以真心换取真心，以耐心支持耐心。宝韵人推崇的和美教育，关注幼儿的心灵成长，充满人文关怀；关注幼儿的心智发展，充满美好体验。它倡导寓和为美，以美建和，坚持认为和美教育是人文性与工具性合一的活动，是个性与社会性合一发展的自由对话，是充满合作和谐与审美愉悦的人格教育。因此，实施和美教育，幼儿园园长和教师要致力于营造和谐的教育环境与氛围，尊重个体差异，着眼于人的终身发展，培养幼儿的根基品质；要以尊重、理解、赏识、激励为核心标志，按照顺天性、尊差异、常宽容、求和美的原则，关注幼儿的兴趣、需要；要融入幼儿生活，倡导自主探究，支持积极操作；要引发幼儿思考与交流，促进体验活动乐趣。

（二）和美教育理念下的幼儿培养目标

宝韵人积极倡导、大力推行的和美教育是在教育活动中实施与发展和美理念的手段与策略。它是以尊重、理解、赏识、激励为核心标志的，用真知、真爱奠基和美人生的教育，是倡导教师顺天性、尊差异、求和美、常宽容的教育，是引导受教育者相信自己、鼓励自己、发展自我、超越自我的教育，是影响家长尊重孩子生命特质、挖掘孩子生命潜能的教育。

和美教育在幼儿发展阶段的培养目标可以形象地概括为"寓和为美，以美建和"。具体而言，实施和美教育，通过开展"六会"（我会表达，我会交往；我会生活，我会运动；我会学习，我会审美）系列成长活动，让幼儿具有平和的学习心态、活跃的思维品质、和悦的情绪状态，成为"大方自信，活泼开朗，尊重他人，友爱宽容；热爱生活，自理自立，坚持健体，健康快乐；善于思考，勤奋学习，热爱艺术，求真尚美"的幼儿。在具体的教育实践活动中，宝韵人详细制定了包括文明礼仪、学习探究、语言习惯、身心健康、艺术审美、生活情趣等方面的基础性与发展性培养目标，并依据具体的培养目标确定了幼儿园和美教育活动质量评价的维度与权重，建立起基于和美教育培养目标的幼儿园教育活动质量评价模式。

总之，在宝韵人的心里，"和"的本质就是真、善，而真、善就是美。因此和美教育是求真的教育，是唯善的教育，是尚美的教育。和美教育是知行合一的教育，是倡导表里如一的教育，是身心和谐的教育，是培养健康人格的教育。

第三节　办园根基——和美文化

> 文化和教育是影响人的个体发展的重要社会因素，文化是自然的，教育是他然的。教师角色和学生角色是担负着一定社会责任的行为共同体，学校应注重统合文化自然化人和教育他然育人的双途径来促进学生个体发展。
>
> ——摘自马春玉著作《幼儿园和美文化与教育》

三十年来，宝韵人关注的是什么，是教育，是宝韵担负着的重大社会责任和时代使命的幼儿园教育。宝韵人长期关注教育落实在何处：落实在关注幼儿、教师、家长等每一个与幼儿园息息相关的人身上；落实在资源与环境、课程与课堂、制度与管理等幼儿园工作的每一个方面；落实在入园晨检、喝水用餐、睡眠如厕、游戏活动等幼儿园一日学习与生活的每一个细节。三十年来，这一切都在不经意中静静地发生，在自然而然中默然进行。日复一日，年复一年，宝韵人不声张，不喧哗，他们只是觉得自己做了应该做的事情，尽了自己应该尽的责任。其实这种关注与落实的行动是有目共睹、功不可没的，但其背后存在的一种有形又无形的东西往往不被人们所察觉，那就是宝韵幼儿园文化。

文化是长期积累而形成的气场、特色与底蕴，是幼儿园生存与发展的根基。有着先进理念与优秀文化的幼儿园会拥有强大的生命力和深厚的底蕴。是的，对幼儿园来说，或许刻意追求、刻意打造的并非真正的文化。真正的幼儿园文化并非高屋建瓴，绝不高深莫测，它就在幼儿园师幼的一餐一眠、一言一行里，就在幼儿园的一草一木、一事一物中。正如宝韵人所感悟的那样，它纳百川而不择细流，服水土而亲切自然。它是在不经意中的水到渠成，是在自然而然中的积累成韵。

一、和美理念与精神文化

在马春玉园长的带领下，宝韵人与"和美"结缘，开展和美课程研究，实施和美教育，建构和美文化，逐渐形成并及时归纳、总结出了较为系统化的和美理念。

(一) 和美是一种容易浸润灵魂的理念

理念是一种认识,是一种态度;和美是一种理念,是一种教育思想,是一种教育灵魂。和美教育浸润着幼儿园的每一位教职员工,从而形成强大的团队凝聚力。

和是内在的价值取向、价值原则,它主要体现在和衷共济(四和)的办园目标,和谐相融的师生关系与家园关系;体现在和风顺畅的园所文化,和气致祥的资源整合;等等方面。因此,和的核心是爱与宽容,因为"和",就容易达到"融洽"。

美是外显的价值导向、价值标准,它主要表现在特色发展、个性培养、课程建设、环境创设等方方面面,以达到因异而美、因和而美的效果。因此,美的核心是会意、合群,因为"美",就容易达到"愉悦"。

(二) "和美"是"全面 + 特色"的传承与发展

长期以来,宝韵幼儿园坚持"全面 + 特色"的办园方向,坚持"全面 + 特长"的培养目标,逐步形成了宝韵独特的办园特色。在宝韵即将进入第三个发展阶段即第三个十年规划时期,面对宝韵幼儿园"多体制并存、多区域分布、多层次定位"的日渐集团化的发展格局,宝韵人提出"和美"的发展命题。这一命题旨在"关注特色,更关注宝韵办学品质的提升;关注特长,更关注儿童完美人格的培养"。为此,宝韵人解读理论,践行理念,从环境、教育、管理、文化等多个层面探索并提出了关于和美理念的具体表述。

宝韵人关于和美理念的具体表述主要包括四个方面,即"和在自然,美溢童趣"的环境理念、"和以聚力,美以育人"的管理理念、"和启心智,美润童心"的教育理念以及"和而不同,美彰特色"的文化特质。

首先,"和在自然,美溢童趣"的环境理念,强调幼儿园环境创设要突出两个关键概念,一是"自然",二是"童趣"。自然,就是不造作、不呆板、不教条、不勉强、不迁就、不虚假,不刻意而为之;不单纯为了环境美而美化环境,而是顺其自然,充分开发、利用幼儿园所拥有的各种教育资源,追求物尽其用。童趣,就是以幼儿为本,以幼儿为中心,一切以服务于幼儿为上,引导幼儿崇真、求真,激发幼儿的兴趣与热情,呵护童心。在幼儿园的环境创设中,坚守"自然"和"童趣",就是推行"和美",就是表现和美理念。

其次,"和以聚力,美以育人"的管理理念,强调幼儿园的园务管理与运行要突出两个关键的核心概念,一是"聚力",二是"育人"。聚力,就是要团结,要融合；人与人之间平等相待，和平相处，勤于沟通，诚于协商，不内耗、少分歧，友好合作；做到齐心协力，同心聚力。育人，就是坚持育人至上，以培养人为中心，把一切工作集中到"培养"的中心工作任务上来，引导并培养幼儿，支持并培养教师，最终实现教职员工与幼儿及其家长的共同成长与发展。在幼儿园的日常管理过程中，推行和美理念就是推行"智慧管理"，即抓住人的核心，精于管，重在理。

再次，"和启心智，美润童心"的教育理念，强调幼儿园教育活动要突出"启智"和"润心"。启智，就是强调幼儿园的教育活动要注重引导，注重实现幼儿的自我发展。一方面，"和美教师"在教育活动中要自觉投入饱满的情感和丰富灵动的智慧；另一方面，"和美幼儿"在教师的激发、带动下开启情感的闸门，点燃智慧的火花。润心，就是不仅仅关注幼儿的艺术素养与特长培养，不仅仅停留在幼儿的认知与体质发展层面，而是更关注幼儿的情绪、情感与心理健康，关注幼儿的人际交往与社会性发展，注重价值观的渗透与引导，注重幼儿的心灵成长。在幼儿园的日常教育活动中，推行和美理念就是要注重支持幼儿的身心和谐，注重促进幼儿的特长培养与全面发展。

最后，"和而不同，美彰特色"的文化特质，从整体上体现了宝韵幼儿园的办学理念，刻画出了属于宝韵自己的"个性标签"。和而不同，在微观上就是要尊重个体差异，保持个体的特点与特色，坚持平等宽容，建立个体间和谐友好的平等合作关系；在宏观上就是要在平等与兼容的前提下，实现幼儿园多样化的整体和谐。美彰特色，就是要突出内涵与价值，推行"真"与"善"的价值观念，追求实现"美"的境界，从而使得"宝韵"的个性特点更加突出，特色更加鲜明。

（三）和美理念是幼儿园精神文化的核心

精神文化是幼儿园的灵魂和底蕴，是幼儿园赖以生存与发展的"核"，是幼儿园文化的要义与内涵。幼儿园文化建设的前提与基础就在于有"核"——有核心理念与价值，有内涵。宝韵音乐幼儿园在长期的教育实践中，逐渐形成了具有自己特色、具有自己独到理解的精神文化。这种精神文化是在和美教育理念的基础上逐渐萌发、深化、凝练而成的，"和美"即这种精神文化的核心。

确切而言，和美既是一种理念，又是一种可内化于心又外化于行的精神。这种精神在理论与观念层面追求物和、人和、心和，追求各种元素、各种组织成分之间的关系融合；在实践层面，则表现为追求环境美、资源美、行为美，从而实现幼儿园整体的和谐美，达成一种追求"真善美"，兼具艺术特色和文化底蕴的"大爱、大和、大美"。

二、和美标识与物质文化

物质文化是与精神文化相对应的存在与表现形式。幼儿园的物质文化,主要是指以显性物化形式而存在的载体所显示的或者所蕴含的幼儿园的价值理念和行为方式等。物质文化是幼儿园贯彻其教育理念、渗透其价值观、实施具体教育活动的前提与基础。从构成成分来看,幼儿园的物质文化主要包括以下几个方面的内容:基于园舍规划定位、设施设备维护与利用的理念、教育资源与区域文化主题、景观构建与景物教育意义等层面的被赋予教育思想与观念以及社会价值取向等特定含义的自然环境;基于标识系统、宣传媒介、区角文化等方面的蕴含着育人理念与目标的人文环境;包括课程体系、图书资料、活动场馆、社团组织等形式在内的校园文化阵地。在极为丰富的物质文化内容中,能很好地反映幼儿园的个性、彰显其特色、体现其办学思想和育人目标的,当属幼儿园的标识系统。

宝韵音乐幼儿园自办园初始便十分重视幼儿园的形象建设,十分重视幼儿园的标识系统的构想与设计,并一直勤于思考而精于审视,力求尽善尽美。宝韵音乐幼儿园标识系统的建设与发展过程也是宝韵品牌建设与发展的过程缩影。三十年来,宝韵音乐幼儿园在不断发展、壮大的过程中,在管理团队的带领下,敢想、敢干,在物质文化建设方面表现出超前的意识,付出了巨大的努力。他们广开思路,集众人之智慧,采百家之所长,密切结合宝韵自身的资源状况、办园条件以及发展目标与定位,坚持推行"和美"理念,充分挖掘和利用各种有价值的教育与文化资源,逐渐建成了较为完善的、被赋予特定内涵与意义的标识系统,形成了带有自己特色的、与宝韵品牌相适宜的标识文化。宝韵的标识系统主要包括园名、园徽、园训、园歌、园旗以及"和美幼儿"、园庆日、和美墙等。

宝韵音乐幼儿园的名称中有两个特别的词,一是"宝韵",二是"音乐"。"音乐"自不必多言,它直接体现了幼儿园以音乐艺术为主要特色。"宝韵"是建园时捐资人父亲的名字,具有特定的指向与纪念意义,其中"韵"与音乐艺术之和谐、旋律之美密切相关、相连。冥冥之中,使得宝韵音乐幼儿园的名称被赋予了特别的历史背景、特殊的文化渊源和特有的价值内涵,被寄予了独特的厚望与期冀。宝韵的园徽是"日月同辉"的"慢蜗牛",月是一艘静静的蓝色的弯弯小船,日是一个暖暖的发声发光的橙色音符,整个园徽和谐圆润、圣洁雅致,蕴含着深邃的"和美慢教育"思想精髓与哲理。宝韵的园训是"和而不同,美彰个性"，体现了宝韵和美理念的文化特质与教育要义。园歌《和美宝韵》由陈云其填词、杨浩平谱曲，歌曲中的小秧苗、羊羔羔、花朵朵、好宝宝与春天、大地、草原、太阳、园丁以及弹琴、画画、童话等充满童趣的通俗易懂的词语描绘出了欢快的场面，表达了对"和美宝韵"之家的无比热爱。园旗以宝韵主色调即幸运色"宝韵绿"为底色，宝韵园徽居中，表达出和美宝韵的和谐、雅洁、生机与希望。"和美幼儿"即"宝宝"和"韵韵"，他们是宝韵音乐幼儿园的"形象"代表，是在宝韵和美文化的浸润下，在宝韵和美教育的培养下，不断获得快乐成长的幼儿，是心怀"真、善、美"行表"三自六会、四言五行"的和美幼儿。另外，宝韵音乐幼儿园确立的"园庆日"以及将于建园三十周年之际揭幕的"和美墙"等，均被赋予非同寻常的意义。它们是宝韵音乐幼儿园的重要标识，是宝韵和美文化的典型代表。

三、和美关系与制度文化

幼儿园制度是体现幼儿园管理意识、管理理念、管理思想以及管理方式的主要载体，是反映幼儿园全体教职员工、幼儿甚至包括广大家长的规则意识、民主意识、自觉意识、价值取向以及相互之间所存在的关系状态的物化形式。幼儿园制度文化主要体现在制度载体和制度环境两个层面。从构成成分与结构内容来看，幼儿园的制度载体主要包括规章制度、管理机构、岗位职责等，而制度环境主要包括议事渠道、党群组织、监督机制等。

（一）建立并逐步完善幼儿园的制度载体

图3-7为宝韵幼儿教育集团组织机构管理网络。

宝韵音乐幼儿园的管理机构的设置、岗位职责的制定以及工作目标的确立，是在不断思考与探索的过程中实现的。以马春玉园长为核心的管理团队，非常注重管理组织机构与管理制度的建设，注重工作岗位及其职责与工作目标的制定，明确责、权、利，保障人有事做、事有人做，保障幼儿园日常工作与日常教育活动的正常运行，保障获得良好的效率与效益。宝韵音乐幼儿园在确立其管理机构方面，充分考虑到自身的具体情况，结合具体的办园条件与需求，针对具体的工作内容与多元发展定位及目标，同时结合管理团队各成员的业务素养与能力状况，通过多年的调整、完善，逐渐形成了以工作内容板块为分工依据，以内设机构和分园等为管理单元的"分模块、分层级"的管理组织结构模式。这种模式，从纵向上看明确划分业务板块，极大限度地为各项工作的开展、各项保障服务的统筹提供了根本保障。在横向上，这种模式为责任到部

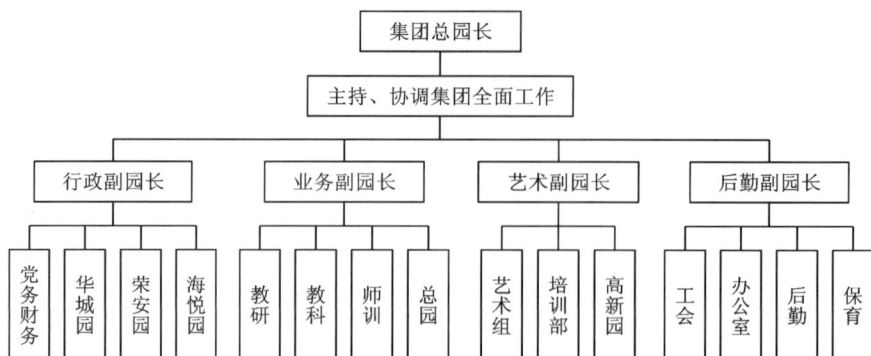

```
                    集团总园长
                        │
               主持、协调集团全面工作
        ┌──────────┬──────────┼──────────────────┐
    行政副园长        业务副园长      艺术副园长          后勤副园长
  ┌──┬──┬──┬──┐  ┌──┬──┬──┬──┐  ┌──┬──┬──┐  ┌──┬──┬──┬──┐
  党  华  荣  海   教  教  师  总   艺  培  高   工  办  后  保
  务  城  安  悦   研  科  训  园   术  训  新   会  公  勤  育
  财  园  园  园           部       组  部  园       室
  务
```

图 3 – 7   宝韵幼儿教育集团组织机构管理网络

门、到分支机构、到人提供了可能，为实现清晰而有条理的管理提供了基本保障。

从宝韵音乐幼儿园制度载体建设与管理观念、管理方式改进和发展等层面来看，2003 年是具有重要纪念意义的一年。2003 年 1 月，在宁波市妇联和教育局等主管部门的支持下，宝韵音乐幼儿园大胆引进 ISO9001 质量管理体系，探索标准化、规范化的管理模式，以适应日渐显现出来的规模扩大化、运营集团化的管理需求。经过一年多的努力，2004 年 6 月，宝韵音乐幼儿园顺利通过 ISO9001—2000 质量管理体系认证，成为宁波市幼教系统中首家通过 ISO9001 质量管理体系的认证园。2005 年，在建园十五周年之际，在领导班子的共同主持下，办园规模日渐发展壮大、逐渐走向集团化管理，第一次完成了幼儿园管理文件与规章制度的系统修订与汇编。其制度汇编涉及工作岗位聘任制度、工作职责和目标考核与奖惩制度、安全制度、卫生保健制度、教育教学管理制度、园本教科研制度、后勤管理制度以及与家长相关的制度等，共计 8 类 55 项；各种工作规程、管理办法、岗位职责、纪律条约等制度齐全，细节明确，注重考核，奖惩分明。同时，还专门建立起了 ISO9001—2000 管理体系的质量管理手册，汇编了包括办公室工作手册、教研组工作手册、教科室工作手册、保健室工作手册、后勤组工作手册、艺术教育工作手册等六种分册的《宝韵 ISO9001 质量管理手册》。该手册突出"凡事有目标，凡事有准则；凡事有程序，凡事有负责；凡事有监督，凡事有记录；凡事有反思，凡事有改进"的管理风格与特点，使得宝韵音乐幼儿园的整体管理与服务行为始终处于有序有效的运行过程之中。

（二）营造并优化幼儿园的制度环境

制度环境不同于一般概念上的物质环境，它更多地取决于人们对管理机构、岗位职责、规章制度、管理方式以及管理理念、管理机制等管理载体及其基本管理结构元素的认识与认同。幼儿园的制度环境在一定程度上折射出其办园理念与管理方式，是体现幼儿园文化的重要内容。宝韵音乐幼儿园在管理层面上一直追求自觉与自发的境界，追求一种自治与民主的氛围，追求一种公平与公正的态度，追求一种奉献与服务的精神，从而实现一种自然化、自动化、科学化、艺术化的理想的管理境界。

首先，宝韵音乐幼儿园注重幼儿园管理制度的"硬环境"建设。幼儿园管理环境的"硬件"主要包括议事渠道、监督机构以及党群组织等。办园伊始，宝韵音乐幼儿园就十分注重党团组织和群众机构的创建与发展，按照国家相关政策与法规的要求，建立了包括党团组织、工会、教（职）代会等在内的组织，并充分发挥其思想上引领、行动上督促、生活上关心、工作上支持等重要作用。在办园的过程中，宝韵音乐幼儿园还注重发挥家长及其他社会资源的重要作用。如在幼儿园创办的前几年，根据园所发展的具体情况逐步成立了家委会、教育议事会、艺术顾问团等特别机构，并及时进行调整和改进，从而拓展了幼儿园与家庭、与社会的连接与沟通渠道，为幼儿园的决策与发展提供了更完善、更有力的保障。在管理制度的实施与执行过程中，宝韵音乐幼儿园也注重丰富、完善幼儿园管理监测的渠道与手段，设立长期固定的信箱、接待日，确定专门的建议与投诉邮箱、电话，对意见反映、日常投诉接待等设立了专门的记录本和意见簿，定期开展民意访谈、发放家长调查问卷等，使得对幼儿园整体管理工作的监督公开化、常态化和规范化。

其次，宝韵音乐幼儿园注重幼儿园管理制度的"软环境"建设。幼儿园管理环境的"软件"主要在于幼儿园的管理者、教职工、幼儿及家长等行为主体的认识层面，包括全园对管理规则与规章制度的认同度以及自觉遵守的意识、全体教职工以及相关利益人对管理责任的认识与监督意识等。三十年来，宝韵音乐幼儿园不断加强幼儿园管理的"软环境"建设及其相关经验的总结与推广，注重加强在管理制度制定环节的公开与民主，注重落实在管理制度实施环节的监测与调整，注重突出在管理效应评价环节的客观与反思，从而构建一种全程尊重个体权益与个体自觉遵守规则相融合的常态化的制度环境。在宝韵音乐幼儿园，所有管理制度的产生与修改都是公开的；广泛征求意见与建议，按照相关规定进行公示；将园所的管理理念、规章制度的学习纳入新员工入职培训和全体教职工的继续教育与学习的计划中，从而保证了管理制度的透明度，提高了教职员工对管理制度的认同度，使得宝韵音乐幼儿园的制度环境得以不断优化，管理效率得以长期保持和稳步提升。

（三）将和美理念融入幼儿园的管理机制

所谓机制，一般是指事物内部各元素、各成分、各组成部分之间的存在状态与相互之间的关系。三十年来，宝韵音乐幼儿园追求管理体系与制度建设的适用性与科学性，注重从理顺园内各种稳定的关系入手，逐渐形成一种与实际工作相适宜的内在管理机制，为幼儿园的日常教育活动的开展提供根本保障，为幼儿园的持续发展提供强大动力。

在管理机制建设层面，宝韵人坚持奉行"和美"理念，坚信管理重在"理"。奉行管理就是服务的基本原则与理念，提出"和而不同，和合共赢"以及"和以聚力，美以育人"的口号，取得了良好的效果。在制度载体建设方面，宝韵人注重岗位职责、工作目标、规章制度、监测评价等载体的同一性、包容性、调适性、透明度以及认可度等。在制度环境建设方面，宝韵人注重相关利益人的遵纪守法意识、规则与自我约束意识以及维权意识等方面的引导与培养，注重监督工作的常态化与务实性，注重评估与反思环节的民主性与自觉性，注重利益各方诉求的公正性与沟通的融洽度。

宝韵人对自身的制度建设和管理文化经常开展反思与自我评价，总结出了宝韵制度文化的四项特性：一是科学性，即最大限度地符合幼儿园发展需要和教职工现有水平；二是民主性，即制度的制定和产生建立在全员参与的基础上；三是积极性，即制度对教职员工要有积极的引导作用，能引导教职员工认同并推行办园理念，坚持建设园本特色；四是有效性，即制度不在于多和杂，而在于精练和有效，操作方便，实施后能对教职员工个人、幼儿以及对幼儿园的发展起到积极的促进作用。

凡是来到宝韵音乐幼儿园的领导或同行，无论是来检查指导工作，还是来参观交流学习，无不给予肯定与称赞。他们真真切切地感受到了一支热情、精干、团结、乐于奉献的领导团队，感受到了亲切、公正、和谐、顺畅的制度环境，感受到了严谨、科学的管理模式以及强大而彻底的执行力，感受到了高度的责任心和强烈的服务意识以及由此而产生的奉献精神。很显然，这些"感受"源于他们在宝韵音乐幼儿园现场的所见所闻、所思所悟，源于他们亲身体验到、认识到的制度载体与制度环境的存在状态，源于他们了解到的、园内正存在着的活动秩序与个体间的关系，而其真正的、深层的源头则在于融入和美理念的管理方式与管理机制。这种管理机制的核心，是宝韵人共同追求的、希望最终达到的一种真正实现"物和、心和、人和"的崇高境界，是在幼儿园的制度建设与整体发展中，切实建立起平等融洽、和谐顺畅、轻松自然的人与人、人与物、物与物等各要素之间的关系，从而实现管理行为过程与状态、管理载体与环境之间的大融合。

四、和美风貌与行为文化

幼儿园的全员精神面貌、行为状态与方式等是考察幼儿园教育与文化的价值定位合理性、价值转化可行性以及价值引导的有效性时获取素材的重要渠道，宝韵音乐幼儿园教师与幼儿的精神风貌关键在于实现"和美"理念内化于心与外化于行的高度统一。

近十年来，宝韵音乐幼儿园更加明确地提出在全领域、全过程中推行"和美"理念，力求让"真、善、美"在这里浸润一草一木，融入一砖一瓦，化于一言一行。通过不懈的努力，宝韵音乐幼儿园逐渐形成了具备自身特色，带有独特理解，融合"和美"理念的行为"蓝本"，并通过具体描述提出了宝韵音乐幼儿园的管理者行为、教职工行为、幼儿行为、家长行为等方面的价值导向以及清楚明确的具体行动准则。

在宝韵这个已经散叶发枝、不断得以传播与扩展的庞大家庭里，管理团队各成员的精神状态与言行举止被抬到更高的位置，也被赋予更高的标准。宝韵人认为，管理者，尤其是园长，其言行、气质、心态、精神面貌等，对全员具有极强的感染力与影响力。园长要明确自己的地位与作用，在日常工作中要以身作则，发挥表率与模范作用。

> 办园不能缺少理想，园长是理想的领跑人。园长是幼儿园的第一责任者、第一管理者、第一谋划者、第一资源、第一品牌。园长的角色无人能替代，园长的思路决定幼儿园的出路，园长的影响力决定幼儿园的兴衰。园长是幼儿园一切管理的中枢，决定着事业的成败。善于领导的园长要善于激发、集中全员的智慧，发挥全员的聪明才智。课堂是园长永远的阵地，园长要有能力让教师快乐、微笑地工作。园长要虚怀若谷、宽容大气，要用发自内心的质朴克服浮躁和虚荣。
>
> ——摘选自宝韵"五美手册"之《园长手册》

宝韵人一直倡导"幼儿园人人即教师"。在宝韵音乐幼儿园，教师有着自己的职业素养标尺，有着自己的行为规范，有着自己的气质与精神追求，有着自己的容止格言。宝韵的"和美教师"不仅着装、服饰、发型等整洁、大方、得体，符合教师职业的形象要求，而且言行举止有礼有节，态度表情亲切热情，无时无刻不显示着内在的真诚、自信、质朴、善良与大爱。

> 和美教师要蹲下身子，细细看，静静听；要身在其中，多多玩，慢慢教；要站在身后，紧紧跟，默默帮。和美教师要给幼儿一点空间、权力、问题、困难、机会、想象和鼓励。和美教师的穿着打扮、为人做事、一举一动、一言一行，无不匠心独具、气韵非凡。无论对谁，她们不卑不亢、有礼有节；无论何事，她们不急不躁、从容应对；无论何时，她们意气风发、神采奕奕。
>
> ——摘选自宝韵"五美手册"之《教师手册》

相比之下，宝韵音乐幼儿园的"和美幼儿"则更为幸福和幸运，他们拥有自己的"形象勾勒"和"行为密码"以及明确的"操作目标"。"三字六会、四言五行"非常简洁、凝练地概括了宝韵"和美幼儿"的行为准则与精神风貌。宝韵音乐幼儿园致力培养的是言行优美、身心和谐的和美幼儿。他们言语文明礼貌，行为举止大方。他们富于爱心，乐于助人。他们善于合作，注重自理。他们能自律自控，懂得宽容与尊重。他们主动探索与学习，热衷于发现与创造。他们是独立的个体，是快乐的精灵。

> 宝宝韵韵的形象：我能、我会、我想……
> 和美幼儿的行为密码：有礼貌，能开口；会交往，真开心。学自理，能动手；好运动，能放开。会学习，有智慧；喜审美，有眼光。
>
> ——摘选自宝韵"五美手册"之《幼儿手册》

宝韵音乐幼儿园一直注重家园合作，重视家庭对孩子的影响，重视家长教育对幼儿园发展的积极作用。宝韵人说，家是左手，园是右手；家是薪，园是火；家是琴，园是瑟。和在家园，美在共赢，让每一位投入其中的教师、家长、幼儿能随时享受家园的和谐与美妙，在互动对话中互相支持、挑战自我，实现共同成长。宝韵人还告诉家长"爱的秘密"，在宝韵人看来，每个孩子都有自己的成长节奏。家长和教师一样，要了解孩子多倾听，要以身作则多示范，要尊重孩子多宽容，要支持独立多鼓励。如果遵循这样的"秘密"来看、来听、来说、来做，那就一定会"共赢"。

三十年来，宝韵人在管理者行为、教职工行为、幼儿行为、家长行为等"人的行为"层面做了大量的观察、思考和尝试，在实践中不断总结，在总结中不断改进，逐渐形成了以"和美宝韵"为共同愿景的表现风格与交往方式，形成了以"和美教育"为理念核心的行动典范与价值准则。三十年来，宝韵人注重言行举止与形象，注重精神状态与风貌，注重在园内、园外的行为与影响。他们追求"和美"境界的精气神与自觉性，讲求全员交往与合作的融洽度与乐观度，开创了"和而不同、美彰特色，和顺自然、美溢童趣"的园所特质与风貌，树立了良好的宝韵品牌形象，显示出和美文化强大而持久的渗透力。

五、宝韵与和美文化

马春玉园长在其著作《幼儿园和美文化与教育》中提出，和美文化是蕴含着和美价值观念、体现着和美价值理念的精神追求的文化形态，是一种和谐、尚美的社会文化。它追求的是内在关系的和谐协调以及外在表现的顺畅美好。和美文化的特别之处就在于"和美"，其特质的核心内容即是融合而溢美，可以简洁地表述为以和为核心、以美为特色。即和为本原，美融形态；和生万象，美织特色。和美文化价值取向所蕴含的文化境界可以形象地描述为"和而不同，各美其美，美美与共"。

（一）宝韵和美文化的由来

宝韵音乐幼儿园在漫长的三十年教育实践的日积月累中逐渐形成的和美文化，是宝韵人通过长期的实践探索与理论研究而创立的。1990年，宝韵音乐幼儿园刚刚开园纳新之时，几乎一切都是从空白开始。马春玉园长说，当时，不得不考虑幼儿园发展的定位，不得不考虑幼儿园发展的全局，不得不考虑幼儿园与外部环境的联系与融合，不得不考虑幼儿园内部整体的协调与管理。正是多年对教育的探究与思考让宝韵的开创者们从来到宝韵的第一天起就坚定不移地把幼儿园发展的出发点与终结点都归于幼儿，也正是这样的思考与实践的过程，让宝韵人逐渐形成了对教育特别是幼儿教育的理解与感悟。宝韵人始终认为，人的生命是连续的过程，人的一生所接受的教育也应该是连续的、不可分割的。幼儿教育虽然是人生早期阶段的启蒙教育，但应着眼于幼儿一生的成长与发展，因此教师应对孩子们的一生导向负责，且不说能够引导、支持孩子们找到适合他们自己发展的领域和方向，但至少不能禁锢与剥夺，至少不能悖逆与误导。站在这样的视域去思考教育，去创办宝韵音乐幼儿园，宝韵人自然而然地开始思考人生对真、善、美的追求——认为人是有自我意识、有思想情感、有价值观念、有人格品质的生命存在，人不仅仅有体现其生命存在的表现形态，更有体现其生命价值与意义的思想、情感、才学、品质与人格。因此，教育，包括幼儿教育，应关注到孩子们作为人的生命内涵与价值的发展。正是对这一层的思考，让宝韵与"和美"结缘。当然，更严格意义上的"和美"，则是在宝韵音乐幼儿园的快速发展与成长的过程中应需而生的。自20世纪80年代末创立以来，宝韵音乐幼儿园经历了从音乐特色幼儿园到示范性优质幼儿园，再到多元化幼教集团的发展过程。宝韵规模不断扩大，办园体制多元并存，人员成分不尽相同，办学形式突破了传统的幼儿园机构形式。在这样的背景和前提下，如何提高教职工的凝聚力，如何创建一种适宜的文化引领发展，成为宝韵发展的当务之急。"和美教育"与"和美文化"正是在这种"需求"下应运而生的。

（二）宝韵人对和美教育与文化的理解

在宝韵人看来，首先，和美追求的是自我的和谐、求真、唯善、尚美。因此，和美是一种种植在人们心灵深处的力量，能激发幼儿、教师、园长、家长对自我、对人生的美好追求。其次，和美追求的是人人的和谐、平等、尊重、自律、合作、宽容。因此，和美是一座架设在人们心灵深处的桥梁，把幼儿和教师、幼儿和幼儿、教师和教师、园长和教师、园长和家长紧密地连在一起。总之，和美蕴含的是真、善的人性思想，表达的是尚美的价值诉求，构建的是和谐的家园关系，描绘的是师生共同成长的理想境界。

文化和教育是推动并实现幼儿园发展的两条重要途径。文化是在人类社会自然而然生长出来的东西，它是通过长期积累形成的，是自然的，但不是纯粹意义上的自然，因为它也受到了来自人类社会因素的影响。教育不同于文化，它不是自然而然生长出来的东西，它是他然的，是在一定的条件下人为创设与制造出来的，但它并不是可以随意创设与制造的产品，它必须遵循一定的基本原则。不可否认，文化和教育都可以对人产生影响作用，虽然这种影响作用在很大程度上具有不确定性。从人类社会发展的历史过程来看，教育育人的作用、育人的过程是他然，是带有一定目的与期望的介入与干预；而文化化人的作用、化人的过程是自然，是无声无形的熏染，是潜移默化的"教化"。因此，对于有意识、有思想、有情感、有一定价值判断倾向的人来说，对于担负着一定的社会责任与人类发展使命的包括幼儿园在内的教育机构而言，对于幼儿园的重要支撑者即幼儿教师角色来说，应该注意到教育和文化对人的个体发展的影响作用。教育工作者应该注意到，教育机构要善于借鉴文化的功能作用，善于从文化演化与发展的历史过程中获得启迪。也就是说，幼儿园教育要从尊重受教育者出发，以幼儿为本，既要注重教育内容、手段与方式的适宜性，又要注重文化的潜移默化、润物无声。文化既是教育的重要内容源泉，也是教育活动不断追求的效果与境界。在漫长的人类社会发展过程中，是文化铺就了教育之路。

和美文化强调人和、物和，强调观念价值上的认同和各个组成部分的和谐，强调通过助力教育活动而达到一种求真向善、知行合一、身心和谐的美好境界。宝韵的发展愿景宣告着宝韵的发展过程是"文化传播、品牌推进"的过程，是追求"和而不同、美在共赢"的过程。宝韵人在长期的教育实践活动中体悟到，和美本质上是一种可以渗透幼儿园根基的文化要义，它不仅仅渗透于幼儿园的环境氛围、言行举止以及精神风貌，还渗透在幼儿园的办学理念、培养目标与内涵底蕴里，渗透在幼儿园的每个时空、每次行动、每项细节中。

（三）宝韵和美文化的意义与价值

三十年来，宝韵音乐幼儿园坚持以物质文化为基础，以精神文化为核心，以制度文化为保障，以行为文化为标志，全面推动宝韵和美教育的品质发展。宝韵音乐幼儿园坚持精神与物质兼顾，和美文化理念下的幼儿园共性底色与个性特色兼顾，注重幼儿园文化的价值定位合理性、价值转化可行性以及价值引导的有效性，注重将和美理念内化于心、外化于行，注重和美文化与教育活动对宝韵品牌内涵的优化与深化，注重融入和美理念的幼儿园文化与教育对促进幼儿自我发展的长效作用。

宝韵人提倡的和美教育以平等、民主、自由、宽容、自律等基本理念作为教育活动的核心价值，把尊重、理解、赏识、激励等作为教育实践的基本指南，使得和美教育活动与社会价值观教育在本质上相袭相承，为价值观教育在宝韵音乐幼儿园的开展奠定了理念根基。具体来说，在"平等、民主"的价值理念下，宝韵人提炼并生成了"尊重"的实践指向，由此在行为上要求和美教师表现出"人和"的价值追求。即以发展和美幼儿品质为根本目的，提升和美幼儿的综合素养，关注和美幼儿的成长机会与发展需要。在"自由、宽容"的价值理念下，宝韵人提炼并生成了"理解"的实践指向，由此在行为上要求和美教师表现出"事和"的价值追求。即以发展和美幼儿基本能力为具体目标，促进和美幼儿积极参与，促进和美幼儿认知水平的发展。在"自律、服务"的价值理念下，宝韵人提炼并生成了"赏识"的实践指向，由此在行为上要求和美教师表现出"亲和"的价值追求。即以改善师幼互动为直接目标，提升师幼互动质量。在"和谐、协作"的价值理念下，宝韵人提炼并生成了"激励"的实践指向，由此在行为上要求和美教师表现出"融合"的价值追求，即以改善环境为动力，实现园内、外的多方协作，共同促进和美幼儿的身心健康与全面和谐发展。

总之，宝韵人把平等、民主、自由、宽容、自律、服务、和谐、协作等作为其园所文化的内涵精髓，倡导和美教师顺天性、尊差异、求和美、常宽容，用真情、真知、真爱支持并促进和美幼儿的健康成长。同时引导和美幼儿相信自己、鼓励自己、超越自己，引导和美家长尊重孩子的生命特质、挖掘孩子的生命潜能、关注孩子的身心和谐，在幼儿、家长和宝韵之间建立起亲切融合的关系，共同创造教育的幸福与和美的人生。

第四节　办园之魂——宝韵精神

甬江浩荡，大爱无痕；其流汤汤，大音希声。斗转星移，日新月异；宝韵和美，生生不息。回顾宝韵人走过的路，虽然平凡，但也完全称得上是一段传奇。三十年，是什么使得宝韵从初创时的 75 名幼儿发展到今天近 2000 名幼儿的规模？是什么使得宝韵从创业初始的 12 名"拓荒者"发展到今天的数百名教职员工？是什么使得宝韵从一所幼儿园发展成为拥有六所分园和一个艺术教育中心的宏大的幼儿教育机构？是什么使得宝韵实现了从艺术特色课程到艺术情意课程再到和美教育课程的建构？又是什么使得宝韵实现了从特色园到品牌园再到集团园的跨越？

如果沿着宝韵人三十年坚实的足迹搜寻，那么答案定会聚焦在宝韵的办园之魂上，那就是——宝韵精神。毫无疑问，宝韵人创造的宝韵精神就是和美精神，而和美精神就是一种负重前行、永不放弃的"蜗牛"精神，是一种融合溢美、宽容大气的"五美"精神。

那么，究竟什么是宝韵精神？何来宝韵精神？可以肯定的是，宝韵精神源于宝韵之魂。而宝韵之魂就是宝韵音乐幼儿园文化之核，即"和美"；宝韵之魂就是宝韵音乐幼儿园教育行动之纲领，即"马春玉教育思想"；宝韵之魂就是宝韵人三十年奋斗史的所感、所思、所悟，它是宝韵人集体智慧的财富与汗水的结晶。三十年的悠悠岁月，正是宝韵之魂生发出了宝韵发展的强劲动力，正是宝韵之魂孕育了书写奇迹的宝韵精神。

一、构建校园文化体系——聚气凝"和美"之魂

教育机构品牌竞争力的核心是其教育活动的服务质量，而构建校园文化核心价值观则是提高教育机构教育活动品质的关键。幼儿园文化建设要坚持以物质文化为基础，以精神文化为核心，以制度文化为保障，以行为文化为标志。在此基本建设思路与定位的基础上，幼儿园应坚持重精神兼顾物质、重无形兼顾有形、重软件兼顾硬件，要兼顾幼儿园文化的共性底色与个性特色，注重幼儿园文化的价值定位合理性、价值转化可行性以及价值引导的有效性，注重将价值观念内化于心、外化于行。

办园伊始，宝韵音乐幼儿园就非常重视其制度文化和精神文化建设。在宝韵人看来，它是用来规范教职员工以及幼儿的言行举止、思维活动和价值取向的指南与坐标。基于制度文化和精神文化建设的实践活动，必然会引发众多的疑惑和深深的思考，进而会促使实践者开展一系列的探索与研究活动。在长期的探索与研究活动中，在众多的疑惑与深深的思考中，必然会产生一系列的蕴含着新的思想与观念的经验，从而形成办学、办园的思路与理论指导核心，这是有目的、有指向、有实用价值、逐渐被系统化的所感、所思、所悟，也是形成幼儿园文化、制约其教育活动质量的"魂"。就其本质而言，这也就是幼儿园教育理念与思想的孕育与发展，是幼儿园文化的萌发与积淀。宝韵人在幼儿园文化建设过程中做出了卓有成效的努力。

首先，培土固根，坚持不懈。三十年来，宝韵人努力提炼幼儿园办学的核心价值观。从 20 世纪 90 年代创办之初，宝韵音乐幼儿园就明确提出了"以人为本、特色创新，发展孩子、成就教师，让幼儿园成为孩子的艺术乐园、教师的精神家园"的办学理念。以人为本，就是以幼儿园教师的专业成长与综合素养发展为根本，以幼儿的全面发展与健康成长为根本，旨在让办学理念真正成为一种积极向上、自主发展的行为指向，为师幼创造良好的发展环境，积淀其自我成长的自信。宝韵音乐幼儿园当时提出的师幼口号是"今天你以宝韵为荣，明天宝韵以你为荣"。在宝韵校园中，它是无声的战鼓和号角，形成一种巨大的教育潜能与力量，引人积极进取，催人奋发向上。它对宝韵音乐幼儿园的每

位成员都产生着潜移默化的影响，延续着一种积极向上的情绪体验，激发着全体宝韵人的思考、期望和行动。

其次，艰苦奋斗，敢为人先。三十年来，宝韵人注重开拓并传承幼儿园的创业意志与进取精神。这种意志与精神日积月累，逐渐融汇、丰富、传播，并发展成为宝韵和美文化的重要组成部分。三十年来，敢想敢说、敢作敢为、积极进取、永不放弃的创新与创业精神，影响着一代又一代的宝韵人。从宝韵音乐特色园的创办与探索，到宝韵华城国际园的传承与创新；从艺术教育中心的开办，到合作园、加盟园的吸纳与拓展；从单一的平行管理模式，到纵横交织融合协调的和美管理艺术，无不成为宝韵人勇于开拓、大胆创新的佐证。这种创业精神业已成为宝韵音乐幼儿园"敢为人先，争创一流"的主流文化标志，从根本上促成了宝韵之"魂"的凝结与形成，成为引导并支持宝韵每位教职员工、每位幼儿及家长创造美好未来的共同价值理念。

再次，事精于管，园重在理。三十年来，宝韵人注重建设恪守天职、顺应天性、尊重人性、坚持人本的管理文化。在宝韵人的观念里，管理不仅仅是一组规则，更是一系列服务，是一门博大精深的艺术。常言道，没有规矩，不成方圆。制度文化是由幼儿园的规章制度形态和组织管理形态构成的显性文化，在幼儿园的建设与发展中发挥着不可替代的基础保障与重要作用。三十年来，宝韵人在幼儿园领导班子的带领下，勤于思考，努力探索，积极进取，经历了从管理理念到管理方式不断发展、改进与完善的过程。这个过程，从讲求公开与公正的、强调规则与原则的、传统化的"人管理"开始，逐步改进到推行现代标准化、程序化的"制度管理"，再进一步发展成为培养行为主体的责任意识与服务理念，引发其尽职尽责、自动与自发，进而形成具有共同价值观念与共同事业追求的、具有先进管理理念与高度自觉的"文化管理"。

三十年来，宝韵人付出的是基于促进国家与民族、社会与家庭以及幼儿个体利益的尽责之心，笃行的是旨在促进我国幼儿教育发展、促进宝韵音乐幼儿园发展、促进师幼及家长共同成长与发展的创新之举；收获的是长期坚持求真、融合和奉献的智慧觉悟与汗水结晶。三十年来，宝韵人辛勤付出，在校园创造的是一种自然、雅致、轻松愉悦、充满童趣的环境与氛围，形成的是一种美在心灵、美在真善、美在共赢的气质与气场，明确的是培养"言行优美、身心和谐"幼儿的共同目标，凝结的是"和而不同，美彰特色"的共同的价值理念。正是这样的付出，聚气成魂，最终凝结为宝韵的精神之核，并由此绽放出美丽的宝韵和美教育与文化之花。

正如马春玉园长所言，幼儿园的品牌定位是品牌提升的前提。没有正确的品牌定位，提升也就无从谈起。幼儿园的品牌定位与提升要努力做到起点高、重心低、落脚点准。在长期的教育实践中，宝韵人把特色品牌的打造与园所的办学理念即"和美"理念统一起来，与国家对实施素质教育的基本要求结合起来，使得宝韵"育人"品牌的打造既满足了时代的要求，也履行了教育的神圣使命。当然，幼儿园的品牌也是有生命的，创建幼儿园品牌永远都是"现在进行时"，需要建设者们长期悉心维护和不断创新。因此，宝韵人在幼儿园品牌的创造与管理过程中，力求动态化、可视化，积极主动地面对幼儿园品牌发展变化的趋势及面临的机遇和挑战，及时调整品牌战略和管理策略，细化常规管理，提高教育质量，优化教育服务，深化文化内涵，从而保持幼儿园品牌的存在与发展的生命活力，使"和美理念"深入人心，使"和美宝韵"真正成为人们心目中的优质教育品牌。

不少宝韵教师深有感触地说，优秀的校园文化使她们身居其中时，会感到有一股强大的向心力，引导她们从内心产生一种强烈的认同感、归属感与幸福感，会不知不觉地使自己的价值取向、育人理念、工作目标以及行为方式等与之相匹配。也就是说，在不知不觉中，她们自觉又自愿地被幼儿园文化同化了。教师的话，揭示了宝韵音乐幼儿园已经形成的一种气场、一种精神、一种向心力。这是宝韵文化的"和美"之魂。

二、宝韵办学理念之精髓——马春玉教育思想

三十年幼儿教育实践，三十年理论研究与求索，宝韵人不仅在办园的行动上获得了成功，得到了社会的广泛认可，而且在幼儿教育理论上也颇有建树，提出了很多富有创新启示与研究价值的教育理念与观点，留下了不少具有推广价值与现实意义的教育感悟与案例。这些教育理念与观点、感悟与案例等，无不闪烁着人性与哲理的思想光辉，无不折射出教育行动者们的甄别与思辨的智慧光芒。这是宝韵人集体智慧的结晶，是宝韵人共同奋斗三十年的阶段成果，是宝韵人为幼儿、为教师、为家庭、为国家、为社会创造的宝贵财富。而这个集体，自然离不开其领军人物——马春玉园长。

图 3 - 8 为马春玉教育思想研讨会现场。

马春玉园长作为浙江省第一位学前教育正高级职称获得者，长期从事学前教育研究，始终站在幼儿园的教科研一线，亲力亲为，在教育哲学、教育管理、幼儿园课程以及儿童教育教学法等领域取得了重大进展获得了丰硕成果。这些实践的成果与智慧的结晶，在宝韵音乐幼儿园开展"和美"课题研究时被系统地整理、提炼出来，并于 2014 年 10 月，在由宁波市教育局和宁波市教育行政干

图 3 - 8　马春玉教育思想研讨会现场

训中心组织举办的"马春玉教育思想研讨会"上，被正式冠名为"马春玉教育思想"。马春玉教育思想涵盖了幼儿教育的各个重要领域，从幼儿园园长的领导力到教师的专业素养与能力，从幼儿园的整体规划与管理到微观的一堂课、一次活动的构思与设计，从课堂的组织实施到课堂教育活动的评价，从幼儿园环境的创设到幼儿园课程的建构，从师幼关系到家园关系，从教师继续教育与员工培训到亲子教育与家长教育，从幼儿园教育的实施到幼儿园文化的建设等。近几年来，随着宝韵教育机构规模的不断扩大以及园本教研活动的不断拓展与深化，随着"名园长导学制"工程的持续开展以及宝韵"和美"教育与文化研究的进一步推进，随着宝韵教师团队的成长与科研力量的壮大以及宝韵对外交流与分享活动的更加广泛而丰富，马春玉教育思想得到了更加科学的验证和更为充分的发展。迄今为止，从幼儿园办学理念与培养目标、幼儿园教育过程与教育方式、幼儿园管理与园所文化建设等层面，可以将马春玉教育思想的精髓分为多重内容与多种观点，主要包括"全面＋特色"教育思想、"慢教育"思想以及"三和"教育思想等。

（一）"全面＋特色"的教育思想

宝韵音乐幼儿园提出的"全面＋特色"的教育思想，可以有两重理解。一重理解是基于办园理念、办学思想的，指向宝韵幼儿园整体的办园思路与定位。另一重理解是基于幼儿园教育目的、基于幼儿培养目标的教育目标理念，并落实幼儿园教育活动的主载体，即课程。如果认为"全面 + 特色"的观点主要渗透、指向于宝韵幼儿园的办园方向与办学定位，那么主要针对幼儿发展的培养目标则可以理解为"全面 + 特长"。这两重理解都从"以幼儿为本、关注幼儿的发展与成长"出发，分别指向幼儿园机构发展和幼儿个体发展，并统一于幼儿的全面发展与特长培养的有机结合之中。

1989 年，港胞计划捐资在宁波举办一所音乐特色幼儿园，而同年教育部颁发的《幼儿园工作规程(试行)》明确规定了各地不能举办特色幼儿园。捐资者提出不办音乐特色幼儿园就不来捐资。这样就出现了两难的选择。当时，马春玉园长表达了自己的理解，用"和文化"之精髓解开了这个结。她说，《幼儿园工作规程(试行)》中的相关规定条款，并非指所有的特色幼儿园都不好，其导向是指幼儿园教育要更多地关注孩子的全面发展和广泛的兴趣培养，不能过早地对幼儿进行定向教育。而音乐作为美的一种艺术表达形式，作为人与人之间的一种重要的情感表达与交流的载体，只要恰到好处，它与全面发展教育不仅不矛盾，而且能够很好地达成和谐一致，能够成为实施全面教育的有效途径和手段。她的这一想法得到了各方面的认同和支持，宝韵音乐幼儿园因此得以创办，而"全面 + 特色"的教育思想也在确定宝韵音乐幼儿园的办园方向的过程中应运而生。

在宝韵，"全面 + 特色"的教育思想很早就从办学理念、办园方向的层面出发，被深入运用到宝韵音乐幼儿园的课程建设之中。在马春玉园长的主导下，宝韵人吸纳"和合"文化之要义，在幼儿园课程的建构中坚持包容并蓄，合二为一；将音乐教育和全面发展教育充分糅合，从而极大地保证了宝韵课程的丰富度、广度和深度。在长达数十年的课程建设中，宝韵人始终坚持这一教育思想，坚持把特色课程的开发置于全面发展课程的整体范畴之中，使特色教育与全面发展教育相互渗透、相互促进、高度融合，为提高幼儿的综合素质、促进幼儿的身心和谐提供了重要的理论基础与决策保障。

当宝韵进入第三个"十年规划"，面临"一园多址、多元并存"的实际问题时，"全面 + 特色"的教育思想在宝韵得到了进一步深化、丰富与发展。"1 + X"的个性化教育支持方案的推出，便是其发展进程的重要标志。"1 + X"个性化发展方案旨在表明，宝韵的分园绝不是单一的复制，而是在继承中发展，在发展中创新，每一所分园都有宝韵的共性，也有自己的个性。各分园在制定个性化方案之前，需要对园区所在的教育区域做出全面的分析诊断与发展评估。经过细致分析，摸清情况，厘清思路，科学布局，合理定位，确定并不断稳固自己的优势，推出分园的亮点，打造分园品牌，力求做到"一园一品，一班一特、一专多能"。"1 + X"的个性化教育支持方案具体内容包括园区差异化发展方案、选择性课程方案、块面式活动时间方案、个性化艺术辅导方案以及特色化的评价方案等。"全面质量标准 + 园区特色建设"的园区发展模式，从办学理念与培养目标层面极大地丰富了马春玉教育思想。

（二）"慢教育"思想

"慢教育"思想是马春玉教育思想的重要组成部分，是以马春玉园长为代表的宝韵人对幼儿园教育、对儿童教育的深刻理解与领悟。

马春玉在宝韵音乐幼儿园创办 25 周年之际曾无限感慨地说道，教育像农业而不是工业，像是种植作物而不是在车间用机床或者模具制造产品。传统意义上的农业要经历种植、培育、收获的过程，有季节、有时令，有方法、有规律。农作物的生长，需要松土、播种、除草、浇灌，需要施肥、防治病虫，需要土壤、空气、水分、阳光。农作物的生长是一个受多种因素影响的变化过程，需要发育与生长的环境与条件，需要生长的时间和空间。幼儿园教育也是一个传统意义上的种植过程，是一种需要遵循一定规则与规律的"慢教育"。"慢教育"要求园长、幼儿园教师及家长等理解幼儿成长过程中的"缓"和"异"。"缓"，就是要求尊重幼儿的发育与成长周期，不能揠苗助长，急于求成。不同的农作物有着不同的生长方式，不同的幼儿同样存在着个体差异。"异"就是要尊重幼儿的个体差异，在引导、支持幼儿的群性发展的同时，要尊重幼儿的个性发展。因此，幼儿教育者要像种植农作物一样，须非常细心、耐心地帮助幼儿获得自我发展与成长。

在幼儿园教育活动中，"慢教育"要求幼儿教育者建立对幼儿的合理期望，不要过早、过高、过快。幼儿园教师和家长要耐得住性子，要相信幼儿，要学会平和心态，学会静心等待。"慢教育"还要求幼儿园教师和家长学会观察与关注，尽可能地了解幼儿、理解幼儿，懂得安抚情绪和激发兴趣，懂得扬长避短、因材施教，帮助幼儿建立信心。常言道，行不在速，不在远，而在于有恒，在于无止。传统的农耕生活，靠天时地利，纵然不能违背大自然的规律，但人的因素也很重要，也不可忽略，丰收之年必然离不开耕种者的勤奋与努力。

幼儿同农作物一样，也需要依靠自己生长，纵然教师和家长有百般手段、万般变化，也无可替代。对幼儿园来说，慢教育，是拥有教师和家长平和心态与合理期望的教育，是持之以恒的、有内在节奏的慢行动，是符合幼儿特点、适应幼儿生活与学习节奏的教育行为，是基于理解幼儿、尊重幼儿、引导幼儿、宽容幼儿、支持幼儿自我发展与成长的教育行动。

(三)"三和"教育思想

"三和"这一教育思想是基于宝韵音乐幼儿园实施和美教育、建构和美文化的研究成果而确立的。它是宝韵音乐幼儿园提出的"和美"教育与文化系统理论的核心观点，是指导宝韵音乐幼儿园长期教育实践活动的核心指南，是马春玉教育思想的重要组成部分。

宝韵人对和美教育有着独到的深刻理解。首先宝韵人认为，和美教育是求真的教育，是唯善的教育，是尚美的教育。"和"本质上就是真、善，而真、善就是美。"和"是人们认识世界的原则，这个原则追求的就是"真"。求真则和，求虚伪则不和。和是人们与环境的关系，包括与自我、与他人、与自然的关系，这种关系所追求的就是"善"。唯善则和，唯恶则不和。美既是一种表现，更是一种境界。真则和，善则和，和则美。其次，宝韵人认为，和美教育是知行合一的教育，是倡导表里如一的教育。于"知"，则向真、求真、知真；于"行"，则尚善、求善、行善。知真行善则美，求真唯善就是尚美，知行合一。于"内"，从和；于"外"，尚美。和则真、善，则美，表里如一。再次，宝韵人还认为，和美教育是身心和谐的教育，是培养健康人格的教育。教育所倡导的价值观念，如审美观、价值观、人生观、世界观等，需要内化于心，外化于行。和美就是引导、激发、鼓励、帮助、支持幼儿的健康成长，支持幼儿不断生发平等、尊重、自律、合作、宽容、自信、勤奋、自立等价值观念与品质，由此形成健康人格夯实根基，引导并支持成为爱惜事物、尊重他人、友爱宽容、自理自信、勤奋坚强、大胆表现的和美之人。总之，和美教育是以尊重、理解、赏识、激励为核心标志的教育；是用真知、真爱奠基和美人生的教育；是倡导教师顺天性、尊差异、求和美、常宽容的教育；是引导受教育者相信自己、鼓励自己、发展自我、超越自我的教育；是影响家长尊重孩子的生命特质、挖掘孩子生命潜能的教育。

和美教育理念的核心在于"和"，即在特定的教育场域内存在的各种关系的协调与和谐。"美"即是"和"的表现形式，它反映出内在的"和"的良好状态。具体就幼儿园教育而言，"和美"就是在幼儿园内的各种教育元素、教育载体之间的关系长期处于一种稳定的、良好的协调与和谐的状态，进而在各种静态和动态的表现中呈现出良好的美的状态与境界。从宏观意义上来看，幼儿园的构成无非就是"物"和"人"，而人的关键则在于"心"。因此，和美教育在幼儿园教育中的体现，其核心就在于物和、人和、心和，即"三和"。

随着教育质量的不断提升和办学规模的不断发展壮大，宝韵音乐幼儿园的社会美誉度以及品牌影响力不断得以提升，宝韵人不得不面临着新的考验与挑战，宝韵音乐幼儿园也必然面临着更高要求的发展规划与办学定位。正因"三和"教育思想适应了宝韵音乐幼儿园高定位办学的需要，所以在推行"构建和美文化，实施和美教育"工程的过程中被提出，并在和美教育实践中不断得以发展和完善。

在宝韵音乐幼儿园发展的第三个阶段，宝韵音乐幼儿园不断走向集团化，其管理也从标准管理逐渐走入和美管理的轨道，"以和为美，以美至和"被确立为和美教育的核心。宝韵人围绕此核心从幼儿园的办园目标出发，从办园环境、教育活动、管理模式等层面开展研究，希望幼儿园通过美的路径、运用美的形式、建构美的策略而达到和的境界。群策群力，集思广益，宝韵人很快便提出了"三和"理念，包括物和——和在自然，心和——和启心智，人和——和以聚力。

物和主要指向和美教育的环境理念。物主要包括人、事、景，"和"是指和谐顺畅的人际关系，自然温馨的精神环境，典雅精致的物质环境，追求非精神意义上的、以物化环境为主的人和、事顺、景美的效果。人和主要指向和美教育的管理理念。人和则凸显以人为本，以和为美，以美建和的原则，强调求大同、存小异，追求凝人心、聚合力，以保障和美校园的共同打造。心和主要指向幼儿园的教育理念。心和强调人的心灵、品格与精神，强调在幼儿园建立平等融洽的师幼关系，倡导幼儿园教师用真心、爱心润泽幼儿的心灵，开启、唤醒其热情与智慧，从而促进幼儿的身心和谐发展。另外，心和虽然主要指向幼儿之心，但绝非止于幼儿，还包括全体教职员工、幼儿家长以及与幼儿园相关联的人。

在教育实践中，"三和"教育思想推动了宝韵音乐幼儿园理论研究的新进展，并引导、支持宝韵音乐幼儿园以办园目标、办学定位为基本点，从幼儿园的环境、教育、管理三个宏观层面调整并更新了和美教育的顶层设计，突出了"和而不同，美彰特色"的文化特质，确立了"以和为美，以美至和"的办园策略，开启了"美溢童趣、美润童心、美以育人"的尚美通道，从而把宝韵音乐幼儿园推进至新的教育思想境界与办学发展水平。

三、慢而不止的担当与追求——宝韵精神的底蕴和意韵

> 宝韵精神——
> 艰苦奋斗、永不放弃的创业精神："蜗牛"精神
> 精益求精、追求卓越的品牌精神："工匠"精神
> 众志成城、无坚不摧的团队精神："五美"精神

早在2003年12月初，宝韵音乐幼儿园就推出一篇名为《师德——打造团队精神的灵魂》的文章。该文章结合宝韵的发展历程，不仅提炼出了"团结向上、不怕困难，求真务实、敢于创新，追求卓越、永不停步"的宝韵团队精神，而且深度分析了宝韵团队精神的孕育与发展渊源。文章说，初创时期的奋斗，锻炼了宝韵人团结向上、不怕困难的敬业精神；成长时期的探索，培养了宝韵人求真务实、敢于进取的创新精神；教育品牌的优化，打造了宝韵人永不停步、追求卓越的进取精神。结尾处还提出了蕴含着宝韵人朴素和美思想的共同理想与目标，即建设一处优美的环境，营造一种兼容的文化，打造一支优良的队伍，培育一群优秀的儿童。

马春玉园长说，教育是一门心灵的艺术，从心灵走向心灵；教育是一片创造的天空，用智慧启迪智慧；教育是一方生长的园地，用生命支撑生命。在她的带动下，三十年，宝韵人用汗水和智慧滋润了一方土，浇灌了万棵青苗，种植出一片生机。在她的带动下，三十年，宝韵人用担当和追求感动了几代人，滋润了无数童心，福泽了万千家庭。一切看起来是那么平淡，那么朴实无华，却又那么轰轰烈烈，那么高尚而纯洁。究其根源，是因为宝韵人拥有自己创造的"法宝"——宝韵精神。

宝韵精神是宝韵人智慧结晶之精髓，是宝韵和美教育之本源，是宝韵和美文化建设之根基，是宝韵事业发展动力之源泉。宝韵精神在不同的发展时期呈现出不同的特征，在不同的内容层面诠释着不同的含义。回顾三十年宝韵发展历程，宝韵精神可以归纳为三种主要的精神：一是艰苦奋斗、永不放弃的"创业精神"；二是精益求精、追求卓越的"品牌精神"；三是众志成城、无坚不摧的"团队精神"。

（一）艰苦奋斗、永不放弃的创业精神——"蜗牛"精神

艰苦奋斗、永不放弃的创业精神，就是一种负重前行、不屈不挠、永不言

弃的"蜗牛"精神。蜗牛,是一种寻常的、平凡的软体动物。它爬行缓慢,移动维艰。然而,它却十分顽强。它翻越巨石,攀爬房檐,沟谷潜行,傲立树巅。它为什么能做到这些?因为它不怕困难,不惧艰险,坚持前行,百折不挠,永不放弃。这是一种坚强的意志,是一种可贵的精神,是值得我们人类拥有的"蜗牛精神"。

三十年,宝韵人推行慢教育,奉行蜗牛精神。他们把蜗牛精神发扬光大,把蜗牛精神的意蕴发挥得淋漓尽致。在宝韵的奋斗史上,蜗牛精神深含着忠于职守、热爱宝韵的底蕴,它是一种朴质的扎根精神;蜗牛精神深含着勤于思考、亲力亲为的底蕴,它是一种坚韧的实干精神;蜗牛精神深含着乐于攻艰、斗志昂扬的底蕴,它是一种永恒的乐观精神;蜗牛精神深含着勇于开拓、推陈出新的底蕴,它是一种勇敢的创新精神;"蜗牛"精神深含着甘于付出、大公无私的底蕴,它是一种无私的奉献精神。在长期的幼儿教育实践中,宝韵人正是凭借着这种不怕吃苦、不怕受累、不怕困难、不怕缓慢的精神,凭借着这种底蕴深厚的"蜗牛"精神,三十年如一日,努力奋斗,积极作为,大胆创新,坚定前行,风雨无阻,扎根宝韵,才有了千千万万幼儿身心和谐的健康发展与成长,才有了宝韵家喻户晓的良好口碑和美好形象。

是的,三十年,宝韵人孕育了一种安家乐业的扎根精神。他们忠于职守,热爱宝韵。他们踏踏实实,朴实无华。三十年,宝韵人孕育了一种坚忍不拔的实干精神,他们自强自立,真抓实干;他们雷厉风行,亲力亲为。三十年,宝韵人孕育了一种平和愉悦的乐观精神,他们积极向上,信念坚定;他们不怕困难,斗志昂扬。三十年,宝韵人孕育了一种积极进取的创新精神,他们大胆探究,敢为人先;他们勇于开拓,推陈出新。三十年,宝韵人孕育了一种大公无私的奉献精神,他们乐于付出,淡泊名利;他们甘于平凡,大爱无痕。他们用自己朴实的行动深刻地诠释了宝韵人的蜗牛精神。

(二)精益求精、追求卓越的品牌精神——"工匠"精神

精益求精、追求卓越的品牌精神就是一种注重细节、精雕细琢、一丝不苟、孜孜不倦、追求完美、敬业专注的"工匠"精神。

三十年,从艺术特色课程到情意课程,再到和美课程,宝韵人如工匠一般,精雕细刻,大器终成。三十年,宝韵从"三特"到"三名",从追求"教师有特点、孩子有特长、园所有特色"到"名师、名园、名牌",宝韵人如工匠一般,追求完美,孜孜不倦,实现了宝韵教育品质与品牌的升华与超越。三十年,宝韵人坚持把"全面+特色"的办园目标,把"以美健体,以美益智,以美养德,以美陶

情"作为宝韵的品牌特色。从特色园到品牌园，再到集团园，宝韵人呕心沥血，艰苦奋斗，终于实现了宝韵品牌建设的一次又一次的质变与飞越。在这不断求索、艰苦奋斗的三十年，宝韵人怀着对儿童教育事业的赤诚之心，怀着造福社会与儿童家庭的满腔热情，肩负着祖国未来与希望的神圣职责与使命，迈出了平实却令人震撼的"三步"。处于不同时代背景紧密衔接的"三阶段"，走出了一条平凡却与众不同的发展之路，把"宝韵品牌"建设成了福泽社会、誉满甬江的优秀儿童教育品牌。宝韵人那精益求精、追求卓越的工匠精神，自始至终发挥着重要的支撑作用，这是宝韵人用之不竭、永远受益的宝贵的精神财富。

是的，宝韵本身就是一件艺术作品，观赏她是一支舞，细品她是一幅画，聆听她是一首歌。三十年，宝韵人呕心沥血、一丝不苟地创造出这件艺术作品，高雅却不失清纯，雕刻却尽显自然，倡导全面发展却不失艺术本色。这其中，最让人激动和自豪的便是那精益求精、追求卓越的工匠精神。

（三）众志成城、无坚不摧的团队精神——"五美"精神

众志成城、无坚不摧的团队精神就是一种同心同志、团结友爱、融合溢美、宽容大气的"五美"精神。

五美，我国古代传有五种美德。《左传·襄公二十八年》言"大适小有五美"；《论语·尧曰》言"君子惠而不费，劳而不怨，欲而不贪，泰而不骄，威而不猛"。《论语·学而》则举出"温、良、恭、俭、让"五种美德。如今，宝韵音乐幼儿园用特别的含义定义了"宝韵五美"，并形成了独特的宝韵五美精神。

宝韵的"五美"有两重基本含义。首先，宝韵的五美是指在宝韵飞速发展时期，引领宝韵实现飞跃发展的管理团队。其次，宝韵的五美是基于"人"与"物"之间的五美，即心灵美、语言美、行为美、物景美、人和美。

宝韵的五美是宝韵人中优秀的代表，是宝韵音乐幼儿园的核心管理团队。五美，是宝韵幼儿教育集团"管理团队"的代名词，其主体是女人。她们有家，但她们常常为了大家、为了幼儿的家、为了国家而放弃自己的小家。五美，她们是领导班子成员，是管理者，但她们把自己视为教育者、视为学习者、视为宝韵普通的一员，恪尽职守，廉洁奉公，虚心学习，追求进步。她们以幼儿的健康成长与快乐生活为己任，以宝韵的壮大与发展为一生的奋斗目标，把自己美好的青春年华奉献给孩子，把自己杰出的智慧奉献给宝韵。在她们身上，洋溢的是奋斗的幸福，流淌的是一种高尚雅洁的精神。这种精神便是值得尊崇的、高风亮节的五美精神。

宝韵的五美是基于追求幼儿园的人与物之间自然和美的五美，是最基本、

最为基础的美，也是最高境界的"大美"。于个体而言，无论园长、教职工、幼儿，都要追求心灵美、语言美、行为美；于幼儿园环境而言，一草一木、一景一物均要实现和谐自然，美溢童趣。因为人美、物美，所以宝韵音乐幼儿园最终必定能实现人与人、人与物、物与物之间的大和与大美。三十年，宝韵音乐幼儿园的"五美"正是在追求朴质的"五美"征程中，创造出了属于宝韵人自己的"五美精神"。

三十年，宝韵音乐幼儿园正是在五美精神的推动下砥砺前行的。五美精神在宝韵音乐幼儿园写下了无数感人的故事，留下了无数动人的歌声。它唱出了宝韵精神的和美意韵，写出了宝韵人永不衰竭的心声。在宝韵人的足迹里，五美精神饱含和启心智、美以育人的意韵，它是一种尽责的人本精神；五美精神饱含和而不同、美彰特色的意韵，它是一种本源的求真精神；五美精神饱含和乐亲善、自律尊重的意韵，它是一种平实的至善精神；五美精神饱含美润童心、美溢童趣的意韵，它是一种纯朴的尚美精神；五美精神饱含和以聚力、和衷共济的意韵，它是一种兼容的融合精神。忆思过往，宝韵音乐幼儿园正是因为有了这种求是唯真、至善尚美、自然雅致、求同存异、包容并举、知行合一的五美精神，三十年如一日，关注幼儿，以人为本，推行和美，建设品牌，服务家长，精益求精，才有了今天骄人的业绩与成就，才有了明天美好的蓝图与愿景。

是的，三十年，宝韵人创造了一种尽职尽责的人本精神。他们呵护幼儿，服务家庭。他们坚持和启心智，美以育人。三十年，宝韵人创造了一种寻本溯源的求真精神。他们尊重事实，求同存异；他们追寻真理，知行合一。三十年，宝韵人创造了一种平等朴实的至善精神。他们和乐亲善，严以律己；他们平等合作，宽以待人。三十年，宝韵人创造了一种纯朴自然的尚美精神。他们追求和美，滋润童心；他们确信和在自然，美溢童趣。三十年，宝韵人创造了一种和合包容的融合精神。他们兼收并蓄，包容并举；他们坚持和以聚力，和衷共济。他们用集体非凡的智慧，创造并丰富了宝韵人的五美精神。

宝韵生甬城，育人立基根。艺术彰特色，耕耘播美名。

认证强管理，情意精课程。教科促教研，质优品牌生。

文化起高屋，教育得建瓴。和美新时代，集团绘愿景。

三十年的教育实践证明，宝韵精神，是融蜗牛精神、工匠精神、五美精神于一体的和美精神，其真谛就在于扎根、实干、乐观、创新、奉献，就在于人本、求真、至善、尚美、融合。正是这些宝韵精神的真谛，三十年如一日地鼓舞着宝韵人慢而不止的担当与追求。他们确立了"全面＋特色"的办园目标，总结出了独到的马春玉教育思想。他们播下和韵的种子，开展和美教育活动，建设宝韵和美文化，结出了和美的果实，创造出了日臻完善的和美境界。

"士不可以不弘毅，任重而道远。""路漫漫其修远矣，吾将上下而求索。"宝韵人一直以此激励自己，在过去，在今天，也在未来。他们用自己特有的气质，用杰出的智慧和坚强的意志，用所掌握的专业知识与技能，用所拥有的宝韵精神，在甬江岸畔，写下了沉沉的三十年历史。他们为幼儿、为家庭、为社会、为国家奉献所有，为宝韵倾尽全力，岁月会永远铭记他们。

附

录

附录一　宝韵大事记及荣誉录（1990—2020 年）

1989.09　主楼竣工验收，被评定为浙江省优质工程。

1990.02　宝韵开学，迎接第一批（小小班、小班、中班）共 75 名小朋友。

1990.10　隆重举行宝韵音乐幼儿园落成典礼，市长耿典华、新华社香港分社副社长张俊生、港胞孔爱菊女士、孔庆隆先生参加了剪彩仪式。

1991.12　全国妇联主席陈慕华一行来园视察。

1992.06　被宁波市教育局评定为宁波市一级幼儿园；启动幼儿园西楼扩建工程。

1993.07　建园三周年汇报演出在宁波市人民大会堂举行。

1993—1995　连续 3 年在海曙区"苗苗杯"文艺比赛中获一等奖；

1993—2007　连续 8 届获宁波市优秀辅导网称号。

1994.09　西楼教学楼使用，开设美术班、舞蹈班。

1994.10　国务院人大常委会副委员长陈慕华同志在浙江省省长万学远、市委副书记陈勇、市妇联主席尹心娣陪同下来园视察。

1994.11　被浙江省教育委员会批准为首批省示范性幼儿园。

1995.06　被宁波市教育局评定为宁波市一级一类幼儿园。

1995.07　启动东楼教学楼加层工程建设。

1996.07　建园六周年文艺汇报演出"宝韵之声"在宁波剧院举行，陈守义副市长出席观看，一台反映宝韵艺术特色的节目得到社会各界一致赞扬。

1996.10　被海曙区教育委员会评为一级文明幼儿园。

1996.12　被宁波市人民政府授予捐赠项目管理先进单位。

1997.03　被宁波市妇女联合会授予宁波市三八红旗集体。

1998.10　被浙江省体操协会授予浙江省幼儿基本体操训练基地。

1999.06　荣获"长鼻王杯"浙江省第十届幼儿体操表演大会教师组一等奖。

1999.12　获宁波市巾帼建功示范岗称号；获"红塔杯"全国幼儿基本体操表演一等奖。

2000.06　建园十周年庆典活动在宁波逸夫剧院举行，宁波市市长张蔚文、浙江大学校长张俊生、香港立法会主席范徐丽泰等观看演出；出版两本编著，分别为《幼儿教育活动集》和《科研教研成果集》。

2000.12　再获"红塔杯"全国幼儿基本体操表演一等奖。

2001.03　被宁波市妇女联合会评为1999—2000年度三八红旗集体。

2001.06　荣获"长鼻王杯"浙江省第十届幼儿基本体操表演大会甲组一等奖。

2001.09　园本课程"情意艺术课程"被立项为宁波市市级研究课题。

2002.08　成立宝韵早教园，亲子俱乐部；孔爱菊女士率20位香港知名人士来园访问；被宁波市教育局评为宁波市现代化达纲学校；团支部连续获得2001—2005年度先进团组织。

2002.12　被宁波市政府评为全市受赠项目管理先进单位。

2003.12　大胆引进ISO9001—2000质量管理体系。

2003—2007　连续被宁波市直机关工会委员会评为先进职工之家；连续被海曙区教育局、海曙区教育学会评为先进集体。

2004.06　通过ISO9001—2000质量管理体系认证，成为宁波市学前教育系统首家认证园。

2004.06　中共宁波市委书记巴音朝鲁六一儿童节来园慰问；被宁波市教育局、宁波市卫生局评为宁波市保育保健先进集体，被海曙区教育局评为区园本教研示范园。

2004.08　被宁波市教育局评为宁波市六星级幼儿园。

2004.09　创办开放性、国际化的双语国际班。

2004.11　与美国奥本大学签订合作协议。

2004.12　被中国教育学会家庭教育专业委员会评为全国家庭教育实验研究基地。

2005.02　被评为浙江省巾帼文明示范岗。

2005.07　建园十五周年庆典活动"梦和音符一起飞"大型文艺演出暨《和孩子一起成长》一书首发式在宁波逸夫剧院举行。

2005.07　被中共宁波市委、宁波市人民政府评为宁波市未成年人思想道德建设先进家长学校。

2006.12　在宁波效实中学宽城体艺馆举行"迎奥运—扬传统"宝韵音乐幼儿园第五届幼儿运动会；制定宝韵新五年事业发展规划（2006—2010年）；被评为浙江省家庭教育实验基地。

2007.04   被宁波市妇联、宁波市教育局授予宁波市示范家长学校。

2007.05   由宁波市妇联组织、宁波市教育局主办、中国移动宁波分公司协
           办的"宁波市庆六·一七彩童年宝宝秀大赛"活动；荣获海曙区
           "六·一"苗苗杯幼儿歌舞表演比赛一等奖。

2007.09   成立宝韵艺术教育中心。

2008.05   宝韵加盟园——奉化区阳光艺术幼儿园举行落成典礼。

2008.11   宝韵华城分园举行落成典礼。

2009.09   被浙江省教育厅评定为浙江省一级幼儿园；宝韵华城园被宁波
           市教育局评为"宁波市现代化达纲学校"。

2009.11   被全国妇联、教育部评为全国示范家长学校。

2010.02—06 举行宝韵建园二十周年流韵春色系列活动："春之韵"学子
           音乐会、"师之韵"艺术教育研讨活动、"画之韵"师生创意
           美术展、"梦之韵"幼儿文艺演出暨宝韵教育集团成立仪式；
           出版《在艺术摇篮中成长：幼儿园艺术情意课程的构建》一
           书，得到了社会各界的广泛好评。

2010.11   组织宝韵幼教集团首届教职工趣味运动会。

2010.12   制定了《宝韵幼教集团新五年事业发展规划2011—2015》。

2011.03   完成宝韵音乐幼儿园的房产证和土地证办理。

2011.06   组织开展宝韵幼教集团首届幼儿红色运动会，师生参与人数达
           1200多名；获宁波市第十六届运动会大众体育部行业系统健美
           操比赛团体第四名；幼儿园成为：宁波大学、宁波教育学院、宁
           波外事学校学前教育系的首批实践培训基地。

2011.08   完成幼儿园户外场地改造工程。

2011.09   宝韵华城分园迎接省一级一类幼儿园评审并通过。

2011.10   宝韵华城分园被鄞州区教育局职成教教研室评为"园本教研示
           范园"；

2012.03   与高新区教育局联合办学，成立宝韵高新皇冠分园暨宁波国家
           高新区第三幼儿园。

2012.05   宁波市副市长张明华一行到宝韵高新皇冠分园进行六一慰问；
           被中国家庭教育学会评为"全国家庭教育实验研究基地"；被宁
           波市教育局评为"十二五"宁波市幼儿园园长专业发展培训
           基地。

2012.09   课题"构建和美文化，实施和美教育——幼儿园和美文化教育实

践研究"被立项为浙江省教育科学 2012 年度规划研究课题。

2012.10　荣获海曙区苗苗杯"喜迎十八大，幸福宁波娃"幼儿大地绘画活动优秀组织奖。

2013.02　被海曙区教育局评为 2011—2012 年度现代学校制度建设先进集体。

2013.03　马春玉总园长成为浙江省首位学前教育正高级教师。

2013.04　宝韵华城分园被宁波市社会管理综合治理委员会办公室、宁波市公安局授予"宁波市治安安全单位"；获得"餐饮服务食品安全监督量化分级管理 A 级单位"荣誉。

2013.05　荣获海曙区首届"阳光宝贝"幼儿运动会团体总分第五名。

2013.06　荣获第八届中国青少年艺术节浙江省优秀组织奖；

2013.09　与高新区教育局联合办学，成立宝韵高新第二所分园暨宝韵高新江景分园。

2013.10　被评为海曙区星级教研组、海曙区幼儿教育研究会先进集体、海曙区抗洪救灾先进集体；南门街道 2013 年度计生协会先进单位。

2013.12　完成宝韵音乐幼儿园艺苑楼（辅助用房）改建工程；被宁波市教育局评为宁波市第四批优秀校本课程；华城园被宁波市爱国卫生运动委员会授予"宁波市卫生先进单位"；

2014.06　被宁波市爱国卫生运动委员会授予宁波市"无烟单位"；

2014.08　完成总园西面塑胶跑道及西面教室提质工程；荣获宁波电视台丹说无妨节目"大声说出爱"优秀组织奖。

2014.10　马春玉教育思想研讨会在慈溪顺利召开，宝韵高新分园在宁波市第十四届少儿服饰文化节少儿 DIY 服饰展演大赛中获"优秀团队奖"；宝韵高新分园获得"童蒙养正"实践活动优秀组织奖、第三届全国"幼儿园优秀教育随笔"征文比赛优秀组织奖。

2014.12　被海曙区教育局评为海曙区现代学校制度先进集体；荣获 2013 年度浙江省教科研优秀成果评比一等奖；被授予"张世祥现代小提琴教学法教学基地"；宝韵高新分园荣获宁波市 5A 平安校园、高新区 A 级食堂。

2015.03　与鄞州区教育局联合办学，成立鄞州区宝韵荣安幼儿园；宝韵高新分园被宁波市妇联授予"宁波市巾帼文明示范岗"。

2015.04　宝韵高新分园荣获宁波市级餐饮服务食品安全示范学校食堂。

2015.06	陈奕君副市长和王建平局长来宝韵荣安分园进行六一慰问；被宁波市妇联、宁波市文明办、宁波市文广新闻出版局联合授予宁波市首批"亲子阅读"推广基地。
2015.11	荣获2015年海曙区"苗苗杯"幼儿园运动会团体金奖，荣获全国啦啦操比赛幼儿组一等奖。
2016.01	被海曙区教育局评为海曙区教育科研先进集体；荣获宁波市5A级平安校园；被宁波市教育行政干部培训中心授予宁波市"十二五"师干训工作优秀实践基地。
2016.04	经市编委办同意增挂宁波市宝韵幼儿教育集团牌子；宝韵师生参与了中央电视台少儿频道"五一"特别栏目的现场录制；宝韵高新分园被宁波国家高新区教育文化局授予"语言文字规范化学校"。
2016.05	集团总园长马春玉著作《幼儿园和美文化与教育》由光明日报出版社首次出版。
2016.06	荣获宁波市第五届"春芽子杯"小学生健美操比赛幼儿组一等奖；荣获"苗苗杯"幼儿绘本剧创意大赛最佳组织奖。
2016.11	宝韵高新分园荣获"宁波国家高新区首届终身教育优秀微课评比优秀组织奖"。
2016.12	宝韵荣安分园被浙江省卫生厅授予"A级食堂"；
2017.01	宝韵高新分园荣获第三届童蒙养正中华经典"我来绘画"大地画比赛二等奖。
2017.03	被宁波市妇联联合会授予"宁波市三八红旗集体"称号。
2017.04	荣获全国啦啦操比赛幼儿组一等奖；荣获宁波市花样跳绳锦标赛幼儿组团体总分第二名、花样自编表演赛幼儿组一等奖。
2017.06	宝韵华城分园荣获海曙区基于"幼儿领域核心经验"幼儿园集体教学评优团体研讨最佳风采奖；宝韵高新分园荣获宁波市少儿绘本绘画大赛优秀组织奖。
2017.09	与海曙区教育局、古林镇政府联合办学成立宝韵海悦分园，市妇联顾卫卫主席教师节来园慰问全体教职工。
2017.10	荣获第三届NBT宁波话少儿语言艺术大赛优秀组织奖。
2017.11	《和韵园》园刊荣获宁波市2016年度优秀教育科研校刊三等奖。
2017.12	被宁波市体育局评为2017年度先进轮滑校园；被浙江省体育总会、浙江省幼儿体育协会授予"浙江省幼儿体育特色幼儿园"。

2017.12 宝韵荣安分园通过省二级一类幼儿园评审。

2018.02 被宁波市直属机关工会联合会评为"2015—2017"年度市直机关先进职工之家。

2018.03 与高新区教育局联合办学,成立宝韵高新第三所分园暨宝韵高新逸树分园;被浙江省体育局授予浙江省第五批幼儿体育示范幼儿园。

2018.04 被海曙区教育局评为2016—2017年度教育科研先进集体;宝韵华城分园荣获"鄞州区优秀星级教研组"。

2018.05 中共宁波市委副书记、市长裘东耀,中共宁波市委常委、宣传部部长万亚伟分别来到宝韵高新逸树分园和宝韵总园进行六一慰问。

2018.10 宝韵音乐幼儿园加固维修工程经市发改委立项,投入施工;宝韵高新分园荣获高新区第四届"童蒙养正"最佳人气奖、第五届"少儿模特亲子选拔赛"优秀组织奖。

2018.11 《和韵园》园刊荣获宁波市2017年度优秀教育科研校刊三等奖;宝韵音乐幼儿园加固维修工程(东楼)顺利完工。

2018.12 宝韵和美课程被浙江省教育厅教研室评为浙江省第二届幼儿园精品课程;荣获第十一届荷花风采国际校园艺术节2018年全国校园新春大联欢金奖;宝韵高新分园荣获宁波市"阳光厨房"建设先进单位,宝韵海悦分园荣获"A级食堂"。

2019.03 党支部被中共宁波市委组织部评为四星级基层党组织;启动宝韵建园30周年园庆系列工作。

2019.07 被列为宁波市深化学前教育课程改革样本园。

2019.09 宝韵音乐幼儿园加固维修工程(西楼)顺利完工并投入使用。

2019.11 《和韵园》园刊荣获宁波市2018年度优秀教育科研校刊三等奖。

2019.12 荣获第四批宁波市市级公共机构节水型单位。

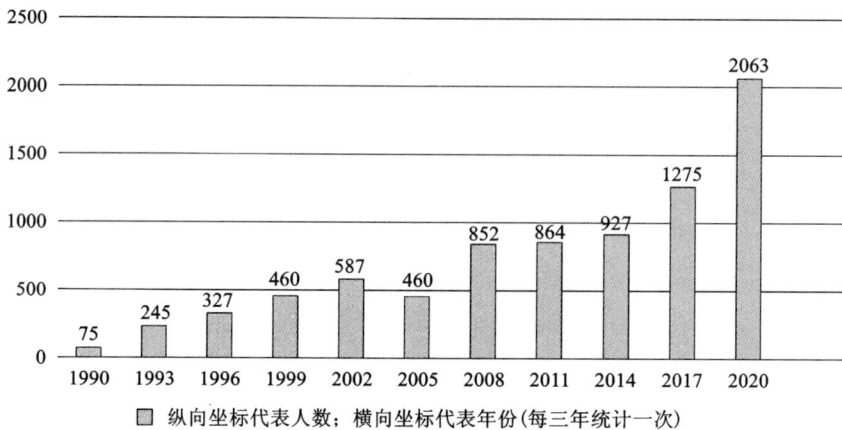

宝韵在园幼儿人数

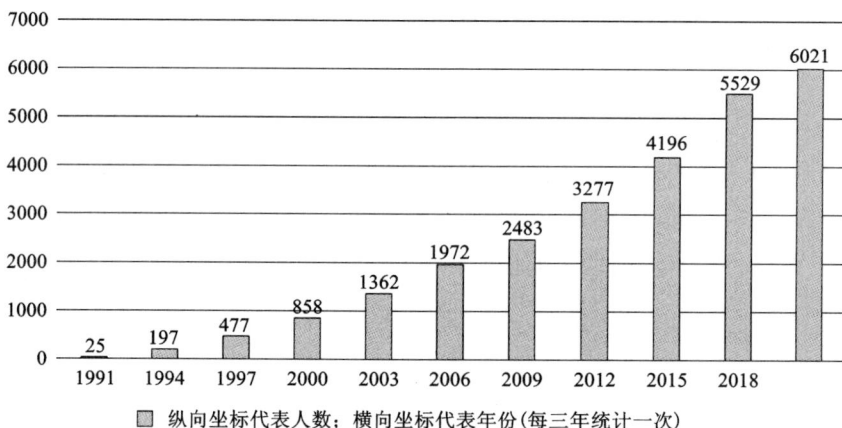

纵向坐标代表人数；横向坐标代表年份(每三年统计一次)

年份	人数
1990	75
1993	245
1996	327
1999	460
2002	587
2005	460
2008	852
2011	864
2014	927
2017	1275
2020	2063

宝韵毕业幼儿人数

纵向坐标代表人数；横向坐标代表年份(每三年统计一次)

年份	人数
1991	25
1994	197
1997	477
2000	858
2003	1362
2006	1972
2009	2483
2012	3277
2015	4196
2018	5529
	6021

附录三　宝韵幼儿教育集团历届毕业生合影

宁波市宝韵音乐幼儿园92届毕业生合影留念

宁波市宝韵音乐幼儿园'93届毕业生合影留念

宁波市宝韵音乐幼儿园'94届毕业生合影留念

宁波市宝韵音乐幼儿园95届毕业合影 95.6.22

宁波市宝韵音乐幼儿园96届毕业留念 96.6.

宁波市宝韵音乐幼儿园 1997届毕业留念
1997.6.

宁波市宝韵音乐幼儿园 第二届毕业留念
1993.6.

宁波市宝韵音乐幼儿园第九届毕业生留念
1999·6 团结·守纪求实

宁波市宝韵音乐幼儿园2000届毕业生合影留念
团结守纪求实奉献

宁波市宝韵音乐幼儿园2001届毕业生合影留念

宁波市宝韵音乐幼儿园2001届毕业生合影留念

宝韵三十年

宁波市宝韵音乐幼儿园2003届毕业生合影留念

宁波市宝韵音乐幼儿园二OO四届毕业生合影留念

宁波市宝韵音乐幼儿园05届毕业生合影留念 2005.

宁波市宝韵音乐幼儿园2006届毕业生合影留念

宁波市宝韵幼儿园2007届毕业生合影留念
2007.6

宁波市宝韵音乐幼儿园2008届毕业生合影留念

宁波市宝韵音乐幼儿园国际部毕业典礼合影留念

宁波市宝韵音乐幼儿园2009届毕业生合影留念

宁波市宝韵华城幼儿园2010届毕业生合影留念

宁波市宝韵音乐幼儿园2011届毕业生合影留念

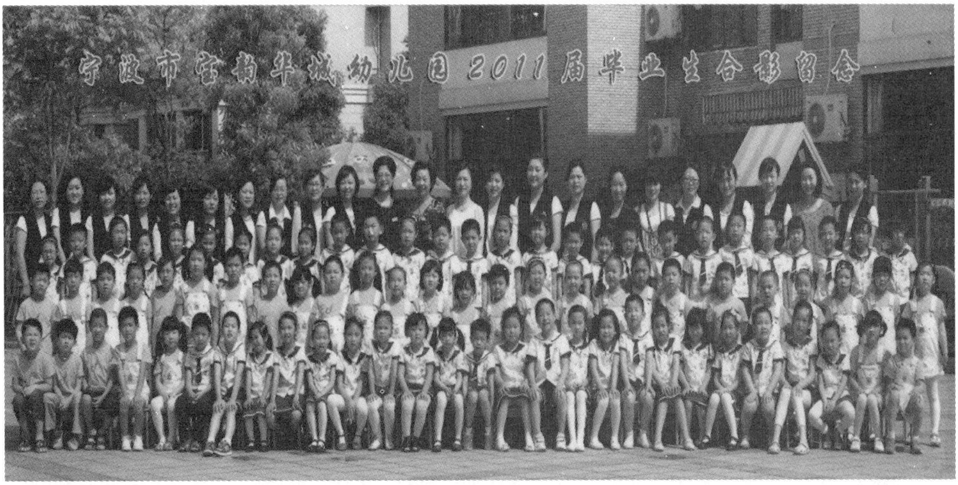
宁波市宝韵华城幼儿园2011届毕业生合影留念

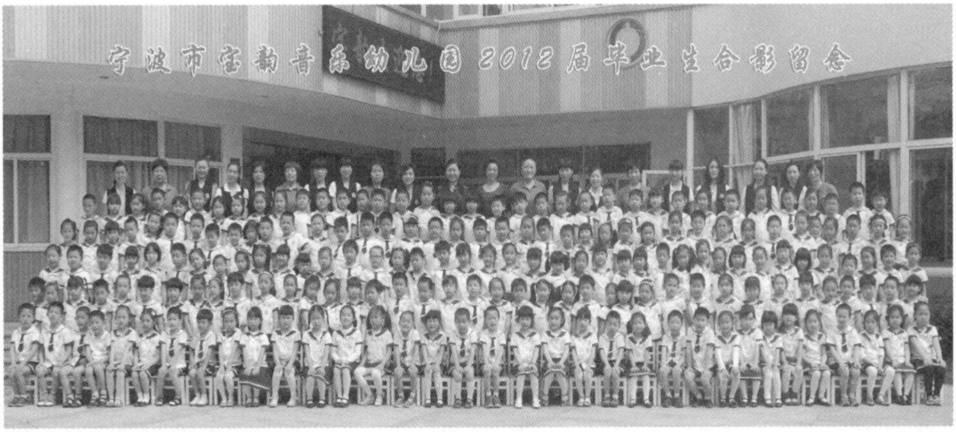
宁波市宝韵音乐幼儿园2012届毕业生合影留念

宁波市宝韵华城幼儿园2012届毕业生合影留念

宁波市宝韵音乐幼儿园2013届毕业生合影留念

宝韵三十年

宁波市宝韵华城幼儿园2013届毕业生合影留念

宁波市宝韵幼儿园2014届毕业生合影留念

宁波市宝韵华城分园2014届毕业生合影留念

宁波市宝韵高新分园2014届毕业生合影留念

宝韵三十年

宁波市宝韵音（乐）幼儿园2015届毕业生合影留念

宁波市宝韵华城分园2015届毕业生合影留念

宁波市宝韵高新分园2015届毕业生合影留念

宁波市宝韵音乐幼儿园2016届毕业生合影留念

宁波市宝韵幼教集团华城分园2016届毕业生合影留念

宁波市宝韵幼教集团高新分园2016届毕业生合影留念

宁波市宝韵音乐幼儿园2017届毕业生合影留念

宁波市宝韵幼教集团高新分园2017届毕业生合影留念

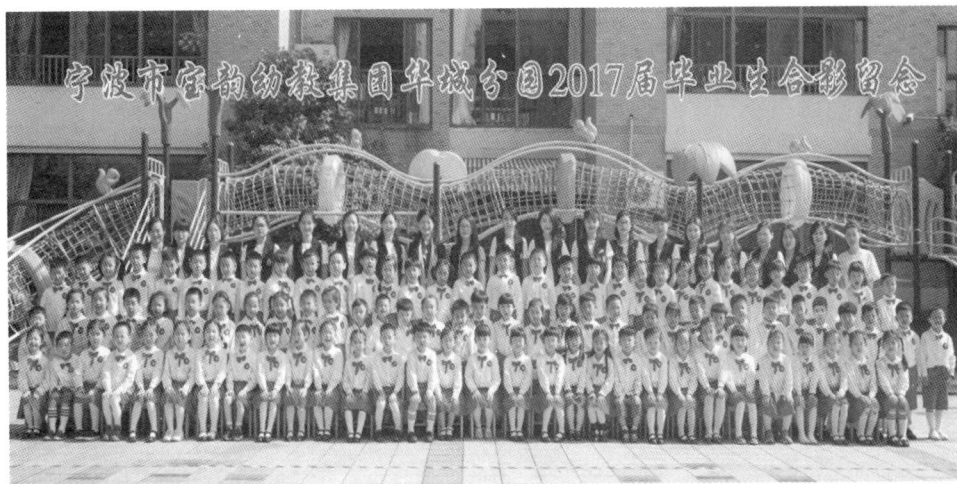

宁波市宝韵幼教集团华城分园2017届毕业生合影留念

宁波市宝韵幼教集团崇安分园2017届毕业生合影留念

宁波市宝韵音乐幼儿园2018届毕业生合影留念

宁波市宝韵幼教集团华城分园2018届毕业生合影留念

宁波市宝韵幼教集团高新分园2018届毕业生合影留念

宁波市宝韵幼教集团荣安分园2018届毕业生合影留念

宁波市宝韵音乐幼儿园2019届毕业生合影留念

宁波市宝韵幼教集团华城分园2019届毕业生合影留念

宝韵三十年

宁波市宝韵幼教集团高新分园2019届毕业生合影留念

宁波市宝韵幼教集团崇安分园2019届毕业生合影留念

附录四　宝韵园歌

园歌《和美宝韵》

陈云其　词
杨浩平　曲

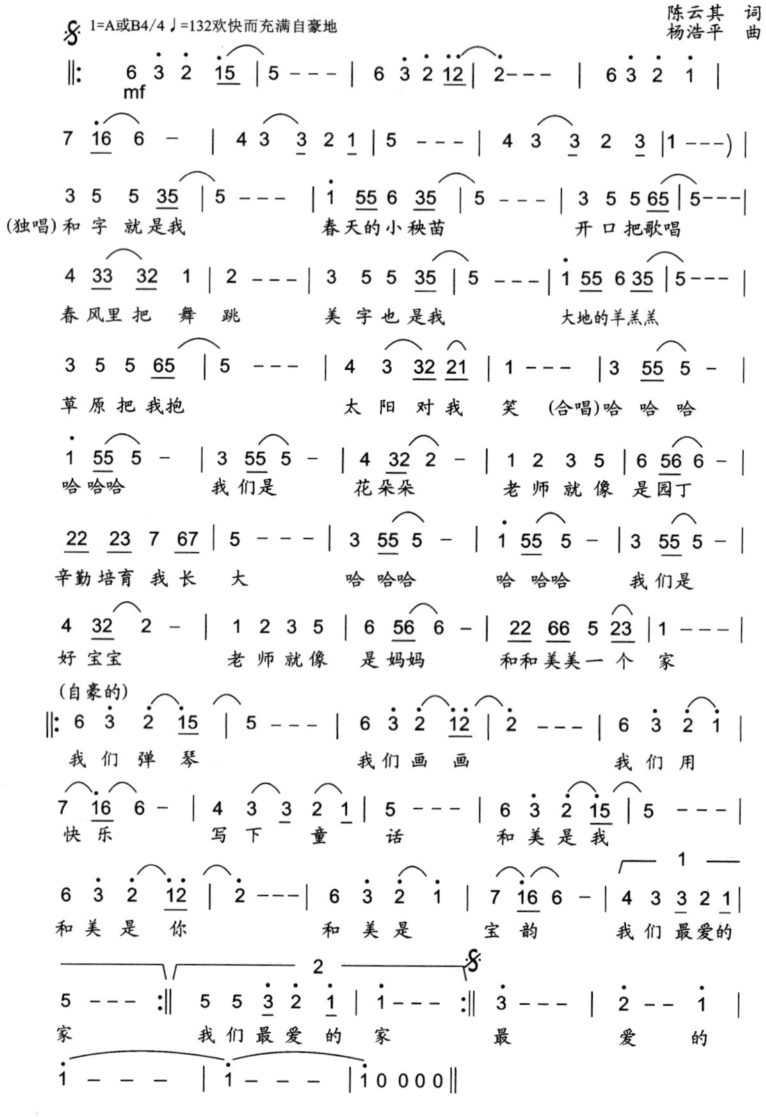

后记

　　从 2019 年 3 月开始启动编写园史工作，到《宝韵三十年》付梓成印，编写组的成员经历了近十个月的紧张工作。园史时间跨度长，知识容量大，质量要求高，构思、采访、整理、编写、修订等工作量之大可想而知。

　　宝韵园史的编写工作得到了各级领导以及社会各界人士的肯定与支持，增强了我们推进编写工作的信心和动力。中南大学出版社的刘辉主任及韩雪老师不辞劳累，来宁波参加宝韵三十周年庆著作编写出版研讨会，对本著作的编写工作给予了非常及时的、具体的指导，使得我们明确了方向和目标，明晰了编写的思路和切入点，为本书的顺利问世提供了巨大的帮助。

　　还要感谢曾经在宝韵工作过的退休教师、老艺术家们，感谢已经毕业离园、正忙于学业与事业的校友们，感谢所有参与、配合园史编写的教职工，是大家的共同付出与齐心协力，才使得编写工作顺利完成。

　　三十年园史编写工作已经告一段落，如发现本著作有遗漏、异议、错误之处，恳请您及时与宝韵幼儿教育集团办公室联系，以便为宝韵百年幼教史做更好的准备。

宝韵园史编写组

2019 年 12 月 31 日

图书在版编目（CIP）数据

宝韵三十年／马春玉，周姝贤编著．—长沙：中
南大学出版社，2020.5

ISBN 978 - 7 - 5487 - 4006 - 3

Ⅰ.①宝… Ⅱ.①马… ②周… Ⅲ.①幼儿园—办学
经验—宁波 Ⅳ.①G619.2

中国版本图书馆 CIP 数据核字（2019）第 044293 号

宝韵三十年

马春玉　　周姝贤　编著

□责任编辑	韩　雪	
□责任印制	周　颖	
□出版发行	中南大学出版社	
	社址：长沙市麓山南路	邮编：410083
	发行科电话：0731 - 88876770	传真：0731 - 88710482
□印　　装	长沙印通印刷有限公司	

□开　　本	710 mm×1000 mm 1/16	□印张 21.25	□字数 391 千字		
□版　　次	2020 年 5 月第 1 版	□2020 年 5 月第 1 次印刷			
□书　　号	ISBN 978 - 7 - 5487 - 4006 - 3				
□定　　价	88.00 元				

图书出现印装问题，请与经销商调换